珍藏本
纪念版

汉译世界学术名著丛书

法国大革命讲稿

〔英〕阿克顿 著

〔英〕J.N.菲吉斯 R.V.劳伦斯 编

姚中秋 译

2017年·北京

Lord Acton
LECTURES ON THE FRENCH REVOLUTION
根据 Macmillan and Co. ,Limited 1910 年版译出

汉译世界学术名著丛书
（120年纪念版·珍藏本）
出 版 说 明

2017年2月11日，商务印书馆迎来120岁的生日。120年前，商务印书馆前贤怀揣文化救国的理想，抱持“昌明教育，开启民智”的使命，立足本土，放眼寰宇，以出版为津梁，沟通中西，为中国、为世界提供最富智慧的思想文化成果。无论世事白云苍狗，潮流左右激荡，甚至战火硝烟弥漫，始终践行学术报国之志，无改初心。

迻译世界各国学术名著，即其一端。早在20世纪初年便出版《原富》《天演论》等影响至今的代表性著作，1950年代后更致力于外国哲学和社会科学经典的译介，及至1980年代，辑为“汉译世界学术名著丛书”，汇涓为流，蔚为大观。丛书自1981年开始出版，历时三十余年，迄今已推出七百种，是我国现代出版史上规模最大、最为重要的学术翻译工程。

丛书所选之书，立场观点不囿于一派，学科领域不限于一门，皆为文明开启以来，各时代、各国家、各民族的思想与文化精粹，代表着人类已经到达过的精神境界。丛书系统译介世界学术经典，引领时代思想，为本土原创学术的发展提供丰富的文化滋养，为推动中国现代学术和现代化进程做出了突出的贡献。

为纪念商务印书馆成立120周年，我们整体推出“汉译世界学术名著丛书”120年纪念版的珍藏本，寄望既利于文化积累，又便于研读查考，同时向长期支持丛书出版的译者、编者和读者致以敬意。

两甲子后的今天，商务印书馆又站在了一个新的历史时间节点上。我们不仅要铭记先辈的身影和足迹，更须让我们的步伐充满新的时代精神。这是商务人代代相传的事业，更是与国家和民族的命运始终紧密相连的事业。我们责无旁贷，必须做好我们这代人的传承与创造，让我们的努力和成果不仅凝聚成民族文化的记忆，还能成为后来人可以接续的事业。唯此，才能不负前贤，无愧来者。

商务印书馆编辑部

2017年10月

目　　录

原编者注

以下讲稿系阿克顿爵士担任剑桥大学钦定近代史讲座教授之时，于1895—1896、1896—1897、1897—1898、1898—1899学年授课所用。1789—1795年间的法国大革命，是当时剑桥大学历史学荣誉学位考试的特别科目之一，这就决定了这些课程的时间范围。而关于大革命文献之讨论，通常是在谈话式课堂上所讲，或单作讲座讲授。还有一些相关散篇，汇集起来作为附录印出。各讲标题均系编者所拟。

J.N.菲吉斯

R.V.劳伦斯

1910年8月10日

第一章　革命的前奏[1]

法国的财政收入已经达到2000万了，可路易十六仍然觉得不够花，要求国民继续掏钱。于是，在短短的一代人时间中，财政收入飙升到超过1亿，尽管如此，国民收入也在以更高的速度增长着；这种增长的动力来自一个阶层，而古老的贵族却拒绝给予这个阶层以奖赏，他们剥夺了这个使国家繁荣富裕的阶层的权力。这个阶层的勤奋使得财产分配格局发生了变化，财富不再只是少数人独有的特权，因而，这些被排斥的多数人认为，他们之所以处于不利地位，是因为社会不是建立在正当与正义的基础上的。他们提出，政府、军队和教会的荣誉应该颁发给社会中比较积极的、为社会所必不可少的人们，而那些不劳而获的少数人不应该再保留任何伤害他们的特权。由于双方的比例差不多是一百比一，所以他们认定，他们事实上已经是国家的栋梁了，他们要求获得与自己的人数相称的权力，要自己治理自己。他们提出，国家应当进行改革，统治者应当是他们的代理人，而不能是他们的主子。

于是，就爆发了法国大革命。它并不是一颗自无人知晓之处飞来的流星，而是各种历史力量汇集的产物；这些力量如果联合起来，就具有足够强大的破坏力，但如果分开来，却疲软得没有任何建设的力量。要认清这一点，我们必须稍事追溯一下那个时代之

2 前涌现出的种种观念，而这些观念也服从连续性的法则，是一种持久发挥作用的力量。

如果说法国人在其他国家成功的地方失败了，如果说法国从封建和贵族制社会向工业社会的转轨出现了反复，那根源也不在那个时代的人，而在于他们所生活的那个社会。只要专制的国王们在国外获胜，在国内，他们也能被民众接受。革命思想的第一个信号朦胧地潜藏在大灾难间隙被压制的少数人中间。冉森派信徒(Jansenist)是忠诚的，也是具有忍耐力的；但他们中间著名的法学家多马(Domat)是一位哲学家，我们也都知道，他是一位学者，他在那个时代混乱不堪的法学领域恢复了理性的至高无上地位。他从圣托马斯(St. Thomas)，他所属的那个教派的一位伟大人物那里知道，立法应当服务于人民，也应当由人民来立法；废弃一位恶劣的国王不仅是正当的，也是人们的义务所在。他坚持认为，法律应当来自于判断力(common sense)，而不是来自于习俗，应当从永恒的法典中获得其律令。高级法的原则具有革命的意义。任何政府的实证性法令都必须在经受这一原则的检验后才有效力，它指出了通往那种不证自明的、普遍的、不可剥夺的权利体系的一条道路。在多马之后，国民议会的法律家们将这一体系写进了宪法中。

法国国王在颁布南特敕令*之后，新教徒成了铁杆保皇主义

---

* 1598年4月13日，法国国王亨利四世在法国西北部城市南特颁布的一道敕令，指天主教为法国国教，但承认属于新教的胡格诺派享有信仰自由，可以出任官职。——译者

者；因而，即使在撤销该敕令之后[*]，一位热心鼓吹宗教宽容的人士培尔（Bayle）在流亡鹿特丹之际，依然对国王忠心耿耿。他的对手儒里厄（Jurieu），尽管作为神学家不怎么宽容，但在政治上则是位自由主义者，由于跟奥兰治的威廉[**]过从甚密，具有了某种大陆辉格党人的气质。他的学说是，主权来自人民，并归属于人民。那些滥用权力的国王的权力应当被褫夺。国民的权力是不可能被褫夺的。只有人民拥有某种无条件合法的权力，即使在他们作恶的时候，他们的行为也是正当的。儒里厄的煽动性言论经常为人谈及，这些话保留在波舒哀（Bossuet）那些显然预示着危险的回信
中，也能成为经典留之永恒了，总有一天，它会催生出下面的理论： 3
民主制度是不用承担责任的，一切都须为其让路。

那个时代最出色的教会法律家莫尔特罗（Maultrot）在1790年发表了一部论述人民的权力高于国王的三卷本著作。在这部著作中，他深入地研究了他自己非常熟悉而别人不怎么熟悉的文献，说明了教会法规是如何支持1688年（英国光荣革命）的诸原则而反对现代的神授权力观念的。他的著作可以很好地解释教士们在大革命期间的心态，这些著作也曾经风行一时。

不过，文人中反叛思想的真正创始人是费纳隆（Fénelon）。他既不是一位具有创新精神的改良家，也不是新真理的发现者；但他是一位特立独行而又聪敏过人的见证人，他洞悉了宫廷中冠冕堂皇的虚伪，并且断言，法国正走向毁灭之路。在君主的荣耀被阴云

* 指1685年法国国王路易十四废除南特敕令。——译者

** William of Orange，1650—1702年，为荷兰低地若干省份之公爵，1689年成为英格兰和爱尔兰国王，即威廉三世。——译者

遮蔽之前，他就开始了良心的反叛。他的观点源于他在判断人时的过人的敏锐和细腻。对于政府的问题，像对待私人生活中的行为一样，他都根据纯粹的道德标准进行判断，并且比任何人都更坚定地根据文明的美德来判断一切问题。这种做法很朴素，但也相当危险。尽管他对政策和国际关系科学一无所知，但他总是能够告诉人们，设想中的那些完美的人会怎么做。费纳隆觉得自己是一位信奉基督教的欧洲公民，但他循着自己的思想而越出他的国家和他的教会的界限，他最发自内心的言论，听起来仿佛出自异教徒之口。他所期望的是，既保持对自己的信仰的真诚，又能仁慈对待不赞成自己信仰的人士。他既不赞成教会开除教徒教籍的权力，也不赞成惩罚教徒的失误，他宣称，教会最需要的不是战胜什么，而是自由。他透过他的朋友弗勒里（Fleury）和谢弗勒斯（Chevreuse），支持召回新教徒，他建议应该采取宗教宽容政策。他也希望世俗权力超然于宗教事务之外，因为权力的保护会导致
4 宗教上的奴役，而权力的迫害则会导致宗教上的虚伪。有那么几次，他似乎已经逼近了国家和教会应该分离这么一个尚不为人知的思想领域之边界。

费纳隆曾经写道，历史学家应当在自己的国家与别国之间保持中立，他希望政治家也具有这种素养，因为爱国主义不能解除他对于人类的责任。因为没有任何战争是正义的，除非这场战争纯粹是为了自由而不得不应战。费纳隆希望法国放弃它通过不正当手段获取并曾为之自豪的领地，尤其是应当从西班牙撤出。他宣称，西班牙人是堕落而弱智的，但这并不能赋予违反势力均衡和各国安全的做法以正当性。在他看来，荷兰似乎是欧洲的希望，组成

一个同盟把法国王室从西班牙驱逐出去是正当的。出于同样原因，他也认为，也没有任何法律能够证明菲力浦二世要求占领英格兰的诉求是正当的。他希望他的国家采取一种真心谦卑的姿态，他对胜利可能会对好胜的法国人的气质产生的影响深感惊恐。

费纳隆断言，权力是毒药。而由于国王几乎都很糟糕，所以，他们就不应该进行统治，而只能执行法律。因为野蛮人的标志就是遵守先例和习俗，文明的社会必须由坚实的法典来管理。能够防止专断权力的，没有别的，只能是宪法。在他看来，路易十四的专制统治令人厌恶，是无耻的，也是国家所遭受的一切灾难的根源。如果本应属于国民的统治权力被归还给国民，它就能够通过自己行使这种权力而拯救自己；而绝对的权力却无可挽回地侵蚀它的根基，这种权力正在招致一场革命，而这场革命不会是温和的，它会摧毁一切。尽管费纳隆并不希望看到君主制或贵族制被埋葬，但他对自己以醒世危言的方式预见到的几种趋势却表示出某种同情。他承认自然状态，并认为市民社会不是人的原始状态，5
而是从野蛮生活到农业时代的一个过渡阶段。他希望将治理的权力交给地方和中央的国民会议；他要求保证完整的商业自由；教育应当由法律明文规定，因为孩子首先属于国家，其次才属于家庭。他没有放弃通过国会的法案促人向善的希望，他相信公共机构是塑造个人的性格、使他与遥远的未来保持尽可能密切关系之手段。

他是革命思想理论上的奠基人。尽管人们对他的真实看法所知不多，他却被人们广为传颂。然而，有一些人则控诉说，费纳隆的力量是一种离心离德的力量。他们也抱怨，国家需要靠自由与正义来维护，同样，教会则需要靠谦和与荣誉来维护。这些人经常

告诉我们，路易十六的灭亡正好为他的祖先们赎了罪。他之所以灭亡，不是因为他把从他祖先那里继承下来的权力使用得过了头，而是因为这种权力本身已经声名狼藉，已经遭到了破坏。而使他们声名狼藉的一位就是费纳隆。在他出现之前，最能干的人，波舒哀、甚至培尔都推崇贵族制度。费纳隆对这种制度的抨击则登峰造极，他对无比高贵的路易十四的态度，比伏尔泰的门徒们对待十分堕落的路易十五的态度还要严苛。从他开始，嘲弄和羞辱君主的态度流行起来。他后面一代人中最聪明的人都以他为楷模，将反对的基础建立在宗教动机之上。他们跟红衣主教杜布瓦(Dubois)所描写过的异想天开的康布雷(Cambray)大主教一样，是跟他做着同一个梦的梦想家。不过，到了那个世纪中叶，在那场巨变之前，他们的影响逐渐衰微了。

从那时起，怀疑宗教的情绪就大行其道，连那些并没有公开攻击过宗教的人士，比如孟德斯鸠、孔狄拉克(Condillac)、杜尔哥(Turgot)等人，也都对基督教敬而远之。这种气氛在政治上的结果就是：人们认为有关教会的问题没有什么重要意义，因而也从来没有对教会与国家得出明晰的概念，从来没有认真地研究，在什么样的条件下，国家可以树立国教或废除国教；人们从来不知道，是否存在着一个普遍的解决办法，或者依据什么样的原则来决定这些问题。在革命的转折关头，这种知识上的缺陷显示出了其致命
6 性。关于国家与教会间关系的理论与宗教宽容理论有密切关系，而关于宗教宽容问题，18 世纪的研究只是断断续续的，总是受到妨碍，其看法也不尽科学。由于宗教自由同时涉及宗教和自由两种东西，因而，在意见领袖们那里，两个因素中的任何一个都从来

没有成为不带感情色彩地考察研究的对象。他们更喜欢怀疑一个论点，而不喜欢确信一个论点，他们试图通过驱赶神启来挫败宗教不宽容，就像他们曾试图通过驱赶魔鬼来挫败对巫婆的迫害一样。在他们的自由主义中，依然存在着一个缺陷，因为，脱离了信仰的自由，就是将其大量实质性内容拿走了的自由。这个问题没有那么复杂，其解决办法也不需要那么激进、那么深奥。当时就已经有一些学者粗略地形成了某种看法，后来又由托克维尔将这一看法确定为一项基本原则：还没有宗教的自我治理力量的国民，恐怕还没有为享有自由做好准备。

这早期的改革观点在法国继续发展，这些观点试图利用现有的社会组织形态，利用议会制的贵族制度，复兴法国议会和各省立法议会。但继续延续古代制度、在古老制度基础上安放一个新法国的计划，却不能不面临这么一个事实：这些制度在法国不管有过什么样的发育，后来都受到妨碍而停滞下来。因此，假如中世纪的政体确实能够使国家繁荣昌盛，那也是其他国家采摘到了果实，因为在这些国家，很久之前就已经开始实施这些观念了。因此，需要做的第一件事就是学习模仿外国的典范；我们可以说，这种想法从
18 世纪就出现了。伏尔泰第一个提出，英格兰具有优越性，孟德 7
斯鸠又进一步证实了这一观点。因为，英格兰最近已经创建了一个政府，比仍然停止在古代的法国的制度要强大得多。尽管是靠欺骗和叛逆，但它却确立了法律的保障，并且比历史上曾经存在过的、根据正统性、根据继承权或宗教认可所建立的所有制度都要稳固。这个国家的繁荣依赖的是人们尚不熟悉的信念：神学上的争吵并不会分散国家的力量，而政治上的不同意见正是其繁荣昌盛

的奥秘所在。那个生性多疑的人[*]完成了这场巨变，并统治了16年，他成功地维护了公共秩序，尽管是用阴谋和反叛；英国人已经建立起广泛的国家信贷体系，并在欧洲大陆的战争中获胜。詹姆斯二世党人的学说(Jacobite doctrine)是欧洲君主制度的基石，它一直是由法国的军队来捍卫的，但它却没有能够撼动这个刚刚建立的王朝。一场伟大的试验让人们有了全新的发现。一种公然违背几个世纪以来的智慧的新奇经验已经完全站稳了脚跟，就确保社会稳定而言，革命已经成为比传统更奏效的原则。

孟德斯鸠试图让政治科学中被搞混的事实重新发挥作用。他珍视政治科学，因为它能使他与君主制和谐相处。他最初的信念是：国王是一种恶，而且不是一种必要的恶，他相信，他们的末日就要降临了。而他在走访沃波尔[**]时代的英国之后，形成了一个新方案，根据这一方案，他决定暂缓判决那些国王们死刑。他一直宣称，共和国乃是美德的统治，他所说的美德就是热爱平等，抛弃私我。但他看到的却是一个由于腐败而繁荣的君主制。于是，他说，君主制的突出原则不是美德，而是荣誉，他曾将其描述为一种精心设计的装置，驱使世界上最能干的人不受惩罚地从事一切令人反感的事情。依据用气压和纬度解释制度与民族性格的那个著名理论，对英国的赞赏并没有伤害法国人的爱国精神。孟德斯鸠详尽
8 研究了本国和外国，却没有更进一步，他那对于所有实证性事实给出理由的令人尊敬的才能，有时却扰乱了他为捍卫自己的论点而

---

* 指克伦威尔。——译者

** Robert Walpole，1676—1745年，英国辉格党领袖，1721年成为英国第一任首相，任职至1742年。——译者

提出的理由。他对那么多要求获得特权的借口非常了解，却几乎完全忽视了没有任何特权的那个阶层：由于对教士阶层没有好感，因此，他赞成给予他们豁免。他认为，仅靠贵族制度就可以维护君主制，并且正是这一点，使英国比其他国家更为自由。他阐明了伟大的保守主义基本原理，而一般来说，它要成功，却必须深入地了解施行这一原则的时代；在他的著作中，他阐述了最纯正的辉格党人原则：如果公民的义务遮蔽了其作为人的义务，那么，公民的这种义务就是一种犯罪。这也是费纳隆的看法。他心目中的自由是哥特式自由，而不是贪得无厌的自由。但他的著作中的格言 Prolem sine matre creatam（无母而自生）旨在表明，唯一应当追求的东西就是自由；而他关于税赋、平等、权力分割的观念，使他在 1789 年产生了划时代的影响。然而，他提出的忠告——单一的立法机构可能比行政机构更为危险——却无人记得。1767 年，他的《论法的精神》就失去了风头，当时卢梭如日中天。这位作者的心智一直活动在他所熟悉的社会状况中，并没有留意到即将到来的民主制度。他向休谟保证说，不会有什么革命，因为贵族们并不具备公民的勇气。

达尔冈松（d'Argenson）更有预见性，他于 1745 年任外交大臣，他是从政府内部观察政治的。他那位聪明的同代人只是默许承认革命的可能性，而他则有意识地提出了一个实行根本变革的方案，我们可以从他的方案中看到 1789 年制度的最早雏形。在他之前，也有些人认识到革命迫在眉睫，但只有达尔冈松预言说，这场革命将以巴黎街头的教士遭到杀戮而拉开序幕。38 年后，这一预言在圣日耳曼大修道院变成现实。他没有受到亲英思想的多大

影响，他是那位觊觎王位者*的支持者，他没有将其归咎于英国的
自然神论者（Deist）和辉格党人，而是归罪于教会及其分裂与不宽
9 容，他认为，拒绝信仰的精神既危及教会也威胁到国家。在欧洲大
陆，人们一般都认为，1688 年的革命是不信奉国教者发动的一场
起义，辉格党则在安妮女王驾崩之前被认为属于长老会。人们很
容易推断，更为狂暴的神学争论必然导致更为狂暴的动乱。早在
1743 年，他在他那可怕的预言中就指出，国家将土崩瓦解，他对于
这种结局确信不疑，并开始思考在其他的统治者下面寻找一个避
难所。他希望废黜贵族、教士和法律家，将他们的权力交给群众。
尽管政治科学还处于婴儿时代，他却根据刚刚诞生的启蒙运动思
想论证了理性的自由和所有阶级、宗教一律平等的思想，认为这才
是政治的完美状态。这个世界不应当由羊皮纸和既定权力来统
治，而应该由清晰的理性来统治，这种理性能够化繁为简，能够拆
除横亘在国家与民主制度之间的一切东西，给予每部分国民以治
理自己事务的权力。他渴望改变一切，只有君主制度除外，因为只
有君主制度能够改变一切。一个审议性的议会（delibarative assembly）的水平不会比其社会普通成员的水平更高。它既不会很
愚蠢，也不会很明智。如果国王使自己成为理性（philosophy）和
正义的不可抗御的工具并致力于改革，那就可以万事大吉。然而，
他的国王却是路易十五。达尔冈松觉得没有多少东西值得保留，
他不能不退而作出全面的判断和抽象的命题。他信奉理性主义，
他对于习俗的成见和财产权漠不关心，他提出了一条基本原理：可

* 指克伦威尔。——译者

以设想，每个人都能理解涉及他自己的利益和责任的事情。他对民主、平等和简单性的狂热辩护，他厌恶横在中间的权力，凡此种种都表明，他不属于他那个时代，而属于下一代人。他预示了那些历史事件的到来，但对那个时代却没有发生多大影响，因为他的著作充其量也要到我们这个时代才为人所知。

就在孟德斯鸠达到活着的学者所能获得的声望之巅峰状态、满足于思考历史之际，在巴黎神学院，有一个学生则教导人们将自己的希望和努力投向未来，他在 23 岁的时候就开始指导着这个世 10
界。当杜尔哥宣称，不断的增长和进步是人类生活的法则的时候，他正在攻读神学课程。我们生活在科学的时代，很难设想除了心灵之外没有发展、没有改进社会的能力的基督教世界。然而，这种观念被人接受的过程是很缓慢的。在原罪的重负下，人们一直认为自己是堕落的。每一代人都承认，他们是他们的父母的微不足道的孩子，都急不可耐地等待着末日的降临。从卢克莱修和塞涅卡一直到帕斯卡和莱布尼茨，我们只能看到，学者们在若干零星、孤立的段落中提出了人可以趋向于完美状态的观念；照耀人心的这些光亮从一个人手里传到另一个人手里；但它们没能占据主流地位，也没有大放光明。杜尔哥则很快使这种观念广为流传，在好学深思的才智之士中间产生了强大的穿透力，而新的科学之兴起又确证了这种观念。他给予历史以深层的意义，给予其以统一的趋势和方向，历史的运动获得了一种连续性，历史是在发展，而不是在任意变化。他所说的进步既指知识，也指道德。他公然认为，他那个时代的恶棍相对于以前的世纪来说，也可能是神圣的榜样。他得出这样的结论之时，没有考虑到人的邪恶。他的分析给未来

的探索者们，为莱辛、更为黑格尔留下了一个深不可测的深渊；不过，他教导人类要认识到，未来跟过去不同，未来要比过去好，历史上的经验可以作为经验或教训，但不能让它来指挥或控制未来。他显然大大地推动了历史学研究；但他也锻造了一件武器，一件具有清除历史产物和现有秩序的武器。历史具体体现的是不完美状态，而摆脱历史的束缚就成了即将到来的时代的口号。这位大师的弟子孔多塞就认为，烧掉历史档案，世界将获解放。

11 杜尔哥还是相当慎重的，尚没有到如此过分的地步，他还到历史中寻找能证明他的法则的证据。他最早在神学研究中偶然提到了这些，但很快就放弃了神学研究，他说，他不能戴着一个面具。基佐(Guizot)曾经把拉芒内斯(Lammennais)称为坏蛋，因为他扔掉了自己的教士法衣，而成了一位自然神论者(free-thinker)，经历跟他差不多的谢雷(Schérer)曾评论说，“他恐怕不知道那件衣服值多少钱。”而这么一个巨大转变，在杜尔哥那里，几乎没有经过什么斗争就完成了。自印刷术发明以来最庞大的书籍《百科全书》当时已经出版了，杜尔哥曾为其撰写过词条。但他后来与百科全书派决裂了，他拒绝与公然敌视神启宗教的团体为伍，他也不喜欢狄德罗和雷纳尔(Raynal)等热衷于夸夸其谈的怪人。他在重农学派的人士中找到了自己的精神家园，在当时所有的团体中，只有这个团体拥有一套最为坚实的内在一致的思想，他也已经知道了政治经济学中后来被人接受的学说中之大部分，尽管他们最后是为亚当·斯密开辟了道路。对我们而言，他们极为重要，因为他们把政治科学建立在即将形成的经济科学之上。哈灵顿在一个世纪以前就已经认识到，统治的艺术能够被化约为一个体系；而法国的经济学家在所有人之前就认识到了这一点，他们对于与政治相关的问题及属于经济学领域的问题，都形成了一套相互关联、并经过证实的观点，他们并将其扩展适用于各个领域：用于管理财政问题的原则，同样也可以用于处理政体问题。他们说，一个人最神圣的财产就是他的劳动。它甚至先于财产权，因为，即使那些一无所有的人也拥有劳动。因而，他必须能够自由地利用他所能拥有的东西。一个人对于他人的干预、社会对其成员的干预、国家对其臣民的干预，都必须降低到最低水平。权力只能为了限制上述干预、为了保障个人免受压迫而出面进行干预，且这种干预是按规章行事，而不是为了其自身利益。自由地劳动及由此引申出来的自由交易，是合法政府的首要目标。让事情保持其自然的秩序，让社会自己治理自己，国家的主权功能仅限于执行自然的法律以保护自然。12
政府绝不能是专断的，但它必须有足够的权力以镇制其他方面的专断行为。如果最高权力受到不必要的限制，那么，次一级的权力就会掀起暴乱。最高权力的地位不应当受到制约。问题在于启蒙统治者，而不是强制他；启蒙一个人总比启蒙多数人要容易得多。通过反对派、通过制衡和控制进行治理，是违反基本原则的：绝对君主制(absolutism)可能是实现他们所向往的高尚目标的前提条件。除了集中的权力之外，没有任何东西能够克服他们打算进行的那些有益的改革所面临的障碍。那些仅仅追求普遍之善的人必会伤害到分立的、大有区别的每个阶级的利益，也会狂妄地摧毁他们能够指望得上的唯一的一支力量，到最后，会丧失一切能够阻止邪恶的手段。如果把事情留给舆论和群众的感情，结果只能如此。他们一点都不热爱绝对的权力本身，但他们已经算计清楚，他们只

要把这种权力用上五年，法国就能获得自由。他们认为，拥有不可抵挡之权力但又不受感情影响的国家，是不同于专断的君主制度的。

这将是一个改过自新的君主制时代。国王成为首席公仆，为了人民的利益而去干人民自己无法完成的事情。应该进行一场改革运动，最终建立起很多昌盛的、明智的行政管理机构。对于那些知道恶劣的法律将带来何等罄竹难书的痛苦的人来说，对于那些生活在没有教养的、愚蠢的群众的恐怖统治之下的人来说，自上而下的改革看起来要优于由纽卡斯尔和诺斯所控制的议会制政府，这样的政府在保护英格兰地主的利益。显而易见，这些经济学家的自由主义没有孟德斯鸠那样彻底，因为那个时代的丑恶行径给他们的印象要深刻得多，因而他们要求进行广泛而根本性的变革。
13 他们希望借绝对君主制之手让专制制度停止运转。他们不是专制主义的反对者，而是专制主义的出谋划策者，他们希望通过自己的谋划逆转绝对君主制的方向。不可剥夺的自由权利就是那些构成国家之财富的权利：受害人自己救自己，痛苦反而会持续得更长，必须由制造痛苦的人来救他们。那些已经干下坏事的权力，正好足以用来消灭坏事。比维持现状显然要困难得多的大转型，在这些经济学家看来，并不是那么令人望而生畏的，因为，这项工作主要就是废除黑暗时代形成的邪恶的东西而已。他们认为，他们的使命并不是制定新法律，因为这是上帝的使命，不是人该干的事；人所能做的唯一事情，就是揭示社会中已经存在的内在一致的法律，并使其发挥效力。

社会和经济机制中的缺陷，显然被这些经济学家及后来的国

民议会议员们清楚地指出来了，他们也提出了几乎所有的补救之道。然而，有人却说服他们相信，要使法国获得重生的唯一的办法是来一场大动荡，国民性格也应该来一次巨大的转变。他们希望进行一次大规模的民众教育计划，因为命令不可能在毫无准备的土壤中扎下根。政治上的真理可被完全揭示出来，受过这些真理教育的大众的意见将是不可战胜的，将彻底消灭权力的滥用现象。要抵制压迫，就需要与天（heaven）结盟，而所有那些有违自然之自由秩序的东西，都属于压迫性的。因为，社会只可保障权利，它既不可能赐予权利，也不能限制权利。权利是义务的直接后果。只有通过揭露反对者的错误和缺陷，才能说服其信服真理，因而，自由是真理的至关重要的卫士。社会的基础不是人的意志，而是人的自然和上帝的意志：忠实于神定秩序，必得奖赏。救济那些蒙受痛苦的人是所有人的天职，是最重要的事情。

这就是那群著名人物的思想，尤其是梅西埃·德·拉·里维埃勒（Mercier de la Rivière）的思想，狄德罗曾经说过，只有里维埃勒掌握了真理，掌握了帝国长治久安和幸福的秘密。杜尔哥在 14
政府任上确实不怎么成功，但他的声望丝毫未受影响，在大革命爆发时，他的名字的力量超过任何人。他提出的利用王权改革国家的政策立刻遭到国民议会的拒绝，代表们更青睐其他方针，但在国民议会颁布的很多法案中，都可以看到他的影响力。不过，在两个令人难忘的领域，他们的影响却不值得恭维。重农学派的主要学说是，土地是财富的真正源泉，或者像阿斯吉尔（Asgill）所说的，人所拥有的东西只有土地。于是，当法国的大部分土地成为国家的财产后，人们便轻易地相信，政府有了土地，就可以大肆借钱、不

受限制地任命官员。根据我们前面已经提到的他们的一个重要看法，当法国革命处在重大历史转折关头时，法国人拒绝考虑英国和美国的范例，而决心建立一个单院制的、不加分割的立法机构。这是宾夕法尼亚模式，而伏尔泰曾经公开宣称，宾夕法尼亚模式是世界上最好的治理模式。富兰克林曾经说，他那个州的宪法是一个奇迹，杜尔哥则是这种模式在欧洲的热情宣传者。

是国王君临一律平等的大众之上，还是大众通过国王的代理自己统治自己，这是第一届国民议会中一直争论不休的两种观念。一个是杜尔哥所主张的君主制，另一个则是卢梭所提出的君主制，后者一度占据上风。卢梭是一个只由一个小镇构成的小共和国的公民，他却希望用这种模式来治理整个世界。这个共和国就是日内瓦，这个日内瓦不是他亲眼所见的日内瓦，而是他从基本原则中推想出来的日内瓦，是森林州和州民大会(Landesgemeinde)所体现的日内瓦，而不是写在它自己的特许状上的日内瓦。在他的想象中，日内瓦的成年人在市场上集会，就好像格拉鲁斯(Glarus)* 农民在大树下集会一样，自己管理自己的事务，任命或罢免官员，授予或收回权力。他们是平等的，因为每个人都拥有平等地行使自己的投票权以反映自己利益的权利。所有人的福利掌握在所有人手中是安全的，因为他们没有出于对财富的迷恋而滋生出的分立的利益，也没有从某种扭曲的教育而形成的排斥他人的看法。所有人的天赋平等而目标同一，不可能有什么正当的理由让有些人跟大家闹别扭，使整体分裂为几个派别。那里存在着某种隐含

* 此为瑞士一个州。——译者

的契约：部分永远都不能优越于整体，少数必须永远服从整体。那里不会让聪明过头的人来制定法律，因为这些人和他们的法律是一切祸害的根源。与文明相比，自然是更好的指南，因为自然源于上帝，而他的作品总是健全的；而文明出自人手，总是糟糕的，其糟糕程度与人偏离自然的纯真无邪的距离成反比，因为他的欲望会压倒他，因为他总是追求过分讲究的享乐，并想储存太多无用的财产。文明导致了不平等、自私自利和公共精神的灭亡。

通过这些似是而非且不严谨的推理过程，隐含在瑞士某些地方的社会理念形成了下面的理论：人在从造物主那里诞生的时候是纯洁无瑕的，他们最初是平等的，而他们从平等到文明的过程就是从美德堕落为邪恶、从自由沦落为暴政的过程；人民是至高无上的，对于治理权，他们可以予取予夺；个人或阶层可能会犯错误，可能会抛弃共同的事业和普遍的利益，而人民必然是诚挚的、真诚的、纯洁的，永远不可能犯错误；对于所有犯错误的政府，人民都有反抗的权利，因为这样的政府总是偏向一方的；但没有人会反抗人民自己治理自己的政府，因为这个政府没有统治者，也没有法官，归根结底，是人民并且只有人民才能自己作出裁决；造反是所有建立在错误的原则或违犯契约之上的非民主的社会的通则，只有在建立于人民意志之上的正当的社会，才会有顺服；不能存在违反自然法则的特权，也不能存在违背所有人的权力的权利。经过这么一个推理的链条，再加上其他一点点要素，卢梭将那一套纯粹民主制度的理念运用到了国家的治理中。 16

今天，最显著、大家最熟悉的历史事实已经证明，小城镇的直接自治模式是不能推展至一个大帝国的。这么一套方案，甚至不

能超出行政堂区(Parish)的范围。一个区要么由另一个区治理，要么两者都由为此而专门挑选出的某些人来治理。这两者都与直接民主的原则不合。服从是对民主的直接否定;代议则是对民主的间接否定。因而,一个英国人要接受议会的约束,洛桑市要受伯尔尼的约束,在美国对英国还交税的那个时候,美国要接受英国的约束,他可以依法恢复自己的自由,但七年才能有一次机会。因而,卢梭如果始终坚持他的理论的逻辑和瑞士的成例,他就应该是个联邦主义者。在瑞士,如果一个州的半数人跟另一半人发生意见分歧,或者农村与城镇发生分歧,那么,他们一分为二就应当是自然的,因为普遍意志不能压迫少数。卢梭应当承认自治共同体的这种繁殖,因为这样才能保持一致同意,也才能维护自由。爱尔维修的观念可以为卢梭提供一些支持:人依其本性而言不仅是平等的,也是一模一样的;社会是多样性的根源;由此得到的结论是:借助法律和教育,可以达到一切目的。

卢梭提出的政治思想在人们中间引起了最强烈的反响。我们不能说他的推理过程如何精当,但他确实知道如何使他的论点看起来具有说服力、令人满意而又不能抗拒。他文笔流畅、充满激情,是其他人的散文中所罕见的,即使是博林布鲁克(Bolingbroke)或弥尔顿(Milton)也无法与他媲美。他的著作发出了某种颠覆活动的第一个信号,这不管是对于共和国还是对于君主制都是致命的。尽管他终生都在宣扬社会契约和抵抗的法则,他的影响也主要在于他的观念的极端性和系统性,但他晚年的著作则不乏健全的政治智慧。他的名气并不是来自思想的新颖或原创性。不管是将他的观点放在一起还是分开来看,都似曾相识,在下面这

些流派的理论中，都可以看到他的某些观念：在他之前的沃尔夫学 17
派（school of Wolf），英国内战期间的基督教教义学者和对西德尼（Algernon Sidney）一往情深的耶稣会决疑论者，反对上面这一派的新教教徒莫尔奈（Duplessis Mornay），那些听过我们的最后一位经院学者圣安德鲁的梅杰（Major of St. Andrews）讲课的苏格兰人，他们振兴了教派分裂时代的思辨，这种思辨曾让教会陷入分裂，然后按照非常有利于政治革命的模式重建；甚至在亚里士多德《政治学》——它可是在历史上第一个议会时代发表的——的早期阐释者那里，也能看到卢梭的某些观念。

卢梭最进步的观念是人民永不出错的学说。朱里厄曾经说过，人民做的事从来不会错。卢梭又补充说，他们是绝对正确的。这种观点跟他的其他观点一样，不是什么新东西，也可以追溯到中世纪。当时的学者提出一个问题：如果主教团四分五裂，教皇位置空缺，那么，什么才能保障传统的真理得以维护？答案是，信仰将被民众安全地呵护着。人民的声音就是上帝的声音，这种看法，阿尔昆*早就说过。在实行民主制度之前的其他一些伟大学者也都重述过这种思想，比如胡克**和波舒哀，到了我们这个时代，纽曼***又用这种理念来支持他的发展理论。卢梭则将其用于国家。

公众意见的至高无上地位观念，是随着当时国民债务的增加

* Alcuin，732？—804年，英国神学家和教育家，改革了天主教礼拜仪式，并将盎格鲁·撒克逊的人文主义传统介绍到欧洲大陆。——译者

** Hooker，疑为Thomas Hooker，1586—1647年，北美殖民地康涅狄格的清教徒牧师，宣称人民选举行政官员是上帝授予的权力，被誉为“美国民主之父”。——译者

*** John Henry Newman，1801—1890年，英格兰神学家，高级教士。1845年发表著作《基督教学说发展论》，以宗教学说发展之理念捍卫天主教教义。——译者

和政府信贷的日益重要而逐渐形成的。它的意思就是，贵族才是野蛮的，南太平洋诸岛的野人则是清白无瑕的；这种观念也打消了少数人企图靠着自己的精明智慧指导广大群众的念头。事实终将证明，这是建立代议制政府的最严重的障碍。能力的平等当然也要求财产的平等，但社会主义运动在卢梭之前就已经出现了，卢梭对此倒并没有帮什么忙。在大革命期间，有些严肃的理论家，如马布里（Mably）和摩莱里（Morelly）有时也会被人提到，但财产分配格局的变动其实跟他们无关。另一个具有相当影响的力量来自意大利。在意大利人看来，正是由于接连出现了维科（Vico）、吉亚
18 诺纳（Giannone）、杰诺维西（Genovesi），他们才有了属于自己的18世纪。萨丁尼亚人早在法国人之前就解决了封建制的问题。阿瑟·杨也说，利奥波德（Leopold）大公在十年前所采取的措施使托斯卡纳地区的产量翻了一番；在米兰，费尔米安（Firmian）伯爵算得上是欧洲最出色的行政管理者。一位米兰人贝卡里亚（Beccaria）由于进行了刑法改革，而成为法国的意见领袖。长期以来，大陆的法学一直笼罩在两个观念的阴影之下：酷刑是发现事实真相的最有把握的方法，刑罚的震慑力不是来自于它的正义、它的迅速和它的确定性，而是与其严酷性成正比的。即使到了18世纪，玛丽亚·特雷萨（Maria Theresa）和约瑟夫二世的刑法制度也是野蛮的。因而，对于司法制度的攻击，主要的并不是针对传统惯例的核心，而是针对法庭的处理方式。它迫使人们得出结论：司法当局愚蠢得让人作呕，现在仍然极端地残忍；应当受到控告的是现在的政府，真正的罪犯是法律——不管是宗教法庭还是世俗法律——的卫士和大臣们，而不是犯人。人们认为，过去的时代一直

处于地狱般权力的统治之下，人们指控，那些本该受到惩罚的罪恶却长期没有遭到惩罚。法律中没有任何神圣的东西，那些残忍地捍卫法律的人也没有一点仁爱；如果他们落入复仇女神之手，以他们的罪行，他们遭受任何劫数都不算过分。很明显地，大革命期间，布里索（Brissot）和马拉（Marat）就受到了这种激烈观念的影响，他们投入到一场争取人道的斗争，这场斗争提出的要求是，建立一种不受种种恶行玷污的政府，颁布新的法律，创立新的权力，建立一个新王朝。

而由于宗教与这些残酷行径有关联，因而，这个领域的新观念运动变成了一场讨伐基督教的运动。部分正是由于这一点，屈雷·梅利耶（Curé Meslier）写的一本书那时广泛流传，但到1864年才由斯特劳斯印行，这本书吹响了不信仰宗教也正当的号角；另一位神父雷纳尔（Raynal）则希望，教士们应当被压碎在他们的祭坛的废墟之下。

因而，这场思想运动在费纳隆时代开始之时，还只是警告、进
谏和热情地要求保王，它形成了两大变革方案，一种是由国王进行 19
变革，另一种则是靠推翻国王来进行变革。这场运动最后的结局，则是狂暴地呼吁进行报复，激烈地要求火与剑。这么多不同的思路最后都汇聚成毁灭旧制度的呼声。这一点可以解释，为什么在法国议会开幕之时，各方尚意见一致，而1789年的改革之后则是大爆炸，然后是1793年的覆灭。没有任何对立能比宪法与开明的绝对君主制之间，旧法律的修修补补与从头起草新法律之间，代议制与直接民主之间，人民控制与人民治理之间，通过契约进行统治的国王（kings by contract）与接受指令进行统治的国王（kings by

mandate)之间的冲突,更无法调和的了。

然而,所有这些看法却被认为均属于自由主义:孟德斯鸠是自由主义者,因为他是一个聪敏的托利党人;伏尔泰是自由主义者,因为他严厉批判了教士;杜尔哥是自由主义者,因为他是个改革家;卢梭是个自由主义者,因为他是个民主主义者;狄德罗是个自由主义者,因为他是个自然神论者。然而,这些人唯一的共同点是:他们都对自由本身漠然置之。

第二章 美国的影响 20

在法国兴起、并在革命进程中互相冲突的几类不同政治思想，并没有直接导致革命的爆发。这些理论如同阴云悬在天空，在路易十五王朝的关键时刻，人们都觉得，一场大灾难正在逼近。在他的继任人那里，只来了一点点刺激，它就降临了；而将思想变成行动的那个火花，则是美洲《独立宣言》提供的。这是一个超越国界的、世界性的辉格党人理论体系，它的简单和严密远远超出了英国模式。它的力量也超过了巴黎和日内瓦的一切哲学思辨，因为它已经受了现实的考验，它的胜利是人们所见识到的印象最深刻的历史事件。

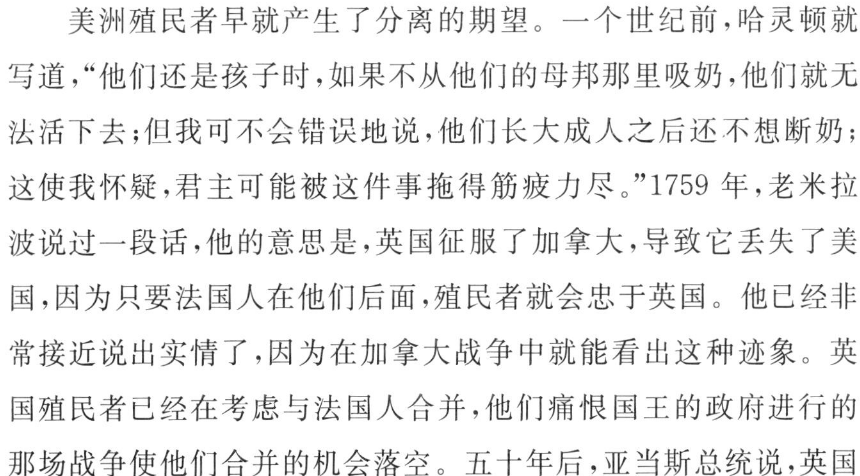

美洲殖民者早就产生了分离的期望。一个世纪前，哈灵顿就写道，“他们还是孩子时，如果不从他们的母邦那里吸奶，他们就无法活下去；但我可不会错误地说，他们长大成人之后还不想断奶；这使我怀疑，君主可能被这件事拖得筋疲力尽。”1759 年，老米拉波说过一段话，他的意思是，英国征服了加拿大，导致它丢失了美国，因为只要法国人在他们后面，殖民者就会忠于英国。他已经非常接近说出实情了，因为在加拿大战争中就能看出这种迹象。英国殖民者已经在考虑与法国人合并，他们痛恨国王的政府进行的那场战争使他们合并的机会落空。五十年后，亚当斯总统说，英国 21

对美洲官员的态度让他血液沸腾。

焦虑不安始于1761年，是受了创造性观念的刺激，这种观念后来传到国外，与《独立宣言》一样重要，这些观念就是宪法大论战。从自由制度的发展水平看，殖民地比大不列颠更为先进，完全是由于他们能够躲避母国的种种缺陷之害，他们的制度才得以形成。他们没有封建的残余值得珍惜或需要反抗。他们拥有成文宪法，其中不少具有引人注目的原创性，这促进了民主制度的广泛发展，以至于乔治三世也觉得，他作为罗得岛那样的民主制度的最高统治者，有点怪异，因为在那里，所有的权力每年都必须交还人民，政府必须全盘改选一遍。康涅狄格则从斯图亚特王朝接受了一部具有那么强烈的自由主义色彩的宪章，构造出了那么完美的一套地方自治方案，它后来成为联邦宪法的基础。贵格会教徒们提出了一套以权力的平等、没有压迫、没有特权、没有迫害异己、没有奴隶制为基础的方案。他们宣称，如果他们不能提供一些优越于英国的东西，他们就不值得进行自己神圣的试验。他们的方案提出，要获得自由，良心的自由，要获得自己征税的权利，并且，他们已经开始谈论其优点。从形成这些方案的一些想法中，我们已经可以看出某种更加不受约束的民主制理论的迹象了，因为，他们的政府不是建立在约定俗成的惯例之基础上的，而是建立在神圣的权利之基础之上的，而这些，据说是不会出错的。一位康涅狄格的传道士在1638年写道，“公共官员的挑选权属于人民，上帝允准人民的选择。人民有权委任官员和治安官员，他们也有权对权力设置边界和界线，并可以随意安排其官衔。”下面这段话写于1736年，出现在富兰克林的一本书中：“全体人民、尤其是全民自由人的判断，

是不可能出错的。这一点是放之四海而皆准的，只要他们处于正确的范围之内，不偏袒任何一派，不上诡诈家伙的阴谋的当。因 22
而，不可能设想，作为一个整体的人民对于任何重大问题的判断会有错误。即使他们作出有利于他们自己的判断——这是极其自然的——他们的决定也是正当的，因为这些决定不管给他们带来什么样的好处，这种好处都是普遍的，会增进真正普遍的利益。”一位评论家补充说，人民对自己的利益的认识不可能有错误、在追求这种利益时也不会犯错误的观点，在那个地方非常盛行，美国独立后，也一度在各州非常流行。

尽管具有民主精神，这些共同体却同意对他们的贸易进行管制和限制，以保护自身的利益和英国商人的利益。他们曾经提出抗议，最终遭到压制。而今，亚当·斯密则宣称，禁止一个伟大的民族去制造他们自己能够生产的各种各样的产品，或者按他们自己认为对自己最有利的方式利用自己的储备和精力可做的事情，是对人的神圣权力的明显的侵犯。导致美洲殖民地人民潜伏的屈辱感爆发的因素，除了干涉其商业自由之外，还是一点，是英国企图行使征税的权利。一位美国人后来写道：“导致那场革命的不满的真正起因是从 1750 年起，大不列颠试图阻止职业的多样化，限制制造业和商业艺术的发展。最根本的原因则是，英国企图在没有代议士的情况下征税，仅次于这一原因的，就是航海法。”英国认为，管制的苦头要比征税的苦头更大，因此，那些能够忍受前一种苦头的人，从原则上说，也可以忍受后一种苦头。对此，富兰克林回答说，美洲人并没有这种看法，但如果让他们进行选择，他们情愿将两者都予以拒绝。但他知道，他的同胞所提出的理由还是不

够充分。他写信给法国经济学家莫雷莱(Morellet)说:“你的看法
23 表述得再好不过的就是这一点,你认为,交易、垦殖、制造等等的自由,甚至比公民自由更重要,公民自由只在较少时候会受到限制,而其他自由却经常会受到限制。”

这些美洲独立的早期鼓吹者普遍地钟情于英国宪制,他们在柏克之前就喜欢将其视为典范,将其夸赞为世界各国的理想榜样。约翰·亚当斯在1766年说:“英国的宪制与其他国家政府形态之间的区别在于:自由是它的目的,是它的功能,是它的终极归宿,是它的主旨和范围,就好像磨谷物就是磨的功能一样。”另一位著名的波士顿人曾认为,英国宪法就是自然之法,好像孟德斯鸠说民法是成文之理性一样。他说,“英国君主的荣耀和英国臣民的幸福就在于,他们的宪法的根基在永恒的自然法中;其最高立法机构和最高行政机构的权力都来自其宪法,因而似乎可以说,任何有违自然之根本法的法律,都不可能被制定出来,也不可能被执行。”写出这些话的詹姆斯·奥蒂斯(James Otis)正是革命学说的创始人。美国第二任总统是这样形容他写的一本小册子的:“审视一下国会于1774年发布的权利和陈情宣言;读一读1776年的独立宣言;看一下普赖斯博士和普雷斯特利博士的著作;观察一下法国政府的组织结构;更有甚者,看看托马斯·潘恩的《常识》、《危机》和《人的权利》,你发现的东西,有哪些在《众议院陈情书》(Vindication of the House of Representatives)的坚实论证中找不到?”而当这些人发现,诉诸法律和宪法并不能有助于他们的事业,当他们发现,国王可以用人民的钱来贿赂人民的代表之后,他们开始诉诸更高级的法庭:从英国法律转向自然法,从英国国王转向万王之王。奥

蒂斯在1762年、1764年和1765年说：“事实上，绝大多数政府都是专断的，因而也是对人性的祸害和羞辱；而没有一种专断是正当 24
的专断。根据上帝的法律和自然法，政府绝不能在未征得人民或其代表同意的情况下征税。任何再古老的规定也不可能先于自然法和上帝的授权。万能的上帝已经赋予所有人获得自由的权利。即使一个人可能没有什么财产需要保护或捍卫，但他的生命和自由本身就是重要的东西。”大约同一个时间，加兹登（Gadsden）也说：“我们可以通过诉诸早期的各种宪章来确定我们作为英国人的基本而共同的权利；但如果还继续依靠它们，可能是致命的。我们应当将这些自然权利建立在更为广泛的基础之上，作为人和英国人的后裔，我们都能感觉到、也都理解这些自然权利。”

美国最早的建国之父们最初更喜欢谈论抽象的道德原则，而不是法律条文和英国宪制的精神。但随后，他们又前进一步。他们的愤懑不平很难在法律中找到伸张的依据，这种不平其实在程度上也是微不足道的。英国人的要求并不是明显地没有道理，即使这种要求是不正义的，这种不正义事实上也不是不能承受的。屈从所可能带来的痛苦，绝对要小于反抗所可能带来的不幸，反抗所可能带来的不幸更加不能确定，也更为深远。当时，实用主义的说法甚嚣尘上，这些人倾向于顺服和忠诚。但如果说利益是一个方面，那么，另一个方面显然就是原则，这是一个如此神圣而明确的原则，要求他们必须不惜为此而牺牲人的生命，牺牲他们的家人和他们的财富。他们决心放弃一切，并不是为了躲避已有的压迫，而是为了给不成文法的律令增光。大西洋两岸都发展出了这种关于政治义务的理论，它的光芒照耀着大西洋。它指出，自由并不是

暴政的相对放松，而是一件非常神圣的东西，因而，社会的存在必须要能有助于阻止对其至高无上的权利的哪怕是最小的结构性破
25 坏。狄金森说：“自由的人民永远不可能那么容易地接受、也不可能那么坚定地反对最初在形式或实质方面的些微改变，而是会尊重为他们的安全而逐渐形成的各项制度。而第一项改变会导致最后一项改变。通常，对于被统治者的权利的侵犯，在刚开始的时候不仅是貌似有理的，也是微不足道的，他们会逐渐扩展到很多人身上，而让每个人都觉得无所谓。每个自由国家都应当时刻保持警惕，应当永远对行之于他们头上的权力之任何增加保持警觉。”那么，谁是自由的人民？不是政府合情合理地、平等地统治的那些人民，而是那些生活在受宪法制约、控制的政府之下的人民，宪法作出了明确的规定，不得以其他方式行使权力。这场争执完全是一场原则之争，而双方都在完全依据自己的原则行事。伟大的宪法学家马歇尔曾说过，“英国提出要增加之税收的数量，不管是对于人民还是对于国家，实在是不值一提。”我还想补充宪法的伟大阐释者丹尼尔·韦伯斯特的一句话，他是美国最雄辩的人，在政治上则与柏克引为同道，他说，“不列颠议会声称自己具有任意对殖民地征税的权利，恰恰是在这一问题上，他们使革命出现了转折。税款数量确实微不足道，但他们的要求本身是有悖自由的，而在殖民地人民眼里，这就足够了。这场革命并不是在反对任何立法所带来之痛苦，而是为了反抗议会的一部法案中的说法，因此才奋起武装反抗。他们之所以投入战斗，是为了防范暴政于未然。他们为反抗一份声明而战斗了七年。他们从英国议会的要求中看出了暴政的端倪，看出了不正义的权力之萌芽。”

这些人追求的目标是自由，而不是独立。杰伊(Jay)在其致大不列颠人民的信中表达了这种感情："让我们跟你们一样自由，那么，我们将永远将把与你们的团结视为我们最大的光荣和最大的幸福。"在1775年以前，没有什么分离的问题。即使在革命过程 26
中，亚当斯也宣称，一旦获得安全保障，他将让一切事情恢复至原状；杰斐逊和麦迪逊两人也当着英国大臣的面说，在英国议会两院中有那么一些个座位，也许就足以解决整个问题了。

美国人在诉诸高级法的时候，表现了最纯正的辉格党理念，他们声称，他们之抵制下院和西敏寺的司法体系的斗争，不过是把辉格党人与托利党人之间那种持续的冲突推进了一步。他们靠着仔细的分析和对于逻辑推理结果的无惧，使辉格党的理论移形换位，并改造了辉格党。这个移居他乡的辉格党，剥离了其原来的僵硬的规定和成例，摆脱了其祖先的家谱和历史条件，而显示出了新的品质；妥协的时代让位给了原则的时代。当法国外交机构在波士顿的茶叶骚乱事件中寻找反抗英国的力量之时，查塔姆(Chatham)* 和坎登(Camden)** 都感觉了狄金森和奥蒂斯的影响，而没有认识到两者间的差别。这一点在查塔姆伯爵1775年的一个讲话中看得出来："其实早就应该预见到这次普遍地反对你们专横的税收制度的斗争。从事物的本性、从人的天性看，最重要的是，从与你们相同的思想习惯看，从在美洲盛行的辉格党理念的精神看，

* 指英国政治家威廉·皮特(William Pitt，1708—1778年)，他受封为查塔姆伯爵，支持美洲殖民者的反抗事业。——译者

** 指英国法律人、政治家查尔斯·普拉特(Charles Pratt，1714—1794年)，受封为坎登伯爵，积极为公民自由奔走呐喊。——译者

这是最明显不过的结果。现在已经渗透于美洲的这种精神，就是英国以前反对国王借款、恩税[*]和造船费[**]的那种精神，也是激发所有英格兰人奋起参加革命的那种精神，正是这种精神，在古老的时代曾建立了你们的自由，正是在这种精神的基础上，英格兰宪法才确立了那一伟大的根本原理：所有的英格兰臣民未经其同意不纳税。维护这一原则是大洋彼岸和大洋此岸辉格党人的共同事业。这是与上帝和自然结成的同盟，不朽、永恒，牢不可破。反抗你们的法案实有必要，因为这是正义的；你们会发现，你们宣布议会之全知全能是徒劳的，你们要求我们无条件顺从的跋扈的学说，
27 不能使你们在美洲的同胞信服，也不可能奴役他们。”

美洲的行动在欧洲最突出的代言人是埃德蒙·柏克。我们一向都认为他是这样一个人，早年拒绝所有的普遍原理和抽象的命题，后来则成为最激烈、最热情的保守主义者。但在这中间有一段时期，当英国与殖民地的争吵如火如荼之时，柏克则是华盛顿那样的革命家。这种前后不一，并不像乍看起来那样可耻。他的同道们一直说，他强调三思而行的美德，强调必要的中庸，人们也说他强调妥协，说他的思想不够彻底，比如他曾要求应具有征税的权利，但并不去使用它。当他强烈要求在所有的场合、对所有的问题强调差异性而不承认共同点和共通的原则时，他与他的同道们尚保持步调一致。作为一个爱尔兰人，他曾将女儿嫁入一个爱尔兰天主教家庭，对他来说，比较可取的做法是不去支持美洲的任何理

* benevolence，旧时英国国王向其臣民强行征税的一种税款。——译者

** ship-money，英国战时对港口、沿海城市等征收的税，以供应建造军舰，1640 年废除。——译者

论，这种理论可能使爱尔兰陷入动荡。他一直教导人们说，借助政党的治理几乎是神圣的教条，而政党是禁止造反的，因为这违反游戏法则。他良心上的不安和他的抗议，他对理论的公然蔑视，都是一个有意识保持克制而不让自己完全自由地超出周围环境之上太多的人想到的办法和预防措施。但随着争吵日趋尖锐、美洲人走上自己的路，柏克选择了与其同行，从而提出了一些他从来都没有公开放弃、但与他在大革命蔓延至法国时所表达的看法很难调和的观点。

在致殖民者的信中，他说："我们不知道如何才能证明这几百万人是我们的同胞，他们正由于一些可憎的、毫无价值的理由，而一心一意地拒绝承认我们一直视为自己的幸福和荣誉所系的特权。相反，我们高度尊重你们赖以采取行动的原则。我们倒愿意视你们为完全独立于这个王室和王国，而不觉得你们属于这个王国，两者间的关系是如此地不自然，因为这是自由与奴役的区别。

我们认为，英国殖民地是根据自由原则建立的，而这个王国是根据 28
奴役原则建立的，在未来必将遭到报应。相比较而言，我们的好战的祖先或我们自己这一代的所有战功和征服都是野蛮的、粗野的，在这些活动中，对于很多民族，我们都不抱敬意，认为他们不值一提，而其实，他们跟我们是一样的，甚至还要优越于我们。不管他生活在大洋的哪一岸，只要他信奉并坚持这一共同的自由基础，我们都认为他是真正的、并且是唯一真正的英格兰人。而凡是背离这一原则的人，不管他是生活在这里还是那里，都玷污了英格兰人的名声，污染了我们的血脉，完全背弃了他们最初的身份和价值。他们才真正践踏了英格兰的公正的宪法和正义的统治。与这个国

家的行政当局之间漫长的战争，可能只是你们中间一连串战争和争执的序曲，最终会（这样的情景最后总是以此收场）以某种不光彩的静寂状态而告终，那些幸存下来的心灰意冷的少数人，只能无奈地接受以前的灾难。然而，当合情合理的自由危在旦夕的时候，为了人的荣誉，即使是这种灾难也是值得的，而我们认为，目前的形势就是如此；我们并为此而痛心不已。”

在另一个场合，他又说过下面的话：“能够从根本上震动整个地球的事情，无过于整个欧洲国家恢复其曾经声名远扬的自由状态。西方世界一直是自由的中心所在，直到另一个更具有西方精神的世界被人发现。当原来的西方被追杀的时候，这另一个西方可能是原来的西方的庇护所。令人高兴的是，当欧洲处于最恶劣的时代，这另一个西方还可能为人类保留一个最后的避难所。爱尔兰人之反抗威廉国王，跟英格兰和苏格兰人之反抗詹姆斯国王，乃是基于完全相同的原则。爱尔兰天主教徒如果不是为了针对那些有违他们的宗教和他们的自由的种种措施，而仅仅是为了他们
29 种族的极端的偏见，因此而不支持一位眼看正在受到攻击的国王，那他们肯定是最低劣、最不合乎自然的叛乱分子。在其他方面值得赞许的君王们侵犯了那个民族的自由，并已经由于这种侵犯而被合法地废黜了。我知道，没有人可以不受法律之约束。我认为议会是国王正当的裁判者，他们必须经得起议会的审查。以违反一个民族的性情的方式治理这个民族，世界上不会有这样的事情。不管他们的看法是什么，只要是他们共有的，那就是正确的。基督也显示了对于人民中的最低下者的同情，因而使下面这一点成为一个坚实的、主宰一切的原则：他们的福利是所有政府追求的

目标。

“在所有形态的政府中，人民都是真正的立法者。行之久远的、有效的条款都是人民同意的条款，或者是真正地投票同意，或者是隐含地同意，而这种同意对于其效力来说是绝对至关重要的。辉格党人的理念并不是支持议会的权力或随便什么权力，而是支持人民的权利。如果议会成为侵犯人民的工具，那它就一点都不比其他专断权力的统治工具更好，从某种意义上说，甚至更坏。那些呼吁你们完全归属于人民的人士，正是在请求你们进入你们正当的领域，履行你们义不容辞的责任，从事与你们的荣誉相称的活动。让议会所召集的下院议员们都属于平民百姓，并且与广大的平民百姓融为一体。除了人民自己出面进行干预之外，我看不出有什么别的办法能够保证代议士们严肃地关切公众的利益：不管什么时候，人民都可以采取丑恶的、可耻的行动，或者提出某些重大的创新来表明，那些代议士们正在逾越法律的界限并行使专断的权力。人们的这种干预总是最不合人意的补救办法；但如果说它是一种合法的补救办法，那它也是在某种情况下才可以使用的，即在除此之外显然再没有别的办法能够使宪法的真正原则得以实现的那种情况下可以使用。能够补救议会之滥权行径的，并非只有议会自己；事实上，它不大可能自觉地纠正自己的错误。因而，权力源于大众并不只是大众代议制的本质特征所在。其他所有的政府部门及其他所有形态的政府也具有这种特征。众议院的优 30
点、精髓、本质在于，它公开清晰地表达着国民的感情。建立它并不是为了使它君临于人民之上。设立它并不是为了控制人民。国王的特权和议会的特权只有在为了人民的利益而行使的时候才是

真正的特权。应当听取人民的声音，而不是遵循议院中的投票和决议。它需要完全彻底地维护人民的每项权利，因为这些权利是公认的权利，并被写进王国的法律中；它应当支持它，不光要使其不受国王或贵族阶层的侵害，也使其不受人民自己的代表的侵害。这并不是各种力量保持均衡的政府。如果两百名议员认为自己有能力通过自己的反对废除英国人民所立的规则，那才是一件怪事。为了推进正义和理性的统治，我也一直参与着政治上的合纵连横，我希望，我永远不会只惦记着种种手段，或者只想着在这些手段中逐渐形成的那些感情，而忘记了根本的目的本身。立法者能够做法律家所不能做成的事情，因为除了理性和公正的伟大原则及人类的普遍感觉之外，他们不会让任何其他规则约束自己。我们可以正确地说，所有的人间法律都只是宣示性的；它们可能会改变人的行为方式和惯例，却没有高于实体之上的力量，也不具有基础性正义的力量。保守及安全地享有我们的自然权利，是文明社会最大的和终极性的目标。

“令具有压迫色彩的东西进入这个世界的一大缺口，就是一个人假装自己可以决定与另一个人的幸福有关的事情。我愿意给予犹太人、穆斯林甚至异教徒以充分的政府保障，包括使他们的公共宗教性礼拜活动不受任何骚扰，也给予他们在学校和庙宇中讲经布道的权力。基督教是在没有建制的情况下兴起的，甚至是在没
31 有宽容的气氛下兴起的，它自己的原则当时就不能得到宽容，但它征服了一切黑暗的力量，它征服了整个世界上的强权。而在它背离这些原则的时候，它的建制就变成了暴政，从那一刻起，它自己破坏了自己的根基。政府的权力在于防止恶行：在这方面，它实在

做不了什么积极的事，或许在任何方面都做不了积极的事。不仅国家和国务活动家是如此，所有的上等阶层和所有的富人都是如此：他们是靠穷人养活的，靠穷人的剩余产品维持自己的生活的。他们绝对地、世世代代地、须臾不可缺少地依赖着那些勤苦劳动并被贬称为穷人的人们。这个被称为富人、靠人养活、依赖成性的阶层的人数很少，即使他们全部被杀，并把他们在一年所消费的东西进行分配，也不可能给那些辛勤劳动的人们供应一顿晚餐的面包和奶酪，事实上，辛勤劳动的人们既养活着自己，也养活那些靠人养活的人。因而，我们把减轻神灵的不满的希望寄托在他们身上，不算违背商业法则，这些法则是自然的法则，因而也就是上帝的律法。这是自然之法则，是上帝之律法。”

引用这些话之后，我不能不提到一点：1770 年后，柏克所具有的影响力不同于他所尊敬的那些大师，即 1688 年时的辉格党人的影响力。如果我们在一个后来为古老的秩序唱赞歌，并在宽容和奴隶贸易问题上犹豫不决的人那里，都能发现一种比较少见的思想的紧张，我们就可以设想，同样的情形也在法国能够看到。

当《一位宾夕法尼亚农民的信》* 在欧洲为人所知的时候，狄德罗说过，让法国人读这样的东西简直是疯了，因为他们除非喝醉了酒变成了另外的民族，否则不可能做那种事情。然而，法国对于该事件的印象，要比与它同时代的文学的印象更深刻。美洲在一

* 作者为宾夕法尼亚律师、议员约翰·狄金森(John Dickinson)，发表于 1767 到 1768 年间。在这些信中，狄金森承认国会在涉及整个不列颠帝国的事务上的权力，但主张殖民地在其内部事务上享有主权。因而，国会为筹措财政资金目的对殖民地征税是违宪的。——译者

种根本不足以发动一场叛乱的挑衅面前奋起反抗取得了独立，而法国政府承认，美洲人的理由是正当的，并为此而投入到战争中。
32 如果法国国王在美洲的行动是正确的，那么，他在国内的做法就完全是错误的；而如果美洲的行动是正当的，其理由很充分，那么，这个理由在法国要充分一百倍。所有那些证明美洲人的独立为正当的理由，都不利于美洲的盟友——法国政府。根据没有代表就征税属于强盗行径这一原则，那么，再也没有任何政府像路易十六这样更不正当的了。这种论证的力量是无可辩驳的，由此导致的结果是，英国的榜样在法国不灵了。在革命的最初阶段，英国的理论被置之脑后了，人们采用了美国的理论。法国人从美国人那里拿来的是他们发动革命的理论，而不是他们切割又缝合政府的理论。很多法国贵族参加过美国独立战争，回国之后，从信念上看，他们成了共和主义者，甚至成了民主主义者。正是美国使贵族皈依了改革方针，为大革命提供了领导人物。华盛顿曾说，“美国革命，或者说这个时代的世俗之光似乎打开了欧洲几乎所有国家的眼界，平等的自由精神似乎迅速地在各个地方生根。”当法国军官离开波士顿的时候，库珀(Cooper)用警告的语气对他们说：“不要让我们在这块处女地上的胜利激发出你们自己的希望。你们可以让你们保持我们的这种思想感情，但如果你们试图将这种感情移植到你们那已腐败了几个世纪的土壤上，你们所要遭遇到的障碍要比我们的更难克服。我们已经用鲜血赢得了自由；而你们恐怕不得不用激流冲刷，才能使自由在旧世界扎下根。”亚当斯在就任美国总统后对于使美国获得独立的这场革命深以为憾，因为它给法国树立了榜样；尽管他相信，法、美两国所奉行的并不是同一个原则。

恰恰相反，可以确信，没有任何东西像美国的榜样那样更深刻
地影响了法国，决定了革命的方针。正是从美国那里，拉法耶特搬
来了一句话：现在就发动一场起义，抵抗是神圣的使命。还有下面 33
的理论：政治权力源于受权力统治的人民，权力应当取决于人民的
意愿；凡非据此构建的政府，都是不正当的，都是根基不稳固的；历
史更多地是一种提示，而不是范本；这个世界属于行走在地球上的
一切人，而不属于那些已经到了地下的人。这些都是两场革命的
共同特征。

法国人一度也信奉并欢呼美国人的观念：政府的目的就是自由，不是幸福、权力，也不是维护历史传统，不是调整国家的法律使之适应国民的气质，也不是启蒙的进步和美德的提高；个人不应当感受到权威的压力；个人不应当根据他周围的影响，而应当按照自己内心的设想去安排自己的生活。

还有一种政治理论由美国人传给法国人。在早期的殖民地时代，行政机构的权力和司法机构的权力来自本社区以外，因而大家有一个共同的目标，就是缩减这两种权力。议会则在人员组成和性质上是民众性的，因而议会的权力每增加一份，似乎是给权利增加了一层保险。曾参与起草宪法并阐释过宪法的詹姆斯·威尔逊曾这样告诉我们："在革命时期，同样存在这种深切的偏爱，也同样存在着这种强烈的憎恶。现在，不管是立法权，还是行政权、司法权，都是人民之子，然而，人民对待后两种权力的态度却有点像继母。立法机构依然获得了过分的偏爱。"这种偏爱心态尽管事出有因，却是非理性的，自然会导向一院制。美洲人民和他们在国会的代表的看法是，一院制国会就足以应付管理其联邦事务的一切需

要了，因而当有人提议设立参议院的时候，富兰克林表示坚决反
对，他写道，“至于两院制，我跟你的意见一致：只要一院其实更好；
34 但是，我亲爱的朋友，人类的事务和计划中没有什么是完美的，也
许这也是对我们的看法的一个证明。”

亚历山大·汉密尔顿是那批美洲政治家中最能干、也最保守的一位，他一直希望实行君主制，他希望建立一个全国性政府并彻底取消州的权利。然而，对于美洲人的精神——也是弥漫在整个法国的那种精神——的描述，恰恰再也没有比他的一段话更合适的了：“我认为公民的自由，即名副其实、完完全全的公民自由，乃是人世间最大的福祉，我相信，每一个人都有资格享有它，而任何人强夺他人的这种自由，都是最不可饶恕、最令人愤怒的罪行。人的神圣权利不可能在古老的羊皮卷或发霉的历史记载中找得到。它们就像光一样，是借上帝本人之手写在整卷人性的大书上的：任何世俗的权力都不能擦去它或遮蔽它。”

不过，当我们笼统地说美国革命的时候，我们实际上是把不同的、互相抵触的东西混在了一起。从1761年的第一次激烈争论，到发表《独立宣言》，然后到1782年战争结束，美国人的措辞一直富有进攻性，比较激烈。他们喜欢谈论抽象的原理，喜欢谈论可以普遍适用的、并无处不构成破坏性力量的理论学说。而恰恰是这些初期的观念引起了法国人的关注，并由拉法耶特、诺埃勒斯（Noailles）、拉梅特（Lameth）等后来的革命领袖传播到法国，这些人曾在约克镇降下英国国旗。他们在美洲所经历的就是流行着奥蒂斯、杰斐逊和《人的权利》的美洲。

1787年以后，美国发生了变化，这时候，制宪会议正在起草宪

法。这是一个建设时期,人们作出一切努力,设计出种种方案来阻止不受约束的民主制度。总的来说,参加这次会议的人都是些审慎而机敏的人士。他们不属于那种好走极端的人,汉密尔顿的天才也根本没有能够打动他们。他们最令人难忘的发明创造不是出自机巧的设计,而纯粹是不彻底的折中办法和互相妥协的产物。
西沃德(Seward)曾指出过革命时代与此后的制宪时代的这种区 35
别:“我们的祖先所声称的那些权利,并不是只有他们所拥有。它们是人类共同的权利。宪法是建立在比根据当时互相冲突的利益和偏见确立之上层建筑宽广得多的基础上的。宪法和联邦政府的法律实际上并没有将这些原则扩展贯彻到新的政府体系中:这些原则只是在《独立宣言》中宣传过而已。”

因而,法国尽管受到美国革命的深刻影响,却没有感受到美国宪法的影响。法国受到的是令人不安的影响,却没有受到保守主义的影响。

1787 年夏天起草的美国宪法于 1789 年正式生效,当法国陷入危机的时候,美国还没有人知道这部宪法将如何发挥作用呢。长期以来,整个世界都不大了解美国国内为解释宪法的每个意图和内涵而进行的辩论。而且,美国宪法也变成了比最初印刷的文本更为厚实的东西。除了宪法修正案之外,法院也对它进行解释,公共意见对其进行修改,一会儿沿着这个方向发展,一会儿又改向另一个方向。美国宪法中最值得珍视的规定,正是通过这种方式发展出来的,而在法国人迫切地需要其他国家的经验指导的时候,这些发展却根本看不出来。一些限制政府权力的设计并没有在一开始就建立起来。

这其中最重要的一条是最高法院可以作出宣布违宪性法律无效的裁决。威灵顿公爵曾对本森(Bunsen)说过,仅靠这种制度,美国就能改正其政府的一切弊端。自马歇尔首席大法官之后,美国司法机构无疑获得了巨大的权力,对于这种权力,杰斐逊等人认为是违宪的,因为宪法本身并没有赋予法院这种权力。这种观念在美国是逐渐发育成长起来,我相信,主要是在弗吉尼亚州。1782
36 年在里奇蒙德,威特(Wythe)法官说:“暴政的基础已经被摧毁了,政府各部门能够谨守自己的权力范围,公民受到了保障,普遍的自由获得了增进。但当那些拿着钱袋和持有刀剑的人对于每个人可以行使什么样的权力发生争执的时候,由不拥有任何特殊利益的法庭在他们中间就法律问题作出不偏不倚的裁决,则上述有益的结果当可更臻完美。如果整个立法机构因试图逾越人民给他们划定的界限而遭人起诉,那么,护持着这个国家的正义的我,将把所有的权力集中到我的位置上,我将指着宪法对他们说:‘你们的权力的界限在这儿;你们可以随便怎么走,但不要越出界限。’”弗吉尼亚州立法机构让步,废止了那个法案。

在联邦宪法完成起草工作后,汉密尔顿在《联邦党人文集》第七十八篇中论证说,这种权力属于司法机构,但直到1801年之前,这种权力都不被认为是合宪的。麦迪逊说,“这将使司法部门事实上凌驾于立法机构之上,而宪法从来没有过这种意图,这也永远不可能是正当的。对于政府而言,其根本性的原则是责任制,因而永远不能允许立法和行政部门完全从属于司法机构,那样的话,就分不清责任了。”另一方面,威尔逊则根据高级法原则论证这种做法的正当性:“毫无疑问,议会应当接受自然或神启之法的约束,这些法源于神圣的权威。这种高级权威不也约束着法院吗？如果法院也遵守那个高级权威，我们就不能说是他们在控制着低级权力，这种说法是不妥当的：他们不过是宣示——他们的使命就是宣示——这一低级的权力要受另一个权威的约束，这个权威就是那高级权威。他们并不是在废止议会的法案，他们只是宣布它无效，因为它违反了那主宰宇宙的律法。”因而，司法机构的功能就是给民主制度设置一个障碍，而按照托克维尔的说法，这一点是未来才 37
能看得清楚的，当时并不是显而易见的。同样，现在已经与美国完全合二为一的宗教自由，也是逐渐发育起来的，而在法律的条文中是看不到的。

对于绝对民主制真正起着天然制约作用的是联邦制，它通过州政府保留权力来限制联邦政府的权力，又通过出让部分权力来限制州政府的权力。这是美国对政治理论作出的不朽贡献，因为州的权力既是民主的实现，也是民主的保障。因此，一位军官在布尔河战役*之前几个月写道：“南方各州人民显然形成了一致的看法，即目前的事态进程已经危及奴隶制，却无人能够纠正他们的这种看法。由于我们的政府是建立在人民意志的基础之上的，这一意志就决定了，我们的政府对此无能为力。”这些话出自谢尔曼将军之口，当时他正率军穿过佐治亚州，将南部邦联一分为二。就在这个时期，林肯本人也写道：“我宣布，这一占领侵犯了各州的权利，尤其是侵犯了每个州仅仅根据自己的判断管理和控制本州机构的权利，这一点对于确保我们的政治结构完善、稳固所赖以为基

* 美国南北战争之初 1861 年 7 月 21 日发生于 Bull Run 地方的战役。——译者

础之权力的平衡，是至关重要的。”这就是州的权利在那些将要全力投入战争的废奴主义者的心灵中所产生的力量。

在这场革命中，有很多法国人从联邦主义中看到了调和自由与民主的关系、将政府建立在契约之上、并使国家不受巴黎当局和巴黎居民的压倒性优势之左右的唯一办法。我所说的并不是吉伦特派，而是跟他们的看法大相径庭的人，最重要的是米拉波。他的设想是保留王权，但把各省与首都的狂乱分离开来，他主张，联邦制是唯一一种能够在一个大帝国中维护自由的制度。然而，美国的影响尽管很大，这种理念却并没有能够发扬壮大；而最激烈地反
38 对这种理念的人，莫过于拉法耶特；见证过美国革命的莫里斯（Morris）也攻击联邦主义，认为这对于法国来说是危险的。

美国的政治思想除了影响美国本国的宪法之外，受其影响最大的就属法国人了。它并不全属一种思辨，而是一种人们用生命捍卫过的制度，事实已经证明，它是可行的，它具有强大的力量，足以压服所有的抵制力量。美国革命既从思想上、也从行动上向法国人展示了一套完美的革命模式，它也表明，在旧世界看来似乎是极端的、颠覆性的东西，可以用来建设一个健全的、明智的政府，可以与对社会秩序的尊重、与国民的性格和习俗相容。这种迷住了法国、并使之强烈震动的观念，对他们来说，几乎就是现成的，这种观念，你们现在也都非常熟悉了。对于这些观念，我已从法国之外的另一个国家的角度进行了论述，下一周，当我们来到法国议会的时候，我们又会看到这些熟悉的观念。

第三章　三级会议之召集 39

导致君主制被推翻及随后的大动荡的，并不完全是当时法国的现状。因为，当时人民所遭受的痛苦并不比以前更大；恶政和压迫比以前还小了，在对英战争中，取胜也已使查塔姆之败带来的屈辱基本上一扫而空。

但美国的榜样与法国的理论合在一起，导致了革命的爆发，不是在人民愤怒和绝望的时候，而是在国民与国王之间的感情趋好的时候。法国人并不是不计后果，心血来潮，相反，他们是忠实的追随者，他们用以进行冒险的观念正是柏克和汉密尔顿一致同意的观念，也是柏克与他那几位卓越的同胞——亚当·斯密和威廉·琼斯——能够达成一致的观念。柏克曾说，与英国相比，法国的政府是奴役性的，要恢复欧洲的自由，除了革命，没有别的办法；而法国人也说过同样的话，并据此采取了行动，他们都不认为自己过甚其词了，他们可能完全相信自己恰恰遵守了高贵而神圣的权威保存在历史中的戒律。其实，他们已经超出了这种共同的基础，而依靠的是一种天真的看法，这种看法已经严重偏离了上述戒律，引起了一场无法控制的冲突。我们必须研究一下这些并非完全不同的动机，研究一下这些并非闻所未闻的理论，概括而言，就是研究一下这些有坚定信仰的、普普通通的人。

法国之所以召集三级会议，是因为政府要得到所需之钱，没有
40 别的办法可想。赤字是坏政府的标志，因而，召集三级会议的首要目标就是调整税率。自从现任国王登基以来，一直就有人提议恢复那个古老而被人遗忘的机构，不仅仅是为了解决财政问题，也是为了解决法国的一切难题。

国王一直反对建立一套司法体系，声称这会使政府的行动受到法律的制约。高级教士阶层也反对杜尔哥、内克尔（Necker），并反对解放新教徒；贵族们则成了所有主张改革的派别中最活跃的一群人。而民众中的大多数则默默地忍受着困苦。他们不拥有表达自己的意见的渠道。他们没有举行公共集会的权利，没有出版报刊的自由，政府特许出版的报纸完全局限于报道官方人物的活动，即使是对于网球场上的咒骂，这些报纸也从不报道。那种令民众骚动的情绪并没有出现，除非它表现为秩序的混乱。没有这种情绪，法国的未来仍是未知数。国王感受到了来自享有特权和既得利益的阶层的抵触情绪，这些阶层也是他满足自己需要的源泉，但他并不认为全民都有这种反感情绪。国王准备依赖第三等级，他对此满怀希望，甚至对他们信任有加，他准备为获得他们的支持而不惜付出很高代价。从某种程度上说，他们两边的利益是一致的。国家之所以手头拮据，是因为法国有超过一半的财产并没有正常纳税，对于政府来说，取消这些税收豁免，让贵族和教士交出他们的特权，跟其他人一样纳税，这是至关重要的。从这个角度看，国王的目标就是取消特权，实现法律面前的平等。在这一点上，平民阶层是站在他一边的。如果他们不用再承担那些被豁免的人的税收负担，如果打破源远流长的由穷人替富人纳税的习惯，

他们就可以大大减轻自己的负担了。因而，他们与国王结成同盟是一眼就能看得出来的，是自然而然的。但不管是对君主制还是对民主制来说，取消特权都意味着财政上的平等，这对民众有更大 41
的意义。他们在不得不掏钱养活上层阶级、给上层阶级带来好处和安慰之外，也会要求把他们交的税款花在他们自己身上。除了房屋和土地租金之外，早在这之前，从遥远的记不清的某个时代起，他们还要交纳很多税费，那时，权力来自于占有土地，土地的所有者就是当地的政府，是人民的统治者和保护者，人民因此都向他们交钱。除此之外，还有一类需索，间接地起源于同样的历史渊源，即要掏钱代偿和补偿古老的权利，因而，这种费用具有合法的性质，不是以暴力为依据，而是建立在契约基础之上的。

每一位有头脑的政治家都知道，这些税费中的第一类，也即受益权是多余的、不公正的那一类，是不可能维持下去的，贵族们不仅要放弃他们可以豁免某种税费的特权，还得放弃他们没干多长时间或没干什么有价值的工作却可以领取年金的特权。另一方面，那些不完全是在中世纪形成的，而是建立在契约之上的税费，则应被视为合法的权利，人民应当继续交纳。在国家的眼里，特权就是逃税的权利。而对政治家来说，特权更意味着强制他人代他交税的权利。对于乡村民众来说，它具有更为广泛的重要意义。对于他们来说，所有这些特权都是同一个原则的结果，是同一种结构的遗迹：它们都是封建制的遗风和残余，封建制就意味着权力附着在土地上，就意味着拒绝资本和工业。它意味着等级治理（class government），而否定国家与民族的概念；它意味着外国入侵者的征服和统治。没有人能否认，很多伟大的家族在服务其国家的过

程中因战功而被册封；实际上每个人都知道，这些家族中最高贵的蒙莫朗西[*]曾佩有法兰西的盾形纹章，因为在布维纳（Bouvines）大捷中，他们的祖先身受重伤，国王将自己的手指放在他的伤口
42 上，用他的血在他的盾牌上画了百合花徽图案[**]。以后当我们碰到西哀士神父（Abbé Sieyès）的时候，我们将会看到，人们是多么坚定地相信，贵族就是法兰克人，就是条顿暴君，就是凯尔特当地的掠夺者。在他们看来，对封建制，不是进行修修剪剪的问题，而应连根拔除，因为很多贵族的起源是极为可憎的，是与公共政策、社会利益和正当的理性完全不相容的。对于接受了杜尔哥、亚当·斯密或富兰克林的生活观念的这一代人来说，为了某些仅仅出于久远的历史和发黄的羊皮纸而存在的特权利益而让人们接受痛苦，这完全是违反理性的。

尽管对于封建特权存在着三种不同解释，因而在不久的将来将引出一个危险的问题，不过，迈出第一步还是比较容易的：国王向平民阶层求援，请求他们帮助他重建国家。与那个时代的多数君主一样，路易十六也是个锐意改革的君主。他登基之后挑选的第一位大臣就是马肖（Machault），大家都知道马肖有一个广泛的变革方案，都知道马肖一直盼望着由一位认真的君王占据王位。后来，他又委任杜尔哥以官职，杜尔哥可是那个世纪最深刻、也最彻底的改革者。他也委任马勒泽布（Malesherbes）为官，马勒泽布是一位身体非常虚弱的人，但却是政府工作人员中最有教养的；在

---

* Montmorency，1493—1567，法国陆军元帅，弗朗西斯一世、亨利二世和查理九世时的重臣，曾镇压波尔多反抗盐税的叛乱，在与胡格诺教派的战争中负伤而死，称号为 Duc de Montmorency。——译者

** 该图案象征法国王室。——译者

加冕仪式上，他曾发誓要依法处置内克尔，但后来也给了内克尔一个官职，内克尔是一位新教徒，外国人，也是一位共和主义者。当路易十六开始通过马勒泽布取消宗教上的资格限制条件时，他对内克尔说："现在你已经是个新教徒了，我宣布你是个犹太人。"他已经准备采取措施解放犹太人，这些犹太人到任何地方去，都不得不像只猪一样交过路费。他实施了一个庞大而复杂的司法改革计划，他帮助发动叛乱的美洲赢得了独立。后来，科隆选帝侯曾向一位法国流亡者抱怨说，他的国王的政策实在令人痛恨，他的政策引发了殖民地、荷兰和布拉班特（Brabant）等地对政府的反抗，他没有资格要求欧洲的君主们支持他。

但在自由主义方向上进行改革的动力只是一阵风，由于目标 43
的分歧和不坚定，改革进程受到了阻碍。被派去征召马肖的国王的使者，就在马肖已经为马备鞍的时候又被召回了。国王罢免了杜尔哥，为的是讨好皇后。内克尔组织的第二个行政管理团队被拖了一年半时间不能上任，在最后一刻，被他的政敌取而代之。国防大臣圣热尔曼（Saint Germain）深得国王宠信，国王也希望保住他，"但我能干什么呢？"国王写道："他的政敌要求我罢免他，我只能听从多数的意见。"莫勒帕（Maurepas）在临终前留下一张纸，上面写了四个人的名字，他奉劝他的主子不要任用这四个人。路易却让他们全当上了最高级别的官员。路易因为查塔姆之败而对英国很反感，他那时甚至反感对法国毕恭毕敬的福克斯，他之所以投入战争支持美洲独立，仅仅是为了一雪七年战争*之耻，而绝不是

* 1756—1763 年间英国、普鲁士、汉诺威与法国、奥地利、俄国、瑞典、西班牙之间进行的战争，法国在其中丧失了很多海外殖民地，而英国则成为海上霸主。——译者

因为同情美洲人的事业。臣民们请求他不要到处冒险，他予以拒绝，并坚持认为，这些损失大多数都应当由他的这些臣民们来承担。他实行的那些向自由主义妥协的政策，在很多情况下，其代价都不是落在国王身上，而是由那些妨碍国王的权势力量来承担。他宣布取消酷刑，自己什么损失都没有，却限制了反对他的执法官员可以利用的手段。他解放了新教徒，并让一位瑞士的加尔文派教徒做自己的顾问，让天主教教士们大为不悦；但他对教士们的这种不满却满不在乎。天主教主教们发现，他根本不在乎他们，于是，就不去参加早起后的觐见了。他也拒绝任命法国的红衣大主教。到过凡尔赛宫、罗米利（Romilly）和瓦普利（Vaply）的英国人注意到，在大庭广众之下，路易总是漫不经心，当着廷臣的面说笑个不停。在枢密会议上，他会睡着，如果讨论比较枯燥，他甚至会打起鼾来。他曾对内克尔说，他之所以想召开三级会议，是因为他想有人给他领路。1788 年，在与执法官员和高级教士发生冲突之后，他作出了一个引人注目的决定：向远离权力中心的人民求助，
44 迫使充斥着他的宫廷、构成社交圈、主宰舆论的那些阶层向他让步，这是一个没有十足勇气的人才会作出的决定，他天生就只有不确定而微弱的理性。内克尔只好说："你可以把你的理念借给一个人，但你不可能把你的意志力也借给他。"

路易十六所要进行的事业是他的能力和素质远不能承担得起的，不过，他倒还不至于搞不清他那个时代存在的问题，而自他开始以那套不变的绝对君主制的话语发号施令之时起，他已经学到了一些东西。他解放了王室的农奴，他实行了省和乡村理事会制度，他不惜冒犯一直仍然庞大的阶层而宣布地主不得进入地方政

府，他在改革刑法典的时候为了使之具有可行性，没有邀请专家而是邀请公众予以协助；所有这些举措显示了他身上的另一种精神。所有这些都反映了他真实的心态。他已下定决心，必须以尽可能小的代价剥夺上层阶级的财政特权。为了实现这一必要而又深思熟虑的目的，他向法国的平民阶层开出了条件，这是法国历史上任何一位君主都不可能向他的臣民开出的条件。他后来宣称，事实上，他也有资格宣称，正是他迈出了与法国人同心协力建立一个稳固政体的第一步；正是他取消了专断的权力，取消了税收方面的特权，不再根据功劳之外的标准提拔官员，也不再实行未经同意即行征税的惯例。当他听说，应召显贵（Notables）中只有一人投票支持增加第三等级的代表人数时，他说了一句：“你可以加上我一票。”马卢埃（Malouet）是大革命时期情操最为高尚、也最具洞察力的政治家，他作证说国王是诚心的，他说，国王完全赞成他的看法。

路易十六提出的一部自由宪法中包括了宗教宽容，人身保护
令状，平等纳税，取消酷刑，中央权力分散，地方自治，新闻出版自
由，普选权，在官方不提出候选人和不施加影响的情况下进行选
举，定期召开三级会议，议会有通过投票决定拨款、提出立法动议、
修改宪法的权利，大臣责任制，平民阶层在法国议会中拥有两倍代 45
表人数等等，国王在提出所有这些内容的时候，既没有议员们从旁
顾问，甚至也并不总是在公众支持下提出的；这些都是那位国王主
动作出的让步，这些让步更多地出于国王自己施政的考虑，而不是
民众的要求。有人说，权力是所有具有强烈欲望的人所追求的目
标，从心理学上看，主动让出权力是荒唐的，在历史上也不曾有过。

路易十六当然计算过他的行为可能带来的收益和成本，并说服自己相信，他的决定是精明的，而绝不是慷慨的。普鲁士特命全权公使在 1789 年 7 月 31 日的一封快信中公正地描述过国王。这位公使说，国王有意削弱行政部门在国内的权力，为的是增强法国在国外的力量；更有效地进行管理的行政当局可能会使大臣们丧失权力，但这样的政府却能使国民受益；一个政府权力受到限制、而力量更为强大的国家，要好于一个具有绝对专制的权力、却遭人痛恨、财政混乱到无法解决的政府；他决心让祖先流传下来的专断的政府容纳当时新兴的各种力量。在建立自由政体的道路上，他已经推动王室走到了尽头，剩下的只能交给国民了。他没有试图去影响选举，没有试图去训导三级会议，也没有想到去指挥和控制三级会议。面对三级会议，国王已主动地放弃了自己的权力。他赋予这个新成立的立法机构以如此之多的权力，以至于没有什么保留给国王了，国王的权力实际上已经被暂时中止了，并且永远也不可能恢复了。国王把关键问题交给了互相对立的各个等级去自己较量，而一直以来，只有国王才能调和和约束这些等级。

1786 年，政府的财政赤字攀升到了 400 到 500 万法郎，采取极端补救措施的时候显然快到了。显然不可能继续在账目上大规模地做手脚以掩藏这个秘密了，财政大臣卡隆（Calonne）于 1787 年 2 月召开紧急应召显贵会议。应召显贵是从显要人物、主要是上层等级的大人物中挑选出来的，不过，他们并没有司法权或提出
46 法律动议的权力。政府召集他们是为了加强政府的力量，他们赞成的事情也应当是他们那个等级会接受的事情。政府希望以此避免召开法国三级会议。因为已经有 175 年没有召开过的法国三级

会议，是昔日政治舞台上的角色，既不大可能恢复了，也不可能适合现代社会的要求。如果应召显贵可以决定征税，他们就能够决定征税的条件，他们就会从辅助性机构变成主宰者。但政府很快就发现，应召显贵会议不能达到增加税收的目的，而那位大臣由于没有能够控制住他们也被免职了。他的死对头、并且显然应该继任财政大臣一职的内克尔却被赶走，委任图卢兹大主教（后来的桑斯大主教）来想办法避免召开立法会议。实在是没有办法可想了，只有召开那令人惊恐的三级会议。拉法耶特在召开显贵会议的时候就曾经要求召开三级会议，现在又重提这一要求，并要求代表范围更为广泛。

1788 年 8 月 8 日，国王宣布明年召开三级会议，他宣布，最终，国民将永久性地自己解决自己的治理问题。这些话的意思就是说，1788 年的绝对专制政体，到 1789 年将让位于代议制君主政体。但通过什么样的途径达到这一目标，国家到底如何组织，却不大清楚。国王邀请公众提出建议，报纸可以自由出版，不用受其出版周期的限制。国王立即提名内克尔继任那位大主教，他是事物之新秩序当然的执行者。于是，一天之内，政府收入增加了 30%。他是一位外国人，不受法国传统和思维方式的限制，作为一位日内瓦人，他不仅不受天主教的影响，也不受当时占主流的自然神论者的左右，普雷斯特利曾形容内克尔是他在巴黎知识界中所见到的唯一一位信仰宗教的人。他是最早研究并看清现代舆论力量的外国政治活动家；他认为，公众舆论反映着信心，甚至可以说跟城市
是一回事；他认为资本家的看法最灵敏地记录着公众信心的变化； 47
而由于巴黎是商业活动的中心，所以，尽管他是位联邦主义者，他

却高度重视这个中心城市的支配地位，因为它对于自由和秩序具有至关重要的影响。

内克尔非常熟悉共和制度的运转机制，他也崇拜英国的模式。但国王不想听人说起向那个最近刚打败法国的民族学习，这些人总是把他们的失败不仅归咎于军事上的无能，也归咎于政治上的无能。因而，内克尔只好抑制自己的政治热情，不急于召开三级会议。他说，如果当初就让他继任卡隆的职位，由他组织召开应召显贵会议，恐怕就不需要召开三级会议了。而现在，他乐于看到三级会议将使国家的整个财产平等地交纳税款，如果在公众强大的压力下，可以立刻实现这一目标，那么，以他讲究实际的精神，就不会急于作更进一步的变革。

第三等级被恳请发挥更大的财政作用。如果这使上等阶层产生了必要的使命感，答应国民的要求，对于支持政府财政的阶层来说也就足够了，他也就会反对涉及其他更为让人望而生畏，而又极具诱惑力的目标，尽管这是他自己向往的。并不是因为这些目标是危险的，而是因为，问题明摆在那儿，如果他在 1787 年就执掌权力，只需用较小的代价就能获得靠召开更广泛的议会才能获得的东西。正是内克尔心中的这样一种想法，使他在掌握那么大权力的时候却出人意料地软弱，当危机爆发的时候便束手无策。人们将会发现，他以为只会进行中庸的、有限度的改革的那种力量，其实却像尼亚加拉大瀑布的激流，法国已经陷入无可抵挡的剧烈变革进程之中了。

一切都取决于政府决心根据什么样的方式组织、选举和管理国家。为了能向社会明确宣示这些方式，内克尔要求再次召开应召显贵会议，公开提出这个问题，征询他们的意见。显贵们后来积极地支持自由主义的改革方案，他们作出的回应看起来似乎有可 48 能把他从极为沉重的责任中解救出来，并阻止冲突公开爆发。显贵们给他提出了种种建议。他们决定，应当通过选举产生下议院，实际上这可以是不作任何资格限定的普选，堂区神父应当是选举者，也有资格当选，贵族中地位较低者也应当跟地位较高者一样有自己的代表。他们也把选举权扩展到包括不识字的大众，因为他们认为，危险主要来自中产阶级，而不是下等民众。但计票的时候，他们的三张票折合为一张票；每个阶层的代表的数量应当相等。排行紧在国王之后的御弟普罗旺斯伯爵则附和少数派的意见，他认为，平民阶层代表的人数应当等于其他两个阶层的人数的总和。这成了一个争论激烈的问题。如果平民阶层不能取得支配地位，那就没有办法保证其他两个阶层让路。另一方面，如果要实现重大的突破，承认堂区神职人员的地位，承认我们称之为地方绅士的人士的地位，等于是对平民势力让步。教士阶层中的两个分支之间的对立，与贵族内部两个分支之间的对立，要远远比这两个等级中的下层与第三等级之间的对立更严重，后面这些人都有可能成为自由主义事业的推进者。到了恰当的时候，人们将会看到，民主制度两个最强有力的领袖人物，一个是古代的贵族，另一个就是加尔都(Chartres)大教堂的教士。应召显贵们在12月12日得出了双方都可以接受的结论之后散会。5日，组成巴黎议会的行政官们(magistrate)在严肃地列举了宪法的大原则后，请求国王确认他们是未来任何立法机构的基础。政府的处境是显而易见的。城墙已经倒塌了，至于会不会有什么认真的抵抗，实在值得

怀疑。

与此同时，各省出现骚动，各种政治小册子大量非法出版，长期被压抑的感情爆发了出来。这些都表明，公众舆论已经走到了
49 两大保守力量的前面。事态已经要求，政府应当尽早作出显示自己决心的决定，应当占领或许可以遏制迫在眉睫的民主制的阵地。内克尔的判断是，只要他坚守应召显贵会议确定的方针，局势就将固若金汤。他下定决心，平民阶层的代表的数量应当跟其他两个等级相等，而不能等于其他两个等级之和。他想征求一位具有政治家气质的高级教士波尔多大主教的意见，他起草并寄给他一份报告，报告中拒绝增加平民阶层的人数。但当他心情焦急地坐待狂风大浪降临的时候，他也开始犯起了嘀咕；随后他收到回信，大主教警告他，如果作出有利于贵族的决定，贵族们必将遭受屠戮。他惕然惊醒。他对他的朋友们说："如果我们不主动将平民等级的人数增加一倍，他们就会自己起来将自己的人数增加十倍。"圣诞节期间，大主教又见到内克尔，内克尔向他保证，政府已经不再强大到足以抵制平民的要求了。但他也决定，三个等级应当分开进行投票，在讨论到特权问题的时候，或者在各个等级的利益不一致的时候，平民阶层不应该占有数量上的优势。他希望，贵族将按照自己的比例平等地纳税，他将站在这些目标与任何希望获得平等政治权力的过分的要求之间，居中调停。

12 月 27 日，内克尔的方案被御前会议采纳。存在着不同看法，但国王批驳了这些看法，王后这次则没有说话，显示她在当时支持采取这些措施。路易十六没有意识到这些重大行动的意义，而这些措施将使他倒向民主制度。国王这种举动等于直截了当地

对法国人民说:“让我得到我所需要的帮助,因为我们具有共同的利益,只要你们给予我有限而适当的帮助,你们就能得到丰厚的回报。因为你们将立刻得到你们自己制定的一部宪法,这宪法将会限制国王的权力,我们将一起来制约那些对人民只有坏处的家伙。”这是一个隐而不彰的约定,其条款和界限都不怎么明确;有的 50
人认为这是给予人民豁免权,别的人却觉得这是在压迫人民。如果要维护建立在自由原则之上的宪法,就必须彻底地全盘改变和救治社会机体。而调整国王与人民的关系反倒不是什么艰巨的任务。更深层次的问题是人民与贵族的关系。在政治改革的背后,要进行一场社会革命,因为唯一能够具有益处的自由,乃是建立在平等之上的自由。这时,身为内克尔最信赖之顾问的马卢埃对内克尔说:“你已经使第三等级的影响力跟其他等级可以相提并论了,之后就应该进行另一场革命,而要完成这场革命,你就必须向下拉平那个等级的巨大特权。”内克尔却并没有这种雄心,他显然想捍卫所有的特权,只有税收特权除外。

国王在御前会议上的决定受到广泛的喝彩;公众相信,他们所要求的一切都已得到了,最起码也已有指望得到了。但只要不让平民等级有机会让自己的数量说话,他们的代表人数加倍就只是幻想而已。普罗旺斯伯爵、即后来的路易十八明确地指出,老的三级会议之所以没有发挥作用,就是因为第三等级没能在其中占据优势。因而他强烈要求第三等级应当深思熟虑,应当统一投票,他也提出,第三等级应当占有多数席位。人们普遍地认为,这就是代表人数加倍的正确含义,这其中的逻辑是无法抗拒的。国王的这次大妥协赋予平民等级的实际权力已经超出了他们名义上的、法

律上的权力，因而它也被接受并加以利用。

选举的形式在 1 月 24 日确定了。教士等级将得到 300 个代
51 表名额，贵族也有 300 个，而平民等级将有 600 个。候选人的资格并没有任何限制或例外；但由于选民人数比较多，较低等级的选举实际上是间接的；在平民等级来说，一般每一百个选民中才能产生一位具有选举权的人。除了选举产生议会代表之外，还应选举出代表的代表，即后备代表，以备代表出缺时补充。正是这种独具特色的安排，使得平民等级在自己的正式代表人数不能加倍时，可以依托这些后备代表。他们可以号召自己的后备军来参战。有几个省的权利和特许权暂时受到限制，这样，所有省都处于同一水平。

法国从来没有进行过比这更真诚、比这更为名副其实的选举。总的来说，选举是有秩序地进行的。教士们有点忧心忡忡，贵族更是提心吊胆，但整个国家总的来说都对未来充满信心。一些最具有自由主义色彩、最先进、最为直言不讳的宣言，都出自贵族和教士阶层之手。2 月 9 日，威尼斯公使报道说，教士和贵族都已经准备接受平等纳税的原则了。选举将要持续两个多月，从 2 月一直到 5 月。

根据古代的习俗，议会代表更多的是人民的授权代表(plenipotentiary)，而不仅仅是代议士(representative)。为遵守这种习俗，所有选举活动的第一步是先起草授权指导(议员活动的)原则。法国的每一个角落都行动起来，都在寻找自己的想法。乡村将自己的想法告诉他们选出的选举人，选举人会在挑选议会议员的过程中对这些想法进行比较、充实。这些授权指导原则是一个行将死亡的社会留给后来社会的一笔最重要的遗产，它们通常都是那

些杰出的公众人物的作品，比如马卢埃、朗瑞奈(Lanjuinais)和迪蓬(Dupont)。其中，迪蓬是杜尔哥的好朋友，提出过1786年的商业条约。奥尔良公爵则将西哀士写的一篇文章印行散发至全国。

就这样，在杰出的、富有经验的人物的领导下，整个国家似乎
已经形成了共识。整个法国都希望建立起王权受到限制的制度，52
实行代议制和分权，所有这些都是1814年宪章的先声。几乎看不出有什么迹象显示，人们已形成了抛弃绝对君主制的精神，也没有迹象显示共和制度即将降临。对于某些比较重大的具体问题，比如上议院的问题、教会与国家关系的问题以及基础教育的问题，还没有形成明确的看法。人们确实提出了免费学校(free school)、累进税、废除因贫穷而沦为奴隶的制度、消灭无知等等问题。享有特权的阶层已经准备在税收问题上作出巨大让步，似乎没有人把未来议会中派出代表的权利与其财产之占有状况联系在一起。十有九成的人都认为，对于一部宪法来说，重要的是获得某种普遍的同意。唯一形成巨大分歧的问题是，平民阶层希望，国会只应当由一个单一的国民议会组成，而其他等级都认为，应当有三个议院。不过，对于这个至关重要的问题，平民阶层已经完全形成了一致意见，而其他阶层却仍然众说纷纭。在这里，出现了一种不祥的裂痕，而我们已经提到过的贵族和教士中的少数派，将在冲突的时刻主导整个欧洲的命运。从团结一致的法国的所有这些文章和授权指导原则中我们可以看出，真正的政治家的功能就是提炼概括充分自由之本质。

这些授权指导原则本来应当是强制性的。9年前，柏克在退出布里斯托尔议员竞选时曾明确提出了关于选民及其选举产生的

议员之职能的宪政学说；查尔斯·萨姆纳说，当柏克发表这番讲话的时候，他是在立法。作为这些授权指导原则之基础的古老的观点则使国会议员成为其所获授之权力的代理人，法国众多历史事实能证明这一点。刚开始，人们感觉不到这种做法的危险：因为，这种授权指导原则经常是议员自己撰写的，又由他来执行。它们更像是一项承诺，而不是一项命令。

国民已经对王室的请求作出了回应，报价与需求之间已经达成了一致。上等阶层一直在反对和抵制国王，人民则渴望支持国
53 王，人民与国王有望共同迈出第一步。代表授权指导原则比较中庸、平静，这掩盖了理念上无法弥合的冲突和正在下面沸腾的狂暴的激情。

选举出来的都是上等阶层和中等阶层中的精英；宫廷非常满意地将创造新制度、并永久解决财政问题的任务交给他们的聪明智慧。宫廷一直坚守着不干预的方针，它没有任何政策，只有满心的希望。主动权交到了每个人手里。国会将由新成员组成，他们互相没有联系，也没有党派组织。他们需要一定的时间摸索自己的道路，他们也将失去调停者和引路人。在那一时刻，统治权后退了，为的是实现政府的最高目标；君主制自行转入无政府状态，静观着下一步将出现什么情形；国王既想避免自己站到那些经常围绕着宫廷的阶层的对立面，也不想站在那个它希望获得其帮助的阶层的对立面。

政府放弃了选举和中庸的授权指导原则赋予他们的优势；政府希望特权阶层最起码也会跟其选举人一样地讲究情理，他们因此而丧失了最大的机会。人性总是倾向于低估那些尚不明显的危

险。米拉波即使不算一位深刻的思想家，起码也算一位敏锐的观察家，但他也曾想象，三级会议的整个使命在一个星期内就能完成。很少有人看出“特权”这个词背后隐含的野心，也没有谁看清财政改革与社会变革之间的巨大差别。中等阶层在攻击野蛮的残余封建制时向往的是颠覆那种将财产和权力赋予少数人的环境。对于自己在权力分配中受到的限制提出批评，实际上是在攻击财富的集中化。这两种互相关联的想法，正是大革命的隐秘的动机。在那个时代，根据法律，有权就有财富，这一点是自印刷术发明以来人类作出的最重要的发现，当时却未被人们清晰地了解。但那 54
种在地下翻腾的力量，已经被那些机智的保守分子认识到了，他们时刻保持警惕，为王国可能抛弃他们而进行着准备。因而，如果议会分为三院，就不大可能实现国王召开三级会议所欲实现之目标。如果分为三院，最后要么四分五裂，要么中等阶层的议会代表可能无法完成他们的主人和雇主——下等阶层——为他们所提出的目标，那时，下等阶层就会利用暴力来实现自己的目标。

在三级会议开会之前，马卢埃又一次对内克尔提出严肃的忠告：“你现在已经知道了法国的愿望；你知道授权指导原则，但你不认识那些议会代表。不要把所有事情都交给你不了解的人来随意决定。应当立刻将人民的要求转向制定一部宪法，赋予它们以法律的力量。在你还拥有不受约束的行动权力的时候，赶快行动。在君主已对尚保持忠诚并充满希望的国民作出最重大的让步的时候，你所采取的行动会获得人民的喝彩。今天，你是至高无上的，也是安全的。而到了明天，就时不再来了。”

马卢埃尤其建议政府控制那些已被证明为正当的权力，而将只会引起争议的权力交给代议士们去决断。内克尔则信守自己经过深思熟虑而定下的中立立场，他希望，在获得完全的自由后，问题就会迎刃而解。他不愿意支持某一方，因为他不能确信支持一方并不会冒犯另一方，他因此而错失了成为各方均可接受的仲裁人的良机。他也认为，自己没有作出任何决定，那他的敌人也就找不到借口。上等阶层或许会明智地得出一个结论，尽管王室和他们自己面临这么多危险，但现在应当把国家的利益放在自己的利益之上，承担起作为普通人所应承担之义务和负担。

然而，没有一方会退让。平民阶层不可能看不出，时间在他们一边；也不可能认识不到，他们可以迫使其他等级与他们合作，从而确保摧毁这些等级的特权，让游戏按自己的规矩玩。根据很多
55 选区全体居民的强烈要求，其他两个等级被禁止联合投票。他们的抵制是正当的，只能通过国王或人民的干预才能予以克服。如果他们立刻就作出退让，并借助深思熟虑在 5 月份就完成到 8 月份的动乱中才实现的目标，那他们的政策就有可能是正当的。尽管存在这些难题，上等阶层也面临这些危险，三级会议还是在令人难忘的日子——5 月 5 日召开了。内克尔希望会议在巴黎举行，因为这里是金融家们的聚居地。人们提出了四五个开会的地点。这时候，国王终于打破了沉默，说应当在凡尔赛举行，他考虑的是方便自己打猎。他看不出有什么值得担心的事情正在迫近首都。不过，自那之后，一些地方时不时爆发的骚乱和某些选举人的公开言论，开始使他改变了看法。

在会议开幕那天，王后进入会场时得到的是难堪的沉默，但她的反应是显然非常高兴、极为优雅地对会议致以迟到的祝贺，这给

她赢得了热烈的欢呼。当她经过国会代表中的平民代表时,他们都对她表示喝彩,只有普罗旺斯省的第三等级议员除外,因为他们中间有米拉波。只有他发出嘘声。还有两位女士从同一扇窗户观看议会开会,她们是内克尔的女儿和外交大臣蒙莫兰(Montmorin)的妻子。一个人对于自己见证了近代史上最伟大的一幕而自豪,另一个人则对不祥的预兆忧心忡忡。她们两人都是正确的;那议员们中间弥漫着一种自信而热情的情绪。跟我关系很亲近的一位亲戚1846年在罗马,当时,正是新教皇进行改革的那段激动人心的时期,当时的教皇是整个欧洲最受欢迎的人物。他们问一位跟他们住在一起的一位意大利女士,为什么她对所有这些示威游行这么忧心忡忡,她回答说,“因为,1789年,我在凡尔赛”。

一直反对内克尔的大臣巴朗坦(Barentin)始终对三级会议心怀忧惧和厌恶,他继国王之后讲话。他是一位法国法官,他除了古代法兰西实行过的制度之外,对于任何治理形式都不感兴趣。尽 56
管如此,他也承认,大家团结起来进行思考是合乎理性的解决办法。他又说,仅靠共识并不能解决问题,他强烈要求其他两个等级放弃自己的豁免权。内克尔则把他的听众们搞糊涂了,他背弃了首相一直坚持的立场。他向其他两个等级保证,只要他们作出已经许诺的让步,那么,由于实行分开投票,他们不会被第三等级吞没。他说话的口气好像是他们的保护人,条件是,他们必须服从一般的法律,按与自己相称的比例交税。尽管他没有明说,但却暗示,他们拒绝给予国王的东西,将被人民抢走。在他的财政预算报告中,他低估了赤字水平,对于宪法,他也未置一词。伟大的一天就这样草草收场了。议员们返回之时,应当由司仪官引领,我们很

快还会再次看到这位官员。平民等级议员却拒绝了这位司仪官,因为前一天,他曾要求他们腾出他们在教堂的中殿占据的地方。于是,他们把司仪官的训令置之脑后;因为政府权力的批准权已经交给了议员们,他们成了一个杠杆,借此,那个人数最多的等级推翻了君主制;就这样进行了七周之后,由于一篇讲话,终于爆发了世界历史上所进行过的最大一场宪制斗争。

第四章　三级会议之集议 57

1789年5月6日拉开帷幕、6月27日闭幕的那场戏中传达出来的看法就是：国王将使法国人民享有自由，因为国王将听取他们的每一个呼声；应召显贵们已经提出了没有任何条件限制的普选权，最高司法机构也公布了未来的宪法，教士和贵族在大选期间已经作出了最严肃的承诺；还有孟德斯鸠和伏尔泰所称赞的英国的样板，还有更有说服力的美国的榜样；当然还有本国的经典作家们，他们一直七嘴八舌地宣称，所有权力都必须受到控制，群众必须被从贫穷中拯救出来，个人决不能受到强制约束。

当第三等级出现在凡尔赛时，他们在那里要求得到自然赋予人类的共有资产，而他们一致认为，他们以前被不公正地剥夺了享有这种资产的权利。他们并不想跟国王过不去，国王已在受到打击之后屈服了，不敢跟他们叫板了。他们是希望与国王也公然所反对的那些阶层达成协议。在他们跟国王、跟贵族一样自由之前，他们不可能得到真正的自由。现代的绝对君主制已经退却了，但土地的古老所有者却仍然存在，他们仍然在国家中占据着特殊地位，仍然有一个复杂的荣誉和强征暴敛的制度，他们仍然可以通过这套制度羞辱中产阶级，使下等阶层一无所有。有教养的大众可以自己养活自己，只需要削减这些特权以使贵族阶层不再占有优

58 势地位他们即可满意。但乡村民众所考虑的却是废除早已过时的封建制加给他们生活之上的每一样负担。

这两个阶层并没有分裂。他们共同选举产生了他们的国会代表，政治意义上的民主党人与社会意义上的民主党人之间的裂缝还不显眼，尽管在现代社会，这已经成为一个重要的问题。构成两个阶层之政策的是同一个原则，他们使用着具有相同含义的用词。他们要求既在国家活动中，也在社会生活中，都享有自由。他们提出，必须停止压迫，不管是打着国王的旗号的压迫，还是打着贵族制度的旗号的压迫。一句话，他们除了要求自由之外，还要求平等，要求同时消灭封建制和绝对君主制。平等是这两个阶层最迫切、最主要的要求，因为国王事实上已经让路了，而贵族却还没有。

以后还将持续进行的战斗，立刻就在平民与贵族之间爆发了。这是那些由于法律的压迫而注定要陷入贫穷的人，与那些以牺牲他们为代价而获取自己财富的人之间的战争。如果法律保持不变，则一方就将因为匮乏而丧生；而另一方如果作出让步，就会被消灭。因而，这是一场生死攸关的冲突。

攻击的真正目标并不是活着的地主们，而是还没有被埋葬的过去。这与社会主义没有多大关系，也不关地租高昂、年景不好、地主贪婪的事。人们所考虑的并不是所有这些，而是希望摆脱不合理的、模糊不清的法律，正是由于这些法律，一个贵族的土地只用交纳 3 法郎的税，而一个平民的土地却要交 14 法郎，仅仅因为一个人是贵族，另一个人不是贵族。人们主要是针对这一点，而提出了自由主义的要求。

选举已经突然使下面一点变得明确了：如果说这个国家的一

部分财富曾经被国家拿走，那么，另一部分就将被人民拿走；一个
自己制定自己的法律的自由社会，将不会允许统治阶级对无人保
护的民众进行那种由来已久的强征暴敛了。当应召显贵们建议给
予每个人投票权的时候，这一后果，对于他们来说，并不是显而易 59
见的。在事态发展过程中，人们才逐渐看清这一点，而在大众的要
求中，没有任何有关贵族利益的规定。

面对巨大的危险，特权阶层收紧了自己的队形，向国王施加压力，要求他抵制变革，以确保其不受伤害。特权阶层人士变成了保守派。廷臣都站在他们一边，其领袖是达尔托瓦(d'Artois)伯爵，包括王后及其最亲密的圈子。

国王仍然坚定地相信，民众政府(popularity)是最好的权力形态，他要依靠富裕的贵族们对于民众的深刻恐惧迫使他们服从他的意志。因此，在第三等级施加压力使贵族不能采取行动之际，他都在静观事态的变化。在经历了冗长乏味、一无所获的五周之后，第三等级发起了自己的进攻，国王则可能失去了信心，也可能是出于同情，一步一步地站到了贵族一边。面对即将到来的前景不明的变革，国王退缩了。

当第三等级的代表们在5月6日早上相聚讨论国是的时候，他们彼此互不相识。当时他们必须谨慎从事，并占据一些阵地，使自己不至于分裂。不过，只要他们的权力仅限于认可政府的权力，而并不讨论更为复杂的问题，他们的一致同意就不会怎么危险。其他等级代表当时都觉得，他们很快就可以检阅自己的收获。但这次投票，贵族以141票的多数表示赞成，教士则只以19票的微弱多数赞成。人们立刻就注意到了，特权等级也已经出现了裂痕，

教士等级中站在第三等级一边的人数，几乎跟站在贵族一边的人数相当。明智的做法是给他们时间，让他们在妥协的办法用尽之前，在他们还找不到团结行动的理由之前，就放弃暴力。中庸的政策是马卢埃所主张的，他具有洞察力和实际经验，长期服务国家使他老练成熟。但人们却说，他曾经为奴隶贸易辩护，他企图排斥公
60 众参与政治辩论，他甚至在未经授权的情况下，就宣布保护上等阶级实际的和形式上的要求。他的话很快就在议会中没人听了。但他是个具有正确判断力的人，因为他既不受古代的成见的影响，也不为现代理论所左右，他从来没有忽视可能有利于某个阶层的公共利益。有利于穷人的最慷慨的一个提案就是他后来提出的，正是在他的推动下才召集了议会，为的是与其他等级进行协商。

他得到了穆尼埃(Mounier)的支持。穆尼埃是那个时代思想最深刻的人，在议员们中也最有声望。他是格勒诺布录(Grenoble)的地方行政官，他曾用高明的艺术和智慧管理多菲内省(Dauphiné)的地产，使所有等级、所有派别的人都能和谐共事。他们要求平等的代表权，他们给其选出的国会代表授以全权，而并没有写什么书面授权指导原则，他们仅仅要求应当建立一个自由政府，以使他们能够最充分地发挥自己的能力；他们已经作出决定，他们省获得的特许权，是不应与国民新的、理论上的权利相提并论的。在穆尼埃的指导下，高级教士和贵族们联合宣布，人的主要自由是由自然赋予人的，而不是由容易朽烂的头衔证书授予的。旅行者曾将有关英国制度运转的知识传授给他，他属于孟德斯鸠学派；但他是个不受教条束缚的信徒，是个有识别力的崇拜者。他认为，孟德斯鸠是激进的非自由主义者(illibreral)，他相信，孟德斯鸠提出的

那个分权而又不使之分离的著名理论，其实是古人早早发现的很普通的见识。他认为，国家的不同，不是表现为性质之不同，而更多地体现为进步阶段之先后，英国那样的政体不是适用于某个地区，而是适用于一个时代的。他属于华盛顿所代表的那一类政治家，以一种保守的气质而提出了一种具有如此强烈革命色彩的学说。在政治舞台的中心，掌权的大人物显示出他们缺乏同情心和吸引力。穆尼埃则拒绝见西哀士，并一直在公开抨击及贬低米拉波。他立刻获得了影响力，在公众中得到了声望，在建设性那一派 61
中，他自然而然地成为领袖，这一派也一度占了上风。然而，在遭遇挫折之后，他那严厉而刚毅的性格却导致了不幸，由于他只有一条防线，因而战术上的失败就轻易埋葬了他的事业。他尽管早早就陷入绝望之中，曾对自己在伟大的 6 月中发挥的作用大声表示忏悔，在欧洲面前展示他的沉痛之情，但他从来没有动摇过自己的信念：任何等级、任何家族、任何人的利益都不能高于国民的利益。拿破仑曾用讥讽的口气对他说：“你还是 1789 年时代的人。”穆尼埃回敬说：“是的，阁下，那些原则是不会因为时代而变化的。”

他希望采用英国的模式，这就意味着：按财产选举代表，根据功劳而不是根据血统原则组建上议院，国王拥有否决法案的权力和解散议会的权力。光有保守主义力量的积极合作，是不能保证建立这一模式的。要使自己的想法获得多数支持，需要其他等级的人改变立场，不是被征服而勉强改变想法，而是经过说服之后自愿改变想法。但米拉波和他的朋友们唯一的愿望是让贵族们出丑，揭露他们的顽固和傲慢，然后在没有贵族的情况下处理问题。而穆尼埃要实现自己的计划，却需要一种真正的和解。

教士们准备召开一次会议，在他们的干预下，贵族也同意参加这个会议。5 月 23 日，非常信任穆尼埃的维厄内（Vienné）大主教宣布，教士们已经认识到了须履行平等纳税的义务。为贵族辩护的卢森堡公爵也作出了同样的声明。他说，他们的目标是不能改变的，不过，他又补充说，在宪法问题解决之前，这个问题也不可能得到解决。贵族们拒绝放弃以前实行的各个等级分开批准政府权力的模式。当平民等级反驳说，在国内纷争不已的时代效果不错的办法，未必适用于 1789 年这种田园牧歌般的太平时代，此时，如
62 果他们轻看这些观点，是不能怪罪别人的。

这次会议失败之后发生了一件事，这件事证实了内克尔的想法：他的等候并不是徒劳的。他接受了米拉波的提议。在这之前，米拉波一直因为他私生活中显眼的丑闻而声名狼藉，他出于生存压力而写的著作，也没有能够恢复他的良好名声。人们对他敬而远之，不是因为他跟他那帮人一样残忍和道德败坏，而是因为他有谎话大王和剽窃的恶名：在一次蹲监狱期间，他在与迪蓬·德·内穆尔（Dupont de Nemours）的通信中得到了一份重要的备忘录，其中体现了杜尔哥关于地方政府的思想。他抄写了一遍这份手稿，把它呈送给首相，说是自己的作品，又将另一本作为杜尔哥的作品出售给书商。后来，他威胁说，他要到普鲁士出版他的信件，但如果政府愿意掏出他能从出版这些书信中挣的钱，他可以不出版。蒙莫兰拿出了这笔钱，但条件是他放弃自己在普罗旺斯的候选人资格。米拉波答应了，后来把这些钱花在游说上，又通过出版他写给国王的信挣了更多的钱。在竞选期间，他靠着自己的冷酷、厚颜无耻和钱财，很快就占了上风。那些反对他的贵族们未来都

将感受到他的能力。骚动爆发后，他亲自去抚慰他们，他在200名随员的护从下从马赛跑到埃克斯（Aix）。他同时被两个地方的第三等级选上。于是，他来到了凡尔赛，希望弥补自己投入大选的钱财。在那儿，人们很快就看出了，他拥有的精神上的能力之高，与他行为之卑劣，实在不相上下。马卢埃曾形容他是唯一一位从一开始就认识到大革命将通往何处的人，他的政敌穆尼埃也坦率承认，他从来没有遇到过比米拉波更聪明的政客。他总是时刻准备着发言，总是充满生气，精明过人。他的最新言论经常被人引用，因为他的周围是一群能干的人，大多数是日内瓦人，他们擅长政治斗争，向他提供情报，密切关注公众的动向，帮他在报纸上说话。里瓦罗尔（Rivarol）说，他的头脑是一块巨大的海绵，里面吸满了别人的观念。由于即席讲话是一门新兴的艺术，最聪明能干的人争相阅读他的讲话，于是，米拉波立刻成了一位给人印象深刻的辩论家，或许是法国议会辉煌历史上最出色的辩论家，尽管他可能并不是最完美的演说家。他的父亲是一位非常出色的经济学家，他继承了经济学家对于一个获得大众支持的、积极的君主制的热情，同样也继承了经济学家们对于单院制议会的偏爱。 63

米拉波曾在1784年访问过伦敦，与辉格党人来往频繁，柏克曾引用过他的一段话。他并不喜欢英国，但他觉得，英国令人信服地证明了成文宪法的功效，证明了只要有不多几部保护人民自由的法律，就足以使堕落而无知的人民繁荣富裕起来。

米拉波思想的要旨是取消特权，获得至高的权力；因为他只希望使君主制倒向另一边，而并不想摧毁他愿意服从的君权。因而，他有的时候是最狂暴、最鲁莽的人，有的时候又无疑是温和而又知道克制的人；这两者都是精心筹划的。由于他一心追求一个固定的目标，因此，不管是原则，还是良心上的顾虑，或者是紧急事态，都不能令他半途而废，他也不会让某个内在一致的基本原理束缚自己而让自己陷入困境。在日常生活中，他是不可靠的、不能信任的人，但在危机之中，他却是最稳固、最有用的力量。从第一刻起，他就走到了最前面。在国会开幕的那一天，他就已经准备好了第二天的事：他创办了一份报纸，形式是他给自己的选民的报告，政府试图压制它的出版，但他获得了胜利。这样，5 月 19 日，他在法国确立起了新闻出版自由。

在他的推动下，第一个政治性俱乐部，也即后来的雅各宾俱乐部得以创建，而当时创建它的人们还不知道这样一个俱乐部的含义。米拉波只是对他们说，十个人同心协力行动，能够让成千上万一盘散沙的人发抖。米拉波开始的时候还比较谨慎，因为这个俱

64 乐部是新兴的东西，他还没有多少支持者。他相信，国王才是真正的巨头，第三等级还完全没有准备好直接面对宫廷或发动革命。他觉得，与他认为注定要灭亡的秩序进行协商是没有成功希望的，他打算让国王与这种秩序分离开来。当调和的努力失败之后，他的机会来了。他请求马卢埃介绍他与首相直接沟通。他告诉马卢埃，他将严肃地警告首相，贵族们打算将其抵制行动推到极端，他的靠山只有国王。他许诺说，只要政府承诺信任他，他就将运用自己的全部力量来支持政府。蒙莫兰拒绝见他。内克尔勉强同意见他，态度却相当傲慢，完全不是和解的样子，他见到这位可恶的访客后就问他能提出什么建议。米拉波对马卢埃说："你的朋友是个笨蛋，他很快就会得到有关我的新闻的。"内克尔一辈子都在后悔，

自己错失了这个良机。而在当时，这次谈话只是让他相信，第三等级已经知道了他们的软弱无能，觉得他需要人来解救。

就在这时，教士等级的请愿书送到了他手中。当时，人们已经看出，贵族不可能接受平等纳税条件的约束，因此，第三等级觉得，自己跟教士有更多共同语言。5 月 27 日，他们派出大批重量级代表去见教士代表，以和平的上帝和国民福利的名义请求他们不要放弃团结一致行动的计划。这一次，教士对政府提出了异议。

30 日，又召开了会议，大臣们都出席了。跟从前一样，讨论也没有任何结论，6 月 4 日，内克尔提出了自己的一项计划。他的建议是，大体上分开投票，国王则有最后的裁决权。这是一个有利于特权等级的解决方案，是其中一个特权等级请求他出面提出的。国王只是想得到他的钱，而并没有想取消他们的权力。教士们支 65
持这一方案。这一方案让第三等级陷入困境，但他们很快就释然了，因为贵族们对此方案的答复是，他们已经下定决心证明只有自己的做法是正当的。由于这一决定，到 6 月 9 日，谈判破裂了。

贵族们的这一决定是在波里纳(Polignac)公爵夫人的公寓中作出的，她是王后最亲密的朋友，这一决定打破了宫廷与大臣们在三级会议召开之初达成的妥协。在这之后，贵族们还是明智的、前后一贯的。但当他们意识到这一妥协走得太远，让他们的命运落入充满敌意的多数民众的掌握之中，而他们的特权又没有任何保障的时候，他们就不再屈从了。马卢埃给他们作出了担保，他的同僚们却拒绝对这一担保承担责任，他们警告他，贵族们是不可信的。

没有人能够说，特权大厦中到底有哪些应当予以摧毁，或封建财产权中的哪些核心要素——不管它们是由契约还是由权威的因袭性习惯予以保障——应当继续维护。贵族们觉得，他们捍卫法律赋予自己的、或几百年来都无人质疑、或通过购买和继承得来的、或得到政府批准的、或由他们的选区居民明确予以认可的那些东西，是完全正当的。他们完全相信，维护他们所代表的那个阶级的利益，以及捍卫那个利益之存在本身，完全是合乎真正的自由精神的，因为自由依赖于各种权力之互相制约；他们也有理由相信，他们是在拯救国王。他们已经答应放弃财政上的豁免权，承担起平等纳税的义务，他们不能再退让了，他们现在也要求国王支持他们。属于他们这一等级的蒙特洛西埃（Montlosier）宣称，他们的理由很正当，论据却很糟糕。他们两次给了敌人以可乘之机。当他们看到教士们摇摆不定的时候，他们以 197 票对 44 票的多数投票通过，每个等级都拥有否决权，这样他们就不再坚持三个等级各自投票表决的主张，而承认了对方提出的共同投票的主张。显然，整个国家都会支持那些不承认这种否决权、并准备驳回它的人士，
66 于是，那个准备行使否决权的等级根本不可能做成任何事情。第二件事是，他们拒绝了政府的建议，这样，他们就使自己陷入孤立状态，成了一个障碍。他们已经失去教士的支持，现在，他们又让首相大为反感。除了对国王心存希望之外，他们没有别的指望了。他们既害了自己，也害了国王。这并不等于说，因为他们支持君主政体，他们就信任这位君主。他们犯了一个严重的错误，以为常规军要比没有训练的暴民有更强大的战斗力，他们错误地以为，八英里之外的群情汹汹的巴黎人，面对全副武装的军队，不可能保护这些议会代表；因为，这些军队是由英勇的法国绅士统帅的，几百年

来，他们已经习惯了浴血奋战，现在也当然会为了他们的事业而战。

已经没有更多可做的了。和平手段已经用尽了。现在，只有故意触犯正统，才能满足国民的要求。整个国家已经对这种拖延策略和长时间的无所作为越来越厌倦了。第三等级、教士和政府竭力追求的妥协已经是徒劳无益的了。现在已经到了必须在采取强力手段与屈服之间进行抉择的时候了，第三等级要么利用他们所能利用的手段打败种种抵制力量，要么干脆就承认，这场伟大的社会运动在他们手里已经失败了，人民选出的是名不副实的人选。无所作为和拖延并不是一项政策，而是在为一项政策做准备。我们可以合理地说，他们在采取进攻性措施之前，希望尝试一切可能的办法；但如果以为他们开始的时候没有做某些事情，就得出结论说他们以后也不会做这些事情，那就太荒唐了。他们的敌人已经在他们之先犯了错误，现在他们做这些事情所要冒的风险要小得多了。

贵族和教士们的错招实际上已经保证了第三等级的胜利。贵族等级中有近 50 个人、教士等级中有 100 多人已经准备改变立场了。因而双方的人数对比已经不是势均力敌，而是 2 比 1 了。600 名第三等级的代表不可能控制同等数量的特权等级的代表，但 800 名代表完全可以打败 400 名代表。于是，6 月 10 日，第三等级 67
公开发起了攻击，并召集卫戍部队。米拉波报告说，有一位巴黎来的代表要提出一项重要的动议准备付诸表决。提出这项动议的人比这个动议本身更为重要，因为这标志着西哀士登场了。他可是最早提出革命思想的政治家，他在进入议会两个星期后所发表的

第一次讲话中，彻底打倒了古老的法国君主政体。他是议会新成员，因为巴黎的选举推迟了，在议会已开幕3个星期后，巴黎的40位议员才坐进他们的座位，而西哀士是最后才被选出的。他对目前的停滞状态大加抨击，他相信，议员们对贵族的义务绝不能压倒他们对法国的义务。他提议，对其他等级发出正式加盟的邀请，然后，国会就开始着手赋予自己以合法性，如果别的等级参加，就跟他们一起行动，如果他们拒绝，那就在没有他们的情况下采取行动。他得到的答复当然是同意，于是西哀士提出一项动议，他们自己应当宣布自己是国民议会（National Assembly），这是它应有的恰当的名字。

尽管马卢埃甚至米拉波提出反对，但6月17日，这项动议以491票对90票的结果获得通过。所有的税收项目均须由国民议会决定。西哀士据以采取行动的深层次的原则是，第三等级事实上就是全体国民，上等等级则不算国民中重要的组成部分。

在他看来，上等阶层甚至不是自然而然地、正常地生长发育出来的，而是一种令人作呕的赘疣，是一种负面的东西，应该被割除，而不能增加。不应当存在的东西当然也不应该有代表权。第三等级的代表就能代表全体国民。他们就足以治理国家，因为他们就体现着公共利益。

西哀士从来没有担心过，其他等级与会可能占据多数地位而使自己的动议得不到支持。那些拥有强大说服力的人士经常使用他的策略：西哀士之所以征服他的听众，靠的不是坚实的论据，而是自明之理的简明易懂。

第五章　网球场誓言 68

上周我们已经看到，花了很多时间进行的毫无结果的协商，最后陷入僵局：第三等级拒绝采取行动，除非其他两个等级与他们一起行动；其他两个等级却坚持分开行动，因为这是他们的授权指导原则和国王所规定的。

在西哀士的推动下，第三等级改变了他们的方针。西哀士向他们提出，他们不应当再等待其他等级了，而应当在其缺席的情况下自行行动。他在自己那本著名的小册子*中论证说，他们事实上就等于整个国民，他们有代表国民的权利。而他的理论就要转化为实践了，因为现在，他们不仅有这个权利，也有了权力。他们了解这一点，因为教士们正在转变立场。6 月 18 日，星期四，即宣布国民议会成立的次日，是个节日。星期五，教士们在是否加盟的问题上分裂了。加盟提议遭到否决，但反对该提议的人士中有 12 人却声明，只要共同投票决定的事务仅扩展到包括审议政府收入，他们就可以站到另一边。少数派立刻接受了这一条件，并因此而变成了多数派。其他人于是也同意联合投票，到晚上 6 点钟，149 名教士投票支持第三等级。6 月 19 日是决定性的一天，因为，这

* 可能是指当年初发表之《第三等级是什么》。——译者

一天教士转向了革命的立场。这之前，第三等级由于自己受到质疑的、胆大妄为的行动而受到所有人的指责，就在此时，下层教士却放弃了自己的特权，加入了他们的事业。

69 王太子刚刚去世，国王一家躲避到马尔里(Marly)。就在教士们投票当晚10点，巴黎和鲁昂大主教赶到那儿，向国王描述了这一事件，并安慰他说，高级教士中，除了四个人之外，还都仍然坚守本等级的立场。在他们之后，又来了一位跟他们完全不同的访客，他觉得国王有必要了解此事。这个人命中注定了将在好几个政府中担任最高级别的国家官员，成为后来的共和国、帝国和君主国中最杰出的部长(大臣)，将在维也纳主宰欧洲各国元首，将在伦敦支配欧洲各国的国务活动家，他将作为世界上最精明的政客，而被人广泛地恐惧、憎恨或崇敬。

这个访客就是塔列朗，他也在深夜赶到马尔里，请求与国王密谈。他是宫廷不喜欢的人物。只是在法国教士集体请求下，他才获得奥顿(Autun)主教的职位，教皇曾想挑选他为红衣主教，但路易不许提名他。现在，国王也拒绝见他，而让他去见自己的兄弟。达尔托瓦伯爵已经上床了，但主教是他的朋友，所以同意见他。塔列朗说，政府有必要采取强硬行动。国民议会的做法是非法的、愚蠢的，除非现在就解散三级会议，否则，君主政体就要被摧毁。塔列朗愿意跟他的朋友们一起组成一个新的行政管理当局。有几位朋友跟他一块来了，现在就在下面等着。通过最近的暴乱才组成的、也因为这种暴乱而声名狼藉的国民议会，应当被解散；应当依据某个经过修改的选民资格规定，选举产生一个新议会；只要充分地展示一下力量，就能防止他们的反抗。塔列朗提出，要扭转内克

尔的政策。他认为，这种政策是软弱的、摇摆不定的，它已经把法国交给西哀士随意处置。他希望恢复国王的主动权，由国王控制局面，从而实现人们所期望的宪政变革。

伯爵穿上衣服，把这些建议告诉国王。国王也讨厌内克尔的
一味退让，也希望看到他被赶走，但却希望代之以从他自己的圈子 70
中选出的亲信。因此，他一口回绝了塔列朗的建议。当时塔列朗就相信，再效力于国王已是徒劳的了，并对伯爵说，此后，每个人都会为自己想办法了。伯爵承认他说得对。在阔别 25 年之后，他们又回忆过这次谈话，当时，其中一位手执法国王冠虚位以待，另一位则以路易十八的名义从他手里接过了这个王冠。

国王之所以断然拒绝塔列朗，是因为他自己已作出了一个重大决定。内克尔等候的时机已经降临了，也即，提出一部被广泛接受的、有明确界定的、忠实地反映人民深思熟虑之意愿的宪法，赶在国民议会之前下手，并压倒国民议会，因为国民议会可能导致危险的动乱和长期的议而不决。早在 5 月份，内克尔就曾提出过这些措施，却遭到拒绝，他当时也没有继续坚持。但现在，曾被不明智地拖延的政策显然时来运转了。面对迫在眉睫的危险，信奉自由主义的政府官员秘密提出了建议，他们也确信，国民议会很快就会走向极端。米拉波本人对国民议会的活动大为震惊，马卢埃也有充分的理由期望采取坚定的措施击退西哀士的革命观点，遏制其地位迅速上升。王后本人和宫中权势人物都请求内克尔修改他的宪法方案；但他不为所动，国王也支持他。他们已经决定，下个星期一，将由国王宣布这些被认为远远超过国民议会所提出、并将因而宣告国民议会为多余的全面措施。

正是这块大石头挡住了塔列朗出任首相之路，它摧毁的是坚固的基础结构本身，而不是那虚幻的影子。这个计划体现了政治家的才干，是内克尔政治生涯的巅峰之作。但他却没有与他本来可以充分信任的人进行沟通，对这一计划严守秘密。这被证明是致命的，因为这个秘密只保守了 12 个小时。由于亲王们拒绝让三
71 级会议使用他们的骑术学校，所以，三级会议只能使用三处建筑，而不是四处建筑，第三等级由于人数最多，所以准备占用举行正式仪式的大厅。但现在却有人开始收拾这个地方，因为国王马上要使用。

6 月 20 日，星期六，天还很早，宫廷司仪官找到国民议会主席、天文学家贝利(Bailly)，说国王下周一要用大厅，并说，原定那天要开第三等级的会议也得暂停。贝利对此并不惊奇，因为，他的一位做眼线的朋友已经警告过他将要发生什么事情。但国民议会会期已经一再推迟，才定在那一天，议员们已经准备来参加会议了，这个通知来得太晚了。贝利认为，这是有意侮辱国民议会，是政府恼羞成怒发动的反击，是对最近的投票的惩罚，他推断——而根据我们所了解的情况这完全搞错了——国王将要发表的讲话将是敌意的。因此，在接下来发生的那著名的一幕中，他表现得极为庄重。他是高贵的议会代表的领导人，却被挡住不让进去。大厅的门只开了一个小缝，让他取走自己的文件。代表着整个法国的国民议会发现，根据王室的命令，在预定的开会时间，自己被挡在走廊上不能进入大厅。

这个时候，西哀士盛气凌人的逻辑还没有引起国民议会议员们的怀疑和分裂。温和派和革命者都愤怒了，他们都有一种被某

种荒唐的权力冒犯的感觉。包括西哀士在内的一些人提出，他们应当把会址迁到巴黎。不过，他们在附近一个无人打球的网球场上找到了活动场所。在那里，穆尼埃俨然成了领袖，他提出了一种观念，既防止了一些危险的方案出笼，也使他自己重新恢复了一度有所削弱的影响力。他提出一项动议，议员们在给法兰西制定出一部宪法之前，应该信守永不分裂的誓言。议员们立刻就发了这个誓，只有一人例外，他给自己的名字加了个“持异议者”，后来他从后门猛推开人群跑了，要不然会被他愤怒的同事们给撕碎。这一戏剧性的行动，对于他们完成三天前要做的事情，并没有多大帮 72
助。代表们明白，制宪议会只能是单院制，为了制宪，必须将立法权转让给他们，不能受到约束，也不能被罢免。他们的权力不能受到上议院的限制，因为两个上院都被吸收进来了；也不能受国王限制，因为他们无须国王的认可，也不接受他的否决；也不受国民的限制，因为他们已经发誓不能解散。

网球场上真正发生的事件是，各个派别都团结起来反对国王。他们采取了更加激进的、进行不受限制的变革的政策，甚至超出了西哀士本人的想象。宫廷的处理不当推动它的支持者成了这场政治运动的急先锋。最后一位坚持给了王室以保障措施的保王主义者只能从后门溜走。

马卢埃曾想提出一项条款来挽救国王的权力，但他决定不提出来；即使提出来，也会被拒绝。在米拉波看来，17 日的议会决定预示着一场内战，但现在，他也勉强跟其他人一起投了赞成票。

就在国民议会在凡尔赛举行其临时的、非正式的会议的时候，国王在马尔里的御前会议上研究内克尔的重要建议。经过一番抗争，在作出了一些重大让步后，首相保住了他的建议的主要内容。他们正在收拾文件，准备散会的时候，一位私人信使来叫国王。国王走出去，并叫他们等着他回来。蒙莫兰对内克尔说：“这是王后的信使，一切都完了。”国王回来了，将御前会议改在星期一于凡尔赛举行。政府就是通过这种形式得到那天早上发生的事情的报告的。网球场上的狂热，使欧洲具有最强烈自由主义色彩的首相所深思熟虑的计划功亏一篑。确实，正是这位王后，就在这么一刹那间决定了，本来在那年的6月份已经接近实现目标的法国，最后却坠入长达25年、基督教国家历史最恐怖的岁月。

73 由于网球场会议而改期的大臣们的御前会议倒向了贵族，决心为了贵族们的利益而恢复旧政制的原则。它作出决定，国王应当废除国民议会最近作出的种种决议；应当坚持三个等级分开开会的原则不变，只有在不涉及特权和宪法等问题的时候才可以一起进行辩论；国王也应当再次确认封建主的权力，甚至确认其税务豁免权，除非是其自愿放弃这些特权，国王也应当拒绝承认不分哪个等级均可从事公共管理的原则。

内克尔的宏伟计划的一部分被保留下来，国王所作的那些让步如果放在几周前，肯定会受到人们的热烈欢呼，而自由制度所具有的不可避免的逻辑也使得很多人觉得，国王6月23日的讲话应当被承认为一个更为伟大的法国宪章。这是阿瑟·杨的看法，也是古弗尼尔·莫里斯(Gouverneur Morris)的看法，他曾给美国宪法打上了最后的印记；这也是杰斐逊的看法，正是他起草了《独立宣言》；连西哀士本人后来也这么看。

正是考虑到这一点，一直到最后一刻，内克尔都犹豫不决，他还在准备着星期二早上去参加国王的会议。但他的朋友、家人、女儿，那个时代的奇才，都说服他，让他明白，他去参加会议，也不可能得到认可。在这样一个严重的危机时刻，这种举动只会使他的方针中被保留下来的重要内容受到损害。于是，他卸下了他的马车，脱掉了自己的宫廷礼服，留下那个空缺的位子，宣示自己的失败。那天晚上，他得到了被免职的命令。内克尔惹人注目地缺席会议；国王讲话中不容讨论的措辞；国民议会的政令被宣布废除，这一命令是有效力的，并且立刻就生效，而国王作为补偿提出的那些妥协却是遥远的，算不上法律；国王也公开表示支持贵族：所有这一切，让国民议会大为惊恐。在各方已经存在严重对立的情况
下，将宪法问题从国民议会的议题中取消，而交由各等级分别展开 74
辩论，等于宣告了自由政府的终结。国王所持的立场实际上是根本守不住的，因为三个等级分为三院的制度已经终结了。因为，就在 22 日，星期一，以波尔多大主教和维厄纳（Vienne）大主教为首的 149 名教士代表已经加盟第三等级。教士代表已经获得过合法的授权，并有能力采取这一步骤。现在，革命派不仅在民众一个一个的投票中取得了优势，也在按等级进行的投票中占了上风。因而通过强制措施将他们分开，几乎没有任何成功的希望。

路易十六最后宣布，他决心维护人民的幸福，而如果代表们拒绝合作，他将独自承担这一使命；他指控代表们离开三级会议。第三等级现在坐在自己的国民议会中，多数教士代表仍然留在三级会议中，但对未来却心中无谱。他们的不确定性立刻非常幸运地得到了缓解。司仪官德勒－布雷泽（Dreux-Brézé）又出现了，他戴着他那紫红色的帽子，带来了国王的口信。大家吵吵闹闹，要他脱

帽致敬，但他的答复却非常傲慢，很多年后，他的儿子在一个公开场合描述说，他拒绝重复他已经说了一遍的话。于是，当他问，他们是否已经听清了国王要求他们离开的命令，他得到的是令他难忘的回敬。米拉波大声喊道："是的，但如果这是在强迫我们，那就请用暴力把我们赶走。"布雷泽的答复是——这是正确的——他不承认米拉波是国民议会的领导人，他转向议会议长。而贝利走到米拉波前头，并说，"站在这里的是全体国民，它不接受任何人的命令。"听到这些话之后，司仪官好像突然意识到陛下还在里面，于是他不再争论，返身回到大厅中。就在这一刻，旧秩序已经变了，并为新秩序腾出了地方。西哀士具有一种给自己的思想安上一个锐利的刀锋的天赋，十天前他刚进入议会的时候就说过一句话，"到了砍断绞索的时候了"；现在他又开口了，他以极为简洁的话语概
75 括了目下的形势："你们昨天是什么，今天也是什么。咱们就别理今天的命令*了。"就这样，作为一种力量而非作为一种政府形态的君主政体，没有受到责骂，没有被消灭，也没有受到谴责，而是根本就被人们故意视而不见。随之而来的将是君主政体遭到攻击、被消灭、被谴责，而洞烛先机的人士此刻已经看到了断头刀落下的第一道冷光了。米拉波说，"国王已走上通往断头台之路。"

国王在6月23日的讲话中答应削夺特权，但人们要求的是交出全部特权。国民议会接受了西哀士提出的几何学般严谨的推理，网球场上又发生了令人吃惊的事件，结果吓得国王跟贵族结成了同盟，他将自己的事业与贵族们的存亡捆在了一起。他选择了

* order，也有秩序的意思。——译者

支持跟他的利益不一致的利益，他选择了跟一个根本不可能帮助他的等级站在一起，他们不可能为他替他们作出的牺牲给予任何回报，他们根本不可能再保护自己一分钟，而他就要被毁在这些人手里了。6月23日的失败在当时就已能看得很清楚了。国民议会在赶跑布雷泽之后，倒也并没有继续闹事。内克尔同意交出职位，使他的声望猛增。在国王的声明影响下，有47位贵族投向了第三等级，他们只是贵族中自由主义少数派中的一部分。塔列朗也率领25名高级教士转而支持第三等级。于是，国王屈服了。他下令还在顽固的权贵们也加入国民议会。这些权贵以非常真诚而严肃的口吻警告国王说，如果就这样屈服，他将失去自己的王冠。达尔托瓦伯爵则反驳说，如果他们竟死硬坚持，国王的生命就将处于危险境地。只有一位因为言谈优雅、举止令人敬畏而声名鹊起的年轻贵族说了下面这句话，但也仍然没有能够打动国王的心。卡扎莱斯（Cazalès）喊道，“国王可死，但君主政体不能亡。”

路易十六在6月27日撤销了他在6月23日堂而皇之地宣布的东西，让自己脸面丢尽，因为，已有一个致命的秘密。整个巴黎都愤怒了，人民向议员们保证，只要需要，他们就将跟议员们并肩 76
作战。但他们会对住在凡尔赛、又拥有那么多军团的国王有什么影响呢？正好在这个时候，首都训练最精良的一支军队——法国近卫团发生了一次哗变，将王室的存亡交到了手无缚鸡之力而又不稳定的政府顾问们手里。军队是不可信赖的，内克尔早在2月份就对此有所察觉。6月的最后一周，英国、普鲁士和威尼斯公使都报告本国政府说，国王已经无能为力了，因为他已指挥不动军队

了。手头可以支配的军队已不足以对付国民代表。国王下令征召瑞士、阿尔萨斯和瓦龙*等地比较忠诚的军队,有10团外国军队,总共有3万人,紧急驰援凡尔赛。他们是王室的最后希望。王室曾告知其可信赖的朋友,只要前线的卫戍部队退守凡尔赛,就可以坚守下去。达尔托瓦暗地里对其中一人说,将会有很多人头落地。他说了一句不祥的谚语,这句谚语在另一场悲剧中名垂青史了:想吃到煎鸡蛋,就不能害怕打碎鸡蛋。

---

* Walloon,主要居住在今比利时东南和南部以及临近的某些法国地区的一个民族。——译者

第六章　巴士底狱之陷落 77

在出现了布雷泽那段戏剧性插曲之后，国民议会已没有心思认真对待国王6月23日的讲话了。研究哲学的观察家一定会对国王作出的合乎政治进步精神的让步感到满足了，在英国历史上，从来没有过由国王出面进行这么广泛的变革的事。然而，这些妥协仍然不能安抚人民。在那些日子，人们有一种普遍的看法，而重农学派的经济学家们显然会认可这种看法，也即，对于自我治理的原则来说，次要的自由，如果受到足够充分的保障，要比正式的保障措施更有用；它的优势在于能够在日常生活中经常被用到，能带来实惠；而那种正式的保障措施则仅存在于理论领域，其益处是没有把握的，不能保证其开明和正义。一个明智的、诚实的、有悟性的政府所能带给人的益处，大于由某种不确定的观点全盘统治可能带给人的益处。不过，哲学家们容易接受这种观点，而议会代表们却听不进这种观点，因为他们已经下定决心：他们必须制定出一部宪法。国王主动给予的一切，还有更多的东西，他们都打算获得。而国王坚持要维护的很多东西，他们也决心予以摧毁。国王主动给予的东西，说得好听点，也已经掺杂了各种杂质；因为那些拥有令他们生气的特权、豁免权和好处的等级，将会继续存在下去。正是为了反对这些东西，革命运动中的最暴烈力量已经擂响

了战鼓。为了消灭这些东西，国民已经对其代表给予了谁也无法废除的支持，给予了他们以不受质疑的权力。

假如国民议会满足于国王给予的那些好处，无条件地屈从于
78 贵族，并为了换取进行一些政治改革，听任民主制度在整个社会面前丢脸，那它就算是背叛了它的选民。正是出于这种考虑，它必须有所作为。它也是根据一项原则而采取行动的，这个原则并不是什么新东西，它实际上源出于中世纪的上帝，但刚刚被授予世俗权威，这一原则就是：法律并不是发号施令的最高统治者的意志之体现，而是服从命令的国民的意志之体现。这一学说的精髓就在于，妨碍自由乃是罪恶行径，绝对的权力不是一种可与其讨价还价的东西，而是应予消灭的东西；而对于这种绝对权力之反抗，并不关涉利益，亦非为了方便，而是一种神圣的义务。美洲独立战争中流出的每一滴血都是比其事业低级得多的一项事业中所流的，是为了反抗一种比6月23日的法王讲话中所承诺之制度更为正当的制度而抛洒的。如果华盛顿不是一个一般意义上的谋杀犯，那么，如果第三等级可以并且必须使用暴力反对宫廷提出的有违内克尔建议的、既有让步也有顽固的措施，那这正是他们的使命。第三等级的胜利是全盘性的：他们已经使三个等级合而为一了；他们已经迫使国王收回了自己的声明，让他那曾经蒙受耻辱的大臣官复原职；他们已经暴露了他们的对手的脆弱，他们已经使国民成了他们的靠山。

6月27日，米拉波散发了一份结合了胜利与妥协的致辞，这是他作为国务活动家采取的第一项行动。他说，国王讲话中包含着大量慷慨宽宏的主张，这些主张能够证明国王确实是个慷慨大

方的人。他希望国民议会以感激之情接受这些主张，而拒绝那些没头脑的国王顾问们强加于国王的那些倒退的主张，并尊重贵族的那些正当权利。他想取精去芜，因而把路易十六与他周围那些妨碍他的人区分开来，如果按这条道路走下去，他或许会取得伟大的成就。他说，“过去的岁月一直是野蛮的兽类的历史，我们正在开启人的历史，因为我们不用武器战斗，而是进行讨论。我们所面对的不是敌人，而是偏见。”

这场胜利在给第三等级带来好处的同时也带来了损失。我们 79
有理由认为，西哀士的忠告很有智慧，即让其他等级的人各走自己的路。而现在，在强大压力下加入到他们一边的那些原来的反对者，既有办法、也有意志对他们造成伤害。

教士一度曾广受欢迎。出身于农民的乡村教士也很贫穷，跟第三等级有一样的感受。国家的恩惠都给了那些出身高贵的人士，而他们中有一位，即埃克斯主教曾公开宣称他的信念：如果说有什么人可以不用交税的话，那也应该是生活日益恶化的俗人，而不应该是富裕的教会阶层。当第三等级偶然发现，选举产生的宪法委员会中竟然没有一位教士之后，他们立刻发出呼吁，指出教士在这个委员会中也应当按其人数比例拥有相应名额。他们出于兄弟情谊而拒绝了这番美意。而实际上起草纲要的第二个宪法委员会，就由 5 位俗人与 3 位教士组成。贵族则不愿和解，拒绝与持有英格兰托利党人观点的人士结成同盟。对他们而言，各个等级分立，是保证他们已经继承到的、并且要遗传下去的东西之安全的最根本原则。他们坚持各等级分开开会的惯例。7 月 3 日，有 138 名贵族出席了国民议会，到 11 日，还有 80 人出席。他们拒绝在联

合组成的国民议会的分组表决中投票，因为他们的授权指令禁止他们这样做。他们的顾虑是真诚的，拉法耶特也有这种顾虑；但其他人则将这种拒绝理解为一种抗议，似乎是宣布国民议会不是合法建立的。于是，7 月 7 日，塔列朗提出了一项废除授权指令的动议。不能允许这种指令控制国民议会，这些东西也不应当左右个人的选择。选区居民对一项决定已经发挥了一份作用，那他们就不可能再反对它。不管选举人最初的意愿是什么，最终的法案是由立法机构作出的。国王本人也在 6 月 27 日宣布，强制性授权指
80 令是违宪的。然而，代表们宣布自己是永久性的，等于切断了自己与其选举人的联系。授权指令本来就已经是确保宪法保持在国民所划定的界限之内的唯一保障，这是防止出现不确定变化的唯一保险。只有国民才能决定前进的方向，给予君主政体、财产和宗教以保护，使之不为心血来潮的想法和民众感情的一时冲动所左右。

西哀士本来就没有指望从与他所谴责的其他等级的合作中得到什么结果，他觉得，某个贵族或高级教士不投票，要好于他们投票给错误的人选。因而他强烈指出，贵族拒绝投票，受影响的不是国民议会，而是贵族们的选区居民的利益。于是，他的修正案以 700 票对 28 票获得了通过。

与此同时，6 月 23 日已经占了上风但在 6 月 27 日又丧失了这种优势的一派，现在则努力想挽救已经丧失的局面。路易十六又让内克尔官复原职了，又没有免除那些跟他作对的同僚们的职位。他告诉内克尔，他现在不能接受他的辞职，他会相机行事。内克尔不够敏锐，他没有能明白，一旦国王的敌人觉得他们已经足够

强大到不需要国王了，国王自己就会被赶走。一个国王，如果仅仅因为他没有力量可以依赖而背弃自己的朋友，抛弃他已经接受的政策，那他很快就该去认罪了。国王成了那些不喜欢他、现在甚至鄙视他的那些人手里的一件工具。

然而，在这个关键时刻所需要的资源，其实是伸手可及的。几天前那个深夜，那位足智多谋的主教向达尔托瓦伯爵提出的计划，被一些水平稍差的密谋者重新捡了起来。7 月 1 日，人们都知道，在德·布罗里埃（de Broglie）元帅率领下，正在靠近凡尔赛的地方修建一个容纳 25000 人的兵营，这位将军曾在七年战争中屡建功勋。街道上很快就聚集了来自北部和东部的军官，他们自吹自擂，说已经磨快了自己的军刀，一定能迅速解决掉那些野心勃勃的律
师、恣意挥霍的贵族和已经脱去圣袍的教士们。他们竟然胆敢摧 81
毁国家！

国王在采取这些措施的时候，并不觉得自己是暴力的始作俑者。巴黎已经出现了骚乱，在凡尔赛，巴黎大主教也遭到过袭击，被迫答应在国民议会上改变立场。另一方面，波尔多大主教尚皮翁·德·西塞（Champion de Cicé）找到他，恳请他不要向党派利益屈服，不要遵守在受到威胁之下作出的承诺。巴黎大主教却回答说，他已经答应了人家，而他打算遵守诺言。

40 年后，查理十世声称，他的兄长之所以被送上断头台，是因为他在这个危急关头，没有断然骑上他的战马。路易十六确实相信，用大军将国民议会代表与巴黎隔离起来，就可以使他们屈服。他觉得，一大批犹豫不决的人会受到影响，会作出妥协，会听进劝告，从而获得奖赏。因而，用恐吓吓唬一下国民议会而不解散它，

可能会更安全一些。他已经拒绝听从塔列朗的建议，他仍然拒绝他的计划中比较强硬的那部分。他希望通过明智的运作，国民议会或许会放弃其发动叛乱、干那些不必要的傻事的想法。他也许能够恢复6月23日他发表讲话之后出现的那种局面，那一天，是他最后一次按自己的意愿自主制定自己的政策。

对于军队的部署，内克尔了解的情况并不比别人多。7月7日，已经集中了30个团，还有更多军队几天之内就会赶到，那位元帅*要他的一位立功心切的参谋在其设在凡尔赛的总部中研究巴黎郊区的地图。

危机一天一天地在加剧，国民议会到了必须采取行动的时候了。它确实手无寸铁，但它可以依赖整个巴黎的人民，它也指望军队会士气低落。它的朋友们已经控制了金钱，它已经花了大量钱，用于为一场武装冲突进行准备。资本家站在他们一边，只有它才能阻止宫廷和贵族导致的国家破产的危险。奥尔良公爵的宅
82 第——王宫(The Palais Royal)是一个活跃的组织活动的中心。事实已经证明，国王能力低下，不够真诚，已经没有多大希望了。因而，人们现在把这位公爵看成是王族中最受欢迎的人，他很富裕，又雄心勃勃，完全能够拯救已被路易十六搞得声名狼藉的君主政体。国王的朋友们都倾心于这种想法，在整个世界都已经由于他的性格中的缺点而对他心生厌恶之后，仍然为了他的利益密谋策划。过了一段时间之后，他们又想到了他的儿子，而他跟他父亲的性格完全相同，所以也同样不合适。不过，这一点要到一代人之

* 指德·布罗里埃。——译者

后我们才能看清楚。

国民议会领导人清楚地知道自己的处境，他们并没有过高估计他们所处的险境。7 月 10 日，他们那位敏锐的美国顾问莫里斯写道：“我想，危机在人们没有察觉的情况下正在过去；现在，可以肯定必然会出现一个自由政体了。”不过，仍有一位法国元帅率领 3 万军队正在准备采取行动，几团瑞士士兵也在宫廷信任的军官伯桑瓦尔（Besenval）率领下部署在巴黎，这些士兵以可信赖和勇敢而著称，命中注定他们要在这场事业中继续扬名立万。7 月 8 日，米拉波打乱辩论秩序站起来，他开始采取行动，这个行动改变了整个世界的面貌，其不朽的效应，我们今天所有人，直到其生命的最后一天，仍能感受到。米拉波提议，向国王发去一份正式请愿书，警告国王，如果他不撤走军队，巴黎街头就将血流成河；请愿书中也提议，要维护秩序，就应当建立国民卫队（civil guard）。次日，国民议会投票通过了这份正式请愿书。10 日，觐见团团长克雷蒙特·通纳勒（Clermont Tonnerre）伯爵向国王宣读了这份请愿书。7 月 11 日，星期六，早上，国民议会收到了国王的答复。他需要用三天时间来加紧进行军事准备。而在巴黎，煽动家和密谋组织者们也抓紧这段时间组织自己的反击力量。

国王拒绝撤走他有充分理由而调集的军队。不过，他也准备 83
按照国民议会的要求，将军队调动到离骚动的首都稍微远一些的城镇。国王的答复遭到一阵冷嘲热讽，代表们决定根本不去理它，尽管米拉波还希望予以讨论。在受过这次冲击之后，路易十六准备拔剑出鞘了。这一天，在御前会议上，人们注意到，路易十六紧张不安，用假寐来掩饰自己的疲惫和焦躁不安。会议结束后，国王

把一位大臣叫到一边，让他带一封信给没有出席会议的内克尔。在这信中，国王宣布内克尔已被免职，还有一道将他驱逐出境的命令。

内克尔早就知道这一天会到来的，他是在吃晚饭的时候接到这封信的。跟往常一样，他对自己的亲朋什么也没有说，就起身了。然后他直奔边界，马不停蹄，来到布鲁塞尔。有两个人一直在悄悄地监视着他，只要他改变行程，就将立刻逮捕他。他沿莱茵河溯流而上，进入自己的祖国瑞士，回到自己在日内瓦湖畔的家。在进入瑞士后入住的第一家旅馆，他就碰到了德·波拉纳公爵夫人。在凡尔赛期间，他曾见过她，她是王后最要好的朋友，也是反对他的阴谋的主谋。现在，她也倒台了，不得不流亡国外，成为这个国家后来众多流亡者的先驱。从她那里，从后来接到的国民议会发来的信件中，他得以了解他倒台之后发生的种种事情。此刻他才知道，在一个极度混乱的时候，他本来同时是国王、国王的敌人及整个国家的主宰者。

这就是内克尔在巴勒(Bale)的“三王旅馆”听到的最惊人的新闻。他的朋友们已经由于受他牵连而失宠了，新任财政总监是布勒特伊尔(Breteuil)，他曾在科隆纳和弗尔冈纳斯(Vergennes)手下干过，曾处理过钻石项链事件*。他一直支持奉行那些反对国

* 发生在宫廷的一桩丑闻，一个从良的妓女 Jeanne De La Motte Valois 和她的军官丈夫知道红衣主教罗盎因受到王后的阻挠而不能当上首相，便伪称自己是王后的闺室密友，欺骗罗盎主教，并使其为假冒王后购买了一只价值 160 万里弗尔的项链，该项链被妓女和她丈夫拿到英国出售。王后从珠宝商处得知此事，但人们却相信，妓女不过是王后的替罪羊，真正的骗子是王后，正是王后的奢侈使国家背负沉重的债务，此事促进了革命情绪的发展。——译者

民议会的人士的政策，但在那个模糊局势下，他一直克制着自己，等待着一种更有力的措施和一位强人的出现。现在他终于迈出一步，他提出，贵族应当整个退出国民议会，以抗议三级会议竟然被某些人搞成了国民议会。在一天之内，他大概说服了少数派中的 84
26 个人支持他的观点。还有少数人仍留在国民议会中，对于一个具有信念和资源的人来说，说服他们是一件轻而易举的事情。看到布勒特伊尔如此坚决，巴黎的民主人士也下定了决心，加快了行动步伐，尽管他们还不清楚具体的目标是什么。12 日，人们都知道，内克尔已经被驱逐出境了，而军队现在掌握在那些打算对人民使用暴力的人手里。巴黎陷入混乱状态，但中产阶级成立的国民卫队开始维护巴黎的秩序。他们曾与军队遭遇，并出现了流血冲突。

新面孔开始涌现，他们代表着新兴阶级的利益：这其中有卡米勒·德斯穆兰(Camille Desmoulins)，一位能言善辩的新闻记者，他只有文学才能而没有政治天赋，他在王宫花园中对民众发表了慷慨激昂的演说。历史上的另一位强人丹东(Danton)则初步显示了他知道如何操纵和指挥群众。

13 日这一天被政府浪费掉了，巴黎则在进行紧锣密鼓的准备。人们热烈地谈论着摧毁巴士底狱，行动的迹象马上就可以看到了。14 日上午，很多人冲进荣军院，抢夺了 28000 件武器和若干大炮。巴士底狱位于巴黎的另一端，它古老的城堡俯视着整个工人居住区，控制着整个城市。只要军队从它高耸的城垛上开火，任何抵抗都会被消灭，抢来的那些武器也没有多大用处。

巴士底狱不仅控制整个首都，还笼罩在人们的心灵上，因为它臭名昭著，几个世纪以来，它都是暴君的工具和象征。尽管目前关在它的铁栅后面的囚徒人数很少，也都是无关紧要的人物，但整个世界都知道它历史上的恐怖情形，都知道那些被毁灭的生命、家庭，还有它四周那三千座耻辱的坟墓。因而，民众普遍地要求捣毁它，以此作为获得解放的象征。在贵族和第三等级的大选中，选民们都要求将巴士底狱夷为平地。

早在 7 月 4 日，伯桑瓦尔（Besenval）就获得情报，说巴士底狱
85 将遭到进攻。他派出一支瑞士小分队，将其守卫部队人数增加到 138 人。他没有派出更多军队。就在那天上午，曾经冲入军械库的人已经分发了抢来的武器弹药，派间谍以探视狱中犯人为借口打入巴士底狱，以探查其防御情况。一位谈吐温文尔雅的访问者被带到那可怕的塔楼顶上，从那里，他看到了林立的枪炮，它们在防御士兵的射程之外。这些枪炮已经把巴黎的命运掌握在其手里了，整个巴黎已经失去了防御，已经不可能开火了。

大家都已经知道了，大约在中午时分，进攻开始了。进攻由弗朗塞瑟斯团（Gardes Françaises）士兵指挥，他们是最早哗变的，已经被遣散了，现在则成了民众军队的骨干。围困行动开始后，民众一直试图放下吊桥。几个小时之后，城堡的主城墙依然完好无损，这个地方仍然跟遭到轰炸之前一样安全。不过，守卫部队知道，他们已经失败了。伯桑瓦尔不是那种会率军从几英里外的地方杀过来救援他们的人。他们缺乏给养，士兵们强烈要求指挥官在被打败之前与进攻者达成妥协。他们已经挫败了一百多人的进攻，自己没有损失一个人。但很显然，不管是死伤一百人还是一千人，都

不会影响民众坚定的决心，反而会激起他们更大的愤怒。陷入绝望之中的德洛内(Delauney)抢过一根火柴，想点燃军火库。他手下一位士兵反复劝他，说如果发生爆炸，会造成巨大的破坏。这个劝说其那绝望的指挥官住手的士兵叫贝卡尔德(Bécard)，与他再过一阵得到的命运相比，其实，这本应是较好的结局，因为，他是后来遭到屠杀的四五个士兵中的一位。这个人击鼓要求进行谈判，他摇起了白旗，并获得了对方以法国军官的荣誉作保证给予其安全的口头承诺。

于是，胜利者蜂拥通过了吊桥，他们战胜了这些瑞士士兵，这些伤残退役军人也战胜了已实行 13 个世纪的君主政体和世界上
统治时间最长的王室。那些曾在常规军中服役并负责抓捕犯罪分 86
子的人，现在则救出了这些囚犯，把他们带回自己的居住区，让他们躺在自己的床上休息。正是这些军官指挥了这场装模作样的进攻，但对方却可怜地向他们投降了。然后，他们奋力穿过已经杀红了眼的人群，把那位政府军军官带到市政厅(Hêtel de Ville)。后人一直相信，正是德洛内，让人民第一次走上法庭成了审判者，经过他们审理之后，有四五位政府军士兵被背信弃义地枪杀了。在推搡中，德洛内碰伤了一个旁观者，碰巧这个旁观者是个厨师。于是这个人拔出他的刀，切下了德洛内的头，与其说是出于憎恨，倒不如说是出于职业技巧的自豪感。由国王任命的旧市区长官弗勒瑟勒斯(Flesselles)也被枪杀了，人们怀疑他曾下令德洛内进行抵抗。

一位当时身在法国王宫的英国人瑞格比博士(Dr. Rigby)描述过他亲眼所见的情形。先是过来了一大群人，高举着那个被征

服的城堡的钥匙,作为他们胜利的象征。“巴士底狱被占领了,”人们的喜悦是难以描述的,陌生人握着他的手说:“我们也是自由人了,我们两国之间再也不会有战争了。”然后来了另一个游行队伍,也大喊大叫,喜不自禁,但旁观者却满怀恐惧地看着他们,因为他们手中的战利品是那些被谋杀的军人的头颅。由于国民已经成为国家的最高统治者了,因此,任何向他们开火的士兵都应算叛乱分子和卖国贼。外国公使们对于人民热衷于报复而不是致力于正面获得某些东西的想法,无不感到震惊。夜里,元帅下令撤出巴黎,伯桑瓦尔已经全线后撤了,首都已经不再在法国国王的掌握之中了。

与此同时,国民议会已经意识到了它周围的民众情绪的力量,但在此危险时刻,它依然相当平静。国民议会的势力在缩小,几乎就在自己的眼皮底下,历史彻底地改变了,并且由那些比它更强大的力量来重写了。14 日早上,国民议会推举产生了一个八人委员
87 会来负责起草宪法。穆尼埃和喜欢英格兰模式的人士依然占据上风。但到了晚上,他们的机会就消逝了,因为英格兰模式中竟然还有国王的位置。

那天晚些时候,诺埃勒斯(Noailles)带来了他自己亲眼见到的真实发生的事情;国民议会这才在充满焦虑的寂静之中知道了,坚不可摧的巴士底狱城堡守卫部队军官的头,已经被挂在长矛上,在巴黎街头四处游街示众了。拉法耶特从座位上猛地跳了起来,议长则和诺埃勒斯立刻直奔王宫。但在那里,他们什么也没有得到。路易十六告诉他们,他已经召回了军队,现在他准备上床睡觉了。他仍然非常平静,他一直没有搞清楚,他必须做些什么,他已

经错失了什么。

但到了第二天早上，国民议会乱糟糟地聚会，准备派出几位代表。这时候他们才发现，就在那个值得铭记的夜晚的短短几小时中，事情已经发生了变化。两点钟，王宫一位高级官员将国王从睡梦中叫醒，闯入者是利昂库尔特公爵罗舍富科（La Rochefoucauld），他不是一个才华出众的人，却被公认是这个王国中拥有头衔的贵族中最仁慈、最善良的。他想让他的主子搞清楚目前的事态及其重要意义，要国王明白，政府的权威那一天是如何在巴黎丧失的，明天又将如何在各省丧失。路易十六这才醒悟过来，并大喊道："但这是一次严重的叛乱！"利昂库尔特回答说："不，陛下，这是一场大革命！"正是用这些具有历史意义的措辞，这位忠实的臣子使国王摆脱了大臣的愚弄，在随后那个决定性的日子里获得了自己的控制权。在这位公爵的指导下，路易十六与自己的兄弟一起，没有伴随什么盛大的王家礼仪，来到国民议会，向议会表示屈服。面对这令人怜悯的严肃的一幕，代表们一度忘记了自己正当的愤怒以及他们更为正当的蔑视。随后，国王自己走回王宫，他突然有一种胜利之感：议会赦免了他，并全体起立护送他回宫。

斗争结束了，符咒已被破解，国民议会已经统治了法国。为了
建立秩序，一大群议会代表赶到市政厅，在那里，拉里·托朗达尔 88
（Lally Tollendal）发表了一篇演说，激发了人们强烈的兄弟情谊和喜悦之情，他头上戴着花冠出现在群众面前。

为了加强巴黎与凡尔赛之间的联系，国民议会第一任议长贝利被任命为新选出的市政当局的长官，而副长官拉法耶特则被任命为国民卫队指挥官。这是迈向注定要对法国命运产生巨大影响的革命委员会(Commune)的第一步。在政府的活动已陷入瘫痪状态、它留下的空白还无人填补的时候,成立这个机构也确有必要。

国民卫队也是一个具有重大意义的发明创造,因为它不再是国家的军队,而是社会的军队;不再是服从权力的军队,而是服从民意的军队。它是中产阶级组织的一种暴力力量,为的是对抗在它之上和在它之下的各个阶层;它既要保护自由不受国王侵犯,又要保护财产不受穷人侵犯。它自成立起,就是要捍卫秩序、颠覆政府,因为它就是国民本身,没有任何人胆敢与它抗衡。在巴黎圣母院的祭坛前,拉法耶特起誓效忠于人民,而不是国王。他从来没有展示过保卫和平或指挥打仗的才能,但在他多变的漫长一生中,他确实是最早接受华盛顿之信念的人。

议会代表们从巴黎返回凡尔赛后,有人报告说,人民要求召回内克尔。于是,国会罢免了布勒特伊尔,责成国民议会负责向这位被贬谪的财政总监写一封信。他被驱逐刚刚五天,现在该他的政敌倒霉了。当天也即 16 日夜里,遭受挫折的阴谋家纷纷流亡出走。路易十六也让他的弟弟出走,既为了他本人的安全,也为了王朝的安全。其他人也纷纷出走。王后被迫罢免了德·波里纳夫人,王后曾对她过于宠信了。现在,王后自己独自置身于其政敌的
89 包围之中。这是第一次大逃亡。剩下的贵族们宣布,他们放弃抵抗,国会议会终于团结到一起了。斗争结束了,第三等级胜利了,而胜利者要得到战利品。

但国民议会并不是胜利者;对于内克尔被罢黜到又发函召回他之间所发生的巨变,它并没有作出什么贡献。议员们不过是靠

清谈来谋划国事，而巴黎的普通民众却在为国家奉献生命。威胁生命、并被战胜的暴力没有降临到凡尔赛，是巴黎制服了降临的暴力，因而它也拥有统治它自己、统治国民议会、统治法国的权力。首都占有突出地位，因而首都的这种新性质，将使国家从君主政体转变为共和国。

国王现在成了两个主子的奴仆。他已经向凡尔赛的主子表示臣服了，现在他还必须向在市政厅形成的神秘的新权力当局表示臣服。他已经不得不屈从于代议民主制度。他还得屈从于直接民主制度。如果让奥尔良的大本营也落在他们手里，那就没有安全可言了。在即将逝去的政府与即将到来的政府之间如何选择，路易十六根据利昂库尔特的建议采取了行动。

7 月 17 日早些时候，他下定了决心，他听过弥撒，领受过圣餐，便开始准备回到他的都城。王后跟在后面，带着他的整个扈从，为的是只要发现蛛丝马迹，就立刻自己远走高飞。到城关的时候，国王的目光垂下了，因为平生第一遭，有无数武装人员不把他视为他们的统帅，他们在街两边排了几里长，穿着五颜六色的服装。不管是国民卫队，还是站在后面的密集的群众，都没有发出致敬的欢呼。现在，除了对国家和议会代表们，他们对任何人都不表示敬意。

在这里，国王与国民议会之间的和平已经不算数了。所有的人都已知道，已然存在着一个完全不同的权威了，人们对它更为忠诚，甚至国王也得向它表示效忠。在市政厅，国王向新政权表示敬意。在那里，国王确认了新选出的市长，并认可了它所做的一切。国王还向人民展示了由拉法耶特戴在他头上的新帽花，这等于宣 90

告,自克洛维*皈依基督教以来统治法国的王权,再也不能统治法国了。他在国民卫队总司令操纵的欢呼声中踏上回家之路,而这位司令也曾操纵民众给他以阴郁、可怕的沉默。

一个新的统治时期开始了。伟大的波旁家族的领袖,建立在路易十四的传统之上的那么多权力和荣耀的继承者,在严密的控制下,甚至无法行使一点点权力了。因为在那个时刻,已经没有国王了。首都的无政府状态已经向各省发出了国家陷入无政府状态的信号,而在那个时刻,无政府状态具有可怕的含义。

那些来到巴黎并感受到那个时期的狂热的国民议会议员们没有能够注意一个事实:那支给予法国以自由、给予国民议会以权力的大获全胜的军队,基本上是由杀人犯组成的。他们的成就的光芒遮掩了他们的犯罪事实。人们仍然需要他们的保护。告诉人们,他们也是流氓,似乎为时太早,可能会伤害这些爱国人士和大英雄。于是,心情复杂的民众就让自己相信,可憎的大屠杀是在危急关头不得已才采取的行动。俄国公使在7月19日写道,在两个世纪前,法国人曾经展示过同样的残忍**。

7月22日,布勒特伊尔的一位同道富隆(Foulon)和他的女婿,也是一位高级官员的伯蒂埃(Berthier)在大街上被人有预谋地杀害了。不管是贝利还是统领着国民卫队的拉法耶特,都不能保护一位遭到厄运的人的生命。不过,一位举着伯蒂埃的心脏游

---

* Clowis,约465—511年,法兰克国王,墨洛温王朝的创立者,约在5世纪末建立法兰克王国,507年在巴黎建都。——译者

** 疑指1572年8月24日发生于巴黎之天主教徒屠杀胡格诺教徒的“圣巴托洛缪惨案”,这种屠杀并蔓延到外省。——译者

街示众的龙骑兵，却遭到了报应，他回到营房时，被他的一位战友给收拾了。

拉里·托朗达尔把这件事报告给国民议会。他的父亲秉承了一位流亡的詹姆斯二世党人反对汉诺威王室统治的传统。在佛尔柯克(Falkirk)，他跟查尔斯·爱德华在一起，曾领导爱尔兰旅，专门破坏英国在丰特努瓦(Fontenoy)的船队。七年战争时期，他在印度指挥作战，与库特(Coote)率领的英军对峙，坚守庞蒂切里 91
(Pondicherry)长达十个月。拉里被作为俘虏交换回国，后来他被释放，条件是接受审判。结果，他被判处死刑，他的并不了解他的为人的儿子也被带到行刑之处，让他们在今世见上最后一面。为了抗议正义遭到践踏，拉里刺伤了自己。他被拉出去处死，就在行刑前几个小时，有人用一件东西塞到他嘴里，不让他出声抗议。

拉里之死是法国司法制度长期以来遭人谴责的一件事，他的儿子多年来一直想给这个案子翻案。小拉里顺便访问过英国，对我们的制度的理解比他的任何一位同胞都准确全面。因而，当没有演说才能的穆尼埃提出他的宪法草案供讨论后，正是小拉里用他那充满激情和感染力的雄辩才能详尽阐述了它，并使他暴得大名；在滑铁卢战争那一年，他在敌对的思想气氛中，出任派驻根特*的公使(Minister of State)。后来，他成了法国贵族，但1830年去世的时候，他已经默默无闻了。也就是几年前，有一个不幸的人在伦敦的一个地下室死于贫困，没有人认识他，他也没有求任何人帮忙。他就是拉里·托朗达尔的儿子。

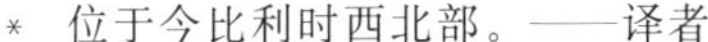

* 位于今比利时西北部。——译者

据说，7 月 22 日，托朗达尔在公开抨击巴黎暴行的时候做得太过火了，谈到了他自己，他的父亲，他自己的感受。巴尔纳弗(Barnave)为人正直，也是个引人注目的人物，他对这种表演大为恼火，于是大喝一声："他们以前流出的血就那么纯洁？"

早在巴尔纳弗在断头台上因他的罪而受刑之前，他就感受到了并承认断头台的威力。而正是通过他及像他那样的人，而不通过社会最底层的那些人，我们才能理解那个时代的精神。有两个比巴尔纳弗更为有名的人物，甚至更为清楚地展示了这种精神。伟大的化学家拉瓦锡(Lavoisier)曾写信给普雷斯特利(Priestley)说，如果说确有什么过火之处的话，那也是出于对自由、哲学和宽容的热爱；在法国，出于一个更为卑俗的目的而做这样的事情，也

92 没有什么危险。杰斐逊对 9 月份的屠杀也是这样看的："很多罪人没有经过审判就被处死了，他们中有的人确实是无辜的。对此，我跟其他人一样痛心。但当时必须利用人民的武装，这台机器并不像炮弹和炸弹那样不长眼睛，而难道不正是某种程度的盲目，才以这么一点无辜者的血而取得了如此巨大的成就？"还有一本厚达 12 卷的巨著，专门论证这些暴行都是古典思想的后果，将这些暴行归咎于哈莫狄奥斯[*]、布鲁图[**]、泰摩利昂[***]。

不过，你会看到，经过批准、认可的谋杀盛行一时，并不是某个时代、或某个国家、或某种观点所特有的。为了证明这是现代君主政体的一大特征，我们也不必去援引性格暴躁的南方各国的例子

---

[*] Harmodius，古希腊人，曾刺杀了当时的僭主。——译者

[**] Brutus，罗马人，刺杀了凯撒。——译者

[***] Timoleon，古希腊科林斯将军，曾推翻其兄弟。——译者

了，你们只要追溯一下法国历代国王即可，弗朗西斯一世、查理九世、亨利三世、路易十三世、路易十四世，还有神圣罗马帝国的费迪南一世、二世、都铎王朝的伊丽莎白女王和斯图亚特王朝的玛丽女王及詹姆斯国王和威廉国王。你们还应该再想想另一群人，而根据一般的看法，他们倒也并不比他们的邻居更坏，他们就是历史学家。他们对所有这些经过涂脂抹粉的犯罪分子赞美有加，当作英雄一样崇拜。执剑的强人后面，总是追随着一群拿着抹布的懦弱之辈。先是犯罪分子进行屠杀，随后是一大群学者来为凶手辩护。

在整个革命时期，保王党人遵循的是同样的传统。塞吕蒂(Cérutti)曾建议，应当用毒药除掉米拉波和塔尔热(Target)；夏多布里昂(Chateaubriand)曾希望刺杀孔多塞；马勒舍尔伯斯(Malesherbes)则为此而称赏夏多布里昂；热奥尔热·卡杜达尔(Georges Cadoudal)备受保王党人尊重，因为他曾打算刺杀拿破仑。拉·罗什雅克兰(La Rochejaquelein)曾有过同样的计划，并且对将军塞居尔(Ségur)也并不隐瞒。阿代尔(Adair)发现他们在维也纳进行密谋，因为福克斯(Fox)反对刺杀皇帝，并将这一阴谋透露给了他。

在那些根据动机来判断是否道德的人士那里，权势人物所犯罪行引起他们的震惊，会小于反抗压迫的人们所犯同样罪行所引起之震惊，对于前者，诱惑是强烈的，而危险是如此之小。可以肯定地说，被人热爱、并为人所追求的最美好的东西是宗教和自 93
由——我认为，就是这两点，而不是幸福或财产，也不是知识或权力。然而，获得这两者的道路上，都沾满了血污，两者都经常变成对屠杀的呼唤。人类中之最邪恶者，常出现在那些要求追求这两

项神圣事业的人士中间。

千万不要让那些错误的学说渗透进你们的心灵，这种学说谎称，为了他们的政体而谋杀人，与为了他们的宗教或他们的钱财而谋杀人相比，不那么无耻，或者声称，有勇气完成那种事情，总比因为怯懦而不能实施那一计划更糟糕。在我们一刻不停、毫不宽恕地谴责马拉和卡里埃(Carrier)的时候，我们也不要饶过巴尔纳弗。由于在那些著名人物，比如沉默的威廉*和法尔内塞**的一生中，在克伦威尔和拿破仑的一生中，都可能做出过应被判处死刑的事情，因此，我们不该撇开公正只看我们将要研究的那些人物的活动，更不要说只看他们的思想。

说过这些之后，下面我将向你们描述令人觉得丢脸的景象，披露那些让人愤怒、厌烦、令人伤心的暴虐行径。我希望在作出判断的时候诉诸良知而不是光耍嘴皮子，这是为了我们自己，而不是为了夸示。泰纳曾经说过，“人是一种野兽，天生是食肉的，见血就兴奋。”历代王朝和基督教的历史证实了这段刺耳的话，我们上面谈过的历史事件同样证实了这句话。

在我们发现这场大革命与普遍的法则之间的契合之处之前，在我们认识到这场大革命并不是绝对独一无二、并不是偶发事件之前，在我们承认历史上有很多幕跟它一样恐怖、有很多人一样坏之前，我们不可能明晰地理解这场大革命。

---

* William the Silent，1533—1584 年，奥伦治亲王，领导荷兰反抗西班牙统治，缔结北方七省乌得勒支同盟，成为尼德兰联省共和国第一任执政，后被西班牙刺客刺杀。——译者

** Farnese，1545—1592 年，出身意大利贵族，西班牙腓力二世统治下的尼德兰摄政，1585 年攻陷安特卫普，但未能征服英格兰。——译者

第七章　8月4日 94

今天我们将讨论那场大革命中最具有决定性意义的一天，在这一天，历史中形成的法国的社会制度崩溃了，代之而起的是人的诸项权利。

国民议会完整地建立起来之后，就开始为它自己制定议事程序。萨缪尔·罗米利爵士(Sir Samuel Romilly)是迪蒙(Dumont)的朋友，一度也是米拉波的朋友，他派人送来了描述英国议会惯例的文件：有哪些例行公事的程序，可以对通过议案设置什么样的障碍，如何便宜行事以照顾少数派，如何能使反对派与政府大体上势均力敌。然而，法国人需要的是一种更为便捷的方法。他们只有一个单院制的国民议会，它具有一个众所周知的、明确界定的使命，而在当时，对它危害最大的就是阻碍和拖延。每个代表都具有提出动议的权利，也都能把动议写成书面形式。在经过辩论之后，国民议会可以拒绝考虑它，但如果没有在门槛上拦住它，就可能列入讨论并在24小时之内获得投票通过。深思熟虑的讨论只能在议事局(Bureaux)内进行。国民议会已经分成三个群体，或三个委员会，每个大约有40名成员，他们分开开会，上午是国民议会，晚上是议事局。这一方案可确保进行深入而认真的讨论，因为在议事局会议上，人们说出了自己的真实想法，在这里没有什么形式

化的框框，没有记者，也没有站在走廊中的陌生人的干扰。但被排除在外的公众却不喜欢并怀疑议事局。选民们历史上第一次体验到那种有代表在按他们的意志进行活动的感觉，所以，他们希望盯
95 住这些代表，他们坚持自己拥有主人监督其仆人的权利。代议制是一种新生事物，而在读过卢梭、杜尔哥或马布利的著作的人看来，代表们关起门来讨论国事，完全是对选民的背信弃义。这种要求将选派代表的权力置于代表的权力之上、将选民置于其代表之上的愿望，正是双方所有人共同继承的独特的思想遗产。由于代表授权指令最初就是强制性的，所以，发出指令的人声称，自己有权监督其指令之执行过程。他们要求对权力，不管是已经明确规定的、受到限制的权力，还是临时性的、可收回的权力，都要进行详尽的审查，保持直接的控制。

议事局无法继续存在下去了，而它的消失实在是一大灾难。当时，政党，即在宪法词汇表中所指的政党还没有发育出来；没有任何组织拥有向国王提名大臣、轮流坐庄的权力。使议员们意见分歧的主要的画线标准，在 9 月毫无结果的议会辩论中清晰地显现出来，国民议会分成不同帮派，各有各的俱乐部。议长的任职时间只有两个星期，而每次议长选举都反映了舆论的变动、派系地位的浮沉和议员个人声望的升降。统一后的国民议会蛮照顾后来加盟的那两个等级。最早的议长基本上都是高级教士和有身份的人物。到 9 月底之前，六次选举出来的议长，只有一位属于第三等级。9 月底，议员们选举自由主义的保守派穆尼埃为议长，而当时的形势已经相当危急了。同样，议事局的 30 位主席除了一个例外，剩下的全部出自教士或贵族等级。

由于穆尼埃和他的同道们一直主宰着30人组成的宪法委员会，现在则在新成立的8人宪法委员会中占据绝对优势，因而一度有望实现和解，即贵族协助制定一部效仿英格兰模式的宪法，作为回报，他们可以在清算特权的时候获得比较宽松的条件。这就是当时议会中的格局。这就是我们下面将要分析的交易的起始状态。

在国王、国民议会和首都之间讨价还价的那些日子，外省则靠
巴黎获得了消息、看法和行动的指令。他们知道，巴黎人已经自己
成为城堡的主人了，已经褫夺了国王的权力；他们也知道，国王和 96
国民议会已经接受、认可了这些行动；他们还知道，首都现在是自
己负责自己的安全、自己管理自己的市政事务。各地的城镇很快就起而效仿首都已被证明成功的破坏秩序的活动了。但他们很快被镇压了，因为各地城镇是中产阶级的天下，而他们是既有财产的天然的保护者，是秩序和安全的天然的捍卫者。在乡村地区，社会解体的过程进展得很快，而自发的恢复过程则相当缓慢。因为乡村地区一直分裂为富裕的贵族与贫穷的农民。一个等级之所以贫穷，归根到底，是由于另一个等级用尽种种手段来增加自己的财富。而现在，压在他们头顶上的权威不复存在了，也就没有什么能够维持他们之间的和平状态了。

攻占巴士底狱、褫夺国王权力、废除政府行政机构的第一个后果，就是村舍日益强烈地对抗城堡。受到屈辱的农民日益明显地反对拥有特权的地主，这些地主，除了自己亲手所犯的罪行之外，还得对漫长的历史过程中的所有罪恶、为法律条文中的所有暴虐承担责任，在农民们看来，这些贵族是自己永恒的、无可回避的敌

人。7 月 11 日到 18 日那一周发生的历史事件已经宣告了，使用暴力获得你希望得到的东西，是一种可以获得认可的手段。假如这一切足够地彻底、迅速，那可能还不会遇到目前的抵抗，也不会有后来的抱怨。如果确实有某些过火之处，属于残酷行径和惩罚过当，那也可以说是人们在面对无法忍受的挑衅和持续了那么长时间的痛苦时，无法避免的过火，因而应对其实行大赦。而国王已经坦然接受了对他的羞辱，仿佛这种羞辱完全是咎由自取。因此，不要说为别人，就是为他本人，他都已经无计可施了。他与贵族的短暂的同盟最终破裂了。他其实无力保护他们，因为他们只考虑自己的利益。而 7 月 16 日他们加入国民议会的决定再次表明，他
97 们不得不承认，他们的事业已经随着巴士底狱的陷落而失败了；他们在还占据场上主动权的时候，没有抓住机会与他们的敌人谈妥条件。

法国大革命中最骇人的事情不是动乱，而是精心策划。透过所有的火与烟，我们可以看到某些组织在进行精心策划的证据。操纵者依然刻意地掩饰着自己，躲在面具后面，但毫无疑问，从一开始，他们就登场了。他们活跃在巴黎的骚乱中，他们再次活跃在各省的起义中。上层等级的残余分子在凡尔赛形成了一个力量强大的少数派，假如他们就作为力量强大的少数派而采取行动，假如他们紧密团结、保持合作，那他们有可能保留社会方面的特权而弥补税务豁免权方面的损失。人民将继续由其主人来控制，也就是说，人们将仍然不是他们自己的主人。人们将仍服从以前形成的权力，而政府本身又获得其兴旺发达时期所具有的权力，这样，在国民与最高统治者之间，仍将有一个中间性实体。通过法律手段

照顾某一阶层使其积累财富，并限制这种财富在所有人中间分散，如此人为地形成的财富，仍会继续居于主导地位。

如果是这样，则法国可能仿照英格兰的模样实行转轨；而英格兰制度的本质恰恰就是建立在不平等之上的自由。而法国人的理想之实质则是民主，也就是说，跟美国的制度一样，希望获取建立在平等之上的自由。于是，民主人士或革命派的兴趣就在于，下一步，应当将曾经很好地对付过国王的终极手段，即强制，用来对付贵族们；将曾经运用于巴黎的办法，推广到外省，因为在那里，贵族仍然占据统治地位。在这个有人喜欢有人反对的时刻，一场目标明确的风暴猛烈袭来，此时，整个国家处于无人治理状态，这场风暴可能从根基上永远改变社会的整个结构。自由已经得到了保障，而平等也触手可及。政治革命推进了社会革命的迅速成功。
在整个欧洲，人们从来没有经历过这么一个可以废止一切承诺、可 98
以彻底摧毁历史积淀的机会。

就在地方的权力正在艰难重建的时候，出现了一种其后果无法估量的插曲。国王已经让位于中产阶级了；贵族已经向低等人低下了头，乡村大众已经跟城里人一样获得了解放。诚如马卢埃说过的，这是从攻占巴士底狱开始的恐怖时代的第二阶段。巴黎成功的经验已经证明了，攻击城堡比攻击人更有效。在绝对君主制的堡垒已经倒塌之后，封建制度的堡垒又受到了攻击。

据说，一位国民议会代表，来自巴黎议会的执法官迪波尔(Duport)拿出40万法郎用来资助国家在贵族们最虚弱的时候打击贵族；其实，根本用不着这些钱，因为暴乱分子本来就相信，他们的行动是完全合乎法律的。一位受害人在8月3日写信给克雷蒙特·通纳勒说，他们对采取那样的方式对付他们的好主人确实很抱歉，但他们必须遵守国王发布的具有强制性的指令。他又说，在他家周围已经有七八座城堡遭到其农奴的攻击，而所有这些人都相信，是国王要他们这么干的。特许令状和契据是他们掠夺和毁坏的主要目标，因为他们相信，如果权利证书没有真凭实据，地主就不能再强迫他们了。城堡经常和其中的法律文书一起被一把火烧掉，有些地主也被烧死。

这种混乱状态蔓延到法国很多地方。法国本土的东部和东南部最严重。而混乱持续时间最长的则是帝国的各个部分，我们后面将会看到这一点具有什么意义。法国东部的农民武装起来，推翻了古老的社会结构，而西部的农民则用生命维护这种制度。

这些动乱的传言立刻传到国民议会。8 月 3 日的一份官方报告说，财产现在都掌握在那些抢劫团伙手中，没有一处城堡、修道
99 院、农舍是安全的。有一个委员会提出一项动议，要求正式宣布，任何借口都不能证明，拒绝像以前那样履行封建义务是正当的。迪波尔提议，这一提案应送给议事局。国民议会最后没有得出什么结论。事实上，提出的这个议案根本就不可能通过。现在才占据上风的第三等级在刚刚坐稳三个月之后，不可能重新强加，或者仅仅是重申那些已经臭名昭著的义务，这些义务都是他们的授权指令要求予以取消的，他们也都知道，这些义务是没有正当的辩护理由的。他们本来是有时间对此作出规定的，但现在，在危急关头，他们发现自己毫无准备。宫廷给贵族们的建议则是，除了马上投降之外，没有东西能够拯救他们。通过巴雷尔(Barère)，人们也都知道，他的一些朋友正打算提议取消封建和税务上的特权。贵

族们回答说，他们会自己做这件事的。维里厄(Virieu)在里昂被围困期间——他后来在突围中丧生——曾对一位朋友说："只有两种办法来安抚这些激动不安的大众，或者是仁慈，或者是暴力。我们现在不拥有暴力，我们希望仁慈能够获得成功。"贵族们知道，宝贵的时机已经丧失了，他们下定决心，让步应该足够大，必须能够发挥作用。这并不仅仅是对现实中的冤屈不平的一种洗雪，而是将完全确立新的原则，即平等原则。

在8月3日晚上召开的一次会议上，贵族们已经达成协议，将由拥有大块产业的戴吉永(d'Aiguillon)公爵为法国古老的贵族制作出自我牺牲，取而代之的是建立一个绝对民主的社会，他每年将丧失几千法郎的收入。不过，到8月4日，第一个宣布让步的却是诺埃勒斯，然后是戴居伊隆，他之后是一位来自布列塔尼的议员。这位布列塔尼人说，你不可能抑制暴力活动，除非你消除了导致它的不公正。如果你打算张扬人的权利，那先从那些受到最明显侵害的人开始。他们提出，那些应该交还给国家的权利，应当无条件地交出去；那些理应交还给人民的权利，则当交给人民而不谋求获得补偿。他们知道，这样的区分只是原则性的，而从来没有人搞清靠哪些标准来辨析哪些是他们具有财产权的东西，哪些是他 100
们滥用财产权所获得的东西。贵族们要求对此进行明确界定，这使得有些地主借机要求恢复很多引起争议的土地。结果，经过长期争执之后，最终导致他们失去了一切。

这一计划涉及范围很广，需要几年时间才有可能完成。贵族们赢得了他们可以要求补偿的时机，但迪波尔已经说过下面的恐吓性话语："不公正是无权继续存在下去的，不正义所付出的代价

也无权获得补偿。”这些变化已经表明了，革命的波及范围极其广泛，这一点一眼就能看出来。因为革命意味着，一直以来都是以特权的形式存在的自由，从今往后，将等于平等。贵族已经丧失了他们的司法权；法官群体已经丧失了其花钱买官的权利。所有阶层的人都获得同等的受雇权利。在特权崩溃之后，各省既失去了特许权，也失去了秩序。多菲纳、普罗旺斯、布列塔尼、朗格多克等一个接一个省都宣布，它们正式放弃自己源远流长的权利，除了所有法国人都享有的一般权利之外，不再享有任何特权。农奴制被废除了；根据同样的原则，所有人都可以平等地站在法律面前，正义则被宣告为免费的。

西哀士的朋友和资助人、夏特勒斯(Chartres)主教吕贝尔萨(Lubersac)提出废止狩猎法(game laws)，因为这些法律维护的是一个人在另一个人土地上的权利。根据那天晚上的动议，这是必然有人提出废止的一种权利；不过，这一提议可能会引起别人的议论，说是教士阶层拿属于别人的东西大慷其慨。于是他又提议，应该取消什一税。教士们想向世人证明，他们跟俗人一样热情，为了贯彻那种要人们作出巨大牺牲的学说，他们宁可自己蒙受损失。

8 月 4 日，古老的法国消失了，取而代之的是一个实行新兴民主制度的法国。相当多的地产从上等阶层手中转移到了下等阶层手中。农民的收入大约提高了 60%。对于巨大的损失，没有人提
101 出异议，也没有人提出应该减少这种损失。每个等级都意识到这种损失是不可避免的，只能接受这种损失，并希望人们看到他们在作出这些牺牲的时候是多么的心甘情愿、是多么的诚心诚意。没有人希望给别人借口，让别人说自己不够彻底，或者让别人说自己

在这场大扫除中有所保留、有所遗漏。在这场放弃特权的竞争中，只有匆忙和混乱。这个时代的一个特征是，在与教会有关的问题上，人们不够明智。人们不知道教士们受平等原则的影响到底有多大，也不知道，只要一触动什一税，就是在引发一场大雪崩。比较清醒的拉里曾给议长写过一张便条，请求延期讨论这一问题，因为议员们这时候已经失去自制力了。我们后面将会看到，当夏特勒(Chatelet)公爵提出保留什一税的时候，危险终于出现了。

第二天，贵族们才惊恐万分地醒悟过来，发现自己走得太远了。他们对教士则有那么一点嫉妒，这些教士失去的较少，而他们却弥补了教士们的损失。8月7日，内克尔出现在国民议会前，提出需要筹措资金，需要借钱，因为8月4日形成的财富重新分配方案对于财政总监眼下的紧迫需求没有任何用处。但教士们在与他们的对手竞赛慷慨的时候已经答应，国民有权使用教会的财产供国家急用。

次日，德·拉科斯特(de Lacoste)侯爵提出，应当用教士的财产归还政府新借的债款，而什一税应当完全废除。不过，他表达了自己的一个愿望：每个教士都不应当成为遭受损失者，堂区教士应当得到固定的工资收入。教士们自己对此没有提出反对，其他人当然也就不可能提出反对了。教士们提出以国家的名义借款；不过他们考虑的是，此举将会使他们能够发挥更大的影响，而贵族们肯定不会对此举高兴，他们正在寻找门道，想从教士那里找回他们所承担的损失。在这场辩论中，西哀士发表了他那篇最著名的讲话。他与他的教内兄弟们没有一丝兄弟情谊，相反，他希望，用什
一税来充实国库。这笔钱不应当归还给土地本身，如果那样的话， 102

土地所有者们每年大概能够获得总额为300万法郎的收入，这样分配将使最富裕的人得到与自己的财富成比例的收入。相反，他认为，这笔钱应当补偿给俗人。现在，承担8月4日计划的代价的人，将不再是俗人，而将是教士们。有一位议员算了一下，根据这样的安排，他每年能增加3万法郎收入。那些购进了应交纳什一税的地产的人，无权获得这笔补偿。由于议员们没有耐心听完他的论点，因而西哀士说出了下面一句话，这句话无助于提高他的道德形象："他们自以为他们能获得自由，但这是不公正的。"在过去三个月中，他一直是这个国家最著名的人物。他注定在几年后，在局势发生了奇异变化之后，再次成为法国的独裁者。他将再一次不是靠着公众的狂热，而是靠政治思考的力量，掌握这个国家的命运。在那之后，他再也没有能深深地抓住人民的心灵了。

国民议会认识到，将什一税交还给土地，是一笔好买卖；教士们则清楚地知道，他们已经没有盟友了，因而在8月11日，他们郑重其事地放弃了他们的特权。就这样，国民议会开始与教会离心离德了，而这正是大恐怖和内战的主要起因。

不过，所有这些事情都不过是插曲而已。从7月底开始，国民议会的当务之急是制定宪法。制定宪法的第一步是明确界定宪法为之服务的人们的权利。这样一个宣言受到了美国的启发，选民们在几份代表授权指令中明确地提出了这一要求，穆尼埃在7月9日的讲话中又曾给予忠实的复述。8月12日，拉法耶特的兜里似乎已经揣着那份大家期待的文件了。10天以后，西哀士又起草了另一份文本，穆尼埃也有一个文本，是对拉法耶特文本的修改版。不久，还出现了几份草案。

7月27日，波尔多大主教在阐述新宪法的大致结构时说，有必要将宪法建立在明确界定的、固定的原则之上。同日，克雷蒙特·通纳勒提出了他自己对体现在议员授权指令中那些可利用的 103
观念的分析。他立刻触及到了问题的核心。他说，有些授权指令提出的方案不过是对现有宪法进行一些改良而已，仍要继续维持人控制人的传统和古老的锁链。其他人则提出建立全新的法律体系和政府。上述两派人之间的区别在于，有些人要求有一套原则体系来指导这部宪法的起草工作，另一些人则觉得不需要这种东西，他们认为，是有可能将过去与未来结合为一体的。主要的冲突其实就是：历史的权威与人的权利，两者孰重孰轻。这份宣言是那些为了将法国从老祖宗那里拯救出来而发出的一个信号，因为这些老祖宗给法国带来的遗产不过是暴政和奴役而已。而反对这一派的人则仅追求良好的治理，他们秉承的是杜尔哥和他那个时代的开明改良主义者的精神：只要能使国民富裕，只要在追求自由的过程中不损害繁荣与和平，他们也乐于追求自由。

那些认为法国拥有一套可以从其历史记载中提炼出来的被遮掩的宪法的人士，面临着艰难的任务。朗瑞奈(Lanjuinais)试图仅靠一座灯塔来航海，他提出用公元864年的宪章来指导1789年的政治。有一个特殊的理由使人们反对制定这份宣言，这个理由倒没有朗瑞内的考古学那么荒诞。这个理由是说，自由就是国民意志的统治，而国民就体现在国民的习俗中。法律应当来源于习俗，应当受习俗的支配，而不能听任无所依傍的、个人的玄想暗中侵蚀习俗。你只能宣告法律，而不能创制法律，你只能宣布经验告诉你的东西。用理性建构起来的最好的政府，也比由时间遗留下

来的糟糕的政府更少自由。非常不幸的是，在其他历史时期曾获得权力、并培育出民族的伟大力量的那些观念，现在却迎头碰上那种决定抛弃时代和地方影响的、新兴的普遍的制度。这场战争瞄
104 准过去的人，瞄准历史，在他们看来，这部历史不过就是不断地损害、妨碍自由的活动的记录。然而，权利宣言其实更应该防范来自另一边的威胁，应该针对即将到来的威胁，而不是那些已经消逝的威胁。人民已经决心不再受君主政体或贵族制度的压迫了，他们却从来没有经历过，也没有清醒地认识到民众的压迫。等级制度已经不可能造成危害了，而出现了新的敌人——国家。

没有一个欧洲人知道要保护个人不受人民的集体意志之侵害，需要什么样的保障机制。他们受到保护，不受权力或少数之统治，然而，他们却使多数所向披靡，公民投票(plébiscite)成了一种暴政。

美国人已经意识到了，民主制不仅可能是虚弱无力的和不明智的，也可能是专制的、压迫性的。于是，他们找到了限制它的办法，即联邦制，它使得任何地方都不存在完全的民主制。中央政府只从州政府的权力中拿走了若干明确列举的权力，州政府则保留着中央政府拿走的权力之外的所有权力。罗马人知道如何让君主制无害，那就是使其分立；美国人则将民主制度一分为二，从而解决了更为难缠的问题。

很多法国人都确信，联邦制对于他们来说也是真正的自由主义制度。但这一概念立刻被穆尼埃推到一边，没有任何人听得进去。他们不愿意承认，一种力量应该受到另一种力量的制衡。他们没有谋略，只有普遍的原则，这个原则就是：消灭过去，保护未

来。他们宣布了这一原则，并将其上升为一种高于政府和国民的理想权威，确立为使宪法的缺陷和未来的统治者的权力不受挑战的保障机制。反对颁布这一宣言的人士则试图在这项宣言中加进一些义务。这种想法是由国民议会中最为博学的冉森派教徒卡米斯（Camus）提出的，教士们也热情地支持这种设想。国民议会则 105
认定，权利体系属于政治范畴，义务体系则属于伦理范畴，因而在8月4日早上，以570票对433票否决了这项提议。

这就是在人权问题上出现的决定性分歧。几天后，鉴于贵族制已陷入危机，心神烦乱、精疲力竭的国民议会再次放弃令人激动的有关事实与利益的讨论，而转向理论探讨。议会又任命了一个五人委员会来修改八人委员会拟定的宪法草案，由它来起草整部宪法。

8月17日，米拉波向议会报告了他们的方案。他对它可一点都不喜欢，对于将纠缠不清的普遍原则和道德规范塞进有关治理的复杂的经验科学中的做法，他很恼火。他建议，宪法应当先制定出来，宪法应当确定指导原则而不是程序。国民议会拒绝了其任命的几个委员会的提案，也拒绝了由大人物们提交的所有方案。这其中最有名的一个是由西哀士提出的，它曾得到普遍的认同，但在最后投票中获得采纳的，却是另一个不那么著名的人物的草案，它甚至没有起草者的署名。议会选择出的这个文本没有那么多玄想，也不那么深奥，它引起的反响要比其他草案小得多；但它比较简短，比较平淡，议员们觉得，它较少涉及容易引起争议的问题，不大容易产生可怕的后果。从8月20日到26日，议会对它进行了进一步的删节，从24条减少到比较适中的17条。这份草案曾经

压倒了那些著名人物提出的草案，对它进行的删节对于了解国民议会的意图至关重要，也是我们分析的基础。

最初的方案中包含了有关国家教会的规定，这一条未被采纳。它区分了人的不均等与权利的平等。后者被认为是不证自明的、显而易见的。它从人相互的义务中推论出了人相互的权利；关于权利、义务世俗的定义也消失了，从而为某种更高尚的事业留下了余地。经过修订的条文是不完备的，结构也是混乱的，面对它的七
106 零八落，边沁感觉到了一种恶意的愉悦。总的来说，它更多地属于精神性的，无法以它作为治理的基础，它也无法被人们普遍地遵守；它投入更大热情坚持一些先于国家、与国家无关的最基本的原则，这些原则都是一些人世间的权威既不可能授予也不可能拒绝的权利。它是一种理论学说大获全胜的宣言，这种理论学说认为，人的义务根本不是契约、利益或暴力所能决定的。

《人权宣言》一开始诉诸上帝，人在万能的上帝面前、并在上帝的支持下，规定这些权利。序言的含义是，我们对于上帝的义务构成了我们关于人类的权利的基础，它提到了法律的神圣起源，却并没有坚持这一点。权利宣言列举了种种普遍的权利，它们源于自然，而非源于人。这些权利有四项：自由、财产、安全和自卫。人之所以建立政府、制定法律，就是为了使所有人都拥有的这些原始的、基本的、至高无上的东西得以维系。

起保证作用的制度与它们所保护的诸权利一样神圣。这就是代表们促成立法和税收、宗教宽容、新闻出版自由的权利的正当性之所在。由于权利是平等的，确保这些权利的权力也必须是平等的。因此，所有人都拥有同样的代议权，所有人都可以担任官职，

所有人都必须按同一比例纳税。法律对所有人应该同等对待。由此可见，平等原则是人权宣言最为坚定地坚持的一个理念。特权必须立刻被打翻，当务之急是对通过种种间接手段恢复特权的企图予以反击。为了确保这一点，所有权力都必须由人民授予，而人民不能行使任何权力。他们只能通过他们的代理人采取行动。那些行使权力的代理人必须承担责任，必须接受授权它的最高权力机关的控制。由此似乎可以得出下面一些必然的推论：有限的普选权、累进税、有组织的教会等等，是不可能与被人们如此深刻地构想的平等相容的。不过，这一点并不是很明显。有关教育、济贫、宣言修订等问题，都不被认为是根本性的问题，都留给了以后 107
的立法机构来解决。其中最独特的一段是规定，任何人都不可因为他的意见而受到干扰，哪怕是有关宗教的看法。看来，对于自由主义基本原则的一个组成部分的宽容，国民议会的议员们只作了很不起眼的规定。

经过一段短暂的辩论后，在没有遇到多少反对声音的情况下，8月26日，《人权宣言》获得通过。国民议会在本月初就已经与历史决裂了，到了月底，它则试图构建未来，并为未来制定规则。这是它一直在从事的工作，也是大革命永恒的遗产。正是通过这些原则，一个新时代展露在人类面前。

就是这印出来不足一页纸的宣言，其分量要重过所有的图书馆，其力量要强于拿破仑的所有军队；然而，它却并不是卓越的心智的产物，没有打上狮爪的标记*。从中可以看出笛卡尔式的明

* 意谓其不是出自名家之手。——译者

晰，却没有逻辑，不够精确，也没有法国思想的彻底性。它没有说明，自由是目标而不是出发点；也没有说明，左右人的整个生活的，应当是他所获得的天赋，而不应当是可以投资的某种资本，或者不应当是得靠无数条件合在一起才能形成的某种东西。因而，那些说它存在缺陷、并且它的缺陷已经成为一种威胁和陷阱的人士的指责，是完全正当的。

追求下面的目的才是正当的：为了消灭特权，所以需要一个权利宣言。当那些排他性的、不平等的特权被废除之时，就有必要明确规定并坚持下面的原则：所有人都是平等的，所有人的财产都受保护。法国在毁灭过之后，法国人不得不进行重建，而他们只能把他们的新架构建立在以前的法律中没有体现出来、人民也不熟悉的原则之上，这些原则既不同于他们的历史经验，也完全不同于法国最为强大的那些时代的所有经验。这个新架构不可能建立在传统、利益或任何一种持久的万有引力之基础上。那种即将主宰未来的观念尚没有极端清晰地呈现在所有人的思想中，所以，他们也
108 不可能搞清楚如此毁灭性、无可抗拒的变革所可能带来的后果。于是，他们就将像没有罗盘那样随波漂流。这个国家一直为它的国王、它的贵族和它的锁链而自豪，也就不可能无师自通地知道，民众权力之危害与个人权力之危害是相同的。

第八章　宪法大辩论 109

国民议会通过了《人权宣言》，这是议员们最后一次和谐共事。基本原则上达成的一致，并不意味着他们在政策上也是一致的；在将这些原则运用于宪法的时候，派别间的分歧就出现了。

从网球场誓言到宪法大辩论这段时间，占据主导地位的是温和派，或者也可以称为自由主义者。穆尼埃是他们的谋略家，克雷蒙特·通纳勒和拉里·托朗达尔是他们的雄辩家，马卢埃则是他们不那么显山露水的顾问。他们希望通过分权和多重制衡，能使他们的国家跟英国、美国一样自由。他们希望用三种办法来控制代议士：成立另一个议院，国王拥有否决权，国王拥有解散议会的权力。不过，他们的成功有赖于大臣们的支持和保守分子的配合。在他们看来，宪法只是调节和约束国民意志的一种手段；然而，在他们的对手、那些在浪潮汹涌之际掌权的人士看来，宪法则是实现民众意愿的一种工具。

民主派拒绝约束人民，不愿用英国的方式或美国的分权模式治理人民自己。当时，工人阶级并没有集中到城镇，因为工业化时代还只是刚刚露出晨曦，因而我们很难理解，第三等级为什么会有这么多兴趣，为未来的冲突准备了素材。民主派领导人是迪波尔、拉梅特（Lameth）和巴尔纳弗；有时，他们也得到西哀士的帮助；有

110 时，塔列朗也会帮上一把；有时，他们的死敌米拉波也能助一臂之力。

不擅长处理国事的贵族则拥有两位强有力的辩论家：卡萨莱斯（Cazalès），人们说他是富克斯的人，但他在不演讲的时候，很少跟富克斯在一起；另一位是莫里（Maury），后来成为红衣主教和巴黎大主教，他的人品要比他的才能更低劣。贵族的人数占到国民议会的近三分之一，保持着议会内的均衡，他们其实是有力量制定一部 1814 年那样的宪法的。

这三个派别在多事的 9 月都干了些什么，导致了什么样的后果，就是我们下面要讨论的问题。

从 8 月 27 日到 10 月 1 日这五个星期中，大家都投入到宪法大辩论中。宪法要维持在《人权宣言》所限定的狭窄界限之内，那个宣言宣称，人民授予全部权力，但它却不能行使任何一种权力。各方都有人对这一限制大为不满，因而他们对这一条给出了相反的解释。有些人希望设计出一种能够保证国民的意志通过其代理人始终主宰一切的机制，有些人则觉得，他们可以阻止这种情形发生。他们竭力争取建立一种更为宽泛的结构，试图沿着共和主义或保王主义的方向，打破那道壁垒。

这场讨论是由与教士的一场小小争执拉开序幕的。教士们注意到，在《人权宣言》中，引人注目地删除了国家教会的条文。他们担心，他们可能遭到剥夺，国教建制可能被打破。他们最开始时的那股热情立刻降温了。神职人员一次又一次地要求对天主教的地位予以承认。然而，他们的努力每次都遭到拒绝。教士们迅速地形成了一种情绪，莫里曾说过下面一句话，即表达了这种情绪:“现在提出的措施能够使宪法获得生命;但是,我们将投票否决它。”

8月31日,委员会提出了一个方案,拉里在一篇讲话中进行了解释,这个讲话属于当时最出色的演讲词之一。他坚持立法机构应该分立,而行政机构应当统一,他认为,这是自由政府的本质所在。几天后,米拉波也提出了同样的看法。他说,危险并不来自 111
国王,而来自代议士们,因为他们可以像英国法律所允许的那样,排斥陌生人而自己关门秘密讨论;他们也可能宣称自己是永恒的,并可以逃避任何控制。而借助国王,共和国将能拥有一种牵制他们的手段。国王是人民反对僭权的议员们的天然盟友,这些议员有可能形成一个新兴贵族阶层。立法机构应当只享有临时的强制权。国王才应当是人民的永恒的代表。从公众利益的角度看,拒绝给予国王以权力是错误的。在这里,我们已经能够部分地看出后来被拿破仑大大引申的理念了。

9月4日,穆尼埃站出来为自己的方案进行辩护。在几个问题上,各方的看法其实并没有太大分歧。人们事实上都承认,没有国会,不能进行统治;国会必须每年开会;国会通过的法案需征得国王的批准;国会应当由平等的选区、间接的选举产生,选举权应与财产有一定联系。穆尼埃又进一步退让说,宪法不应赋予国王以否决权,大臣不能成为国民议会代表;能够提出法律动议的不能是国王,而只能是国民议会,国民议会应该有权拒绝接受提案。大家争论的真正重要的问题在于,人民的代表是否应当受到上议院、受到国王的解散权和某种绝对的或临时的否决权的制衡?

反对穆尼埃的人中间,有几位是他的私人朋友,他们提出跟他进行谈判。他们准备接受他的两院制和国王绝对否决权的设想。但作为交换条件，他们要求，参议院对众议院通过的法案只具有暂停性否决权(suspensive veto)，国王也不能拥有解散议会的权利；应当定期召开立宪会议，以修改宪法。这些让步表示了他们的虚弱。立宪派仍然处于上风，8 月 31 日，竭力鼓吹设立上议院的朗格勒斯(Langres)主教以 499 票对 328 票当选为议长。如果说立
112 法机构一分为二的设想确实属于多数意见，那么，他们提出的讨价还价条件则是单边的，民主派得到的将多于其付出的。穆尼埃为了继续维持那些认为他能够成功说服的人士的支持，拒绝做这笔交易。由于盟友们的背叛，他已经放弃了很多本应坚持的东西，而他提出的方案已经非常接近于后来使法国繁荣发展的那套宪制。

尽管如此，这次谈判的失败在宪法历史上也是一桩致命事件。如果有更灵活的技巧，对局势有更全面的了解，穆尼埃或许能够拯救他所依赖的保障自由的措施之一半。而最后，他却失去了全部。在那次会议上他拒绝作出让步的东西，在国民议会上却遭到了拒绝，再也没有人跟他开出他所拒绝的那个出价了。这个立法机构的会期为两年，于是，解散议会的权力也就没有用了。修订宪法的权利到了现实中，也没有想象中那样会导致剧烈的变化，因为在过去的 86 年中间，法国已经制定了 14 部宪法，也就是说，平均每六七年就有一个根本性变化。最后一点，在还没有决定参议院该如何组成之前，讨论参议院的否决权完全是无的放矢。自由派事业的这次惨痛失败，乃是由于他们缺乏必要的行事技巧，而不是由于他们的计划太过保守。穆尼埃倾心于某种世袭的贵族院；而 8 月

4日以后，根本不会有人再考虑这一设想。而他也知道这一困难，尽管相当勉强，还是让步了。他又把国王的绝对否决权看得过于重要，不过，并不是这一点导致那次会议谈崩。他得到过拉法耶特的支持，这个拉法耶特的表现跟在消灭王权时一样令人畏惧；他所厌恶的米拉波有时也支持他。连西哀士都乐意设立两个议院，甚至可以设立三个，只要它们本质上仍是一院就行，也即分三组进行讨论，但选票则统一计算。西哀士还提出，到了一定时候，应当重新恢复一院三级的制度，这样，就会形成三个等级的人民的融合，就跟孕育万物的大地一样。

穆尼埃和他的一些朋友值得我们铭记，这些人并不像他们说 113
过的观点那样为人周知，他们真诚地热爱自由；我的意思是说，他们渴望自由，并不是因为自由能给他们自己带来什么好处，而是为了自由本身，尽管获得自由的过程是艰难的，要付出高昂的代价，充满了危险。他们让手段服从于目的，从来不把实现原则的条件当成终极原则的某种显现。为了保证《人权宣言》的实施，他们对未来的立法机构保持着警惕，因为立法机构不可能改进《人权宣言》，而只会危及它。他们希望制宪议会能够尽可能约束和限制以后成立的议会，因为任何人都不应当获得如此巨大的权力，竟然以整个人民的真正代言人的身份说话。

由于某种异乎寻常的运气，国民有时会作出明智的反应。但可以肯定，他们不会总是这样。国民是有感情的；他们也有偏见；他们经常是非常无知的；他们也不能不考虑自己的利益；他们可能会由于某种邪恶的传统而堕落。他们不大可能会同意，权力掌握在他们自己手里，反而不如掌握在对他们行使权力的那些人手里；

他们也不大可能承认，作为一个整体的人民，并不能高于人民所遵守之法律。我们可以想象，他们会乐于通过立法机构，削弱《人权宣言》所规定的那些旨在保护少数和弱势者的保障措施。民众的意见是会迅速变化的，现在，它就已经变得更有利于暴力，更诱人犯罪了。《人权宣言》的一份草案就已经显示了这一点，它的起草者也承认，根据自然的法则，一个人为了追求自己的幸福，可以做他喜欢做的事情；为了逃避压迫，可以进行压迫、监禁和破坏。

于是，那个写下这一条的人很快就获得了居高临下地支配人民的可怕权力，能够公然对抗政府的政策、政府本身和国民议会：马拉就是这样亮相的。社会上已经流传着一份应当被剥夺公权者的黑名单。有人向国民议会代表投递威胁信；8 月底，巴黎正准备向凡尔赛进军，以赶走那些让人讨厌的议员们，只要在他们不再是不可侵犯的时候，他们就会立刻被推上审判台。这些就是自由的
114 第一批果实，这就是自由主义者的应得之份和报酬。谁都不敢断言，在哪个国家，这样的事情不会导致这样的后果。在法国，人们一直相信，社会所急需的正是公民的勇气。复辟时期伟大的演说家德・瑟勒(De Serre)曾在讲坛上强调，代议士群体永远是健全可靠的。他的话被他的一位保王主义听众愤怒的喝声打断了，这个人质问他，这些健全的议会是否也包括制宪会议，它以多数表决判处了国王死刑。他的回答在国会历史上是非常著名的：“是的，即使制宪会议也是健全的。如果它不是在短剑下进行思考，我们本来也就用不着那最可怕的犯罪活动了。”

反对上述观点的一方看起来组成了一个团结的阵线，然而，这

一阵线由于一步一步地倒向民众而分崩离析了。一般来说，民众也都迫切希望实现政治自由，哪怕为此要付出很大的牺牲。而他们所说的自由，最重要的含义就是摆脱现有的、积习很深的东西的压制。自由可能确实还有些别的内容，但他们不大清楚，也不大有把握。欧洲所有的经验都宣示了，行政部门一直在主宰立法部门，即使英国也不例外。因而，以为那些在几百年中有助于维护绝对君主制的力量，在两个月中就已经被摧毁，未免过于荒唐。它们需要被连根拔起，因而，冲突就将是持续不断的。

拯救之道似乎在于下面的原则：所有的权力都来自于人民，任何权力都不得悖逆人民。大众的意志应该通过某些形式表达出来，它不能受到任何障碍的妨阻。它的行动或许可能会被推迟，但不能被取消。它是一切东西的终极的主宰，它不需要向别的什么承担责任，也没有任何东西可以例外；即使《人权宣言》没有列举的权利，也都是不受限制的。《人权宣言》中规定的那些限制已经足够了，个人自由不需要更进一步的保护了。而国民自己已通过某种方式遴选其代表并对其作出授权指令，因而，国民就没有理由不信任其代表。

在研究这群未来还将发挥作用的公共人物的时候，我们不得不承认民族性的因素。将一切历史变化都归结为不同的民族类型 115
或不同民族类型之混合，这样的哲学当然是最为粗鄙不过的，也过于含糊其辞了。有人谈论什么腐朽病态的希腊人、不忠贞的西西里人、傲慢而懒惰的西班牙人、精于算计的瑞士人、爱虚荣而活跃的法国人，都属于这种哲学的表现。然而，在法国，新闻出版自由确实体现了那些知道这种自由之脆弱和力量、那些曾经见识过斯

威夫特、博林布鲁克*和朱尼厄斯**的人们所不熟悉的一种权力。莫里曾经说过:“我们享有新闻出版自由,因此,我们就享有一切。”1812年,当拿破仑看到他的大军穿过涅曼(Niemen)入侵俄国的时候,正吹着马尔布罗克(Malbrook)的旋律,他突然停下来大声喊道:“这支军队的力量还没有巴黎的那些歌曲的力量大。”夏多布里昂(Chateaubriand)后来也说,有了新闻出版自由,就不会有值得人们去摧毁的滥权现象了。因为他写的是从来没有人写过的那种法语,他那洪亮而节奏感强烈的句子,冲击着他的同胞们的耳朵,具有巨大的说服力。1824年,他被免除外交部职务时,他的朋友,《辩论杂志》(*Journal des Débts*)编辑写信给外交大臣维莱勒(Villèle),警告他:“我们已经推翻了你的前任,我们也有足够的力量推翻你。”维莱勒回敬说:“你们是靠保王党人的支持才推翻了我的前任的,现在,除非你们有革命撑腰,否则你们休想搞倒我。”不幸的是,这两个预言最后都变成了现实。夏多布里昂在报纸的协助下,先在1827年搞倒了外交部长,随后在1830年又搞倒了君主制。

1789年9月份,新闻出版自由仅确立四个月,舆论的专断统治就开始在欧洲大陆初显端倪。法国人错误地以为,新闻出版自由是一种不可战胜的力量,是全面保障人权的保护神。然而,如果它没有像自由主义的其他机制一样,没有在保护权利之时削弱权

* Bolingbroke,疑为 Henry St. John Bolingbroke,英国托利党政治家、自然神论哲学家,反对传统的宗教信仰。——译者

** Junius,1769年到1772年间在伦敦一家报纸连续发表猛烈抨击英国内阁信件的作者的笔名,其真实面目始终不为人知。——译者

力，那它就没有价值。法国人认为，只要人民不受来自上面的压迫，他们也就不用防范来自他们周围的侵害了。于是，舆论所向无 116
敌，人们轻易地屈服了，对于每天包围着他们的舆论，不得不忍气吞声。来自同类人的压迫，似乎不像来自上面的迫害那样令人憎恶。多数派在某种程度上吸收同化少数派，被认为是正当的。由于限制权力的工作已由《人权宣言》完成了，而创制权力的工作则留给宪法，于是，具有不同看法的人们得出了一个一致的结论：源出于人民的权力，不应当被多此一举地分割开来。

除了善于提出想法的西哀士和善于找到权宜之计的塔列朗之外，还有几个群体曾在不同时期与迪波尔领导的派别合作过的。其中包括一些最著名的法学家，他们希望改革法国长期施行的诸多法律和习惯制度，他们成了历届国民议会中的立法者，最后到拿破仑时代，他们终于完成了那部大法典。在敌视君主政体的一切派别中，他们是最有条理、也是最有韧劲的。巴黎律师界的领袖塔尔热（Target）是他们中间最活跃的政治人物。当他听说有人计划使政府财政收入处于良好状态时，他说：“如果谁有这么一个计划，那就立刻将其扼杀掉。正是由于财政混乱，国王才给了我们权力。”经济学家跟法律家们一样系统、精确，他们想摧毁的东西更多。通过迪蓬·德·内穆尔，他们的各种理论获得了持久的影响力。

还有两三位未来的吉伦特派人士则主张，人民比议会代表更可信赖，应当由人民来批准宪法，甚至通过投票的方式由人民来决定是否采用某部法律。有两个人，现在还没有跟他们未来的牺牲品分道扬镳，他们提出更进一步的理由反对《人权宣言》，而倾向于

将各种权力混为一体。在他们看来，代议和代表是对真正的民主制的背叛。由于人民不可能直接治理自己，由此推导出的原则是，应当让人民不间断地控制其代表，从而尽最大限度让人民接近于自己治理自己。国会代表在国会的投票，应当始终与在报刊、旁听
117 席和人群中表达出来的选民的意愿保持一致。凡是有意识地违背选民授予之权力的行为，都是背信弃义。巴黎人是最高权力中最大的一个组成部分，它所表达出来的意志，要比国会代表间接表达出来的意愿真切得多。这些人士中有一位是巴雷尔，他提出了一个巧妙的方案：每一部法律，必须等待下一次选举结束之后才能审议通过，因为这时，国民已经通过强制性授权指令对这些法律表明了态度。因而，他也反对国王拥有否决权和解散议会的权利。

罗伯斯庇尔不主张推迟通过法律，而是提出将法律留给下届议会来正式批准，他们也可以废除上一届的错误立法。他指出，对权力应当依其所显现的危险的程度而予以监督约束。罗伯斯庇尔认为，目前，不能体现民意的权力所潜藏的危险，超过了他们所代表的权力本身可能带来的危险，这些代表本来应当更好地代表群众的需求和意愿的。他认为，国民应当自己统治自己，国民的意志只有一种，而不能有两种。假如整体不能主宰局部，那么，局部就会主宰整体。因此，罗伯斯庇尔的结论是：现在必须创建足够的权力，以镇压外部的敌人，也镇压内部的敌人；前者威胁着国家的安全，后者威胁着国家的进步；而穷人要改善自己的境遇，就必须牺牲那些曾经压迫过他们的少数。他终于走到了这个逻辑的尽头，经过一番复杂的思想过程，自由的观念转化成了暴力的观念。从西哀士到巴尔纳弗，从巴尔纳弗到卡米尔，从卡米尔到比佐

(Buzot),从比佐到吉伦特派和后来屠杀吉伦特派的雅各宾党人罗伯斯庇尔,我们看到了一条长长的政治上可能的线索,尽管其间的转换过程被层层遮掩着,其逻辑却是一以贯之的。

9 月的第二周,穆尼埃的宪法草案被所有这些力量的同盟给打败了。主要的问题,即是否设立参议院的问题,根本就没有得到认真的讨论。议员们担心,参议院将成为被打败的等级的庇护所,甚至这些等级自己都不为它辩护。因为,他们不希望看到在他们的废墟上又建立起一个新的贵族制度;他们怀疑,政府可能会偏爱那些及时改变立场的少数贵族,而在其他人眼里,他们却是变节者。人们普遍认为,就抵御行政权力而言,单院制议会比两院制力 118
量更为强大。人们设想,到了已经垮台的贵族不再顽固抵抗、国王已经接受其权力削弱的状态之时,再行考虑设立一个参议院。

9 月 8 日,国民议会议长、朗格勒斯主教拉・吕泽纳(La Luzerne)受到攻击被迫辞职。次日,议会在贵族弃权的情况下,以 499 票对 89 票通过决议,采纳了单院制方案。

9 月 11 日,决定性分裂出现了。穆尼埃坚持要规定国王的不受限制的否决权。辩论形势对他不利。他自己一边的人也承认,国工或早或晚总得屈服丁议会。其他人都一致认为,国王只可以在前后两次选举都决心坚持国王所否决的措施之前,坚持自己的意见。他可以抵制一届国会的意志,甚至可以抵制两届国会的意志;但如果第三届国会继续坚持,他就必须让步了。大臣们不可能再坚持国王非要获得绝对的否决权,否则,恐怕连暂停性否决权都没有了。国王自己也给国民议会写了封信,告诉大家,他对临时否决权已经很满意了。穆尼埃不允许朗读这封信,而最后尽管朗读了，也没能影响投票结果。穆尼埃的动议以 673 票对 325 票被否决了。在捍卫上议院时，保守派人士背弃了他；穆尼埃在捍卫国王权力的时候，国王又背弃了他。这是一次全面的、最后的惨痛失败。因为他失败之后，也就没有人再致力于追求那种贵族权力受到限制的贵族制的事业了，也无人致力于追求那种国王权力受到限制的君主制的事业了。上一次，民主派以 410 票的优势获胜，这一次，他们又以 350 票的优势获胜。为在法国实行英国模式的政制而进行的这番奋斗，最终失败了。

9 月 12 日，穆尼埃和他的朋友们退出了宪法委员会。从获胜的多数中立刻选举产生了一个新的委员会。在这一关键时刻，国王召开了一个秘密的御前会议，在会上，保王党人建议国王到外省寻求庇护。路易十六拒绝听取他们的建议。而现在对自己的胜利洋洋得意的多数派则要求国王正式批准 8 月 4 日的政令。9 月 18
119 日，他以不大常见的才能起草了自己的回复。他采纳了西哀士关于取消什一税的论点。他说，如果大量收入都给予土地，那么，本应当承担最大份额负担的富人，却会得到最多。小地主只能得到一点点收入，而那些根本没有土地的人却会遭到榨取以供养教士。因此，那种做法不能减轻国民的负担，而只是牺牲一个阶层而解除另一个阶层的负担，富人受益，穷人却付出代价。

国民议会坚持认为，废除封建制是宪法的一个组成部分，国王也应当对此无条件地予以认可。不过他们许诺，在立法机构完成该政令的过程中，会对国王的看法给予最大限度的尊重。国王在次日就对其给予了正式批准。此后，国民议会作出了相当大的让步。9 月 21 日，议员们表决通过，暂停性否决权应当对两届议会

均有效。表决结果是 728 票对 224 票。

9 月 15 日任命的新宪法委员会花了两周时间完成了他们的宪法纲要，而他们所采纳的原则是，实行单院制，国王没有解散权，授予国王在无法阻止一项立法的情况下搁置它的权力。9 月 29 日，该委员会书记员图勒(Thouret)向议会阅读了他们起草的宪法。会场上响起的是图勒的声音，但背后操纵的人却是西哀士。在那个关键时刻，他的成功预示着大革命的灾难，并改变了他在其中的地位。以前，他提出的《人权宣言》草案未被采纳；他提出的取消什一税、恢复国家信用的建议也遭到了拒绝；他提出分开国民议会，部分重建三级会议，并且永远不允许通过普选像一个巨人获得新生那样产生新议会，他的这个有利于行政部门的提议，也没有得到支持。但他依然想给自己的基本理论创造出实施机制，这个理论就是：法律应该体现遵守法律者之意志，而不代表颁布法律者之意志。为此，西哀士废除了历史上形成的省界，而将法国分成区(department，省一级单位)。除了巴黎之外，还将设立 18 个区。这些区要尽可能按 45 英里方圆大小来平均划分，因而，其人口和 120
财富大相径庭。而每个区平均地选出 9 位代表：3 位按照地区划分，3 位基本上按人口，还有 3 位则按该地区对于国家收入的贡献来确定。这样，地区、人口数量和财富都分别有所体现。

国民议会代表经过三个层次选举产生。纳税人在最低级的市镇议会中选举产生市镇(Commune)的选举人，市镇是一种政治单位，方圆大概 15 英里；市镇的选举人派出代表到区里，由此选举产生国民议会代表。那些不纳税的人没有资格参与国事，像女人和未成年人，他们享受政府的好处，但由于他们不能自立，所以，他们

也就不具备作为积极公民的能力。按照平行的程序，各级议会选举产生地方行政当局。在这里，他所依据的原则是，行使权力的权利必须自下而上获得，而权力的实际行使只能自上而下。

正是这些措施，形成了我们今日所看到的法国的制度；当这些内容在 12 月成为法律的时候，新宪法的主体已经完成了。它主要是 8 月 4 日到 9 月 29 日这两个月的成果。而最后颁布实施要到两年之后。没有任何立法性文件比法国人的智慧在第一届制宪国会上之结晶失败得更悲惨的了，因为它只实行了仅仅一年就被废除了。

就在议员们为这部没有经受得起 1792 年风暴袭击的宪法之制定起草纲要的时候，还发生了很多事情。国家的财政已经崩溃了；神职人员和教会派已经被迫走向了激烈对抗的路线；军队几乎完全解体了，当战争爆发的时候，政府手中根本就没有军队可用。在瓦朗纳斯（Varennes）之后，国王在和平的时候没有用处，在危急和遭受入侵的时候，又什么事也办不到；这种局面不仅仅是由于
121 他遭到逮捕、监禁而使王权被废黜，也是因为他的逃跑等于公开承认了他自己对于他所管理的机构的敌意。

9 月 29 日的宪法方案的核心想法，即小省大市的想法，从来没有获得过好评，也一直没有被采纳。西哀士将行政单位放在市镇，这是他起的名字，每个区有 9 个市镇。他的用意是，这样一来，整个法国就只有 720 个自治单位。而国民议会所设立的市镇却不是 720 个，而是 44000 个，市镇比行政堂区也就大不了多少，这使得行政管理体系支离破碎。乡村的政治智慧取代了拥有 35000 位居民的镇或地区的智慧。

之所以会出现这种可悲的结果，既有立法机构的责任，也有宫廷的责任；问题既在于立法本身，也在于我们已讨论过的当时决定重大问题的方针政策。自国王逃亡瓦朗纳斯失败之后，任何君主制政体都不可能获得成功了；但我们正在讨论的这一政体，即引起穆尼埃和西哀士激烈争论的政体，却并不是一种失败的政体。拒绝英格兰模式并没有导致法国迅速从 1791 年的政体转向共和政体。然而，曾经占据主流的那个宪法纲要确实存在种种缺陷，它必须承担部分罪责。政治科学强烈要求，必须靠多元和分立来操纵权力，国民议会却青睐整体性和单纯。

法国国会的古老政策几乎已经暗示了某种司法审查法院(a court of revision)的存在，但这种概念在美国最高法院中还没有显示出来呢，要到西哀士提出那些看法之后很久，才能看得出来。可以在各省的议会中建立一个有实权的参议院，但古代的省已经遭到了毁灭，而新的行政区划还没有出现，或者还只是隐藏在人们心照不宣的想象中而已。

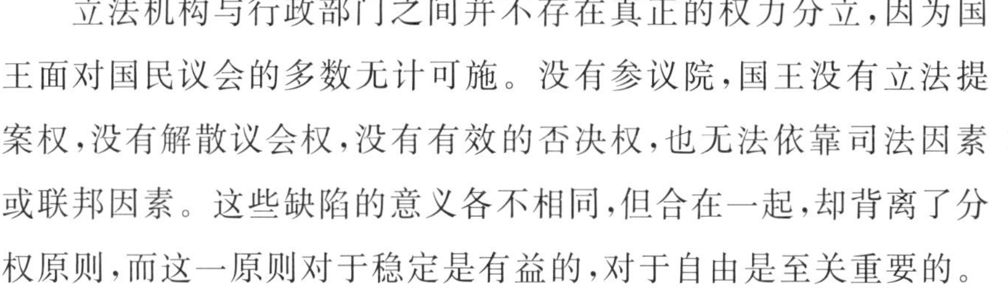

立法机构与行政部门之间并不存在真正的权力分立，因为国王面对国民议会的多数无计可施。没有参议院，国王没有立法提
案权，没有解散议会权，没有有效的否决权，也无法依靠司法因素 122
或联邦因素。这些缺陷的意义各不相同，但合在一起，却背离了分权原则，而这一原则对于稳定是有益的，对于自由是至关重要的。

应该受到责备的不仅是那些实施了这些措施的人士，还有那些反对这些措施的少数派。穆尼埃把大臣们与国民议会隔绝开来，又拒绝授予国王——也就是他们自己——以提出法案的特权，从而刺激了大臣们的疑心和猜忌。他也赋予了绝对否决权以本来就不具有的重要性；而由于大家都知道他希望第二个议院的议员是世袭的，从而堵塞了设立上议院的一切可能性。当然，曾经为贵族制的崩溃而满心喜悦——尽管这不能说不正当——的人士，更应受到责备。为了不让国王随便进行干预而选择了暂停性否决权，国王当时接受了下面的论点：宪法只能掌握在国民议会手中。但当路易十六对8月4日的政令正当地予以驳回的时候，他却遭到这种论点的反击，国王的否决遭到国民议会的断然拒绝。

在保守派犯下道德上的错误之前，民主派就犯了知识上的错误。他们拒绝设立上议院，因为他们害怕它会被用来奖赏那些在一定程度上被他们打败的那些人士中之某些。他们不希望宪法建立在稳固的基础上，于是，他们也没有投票支持那些有可能拯救宪法的措施。革命者大可以把他们算作自己反自由主义的同盟军。

出自宫廷的口号及他们所采取的令人遗憾的方针政策都遭到了报应，这些报应最后都落在了国王头上。9月下旬，一位贵族告诉国王，他对他看到的一切忧心忡忡，准备回到乡下，国王说，“是的，”国王让这位贵族躲避风头，“事态确实日益糟糕，除了采取不受限制的暴行之外，没有别的办法能改进我们的处境。”针对这一段话，著名的教条主义者罗耶尔·科拉尔德（Royer Collard）* 曾在后来说，在大革命中，所有的派别都是真诚的，只有保守派是例外。

123 从8月底开始，那些在急剧变革过程中操纵着暴民之兴致的

---

* Doctrinaire，法国波旁王朝复辟时期的一群保王党人，他们希望调和君主制与革命，权力与自由，其领袖正是此处提及的科拉尔德。——译者

巴黎煽动家们,对凡尔赛持续地施加压力。国民议会中非常著名的一位律师图勒在8月1日当选为议长,但他拒绝了这一荣誉。有人曾警告说,他不那么受人欢迎,于是,他面对这一威胁退缩了;面对米拉波所说的有些人正在抵制的那股汹涌而来的潮流,他屈服了。他改变立场投向了另一边,很快成为他们的领导人之一。这个著名人物的这一经历,是刚刚开始的变换门庭的一个例子而已。其后,那些没有个人信念或者缺乏坚持自己信念的人格力量的人,经常会上演这样的戏剧。

由于向下堕落的趋势是如此地显眼,用暴力成功地打倒国王和贵族这一事实教给人们的经验,完全有可能被用于对付国民议会。因此,一些非常严肃的政治人物试图采取某些办法遏制这样的活动。沃尔内(Volney)不是一位能言善辩的人,但他是国民议会的文士中最有名的一位,他在9月18日作出了这样的努力。他提议,应当举行一次新的议会选举,这个新议会不应当包括这么乱七八糟的成分,在这里,阶级利益是不应予以考虑的,也不应被人所知。他提出动议,这个新议会应当体现平等。议员们则提醒他不要忘记他们的网球场誓言,也即在法国成为一个宪政国家之前,本届国民议会不能解散。于是,他的抗议无果而终。但在当时的法国思想界,没有谁比这个发出了高声警告的人更完美地属于主流哲学的了。

10月2日,宪法的前几章准备提交国王批准。这一部分包括《人权宣言》,包括整个9月所采纳的那些重要措施。新当选为议长的穆尼埃拿着这些条文去见国王,而正是这些条文,断送了他自己的理想。路易同意作出回复,穆尼埃也没有催促国王。他们两

人都幻想,可以拖延下去,最终可能不了了之。5 月份的时候,浪潮还很平缓,他们没有意识到,10 月份,已经变成了汹涌的激流。
124 到了这个时候,在所有保王党人中自由主义色彩最浓厚的这位人士领导下的议员们,对于这种拖延,是按小时计算的。

整个 9 月份,在巴黎,由拉法耶特领导的维护秩序的武装力量,与王室控制的蠢蠢欲动的军队之间,彼此高度戒备着对方,准备进行一场殊死搏斗。不断有传言威胁说,要进军凡尔赛,每有这传言,拉法耶特就保证说,他能够平息这场风暴。随着风暴的动静越来越大,他一天一天地使自己成了国家的主宰者。政府对于这种保护关系越来越不满,它的判断是,进攻的危险是可以避免的,不能通过国民卫队司令可疑的忠诚和更为可疑的指挥才能,而应直接诉诸国王。他们召集以效忠国王著名的佛兰德斯步兵团,要其在 10 月某日开进,这样就有了一千精兵强将。他们抵达之后,军官们被他们在凡尔赛的同事们邀请参加在剧院举行的接风晚宴。这些军官同意了,并提议为国王的健康而干杯。就在这个感人肺腑的时刻,国王和王后驾到。这些人随后表露出来的感情表明,他们对国王的感情,并不仅仅是对待一位获得授权、没有不可废止的权力的政府官员的那种冷静、得体。从这些军人和情绪激动的保王党人的喊声中,人们可以清楚地感受到个人效忠的口气和那种骑士的忠诚与信念。巴黎的煽动家们看到了这一点,他们再次决心攻占他们觊觎已久的这个地方。

曾经孤独地坚持分权和自由原则的财政总监内克尔,则一天一天地让阵地丧失在自己的敌人和朋友手中,而他自己手中尚存的那点权力,已经成为被遗弃的宫廷的一丝希望所在。内克尔已

经知会国民议会，他无法借到贷款，他请求大幅度提高直接税。没
有人耐心听他讲话；他就是对米拉波讲的，但米拉波一点没有被他
打动。9 月 26 日，内克尔又作出一次努力，获得了他政治生涯中
最辉煌的胜利。在一次显然是没有预先准备的讲话中，他描绘了
一幅即将到来的国家破产的悲惨图景，他以下面的话结束了自己 125
的讲话：“这些危险就在你们面前，请你们三思！”国民议会被他的
这种情绪感染了，全体一致通过了他的提案，他被救了一把。没有
任何人知道，在这个人身上竟然还有这么一股强大的力量。

在生命留给他的最后十八个月中，米拉波的影响力和偏好经历了多次变化；但在危急时刻，他有能力控制各个派别。从那一天起，宫廷终于明白他是什么样的人，知道他能够干什么了；他们也知道他的飞扬跋扈的精神如何渴望服务于王室的事业，我们现在就会看到，什么人将试图在为时已晚的时候讨好他并战胜他，什么人在时间未到的时候试图排挤他。

至此，大革命的第一阶段就告结束了，国王遭到囚禁的事就要发生了。接下来的两天，10 月 5 日和 6 日的事态，构成了一幕完整而连贯的戏剧，是不能分离的，这将是我们下一章讨论的内容。

126

第九章　进军凡尔赛

法国大革命最初获得了人类普遍的认可。欧洲经验最丰富的国务活动家考尼茨*曾宣称，它将持续很长时间，也许永远持续下去。克洛普施托克**说得更欠审慎了，他说："我明白，几代人都将投入战斗；也许，战争和破坏要持续几个世纪；但最终，在遥远的地平线上，我看到了自由的胜利。"甚至在圣彼得堡，巴士底狱的沦陷也受到人们喜不自禁的欢呼。柏克开始的时候也曾叫过好。他不愿听信托马斯·潘恩的说法，潘恩本人正是那场革命的思想源泉，他曾向柏克保证，三级会议必然会促成另一个议会的建立。后来柏克曾说，《人权宣言》才让他睁开了眼睛，看清了真相。而在荷兰议会，他们相信，这场变化其实早就该到来了，在教会遭到攻击的时候就该到来。美国人的看法与柏克的看法差距不大。在那个夏季中间，杰斐逊就觉得，所有应该得到的东西都已经得到了。富兰克林在7月的时候对当时的事态警觉起来。华盛顿和汉密尔顿不久以后也产生了怀疑。

142

---

* Kaunitz，1711—1794年，奥地利人，曾任驻法公使，后于1753—1792年间长期担任奥地利首相，支持君主立宪制。——译者

** Klopstock，1724—1803年，德国诗人，德国启蒙运动代表人物，其创作成为狂飙突进运动的先声。——译者

因为9月份的各项政令不仅有违英格兰模式，也背离了美国模式。1787年美国制宪会议已经提出了一套保障机制，旨在保护联邦免遭不受约束的民主之侵害。而法国的国民议会却决心扫荡所有这些保障机制。除了国王保留下来之外，没有任何东西可以约束大众意志的直接表现，也没有任何东西能使分权制度得以实现。于是，自由派跟保守派一样寄希望于国王，希望强化国王的力 127
量，他们的这种希望跟保守派一样殷切，甚至更殷切。他们的理论要求建立两院制议会。在这一点上失败之后，他们就转向孟德斯鸠，接受了他的立法、行政和司法三权分立的理论。不过，法国民众可搞不懂这些理论上的深奥精妙之处。那些在6月份曾对国王深恶痛绝的人物，到10月份，却对国王一往情深。在民众眼里，他们就成为叛徒。他们无法设想，长期以来压迫他们的那个权威，那个他们付出了那么大努力要消灭的权威，现在竟然应该委以重任，其权力竟然应该增加。他们无法说服自己相信，他们真正的朋友正是这些突然改变立场支持他们那长期的敌人和压迫者的人士，而一直以来支持国王的那些人，反倒早已不再支持他了。

公众的舆论也反映到了国民议会中：废黜国王；从6月23日以来，民众就有这种要求。由于国王已经失去了对国民议会的控制权，所以，国民议会更多地听命于选民，尤其是那些塑造法国舆论的选民，而在这些人中间，民主精神是非常强烈的。8月份之后，事情是显而易见的：凡尔赛面临着来自巴黎的日益强大的压力。10月份，巴黎准备伸手捕食它的猎物。有几周时间，国王一直在琢磨逃跑的念头。国王向国民议会中最重要的32位保王党人征询意见，他们建议国王离开凡尔赛，到外省去避难。后来的财

政总监布勒特伊尔和奥地利公使梅西(Mercy)也都是这种看法。他们也说服王后接受了他们的看法。但内克尔却有不同意见。

大臣们不准备逃跑,而准备保卫国王,他们召来了佛兰德斯步兵团。然而,指挥它的上校却是激进派的议会代表。那天早上,负责指挥凡尔赛卫戍部队的德斯坦伯爵接到警报,说佛兰德斯步兵团已经决定不管国家的安危了。普鲁士公使写道,卫戍部队军官
128 们已经不再打三色旗了,这非常明显地表露了这种倾向。以某种略带憎恶的口气向公众再现这一幕是不需要夸张的。康庞(Campan)夫人回家后以赞美的口气描述了她刚刚看到的事情,国民议会代表、塔列朗的朋友博默茨(Beaumetz)听完后则心情沉重,他离开后就开始考虑,自己是否应当立刻移居国外。抱有敌意的目击者在次日的报刊上描述了详情,据报道——其中既有种种修辞手法,也引用了原话——国王的卫戍部队已经把国王的旗帜踩在了脚底。马拉到处打探虚实,卡米勒·德斯穆兰说,他得立刻赶回巴黎,要奋力吹响末日的号角。

星期四,国王举行了一场盛宴。10 月 4 日,星期日,巴黎陷入某种骚动之中。盛传国王将攻击国民、正在征召军队、计划逃跑——现在据说要逃往梅斯的城堡——所有这些,都意味着国王要发动内战,复辟专制制度。在巴黎的王宫,煽动家中谈论着要发动民众进攻凡尔赛,惩罚那些傲慢无礼的卫戍部队。星期日晚上,在巴黎城的一个区,丹东控制的科尔德利(Cordeliers)俱乐部准备发动进攻。其他区的人还没有做行动的准备,或者说还没有这么狂热,想为新的帽徽报仇。丹东这些人之所以这么干,不是因为国王准备逃往梅斯的谣言,甚至不是因为象征性的暴行,而是为了把

整个民众扯进来。

巴黎 80 万居民正忍受着饥荒，因为上一年的粮食已经吃完了，而今年的庄稼还没有收割。迪蒙特（Dumont）说，没有一个人考虑，这样严重的灾难是否会导致动乱。其实，这场不幸更多源于贫困而不是由于匮乏；拉法耶特则公开说，每周应该拿出 2000 法郎给面包师傅或磨坊主，让他们减少供应，以激发民众的不满情绪。有些人觉得，这样花钱可能会激起民众对于无能的、不积极的国民议会的愤怒。9 月份中有 16 天时间，面包店铺不得不由国民卫队把守着。人数已经减少的贵族家庭，现在也不得不压缩他们家庭成员的数量。在攻占巴士底狱后的两个月中，市政管理当局向那些准备逃离的人发放了大约 20 万张通行证。 129

最早遭到攻击的是无法提供必需品的首都市政当局，这里的办公室是最初的攻击目标。星期一早上，一群气势汹汹的妇女冲到市政厅。她们想烧毁一大堆文件，因为这些东西对她们来说不能带来一点好处。她们劫持了一位神父，准备将他吊死。她们拉响了警报，把全部受过训练的军队和城市参差不齐的各路武装召到格雷弗广场（Place de Grève）。她们携带着数百支火枪，还有几门不能用的大炮；她们举着火把，很可能会把这幢建筑付之一炬。这里是选举产生的市政当局的总部，然而，民众逐渐意识到了，他们并不属于第三等级；在财富与劳动之间存在着一种利益上的冲突，于是，这群妇女就开始将她们还不能明确表达出来的怒火，发泄到高居她们之上的中产阶级身上。不过，现在看起来，这些具有革命精神的英雄人物，帮助操纵未来的断头台的伙伴，并没有多大火气，也不是根本无法安抚的。她们抢出来的成箱的纸币

又被送回去了，那位神父没有被吊死，那曾经照耀这场冲突的火把，也毫不费力地就被熄灭了。她们很轻易地就被人说服，她们的行动的正当目标在凡尔赛，及设在那里的国民议会，国民议会能够做成任何事情，却不为穷人做一件事情。她们本来应当是真正的母亲，却让自己的孩子们在破烂的屋子里活活饿死。于是，她们被人灌输了行动的一种动机，而她们本来并没有这些种机，也不理解这些动机的含义。在这把金刚石刻刀的帮助下，任何东西都经受不住。于是，历史上第一个由气势汹汹的妇女组成的队伍，允许梅拉尔德(Maillard)带领她们出发。

所有城镇都早已知道梅拉尔德是巴士底狱的攻占者，后来他获得了一个更为邪恶的名声。但在 10 月 5 日，他以自己的精明控制了这场衣衫破烂的妇女发动的骚乱，他给那些看见他的人留下的印象是，他具有超乎寻常的力量。他召集了驻扎在爱丽舍宫的
130 他的军队，并派人在大街小巷招募兵员，市政厅的一个密使飞奔到凡尔赛，向那里的政府发出警报。国王得到报告，国民卫队马上就会赶到。

拉法耶特到达现场比较晚，他没有做任何事情阻止梅拉尔德的出征。他觉得，这样的危险不值一提，他相信，凡尔赛拥有足够的兵力可以阻止这场进攻，尽管进攻者有七八千妇女和几百名男人。内克尔和议长穆尼埃也都这么想。

当消息传来，已经赶到的大臣们准备进行防御的时候，国王却出去打猎了，离凡尔赛有几里远，而没有他，什么事情都做不了。有人曾在特里阿农(Trianon)看到过王后，后来却再也没有看见过她。一位军官从巴黎跑出来，向国王报告了他的险境。他拒绝听

他的话，反而说，任何一位在军中服役的人，即使有更大的理由，也不能有所抱怨。但一位使者也骑马从内政部赶来报告，路易十六这才骑马疾驰到凡尔赛。大街小巷已经挤满了乱七八糟的人群，当他经过的时候，还有人向他开枪。

从巴黎到凡尔赛的路要在三个地方穿过塞纳河，内务部的将级军官们声称，他们可以利用手头掌握的部队进行防御。内务大臣圣普里埃斯特（St. Priest）建议国王，与驻扎在塞弗勒斯（Sèvres）的巴黎军队接触，命令其撤退。如果他们拒绝，他觉得，可以将他们打败。

内克尔反对开战，他的两位同僚也支持他。他准备带国王到巴黎，但遭到了反对，就跟他提出的所有意见一样；他曾预料，如果国王出现在巴黎，几代时间都没有在巴黎看到过国王的民众将会受到鼓舞，舆论将会有利于国王而不利于国民议会。内克尔从一开始就提出过这种想法，他可不愿意承担发动内战的责任。路易十六拿不定主意，去跟王后商量。如果打仗的话，她将跟她的孩子
一起被送走。但王后宣布，如果国王留下来，那她也留下来，她不 131
会让国王一个人承受危险，自己却不跟他同甘共苦。这种决心使得国王不可能作出果断而勇敢的决定。御前会议没有作出任何决定就散会了。

就在这一切进行的过程中，梅拉尔德率领着他的妇女队伍，在下午三点到四点之间到达凡尔赛。沿途招来的人使这支队伍的素质又下降了，一大群凶残的力量加入进来。从市政厅跟着梅拉尔德来的妇女中有些人相信，饥荒是由坏政府造成的，可以通过建立一个好政府予以缓解；除了这些妇女之外，其他妇女则举着围裙，

意思是要把王后带到巴黎，撕成碎片。还有一群人比什么人都要重要，他们带着充足的钱，把钱分给本来是守卫凡尔赛的佛兰德斯步兵团士兵，让他们充当这些暴民的军官。

在进军途中，梅拉尔德一直阻止劫掠，他率领他的队伍直奔国民议会，国民议会允许他的追随者组成的一个代表团进去。他们是在一个骚动的时刻抵达的。国王已经接受了宪法的十九款，规定他将原封不动地保留行政权力。国王一直拖延批准《人权宣言》，想看看还没有通过的宪法其他条款是否会对《人权宣言》产生影响。他的答复没有财政总监副署；国民议会的议员们则认为，这是国王企图要求得到修改根本性法律的权利。他们联想到欢迎军官宴会上的厚颜无耻，他们认为，国王一定在搞什么阴谋。

米拉波所处的局面从来没有比这一次更难办的了。他倾心于君主制，却不喜欢这位国王。他可以效忠于普罗旺斯伯爵，哪怕是奥尔良公爵，而不是一位性格软弱的君主；他清楚地看到，如果事态这么发展下去，很快就会没有国王可以效忠了。通过他的朋友拉马克(La Marck)，他试图吓唬宫廷，迫使他们接受他的效劳。拉马克向王后讲述了这样一个人物的巨大的价值，王后则果断地
132 回答说，她希望他们永远不要堕落到竟然要求米拉波这种人帮忙的地步。

米拉波曾对国王的答复进行过辩护，理由就是他以前提出过的一个看法：《人权宣言》应当在宪法之后公布，而不能在宪法之前公布。谈到军官宴会上的那一幕，他说，国王是不可亵渎的——是国王，而不是任何其他人。由于这句话影射的意味太明显了，保王党人不得不保持沉默。最后，国民议会作出决定，对《人权宣言》，

国王应当无条件地予以批准。而议会派去觐见国王的代表团刚刚离开，梅拉尔德就走进了国民议会。

米拉波早就得到报告，说大批巴黎人打算发动进攻，他已经建议穆尼埃将会议改期。穆尼埃则错误地以为米拉波害怕了，便说，每个在他那个位置上的人都会死的。当梅拉尔德带着几位妇女出现在国民议会的时候，穆尼埃允许他讲话。梅拉尔德代表着那些将他从市政厅带来的妇女们发表讲话，要求得到便宜的面包。他公开抨击人为制造饥荒的行径，也谴责了国民卫队。当穆尼埃打断他的话，说他应当使用"公民"一词的时候，他说出一段非常有力的看法，他说，任何人，如果对作为公民没有自豪感，都应当立刻被废黜。但他承认，他不相信他的追随者所提出的所有罪名。他展示了一顶带有三色帽章的步兵团三角帽，获得了皇家卫队的喝彩。

国民议会让步了，派出以穆尼埃为首的一个代表团请求国王关注他的遭受痛苦的臣民们的要求。代表们——其中有几位妇女——站在雨中等候着宫门打开，这时候，人群中有人喊道：当他们有一位国王的时候，他们从来就没有缺过面包，但当他们有1200位国王[*]的时候，他们却忍饥挨饿。看来，有些人的敌意并不是针对国王的，而是指向人民选举出来的议员的。

国王立刻答应了穆尼埃代他那些陌生的同伴们提出的所有要
求，他们满意地走了出来。于是，他们在外面的朋友就开始埋怨他 133
们，指责他们被收买了；我们又一次清楚地看到了两种潮流的激

[*] 指议员。——译者

荡,有些人实实在在地是为面包而来的,有些人却不是。有些人在得知国王已下令向巴黎供应生活必需品后,就心满意足了,并要将这个命令转达给市政厅。他们是乘坐国王的马车回家的。梅拉尔德与他们同行。我们现在完全可以看出,靠着自己的狂暴和残忍,他已经成了一个难以对付的角色。

穆尼埃继续留在王宫。他并不急于再次看到国民议会让人丢脸的场景,在那里,吵吵闹闹的妇女们占据了议员的席位,要求给她们供应晚餐。他希望国王马上接受《人权宣言》,而不要等到国民议会派出的代表到来后才被迫宣布承认。尽管这个代表团在一定程度上也是他参与派出的,但他已经跟他们不是一路人了,他跟米拉波一样觉得,他们现在不过是一种障碍而已。然而,一场危机已经降临了,只有在这一点上让步,或许才能够拯救君主制本身。在这个多事之夜,他一直在外面等候着,一直到晚上10点才回来。结果发现,朗格勒斯主教由于对发生在他眼前的一幕极为厌恶,已决定将国民议会改期了。穆尼埃不停地敲鼓召集他们。除了《人权宣言》之外,他还有别的事情要说;因为他知道,一个比梅拉尔德更难对付的入侵者,带着他那蛮勇好战的部队,就要逼近了。

9月份的后两周,拉法耶特施加自己的影响力,尽力保护那些试图加强行政权力的人士。当他手下的人威胁要去支持国民的时候,他制止了这些人的冲动。他知道,屈从于这些冲动,就等于承认自己的失败,自己也将失去已经得到的名声和权力。他来到市政厅,他发现,他的部队正准备出发。他反对这项计划,几个小时内,他一直坚持自己的立场。他指挥的这些人感兴趣的并不是国王答应每天供应他们的食物,让他们愤怒的是皇家卫队,他们的目

标是要打败皇家卫队。而事实上，在当时，国王并没有抵制议会的 134
政令或逃往外省的想法。拉法耶特作为他们的首领，如果现在带领他们出现在国王面前，不可能不表现出明显的敌意和叛乱，因为他们群情汹汹，他很快就要失去控制了。他不断地延宕、推拖，最后倒也有一些收获。他到国王那里，不是作为一个攻击者，而是作为一个传达信息的人。在他的劝诫下，他的士兵们说，他们并不打算伤害国王，但国王也必须遵守议会的政令，否则就得退位。他们将推举自己的将军为摄政；而如果拉法耶特拒绝作为他们的首领，他们就要取他的性命。他们告诉他，他一直在发号施令，现在也该学会遵守命令了。拉法耶特没有屈服，一直到士兵的骚动情绪越来越高涨，他的权威快撑不下去的时候。

就在那天下午早些时候，那些曾经跟着从那座教堂塔楼出发游行示威的妇女对在一旁看热闹的人报告说，她们没有遭遇任何抵抗就穿过了塞纳河。于是，大家都知道了，大路已经敞开了，国民卫队也可以打着跟这次一样的旗号接近凡尔赛，这样就不会有引起冲突的危险。

大约4点钟，拉法耶特派人到市政厅——因为他的手下不允许他离开现场——报告说，现在到了给他下达命令的时候了，因为他无法再阻止这些士兵了。于是，他得到了一份命令，这时候，在雷弗广场，他已经稳坐在马鞍上，他以一种非常惊恐的表情宣读了这一命令。这份命令写上了士兵们的一切要求，尤其是其中他被迫提出的四点，将使他成为法国的独裁者。不过，这份命令又加了一句说，之所以发布这一命令，是因为他要求发布这一命令。拉法耶特没有更动这份文件。他把文件交给送信人，强烈要求加上一条:把朝廷设在巴黎。

大约5点钟,拉法耶特动身出发,手下约有两万人。在他走出城关离开巴黎的时候,他又用铅笔写了一张便条,再次确认应该按
135 他的意图设立政府。这次行军大约花了7个小时。准备通过塞纳河的时候,他又派了一位军官作进一步的解释。他宣称,他是在强逼之下才采取这次行动的,如果大桥已经被皇家军队武装占领,他就会返回。到了凡尔赛,他要他的手下停下来,并让他们起誓效忠于国王和国民议会。

凡尔赛的人已经得到了他即将到来的消息,满怀惊恐。一个工人打扮、在队伍中一直跟拉法耶特在一起的人,飞奔到王宫门前,并被立刻召见。他正是未来的里舍里奥(Richelieu)公爵,在时隔一年之后,将再次出任财政总监。他的描述又增加了人们的惊恐气氛。国王立刻又召开了一次御前会议,多数人的意见是国王应该逃跑。圣普里埃斯特说:"陛下,如果你去巴黎,很可能丢掉你的王冠。"内克尔则说:"逃跑的建议则可能让你丢掉人头。"没有人怀疑,逃跑便意味着内战。但圣普里埃斯特的观点占了上风,他骑马离开,为国王一家逃往朗布伊勒(Rambouillet)作准备。由于他知道,这个决定是下下策,而内克尔的话可能是正确的,于是,他就下马步行,被他的妻子追上了。从她那里他得知,这个蕴涵极大危险的决定已经被推翻了,国王将留在凡尔赛。国王与妇女代表们的见面已经取得了巨大的成功,并鼓舞了人们,他们高喊"国王万岁"(Vive le Roi!)。从那之后,在里昂库尔特——他曾在夏天让国王到过一次巴黎——的协助下,内克尔恢复了自己曾经失去的权力。已经准备好要逃跑的马车又被下令撤回。后来,马车又

再次准备出发（去巴黎），然而，这一次，他们却被人群挡住了。

当时，国王的顾问们曾经乱作一团，其中一位大臣后来甚至声称，如果当时奥尔良公爵在场，并坚持要求的话，他就可以得到一切*。据说，在拉法耶特这次进军之前的骚乱中，奥尔良公爵的手下就已经看出了这一点，并向他说明了他的机会。甚至有人说，他的手下已经带着他走到了召开御前会议的会议室的门口。不过，就在摄政王的位子触手可及的时候，他退缩了。而当国民卫队抵 136
达之后，他的机会一去不复返了。

拉法耶特根本没有办法证明，公爵在那天夜里曾与人密谋篡位。当公爵问他有什么证据的时候，拉法耶特回答说，如果他有证据的话，他就直接将其送到法庭上去了；但他有充分的理由表示怀疑，因而他要求公爵离开法国。由于得到米拉波的有力支持，所以，公爵一连三次拒绝走人，而拉法耶特则三次坚持他必须走人。最后，公爵只好起身去了英国。米拉波对人说，他才不愿当人的跟班。后来进行了长时间的调查，最后什么结果也没有。勒德雷尔（Roederer），一位对那个时代知之甚详的人，后来曾深信不疑地向拿破仑说，如果说有什么奥尔良党人的阴谋的话，那奥尔良公爵自己肯定没有卷入其中。

在妇女们冲到凡尔赛之后，现在又来了成群结队的男子，在巴士底狱陷落之后，这些人热衷于种种残暴的行径。随着夜幕降临，他们越来越难以控制，他们与皇家卫队发生了争执，试图冲进王宫。妇女们闹事时，国王的军官们曾要求他下达驱散人群的命令，

---

* 指取代路易十六。——译者

但路易十六没有听从他的妹妹的建议，而是回答说，他不想对女人动武。而这一次，是全副武装的男人，而且显然是些危险人物。保卫凡尔赛的指挥权掌握在曾参加过美洲战争的元帅德斯坦手里，但他在这个危急时刻却没有显示出必要的才干。他反对他手下的将士自卫，下令他们撤退。圣普里埃斯特逐渐失去了耐心。现在就指望他们来弹压骚乱了，而根本指望不上巴黎的军队来救援。他请求元帅用武力击退对方的武装进攻。德斯坦却说，他得等候国王下令。国王却没有下达任何命令。这位大臣于是对元帅说："即使国王没有下令，作为一位将军，必须自己作出判断，并为了自卫而采取行动。"国王再次保持沉默。还是在同一天，但过了一段时间后，国王才采纳了圣普里埃斯特的意见，让他们自己相机行事。他说，德斯坦伯爵应当根据自己所承担的职责而采取行动。但他仍然没有下达一位忠心耿耿、明白自己职责的人所需要的命
137 令。路易十六一直希望，将自己交到一位比自己更强壮的人手里，即使他自己已经懵了，这个人也应该知道如何救他。

穆尼埃已经得到了国王对于《人权宣言》毫无保留的认可，他强烈要求国王抓住时机到值得信任的外省去避难。形势确实比较危险，但现在还算保住了体面，有他撑着，国民议会还有希望阻止战争的爆发。他向国民议会转达了国王的意思，巴黎来的访客不断出现，搅扰了当天夜里的会议。就在这时，拉法耶特带着他手下那帮气势汹汹的人到了。他向穆尼埃和他的朋友们保证，他率领的这些人现在很容易就会被满足。而他对他出现在这里的真实目的却一字未提。他从国民议会出发去见国王。他把他手下那两万多人留在漆黑的夜幕中，自己出现在宫门前，仅仅带着市政厅派出

的几位委员。

站在栅栏后面的瑞士卫兵警告他，让他好好想想他要干什么。由于他来到的这个地方挤满了狂热地反对这位主张革命的将军的人，因此，不管他到这里是来拯救还是来毁灭的，他都不再是个臣子，而是个主子了。这位将军只是告诉皇家卫队，他要进去。他进去后，听见有人大喊："克伦威尔来了。"拉法耶特停住脚步，回敬说："克伦威尔是不会孤身一人来的。"当他走进王宫见国王的时候，斯塔尔夫人（Madame de Stal）看见了他。她说，他的面容是平静的。如果是别人，不可能表现得如此平静。路易十六看到他之后，如释重负，因为他感觉得到，拉法耶特是保险可靠的。他的措辞是恭敬的、恰如其分的。他让他的同伴们来完成那项令人不快的差使，向国王提出强制接受的条件。于是，他们向国王讲述了这些全副武装的中产阶级这次突如其来的行动的目的。国王回答说，他已经正式批准了《人权宣言》，财政总监也将会与市政当局一起安排向巴黎供应生活必需品的事，他本人也将把他的人交付给 138
国民卫队看管。第四点，也是最重要的一点，把朝廷搬到巴黎一事，则悬而未决。这件事留待明天再来商讨。于是，他们送信给市政厅，说一切进展顺利。

一直掌握着整个事态进展的拉法耶特没有表现出一丝急躁，他克制自己没有提出不必要的要求。他的人设置了外围防线，但王宫仍然由皇家卫队守卫。国王当时并没有马上认清局势的性质，还试图把新秩序与旧秩序结合起来。于是，在那天晚上后半夜，形成了各自为政、责任不清的局面。外面是拉法耶特，里面是德斯坦，在他们的中间，则是一道无人防卫的大门。

拉法耶特相信，他已经做到仁至义尽了，到了早上，可以很轻松地收获已经成熟的果实。他得知，国民议会还在开会，秩序已经恢复，便回家上床睡觉。这一天够漫长，也够累人的了。但他的这一觉注定很短暂。天破晓之前，一小群暴徒，也就是大革命时期常见的那类装备着适合搞阴谋的武器的家伙，从花园入口闯进了王宫。这群想杀害国王的家伙撞到一个卫兵房间，里面满是熟睡的士兵，他们给吓跑了。群众憎恨的真正目标是王后，所以，那些企图杀害她的人却不是那么容易放弃自己的打算的。两个向他们开火的卫兵被拖到大街上杀害了，他们的头作为战利品被悬挂在王宫前。他们的战友们为了安全起见逃进宫内，有一位士兵却坚守自己的岗位，他的岗位就在王后玛丽·安托瓦内特的门口。他的名字叫米奥芒德勒·德·圣马里埃(Miomandre de Sainte Marie)，他的名字现在已经家喻户晓了。王后身边有一位女官，她的妹妹留下了关于那一幕的记录：当时这位女官被嘈杂声惊醒，打开门想看个究竟。她看见了这位卫兵，他的脸上淌着血，把一群人挡在侧厅。他叫她赶紧去救王后，然后就倒下了，她听到了这群暴徒
139 用火枪砸他的头的声音。她飞快地拉上门栓，叫醒王后，王后连衣服都没有穿，就跑到国王的房间。

从巴黎来的国民卫队驻在宫外，没有保护那两位最先遇害的卫兵；但现在他们介入了，弗朗塞瑟斯团是最早哗变的士兵，他们现在已经成为巴黎民军的坚定的核心，他们冲入了王宫。他们今天出征的时候，除了想迫使国王的军队撤退、给他们腾出地方之外，并没有别的目的。也没有人告诉他们，在两军相遇的时候该怎么办，而国王的卫队也躲在栅栏后面挡住这些新来的人。但一位

军官提醒了弗朗塞瑟斯团，让他们想起两个团在联手抵抗英国人时，他们被考普斯团(Gardes du Corps)救出的故事。于是，他们就喊："记住丰特努瓦。"* 另一边对这一口令作出了回应，打开了大门。

拉法耶特睡得可真不是时候，待他被叫醒赶到现场的时候，他手下的人已经控制了整个王宫，他们将两派隔开，一边是国王一家，一边是疯狂挣扎的暴徒。他释放了那些被俘的皇家卫队士兵。尽管他是总司令，也无法恢复宫外的秩序。市政厅指令他争取的条件之第四点还没有实现，这一条要求是废弃这个朝廷，而将其关进杜伊勒里宫看管，他本人则被提升至高于国王的地位；对于这一点，国王还没有让步。而在这一问题解决之前，他手下的将士不可能完全忠诚于他。他没有逮捕任何人。他听任那些手上沾满了瓦里库尔特(Varicourt)和米奥芒德勒的鲜血的家伙公然蔑视正义。混乱沸腾的人群在国王的窗下喧嚷了好几个小时。他们提出的要求现在只有一样没有实现，那就是去"巴黎"，现在是该完成这一任务的时候了。国王已经无法逃跑了，因为拉法耶特的部下把守着所有宫门。国王也无法进行反抗，因为所有的士兵都听从拉法耶特指挥。拉法耶特没有强行要求国王答应这一点，他过于谨慎了，甚至没有参加讨论这一问题的御前会议，他似乎仍给了国王选择的自由。这时候，内克尔走进来，他走上前来对开会的人宣布，朝廷应该马上搬到巴黎去。路易无计可施，一言不发，在他的座位与 140

* 奥地利继位战争中最重要的战役，展开于今比利时境内的丰特努瓦，时为 1745 年 5 月 11 日，法国军队获胜。——译者

阳台之间走来走去，最后说话了，认可了这一提议。

就在这胜利的一刻，拉法耶特显示了自己是一个直觉敏锐和敢于行动的人。借助这些人，他已经完全实现了自己的目标，但这些人激动的情绪却没有得到满足，在他们看来，王后是一切敌对和不受欢迎的力量的化身。国王的认输已经是一个板上钉钉的事了，王后却没有服输。拉法耶特对王后说："陛下，您有什么想法？"王后回答说："我知道我的命运，我愿意死在国王的脚下。"于是，拉法耶特领她走上前来，面对群众的怒潮，不过，讲话是不能被人听清楚的，于是他尊敬地亲吻了她的手。人群看到了这一幕，并发出欢呼声。在他的庇护之下，宫廷与大众之间实现了和平。

在这些决定法国前途的交易中，国民议会却始终没有参与。他们既没有提出什么倡议，也没有人征求他们的意见。他们的议长不知道如何阻止妇女闹事；他虽然已经向她们供应了面包，在国民卫队到来之前，他却想不出办法让她们离开。凌晨两点钟，他听说宫中已经平静下来，便将会议改期。次日他提议，他们应当跟国王一道去巴黎。米拉波却不想让国民议会这样做。有一百名议员护送着国王一家，尽管一点用处也没有；国民议会不久也动身去巴黎。权力已经从他们手中转移到了巴黎那些受过军事训练的人手里了，然而并不是转给这些人和他们的指挥官，而是落入那些操纵群众的人手里。国民议会的统治从 6 月 16 日开始，到 10 月 6 日就结束了。

花了七个小时时间，国王一家才从凡尔赛来到巴黎，他们徒步行走，周围是那些获胜的妇女们，她们高喊："我们带来了面包师傅、面包师傅的老婆和面包师傅的孩子。"她们说得很正确。食品供应已经很充裕了；而这个巨变使很多人相信，以前的食品短缺并不是经济因素造成的。

141

第十章　米拉波

国王受尽屈辱又丢脸，将政府迁到巴黎，这立刻使王后成为巴黎最为引人注目的人物。10 月的那些日子，在她的性格和她的生命中是特别重要的时期，因此，我们必须专门谈谈她。因为她产生了那么大影响，她的命运又是那么令人悲伤，她是欧洲历史上所有女性中——也许只有一位除外——最吸引人类、也最令人伤感的。在她权势最大的时期，事实已经证明，她的才能不足以掌控那么大的权力，由于她与人串通赶走了杜尔哥，因此，即使在她的母亲眼里，她也已经把脸丢尽了。宫廷中流传着种种有损于她的清誉的轶闻；在钻石项链事件中的栽赃诬陷，也太明显了。一位教会贵族以他的信仰打赌，觉得她怎么也能洞见真相，但她却没有，以至于她自己的亲妹妹也对她心存猜忌，两人形同陌路。她所信奉的宗教也没能抑制她的轻浮；但在她的不幸降临之前一两年，她开始变得谨严持重了；在那些不幸终于得到最后解脱的时候，神父进入囚室，而她已经从容准备就死了。革命刚开始的时候，她作为宫廷中最强大的一股反自由主义势力而令人畏惧，巴黎的国会则将她视为镇压活动的幕后主使。在 1789 年 6 月份决定性的日子中，正是她说服路易十六，为了贵族的利益而放弃了那些本来可以拯救他自己命运的改革机会。逃亡者则让她孤独地面对怒火中烧的人

民。10月份那可怕的经历让她那么近地看到了死亡，使她那么清楚地感受到了她给自己招来的那么强烈的憎恨，刹那间，她从自己轻浮的生活中清醒过来了，她的性格大变。就在那一刻，她开始提 142
醒她周围的人，她是谁的女儿*。确实，她既无知，又容易情绪化，因此，她从来不会成为国王可靠的顾问。但她具有决心、勇气和自制力，因而，她有时能够让她的丈夫那容易摇摆不定的精神坚定起来。她非常勇敢，因而不容易被吓倒，因此，她一开始拒绝了米拉波伸出的援手；而在她屈尊俯就请求帮忙的时候，为时已晚；她自己已清楚地意识到了这一点，因而她本来就没有抱多大信心和希望。对于那个时期突然崛起的种种力量，对于那种本来可以拯救她的观念，也即将贵族制度中最好的成分与共和制度中最好的成分融为一体的治理模式，她既不喜欢，也没搞明白过。但她并不固执于那些过去曾使她的国家强大的根本制度，王公贵族与流亡者的敌意，反而使她对旧政制没有那么深厚的感情。孔代（Condé）曾说，她是个民主人士；而她也确实乐于用类似于托利党控制时期的英国那样的政体，来取代法国1791年的政体。她更多地是由于缺乏诚意，而不是由于对传统权力的渴望而灭亡的。国王被砍头之后，有人听到，一向被认为是帝国高级教士中间最有洞察力、也最开明的邦贝与维尔兹堡主教兼大公（Prince Bishop of Bamberg and Wurzburg）曾说过："应被砍头的其实是王后。"但我们看到了后来发生的事情，因而，我们不能让她因自己的愚蠢和失误而遭到

* 她是奥地利女大公Maria Theresia的女儿，这位女大公在国内行开明专制，并竭力扩张奥地利的势力。——译者

的报应影响我们的判断。

玛丽·安托瓦内特与米拉波之间的谈判及米拉波为维护立宪君主制而进行的努力，将是本章我们要探讨的话题。

在成功地迫使宫廷搬到巴黎之后，民众变成了主宰一切的力量。外地的无政府状态与本地主要的反对力量的消散，也加强了他们的力量。其中，穆尼埃是第一个离开的人。在凡尔赛陷入混乱状态的时候，他是国民议会议长，他不得不在羞愧之中辞去议长
143 职务。他曾试图挑动他所在的省抵制国民议会，因为它已经背离了人民对它的训令，背弃了选民们的意志；然而，他的家乡和权力根据地多菲纳拒绝了他的要求，他只能流亡。拉里·托朗达尔和一批比较中庸的人士也步其后尘。他们对自己的国民绝望了，他们拒绝承担进一步的责任。于是，他们也助长了他们已经预见到的那些暴行更快地到来。

曾经遭到保守分子反对的制宪活动，现在又遭到了自由主义者的破坏。马卢埃仍然坚守着自己的岗位。他一直就没有穆尼埃那么有名，也没有穆尼埃那么热忱，但他也不像穆尼埃那样轻易地就灰心丧气。左派现在已经能够在国家的方方面面贯彻他们自己对《人权宣言》的解释了。他们主要受两种观念的控制。首先，他们不信任国王，认为他是多余的，犯下了不可饶恕的罪行，因而他们不可能屈从于国王对他们施加太多约束和控制；其次，他们也相信，在个人专断统治下保障个人自由所必需的那些机制，在人民统治的政体中是多余的，因为，在这样的社会中，唯一的力量就是公众的意见。这两种观念会导向同样的政策结果：两者都倾向于加强代表国民的议会的权力，也倾向于削弱由国王代表的行政性权

力。米拉波在其有生之年中全力以赴所要做的，就是遏制这种倾向。令他内心忧惧的危险，已经不再是国王的强权，而是国王的弱势了。

旧秩序已经崩溃了，人们习以为常的那些办法和势力已经不
复存在了。这个国家将由新的原则、新的政府形态、新的人物来统
治。有助于社会维持秩序的习惯和传统、乡里联系和个人信用也
都消逝了。社会已经进入一个危险而混乱的时期，在这个时期，迫
切需要的正是一种强有力的行政管理。这正是成熟的政治家的想
法，主宰米拉波的正是这种想法；在他生命最后那段曲折而充满冒
险色彩的岁月，指导他的活动的一直就是这个想法。他认为现在
不需要戒备行政权力了。大臣将由国民议会遴选，他们应当引领 144
国民议会，也将由国民议会来控制，这样一来，就没有理由再担心
他们、限制他们的活动。这并不是从孟德斯鸠那里学到的观念，主
张分权的理论家却常将这荣誉归于孟德斯鸠。其实，米拉波是在
1784 年到英国旅行期间熟悉这种观念的，那时他看到，英格兰人
支持国王对抗国会。从那之后，他开始形成了一种具有爱国精神
的国王的概念，这位国王是国民的真正的代表和受托人；事实上，
这位国王看起来应当像一位皇帝。如果他的这一设想变成现实，
那么，他的那位代表民意的君主将跟任何专制君主一样地危险，事
实会证明，他的行政权力对于议会统治所造成的妨碍，与自拿破仑
以来法国历届行政管理当局对议会统治的妨碍一样大。不过，在
当时，米拉波的目的确实是明智的、正当的，只有他还在捍卫着宪
政的原则。在 9 月份整个一月内，米拉波在国民议会和报刊上提
出了建立议会制内阁的问题。他已经准备了一份杰出人才的名

单，他们将充当各部大臣，其中，他自己是一位无任所的内阁成员。根据这个计划，他本人和塔列朗成为政府的主宰者。但当时的大臣们不信任他，他们不希望他上台，而在 10 月 6 日他提出大臣应到国民议会听会的建议时，波尔多大主教怂恿蒙特洛西埃和朗瑞奈起来反对他。这两人都是道德高尚之士，两人都有一些造诣；他们之所以对米拉波心生反感，是因为米拉波显然在替自己打算盘。因此，他们提出一项动议，禁止议员担任政府官职。就在 11 月 7 日，对这一动议进行投票从而永远使米拉波不能参加国王御前会议的时候，国王的权力已经被剥夺了。这是制宪议会的一次具有决定意义的议案，因为它埋葬了立宪君主制。

米拉波被迫将解散议会权作为保障某些美好东西的唯一机制。他知道，那次投票的失败在一定程度上应归罪于他本人的坏
145 名声，但也是由于议员们普遍地不喜欢英格兰模式。现在他面临的问题是，他能否通过宫廷完成由国民议会完成不了的任务。他立刻起草了一份文件，敦促国王自己成为革命的领袖，成为革命的协调者和指挥者。普罗旺斯伯爵拒绝将他的建议转交给国王，不过，他推荐米拉波与国王的一位亲密顾问见面。恰在这时发生了一件事情，当时来看非常神秘，但它所带来的影响使米拉波与国王的弟弟建立了更为密切的关系。圣诞节期间，法弗拉斯（Favras）侯爵被捕，人们发现，他是这位亲王忠实的手下，亲王曾雇佣他筹措一笔贷款，但他始终没有泄露其目的。有人说，他想用这笔钱把国王带出送到边界线一座城堡；其他人则怀疑，亲王正在策划一场反对革命的阴谋。

由于选举法已剥夺了无知和贫困者的选举权，可以发挥政治

作用的公民仅限于那些交纳了相当数量税款的人。显然，这种将权力限制在有产者手中的排斥做法，为未来的社会主义提供了很好的攻击靶子。总有一天，一只机敏的手将操纵巴黎那些遭到排斥的民众，起来推翻中产阶级的统治。制宪会议将有被推翻的危险，它必然会引起人们的猜疑。[*]

根据米拉波的建议，普罗旺斯伯爵立刻发表了一篇公开声明，其中很有革命气概，并否认了法弗拉斯的说法。他的讲话是在维尔旅馆发表的，人们相信了他的话，他在公众心目中的形象也得到了提高。与此同时，他那位不幸的忠仆则被指控背叛国民，并被确认有罪。法弗拉斯在一份坦白而明确的供词中问，他的生命是否已到尽头。他被告知，任何人也救不了他。法官劝诫，他最好像一个勇敢的人那样沉默地死去。曾经在最后一刻为他送行的神父后来曾公开说，法弗拉斯救了普罗旺斯伯爵一命。法弗拉斯坚韧地接受了自己的命运，至死都保守着秘密。那些有可能连累到亲王

的证据都被人拿走了，没有一位历史学家看到过。在他成为国王 146
之后，这些至关重要的文件由那个掩藏这些文件的人的女儿还给了他。

有几个星期，普罗旺斯伯爵对权力相当热衷，他让米拉波推举他到首相那样的职位，或者到某种类似于17世纪罗马帝国的红衣主教－侄子[**]的地位。他有能力，审慎，在某个时期，也相当受人

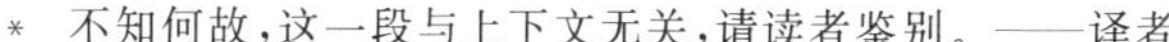

* 不知何故，这一段与上下文无关，请读者鉴别。——译者

** Cardinal-nephew，16、17世纪最为盛行的一种习俗，教皇会将其首席大臣或最重要的顾问认领为侄子或类似的亲戚，并将他提升为红衣主教，让他来监督管理他的重要行政管理事务。——译者

欢迎。但他优柔寡断，贪图安逸，自视甚高。如果说有什么东西让他跃跃欲试，那显然是米拉波积极怂恿的结果。国王和王后既不喜欢、也不信任普罗旺斯伯爵，但他身边有米拉波这样一位忠仆，他就变得令人生畏了。内克尔提出了一个计划，这个计划很容易地就挫败了米拉波的计谋。国王应当免去一切客套，来到国民议会，发表一个出人意料的政策声明，认可这场革命的全部成就，不管它走得多远，尤其是支持最近将省分为区的做法。

在这一天之前，国王迈出的每一步都是勉强的，都是面对强迫不得不退让的结果。每一次让步都是一次失败、一次投降。2月4日，国王没有面临眼前的压力，所以，他有意走到了运动的前列。这不是一次软弱的行动，而是一次深谋远虑的行动；这不是一次被迫接受或默认伤害的行动，而是发动了一次成功的行动。国民议会立刻作出反应，以公民的名义宣誓维护宪法。现在，由于那些特权等级已不复存在，所以，没有谁能够说清，这种表演想达到什么目的。那个宪法本来是为了保护那些遭到抗议的特权等级的残余而制定的。

米拉波的贵族兄弟们已经扔掉了他们的刀剑，他们说，在国王已失去他的权杖之后，绅士已经没有什么可做的了。米拉波本人对于这种局面——他曾说这太滑稽可笑了——非常气愤；他说，大臣们无权逃避自己的责任，让国王任人侵凌。米拉波看到，他的主人已被人巧妙地扔到一边，无依无靠；他也意识到，自己的深刻考虑已经遭到挫折。而他从来就不缺乏的敏锐，这一次却没有表现
147 出来。因为，实现人民与国王的和解，让行政机构赢得人民的支持，并由国王指导革命实现其目标，这些本来就是他以前提出的建

议的翻版，是从他的众多宣言中抄来的。

这一点的重要意义立刻被王后的外籍顾问们感觉到了。梅西·阿尔根托(Mercy Argenteau)在那个王朝一直是奥地利驻法公使，是王后忠实而又机敏的朋友。他建议，如果他们真诚地接受这一方针，他们就完全能够争取到那位政客，这样，他们就可以夺走普罗旺斯伯爵的幕后策划人，从而使他无所作为。因为，魔术并不表现在那根魔杖上，而表现在要它的人的手里。

王后犹豫不决，因为米拉波在她还住在凡尔赛的最后几天曾威胁过她，而且现在并不能证明，他没有产生过谋杀她的企图。她宣称，任何东西也不能让她见米拉波，她希望有人能想办法驯服米拉波，但他也应当对他的行为承担责任。梅西可不管她的顾忌，派人去找拉马克，拉马克住在比利时的家中，他反对神圣罗马帝国皇帝*，积极支持建立一个联邦的共和国，因此，他并不怎么喜欢玛丽·安托瓦内特。拉马克跟米拉波很熟，一直向他提供金钱资助。他安排了这次谈判，但根本就没有指望会产生什么结果。在他的家里，梅西与米拉波进行了一次秘密会谈。他们相见之后，彼此极为投契。米拉波建议说，国王应当离开巴黎，这一建议后来有了结果。梅西并没有透露宫廷的意图，米拉波则继续按自己的方式做事。他与拉法耶特商讨资金或外交公使的问题，他也攻击教士，此时，国王与教士的事业之间越来越没有共同之处了。就在这一时期，出现了那著名的一幕，米拉波宣称，从他所站立的地方能够看到那扇窗户，一位法国国王曾由这扇窗户向那些抗议的臣民开枪

* 神圣罗马帝国皇帝利奥波德二世，玛丽·安托瓦内特的兄长。——译者

射击。莫利没有意识到那个圈套，他从他的座位上跳起来大喊道：“胡扯！从这里根本就看不到！”

他发表这番讲话的时候，显然尚没有表明自己是宫廷的可靠
148 的忠实朋友。那年春天，有几周时间，谈判没有什么进展。最后，拉马克说服王后相信，他的朋友米拉波被错怪了，10月份的犯罪行径不是他搞的。国王则提议，应该请他书面写下他的看法。国王最后决定，拒绝拉马克提出的应当向大臣们公开这个秘密的建议。他公开向梅西表示，他打算很快就用那些能够跟米拉波合作的人替换他们。但他并没有下定决心，立刻把自己无可挽回地交付给那个他不信任的人，他自己却是这场试验的唯一对象。结果，米拉波攻击的第一目标就是内阁，支持国王的势力分裂了。局势就这样从一个误会走向另一个误会；而这种对内克尔的敌意遮蔽了现实。1790年5月10日，米拉波起草了一份文件，由拉马克转交给王后。这份文件产生了效果，促使宫廷积极完成了整个交易。拉马克问米拉波，他的条件有哪些。米拉波回答说，如果他的债务能够被清还的话，他对每年收入1000法郎就很满意了；但他担心，自己来偿还这些债务是一个太过沉重的负担。经过打听，宫廷发现，米拉波欠别人的债务也就是小小的8000法郎。路易十六掏钱替他偿还了这笔债务，并答应，只要他在国民议会，每年就可以得到3000法郎，不管国民议会什么时候闭幕，他都可以得到100万法郎。

就这样，双方都觉得踏实了。米拉波不能搞砸了，否则，他不仅会丧失每年的收入，还将丧失总共4万法郎的收入。国王也不能与他断绝联系了，否则，他就要损失那笔支付给米拉波债主的

钱。图卢兹大主教承担了处理这笔交易的微妙的任务。他不断地与米拉波的债主见面，两个人之间因此有了一种奇异的亲密关系。

摆脱了债务负担后的米拉波欣喜若狂，忘记了审慎和小心。他在城里买了一套房子，在乡下买了一套房子；他大量购买书籍、绘画，买进马车和马，用六个仆人伺候的晚宴招待他的客人。几个月之后，他又缺钱了，国王没问一声就又给了他一笔钱。最后，政府提议，为他购买一份终身年金，其中的四分之一在议会解散之后支付。但这一计划没有能够付诸实施。到去世时为止，米拉波共 149
从国王那里拿到过 12000 法郎。作为回报，从 1790 年 6 月 1 日到次年 2 月 16 日，米拉波共为宫廷撰写过 51 篇备忘录，讨论时局，从某种程度上说，也提出了大量政策方案。半个世纪之后，这些备忘录为人所知，令米拉波的名声大增，有人将他对国王的提携与指导，与马萨林*的最后 10 年，或执政府（the Consulate，1799—1804 年）开始那一段，梅特涅的头 6 年**或俾斯麦的头 8 年***相提并论。

米拉波本人对自己的新职位很自豪，他依靠这种交流逐渐恢复了自己的好名声。他是因为自己的意见而获得了那些分内应有之报酬的。国王已改变立场倒向了他，他却并没有改变自己的看法以迎合国王的意愿。他的目的完全是为了在绝对君主制的废墟

* Mazarin，1602—1661 年，路易十四年幼即位，他以红衣主教的身份任首相，自 1643 年起至 1661 年，加强王权，确立了法国在欧洲的霸权地位。——译者

** Metternich，1773—1859 年，1821 年任奥地利首相，一直到 1848 年被解除首相职务。——译者

*** Bismarck，1815—1898 年，1862 年起任普鲁士首相；1871 年建立德意志帝国后任宰相。——译者

上建立一个稳固的代议君主制。对于与特权同流合污的国王，他毫不妥协地予以反对。而对于不与特权串通一气的国王，他则是可以信赖的、古道热肠的朋友。

库克船长为米拉波提供了一个证明自己忠诚的机会。在库克进行最后一次远征时，领航员访问了那个以他手下的海军中尉温哥华的名字命名的岛屿，驶进了努克塔海湾（Nookta Sound）。他的报告让法国政府不能不关注那里。三四年前，西班牙人就已到了那里，并已正式占领了那个地方，而一直向南扩展达到了海岸的俄国人也承认了他们的权利，并撤退了。但这个地方在离他们实际占领的地区极远的北方，因而英国探险家们得到法国政府的允许定居在那个地方，与中国人进行皮毛生意。一两年后，西班牙人全副武装地到来，赶走了这些英国人，没收了他们的轮船和货物，并声称他们拥有合恩角中部到阿拉斯加的整个太平洋沿岸地区，

150 他们要求英国大臣惩罚本国这些侵入西班牙占领区的家伙。他们也装备了一支由 14 只帆船组成的舰队，并向英国代办保证，这是保护他们免受大革命冲击的唯一办法。英国首相皮特并没有因为这些保证或因为西班牙人释放了那些被没收的船就善罢甘休，他已经下令贸易商采取一切行动，旨在抵制西班牙人对超出其实际占领区之外的地方的占有权。现在，他要求对那里的占有权进行重新分配，并派出了一支势力比当年纳尔逊击溃西班牙、法国联合舰队的那支舰队更强大的舰队。根据 1761 年的条约，西班牙要求法国提供支援。如果法国人开始备战，就像西班牙人那样，那么，就有理由期望英国人在胜负没有把握的情况下，接受西班牙人开出的条件；而如果法国人在这样一个显然应该介入的局势下拒绝

支持西班牙，西班牙就有权自由地去结交新盟国。神圣罗马帝国皇帝支持这项请求。如果英国因为分神而无法关注中欧，如果法国专注于西方事务，对皇帝来说当然求之不得。于是，法国大臣们承认自己负有支持西班牙的义务，并开始备战。

5 月 4 日，就在米拉波与宫廷刚刚进行了第一次谈判之后，这个问题就摆在国民议会面前。人们普遍地相信，战争将加强行政部门的权力。民主派领导人拒绝承认家族之间的这种协议，他们认为，这种同盟不是国家间的同盟，而是王室之间的同盟，而这些东西，正是他们要从根本上予以消灭的。他们向英国议会发出求和信，并声称，由人民选举出来的国民议会有权决定战或和。

米拉波与其他人不同，他认为一场欧洲大战将对君主政体构成危险。但他正准备进行一场议会内部的战争，打算将陆军和海军的指挥权保留给国王。他要求，国王应该拥有宣布战争或和平的行政性权利；这正是由议员来充任大臣的那种政体[*]中的一项原则。但在法国，大臣被排除在议会之外，因而并不适用于这一原则。巴尔纳弗就是这样反击米拉波的，并使米拉波无言以对。5
月 22 日，米拉波发表了他最为有力地论述立宪君主政体的讲话，151
他坚持认为，即使将战争的最终决定权授予国民议会，国民议会也只能根据国王的提议作出决定。在立法活动中，国王没有提案权。米拉波却确立了国王在决定战争、和平问题上的创议权。这是那项秘密协议结出的第一个果实。这个新的同盟证明了，米拉波不仅是个才干出众、意志坚强的人物，也是个忠诚的人物。由于这一

[*] 英格兰议会式政体。——译者

次他提出了超出他所能获得的范围之外的要求，他一度严重丧失了信誉。从那一天起，他对君主制的过分忠诚反而使他成了猜疑的对象。为了恢复自己的名誉，他发表了他第一次讲话的修订本，不过有人却并排印出了两个不同版本，揭露了这一骗局。他为国王作出了重要贡献，为此，本人付出了沉重代价。这一事件巩固了双方的结盟关系，把他的地位与国王紧密联结在一起。

国民议会投票通过了一份措辞严厉的声明，说法国永远不会为进行征服或反对自由而开战。看到这份声明，西班牙就没有多大指望了，皮特变得目空一切。谈判一直持续到 10 月，国民议会成立了一个对外关系委员会，米拉波则控制了这个委员会，他发挥自己的全部影响力追求和平，获得了英国的感激和黄金。最后，布勒斯特*舰队的哗变倾向也被解决了。

伟大的波旁同盟解体了，皮特的这一标志性胜利应该归功于大革命的精神和米拉波的影响力。他对君权的捍卫理应获得奖赏，在秘密觐见时，他也被玛丽·安托瓦内特接受了。这次见面安排在 7 月 3 日，在圣克卢德(St. Cloud)。米拉波并不信任他的这些新朋友，他吩咐化了装给他驾车的侄子守在后门，如果他在三刻钟内没有出来，就去叫警察。然而，谈话进行得相当令人满意，米拉波在亲吻王后的手时非常殷勤地说，君主政体已经安然无恙了。谈话中他很诚恳。王后是个滑稽演员和骗子，但并不是诡计多端
152 的人，也不是肆无忌惮的阴谋家，而不过是神圣罗马帝国皇后的没有经验的女儿而已。她从来不相信他说的是实话。当他继续大声

* Brest，法国西部港口，是重要海军基地。——译者

抨击右派的时候，国王和王后大摇其头，并一再说，他实在是不可救药了。在他的有生之年，他们作出的最后一个决定是，拒绝了他提出将他们带往瓦朗纳斯的计划。而在那年快要结束的时候，他们终于看清楚了，这个深通世故的自由撰稿人、提出过那些曾经受到轻视的建议的那个人，是他们在这个世界上所能依赖的力量最大的人，在法国，他们再也找不到像他那样的人了。大家现在都能意识到这一点，因为他的才干和资源在迅速增长——自从他转而追求一个明确的目标以来，自从他与宫廷达成那个没有理由打破的协议以来。敌视宫廷的报纸三天后知道了他拜访圣克卢德的事情，并谮称已经知道了他用多少钱出卖了自己。他们得出这种结论未免过于无稽，不过，他们倒也十分接近了解事实真相了；至少有 20 个人知道或者猜到了他与宫廷来往的秘密。

尽管这把剑悬在他的头上，这根绳子套在他的脖子上，1790 年秋天和冬天，米拉波的地位仍然不断上升，超越了所有的派别。在写给国王的便条中，他流露出了要打击那两个妨碍他的人的意图。对他来说，拉法耶特的实力太强大了，在攻占巴士底狱一周年的时候，拉法耶特得到了热烈的赞颂。有 4 万国民卫队成员从法国各地聚集到巴黎参加这个联盟节。在修建于战神大道（the Champ de Mars）的一个圣坛上，塔列朗作了他的最后一个弥撒，法国认可了巴黎所做的一切。国王也出席了，但所有人都在为这位曾在两个半球上驰骋的英雄、向他那白色的坐骑欢呼。11 月份，政府设立了一个新部，由拉法耶特的同党控制。米拉波试图与他结盟，但拉法耶特觉得不需要他的友情。拉法耶特说：“我曾经抗衡过拥有强大军队的英国国王，我也曾经抗衡过拥有一切权力

的国王，我又抗衡过愤怒的民众，我才不会向米拉波低头呢。”

内克尔已经不能强有力地控制政府了。他不同意增加指券
153 (assignat)的发行量。为了更多地保住自己的荣誉，他过起了默默无闻的退休生活。米拉波获得了胜利。米拉波最初反对指券，尽管克拉维埃勒(Clavière)在他的报纸上为指券做辩护。现在，他改变了自己的态度。他不仅肯定，教会的土地是发行货币的合适的担保，能使货币与黄金等价，他还希望完全用指券购买货物，从而完全废除金块。但当米拉波向国王拍胸脯保证，他所捍卫的这个计划将会失败、将会毁灭法国的时候，恶魔的马脚露了出来。他的意思是说，这个计划将使国民议会陷入难堪境地，从而使国王能够解散它。米拉波同样本着这种马基雅维利式宗旨处理教会问题。从内心深处说，在良心问题上，他是个自由主义者，他觉得，用宽容一词来形容那个与宗教不可分离的权利，太缺乏力量。但他希望搞一个宪法誓言，然后强加于教士，以刺激教士拒绝这一条。他拒绝作出国民议会不干涉宗教学说的保证，他准备提出僧侣立誓不婚的问题和离婚问题，为的是激怒教士们。他提议要通过内战恢复权力，而通往战争之路就是让人民破产和进行宗教迫害。与此同时，军事调查法庭裁定他诽谤当年攻击凡尔赛的行为；作为外交委员会主席，他是外交政策的主宰者；内克尔和他的同僚——只有一位除外——面对米拉波，都甘拜下风；11 月，他当选为雅各宾俱乐部主席，当他请求休假离会之时，在巴尔纳弗的提议下，国民议会请求他不要离会。内克尔的内阁中唯一还保留职位的蒙特莫兰(Montmorin)向他主动示好，于是，他们达成了谅解。在他写给国王的那些便笺中，最令人难忘的是记录他们谈话的一张。他

们同意了一项联合行动的计划，据此，米拉波起草了第 47 篇便笺，这是一份论述如何操纵宪法、搞阴谋的专论，在这份他们往来的倒数第二份文献——最后一件是在圣诞节——中披露了他的方案。

米拉波从来没有背离过 1789 年的基本信念。假如路易十六倒向反动的逃亡贵族，米拉波肯定会成为一位共和主义者。而他 154
希望自己能够退隐到外省的某个城镇，希望自己可以不再掌握国民议会的权力，或许能够依靠乡村地区对于国民议会的日益强烈的愤怒而分散它的权力。就在此时，舆论已经发挥作用，万事俱备，他开始投入精力，想在议员们组成的形形色色的派系之外，组织一个中间派。蒙特莫兰与有些派系的人物有比较密切的关系，他也掌握着金钱。米拉波竭力争取其他人加入。一天深夜，他与马卢埃举行了一次长时间的会谈，马卢埃让他赞叹不已，而且，马卢埃也能够影响相当数量的票源。

另一方面，蒙特莫兰游说到巴尔纳弗的头上来了。下面这种想法看起来蛮有道理的：组织一个把左翼的巴尔纳弗与右翼的马卢埃联合起来的党派，从而使其强大到足以救济任何一方的失误，甚至可以与宫廷一道，彻底打败左、右两派。

1791 年 1 月底，米拉波第一次当选为议长，他进入了自己政治生涯的巅峰。在这个位置上，他表现了人们没有预料到的尊严和卓越。就在这个时候，国王的叔母们宣布，她们将离开法国去罗马。有很多人不同意她们离开，因为，如果能把她们留住，就可以更容易地把国王留在巴黎。米拉波则说服议员们，让他们觉得，干预这些王太妃们的事未免太无聊了。但她们上路之后，在路上两次被人拦住，两次又被放行。每个人都看得出来这是怎么回事了，巴黎陷入愤怒。在杜伊勒里王宫花园，爆发了一次骚乱，米拉波则从桌子上站起来。人们立刻安静了。他对自己的力量充满信心，当国民议会讨论采取措施阻止王室外逃的时候，他向他们发誓，他绝不会遵守这种多管闲事的规定。他大喊一声，平息了左派的咕哝：“噤声！”（Silence aux trente voix！）正是在这一天，他与左派分道扬镳了。这一天是 2 月 28 日，他准备参加代戴吉永公爵的晚宴，但到达的时候却发现，大门对他紧闭。根据拉马克的建议，那天晚上他去了雅各宾俱乐部，希望离间俱乐部与那些领袖们。但
155 他已经露出了自己的底牌，而他的政敌们则知道了该如何利用这个机会。迪波尔和拉马克极其粗暴地攻击他，目的是想开除他。对于这场讨论，报纸并没有报道，但与会者中的三位则一致认为，面对反对他的力量，米拉波似乎已经惊慌失措、吓得魂不附体了，他坐在那儿，脸上直淌冷汗。他的反应跟平常一样，嘴上占了便宜，却没有能说服听众支持他。他灰心丧气地回家了。雅各宾派分裂了。

3 月 4 日，英国公使戈韦爵士写道，统治权已经转移到米拉波手中了，但同一天，米拉波自己却向拉马克公开承认，他失算了，已经丧失了勇气。25 日，国民议会中又就摄政王问题展开辩论，这一次，他说话相当谨慎，吞吞吐吐。同一天，那位公使又写道，米拉波已经展示了，他是唯一适合掌握权力的人。然而，就在那时，末日将至。就在雅各宾俱乐部那一幕过后不久，蒂索（Tissot）跟米拉波见过一面，他觉得，米拉波看起来像个将死之人。劳累过度加上生活过于放荡，他的身体江河日下。他的兄弟劝诫他不要再酗酒，他却回答说，“为什么你对我这唯一的罪过心怀不满，而不能正

确地评价我?”人们后来才想起来,3月份,当他遭到怀疑的时候,他曾受过病魔的几次攻击。3月26日,他被从乡间带回巴黎,他的身体状况已经相当危急了。拉马克关心的是定于明天要进行的关于矿产资源的辩论。已经与托凯(Tokay)安排好了,米拉波重复着这句话。这是最后的时刻了。米拉波又叫他的朋友回来,对他说:“你的事已经办成了,而我却完了。”当人们得知他病危之后,人们作出的反应似乎表明,任何东西都没能减少公众对他的信赖,也没能使他的名声失去光泽。聚集在他家门前大街上的人群,几乎堵住了出入他家的路。得知巴尔纳弗看望过他,他很满意,听到巴黎人民显示了对他那么深厚的感情,他也很高兴。4月1日,医生进行了一次会诊,他已经决心赴死了,他最后签署了遗嘱。塔列朗来看望他,呆了很长时间,拿走了一篇关于遗产法的著作。在国民议会中,他向依然忠于米拉波的朋友们诵读了这篇著述,他们反应冷淡,把它当成一个外行的作品。跟他那大约三十来篇讲话一样,这篇作品没有得到应有的荣誉。他曾经与塔列朗争吵过,所以,塔列朗的到来令米拉波很高兴。因为,尽管他不是个信徒,但他也不希望让人家以为他拒绝宗教的慰藉。堂区神父也赶来了,但听说高级教士在里面,就走了;有一篇报道说,这个垂死的罪人已经接受了比奥顿主教更高级的教士主持的宗教仪式。

米拉波从来都不知道,他所服侍的那些王室成员是如何评价他的那些计划的;他直到临死的时候都相信,只有他,才能拯救君主政体,现在,它将随着他的死亡而灭亡。他说,如果他还能活下去,他就要给英国首相皮特添点麻烦,因为,米拉波他的外交政策已经有一些改变了。1月28日,他还在谈论与英国永恒的兄弟友

爱;但到了 3 月份,他已经为了俄国的利益而下令集结舰队,只是由于他遭到导致他死亡的那场疾病攻击才歇手了。不管他是支持英国对付西班牙,还是支持俄国反对英国,他的支持都是为了获取黄金。对于他的盟友们来说,他身患重病可真是一件可怕的事情。假如他的政敌假扮成债主获准查看他的文件,那一定会发现很多致命的东西,足以毁灭很多人的声誉、要很多人的命。他死死地抱住那些机密文件,因为他觉得,自己的名声就全靠这些了。在他快死的那一天,他把这些文件交给拉马克处理,曾经誊写过这些文件的秘书则自杀了。4 月 2 日,星期六,上午,已经没有希望了,米拉波要求给他吃鸦片,在鸦片配好之前,他就咽气了。几位进行尸体检验的医生相信,他有中毒的迹象,但他们受到警告,他们可能会被撕成碎片,国王也会被撕碎。他们便噤声了。

尽管让人讨厌,并且人们已经预料他将遭到失败,但米拉波仍
157 然是那个时代的超级人物。托克维尔曾写过关于法国大革命的一本最出色的著作,或者是两本最出色的著作中的一种;他看到了这场革命的长远的后果,他形容这场革命乃是通过强化权力的统一,来延续并完成君主政体的任务。其实,更正确的说法可能是,这场革命最初的、也是最根本的精神乃是权力分散(decentralization)——剥夺行政性政府的权力,将其给予地方当局。行政当局不能进行统治,因为它必须将命令传达给不属于它本身的代理人,这些代理人不是它任命的,它也不能免职,更不能控制。国王被剥夺了行政性权力,也已经被剥夺了立法性权力。如果由国王任命的大臣都是国民议会推举的议员,那么,就不应该再有旧政体下合情合理的对行政机构的那种不信任。如果米拉波有这种想法,他

或许可以将大革命拯救出来，使其不至于从过分的权力分散而堕落为暴政。假如他是大臣，他或许能够拯救那部宪法。其实，使他的天才无用武之地的原因，并不是国民议会对他不信任，而是他自己的生活激起了别人的强烈反感；他的事业之所以失败了，是因为议员们认为他太坏了，不能让他掌权。

如果用公共伦理的检验标准——这是人们有望同意的用于衡量政治行为的唯一的标准——衡量米拉波，最后的判断不可能有什么疑问。他的政策归根到底就是一场巨大的阴谋诡计，他公然地做那些可能会带来好结果的坏事。左翼中间派的这位创始人所做的事情，与莫利及其肆无忌惮的右翼同仁们所做的事情相比，同样地声名狼藉。他的事业从来都不会有成功的希望，因为他从来没有让国王或王后跟他同心同德。

我们用纯粹政客的标准来考问他所得到的答案，与我们问他是渴望得到整体的强权实力、还是希望得到部分的自由这个问题所得到的答案，会有所不同。米拉波不仅是自由之热爱者，还是联邦制的拥护者，而孟德斯鸠和卢梭都曾认为，联邦制是实现自由的条件。如果让米拉波说真心话，他会说，舍此之外，不会再有任何 158
办法能使法国这样的大国成为一个自由的国家。如果在这一点上他是真诚的——我也相信，他确是真诚的——那么，他就完全有理由在他的同胞的记忆中获得崇高的地位。

159 第十一章　西哀士与《神职人员民事宪章》

在讨论教会与国家即将到来的冲突——1790年的立法机构就是由于这一冲突的爆发而告终结的——之前，必须谈谈一个人，在政治思想史和政治活动史上，他比米拉波的名气大得多，他是那场大革命最完美的象征。我这里说的就是西哀士神父。作为一位没有职位的教士，他主要进行的是世俗思想的研究，精通并深思当时法国和英国的著述家、政治学家、经济学家和哲学家的思想。由于学问渊博，所以他不是任何人的门徒，而完全自成一家，他的眼光也超越了他那个世纪，远远超出他所偏爱的卢梭、亚当·斯密和杜尔哥的视野。他将政治理解为一种探讨国家之应然状态的科学，他拒绝接受历史形成的结果，即国家之实然状态。没有一位美国人会像他那样坚定地信奉下面的原则：经验不足以充当统治艺术的老师。他完全是背对历史，他拒绝受那些曾经拥护过奴隶制、相信过巫术、搞过酷刑和宗教迫害的人所立的规矩之约束。他认为，历史学是一种误人子弟、百无一用的学问，他对历史上的成功范例和历史的警告知之甚少。但他向世人保证，未来将截然不同于历史，且可能会更好。秉持着同样的蔑视精神，他也拒绝宗教，认为它不过是人类幼稚时期的遗产之堆积而已，他相信，宗教贬低

世俗的目标，因而妨碍了进步。尽管如此，他却获得了特雷居伊埃(Tréguier)主教吕贝萨克的信任，后来又获得了夏特勒斯主教的信任，他们推荐他当上蒙特福特的神职人员，充任他们的副手。

西哀士更喜欢站在巴黎第三等级一边，在那里，他是所有候选 160
人中最后一位被选上的。他早期的一本政治小册子发行了3万多本，使他大为出名，因为就其重要性来说，它跟维滕堡的九十五条论纲*不相上下。他的历史哲学只有一种观念：来自日耳曼的野蛮人突然袭击了文明而优越的高卢，并且征服和掠夺他们，那些入侵者的后裔就是现在的封建贵族，他们现在仍然掌握着权力和财富，继续压迫本地人。这种将拥有特权的贵族等同于征服高卢的法兰克人的说法由来已久，而在这个世纪，它已经成为揭开近代史秘密的关键所在。梯也里**在对从疯子瓦姆巴(Wamba the Witless)到古尔特(Gurth)的历史评注中发现了我们民族发展的秘密，于是，西哀士便将这一公式套用到他自己的民族历史上。基佐也总是将法国历史说成是敌对的民族间不断争斗的历史，直到18世纪历史，才开始修补5世纪犯下的错误。

不管是对是错，西哀士的理论又被后来一些非常博学的人所信奉，而这决非由于无知。他的看法是：真正的国民就是那些没有特权的群众，他们有获得补偿的权利，他们有报复那些曾经拥有压

* 指马丁路德于1517年10月30日在维滕堡大学贴出的质疑天主教会赦罪价值的文章，由此引发宗教革命。——译者

** Thierry，1795—1856年，法国历史学家，著有《诺曼人征服英国史》、《论第三等级的形成及其胜利》等，认为在历史上，征服者成为特权阶层，而被征服者沦为被压迫阶层。——译者

迫和掠夺他们的特权的人的权利。第三等级就等于三个等级之总和，因为其他等级没有代表第三等级的权利。未经人民同意的一切权力，不是来自人民并仅为了人民之利益而行使之权力，均属僭权行为，因此，前两个等级必须被看成坏蛋。它们应当遭到压制，而它们遭到伤害乃是咎由自取。

尽管西哀士文笔不好，口才也不出色，但在他于国民议会的第一次讲话发表之后两周内，他就摧毁了法国古老的社会秩序。面对他的观念所具有的气势磅礴的连贯性，宫廷、教会和贵族崩塌了。他很快就对国民议会失去了信心，因为国民议会已经落入非法侵入的各股势力的控制之中了。他对国民议会失去了兴趣，对其采取一种有保留的、不信任的态度。国民议会采纳了他的很多措施，但西哀士认为，这些措施在执行的过程中都走了样。他也认
161 为，那么多一心想获得民众喝彩的人，其实已经背离了他们的议员授权指令。

从本质上说，西哀士是一位革命者，因为他认为，政治压迫永远是不正当的，而抵抗压迫则永远不会有错。而他又是个保王主义者，这并不是因为他相信朝廷具有专有的统治权，而是因为，对于君主如果予以适当的限制和控制，就是保障自由的机制之一。自由乃是社会赋予个人的，而非自然赋予的。他是一位自由主义者，因为他认为，自由就是政府的目的。而他给自由下的定义是，让人们最完整地支配自己的天赋，获得最大的自主活动空间。他也是位民主主义者，因为他希望每代人都可以修改一次宪法，他把法律形容为受治者已经确定之意愿，而治人者则无权参与法律之制定。不过，西哀士的民主色彩要弱于他的自由主义色彩。他拒

绝将选举权授予未纳税者，从而牺牲了平等原则。他也偏爱一种间接的、分层选举的复杂制度。他设想，通过后续的补充、而避免解散的方式，来打破舆情的直接冲击。按照他的理论，真正的国民意志源于辩论，而非出自选举，它只能通过细致的思想活动才能被阐释清楚，而无法用粗略的、平淡的算术搞清楚。这套制度的目标并不是要搞清楚国民在想什么，而是要知道，如果国民派出一个所信任的人来参加讨论，它会怎么想。因而，不存在什么强制性的议员授权指令，相反，是议员来统治选民。他用这样一种令人注目的东西来中和民主制度。美国让法律的卫士来充当立法者的监督人，将保护宪法免受立法机构侵害的责任交给了司法权力。西哀士则为同样的目的发明创造了由一群特殊的人组成的机构，他称之为宪法陪审团（constitutional jury）。不过，里面并不包括普通法官，因为他怀疑这些法官会执行法国古老的法律。相反，这个机 162
构是由经验丰富的政治家中的精英人物组成的。

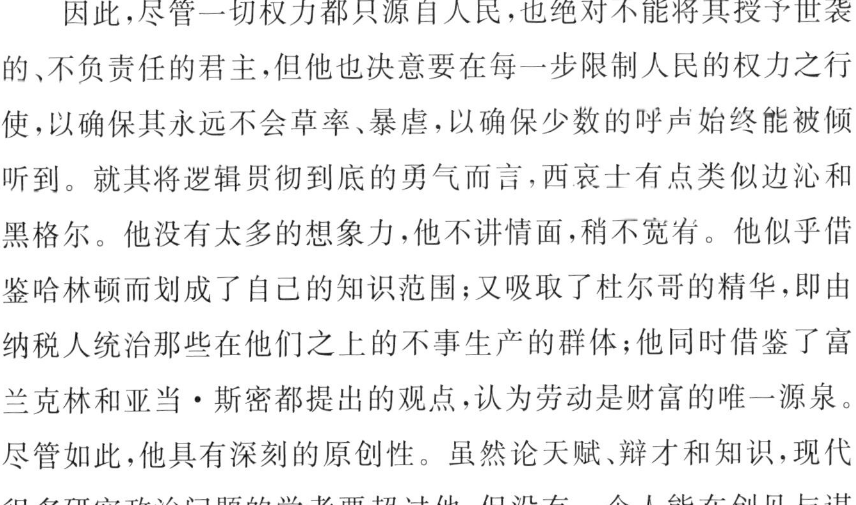

因此，尽管一切权力都只源自人民，也绝对不能将其授予世袭的、不负责任的君主，但他也决意要在每一步限制人民的权力之行使，以确保其永远不会草率、暴虐，以确保少数的呼声始终能被倾听到。就其将逻辑贯彻到底的勇气而言，西哀士有点类似边沁和黑格尔。他没有太多的想象力，他不讲情面，稍不宽宥。他似乎借鉴哈林顿而划成了自己的知识范围；又吸取了杜尔哥的精华，即由纳税人统治那些在他们之上的不事生产的群体；他同时借鉴了富兰克林和亚当·斯密都提出的观点，认为劳动是财富的唯一源泉。尽管如此，他具有深刻的原创性。虽然论天赋、辩才和知识，现代很多研究政治问题的学者要超过他，但没有一个人能在创见与谋

略方面可与他相提并论。在立法会议期间，他被排除在政治生活之外，于是，他充当吉伦特俱乐部的顾问。他因此而招来了罗伯斯庇尔的厌恶，在丹东垮台之后，罗伯斯庇尔开始攻击他，并要求巴雷勒看看能不能给他定个什么罪名。因为，罗伯斯庇尔曾说过，比起那些已经遭到法律严惩的人，西哀士才更像是自由的敌人。

西哀士的神经从来没有从那个时代给他留下那么深刻的印象中恢复过来。40 年后，他病倒在床，并且开始说胡话，当时，他差人告诉门房，如果罗伯斯庇尔来召他，就说他不在家。他对 1795 年宪法提出了一些设想，却无人支持。他耐心地等待着自己的机会的到来，而拒绝在督政府中获取一官半职。1799 年，当事态似乎最为糟糕的时候，他从柏林公使任上回国，开始发号施令，从而成为显赫一时的人物。但他一点都不渴望权力。他说："我渴望得到的是一把剑。"他一度希望自己成为不伦瑞克公爵和查尔斯大公，最后选定了儒贝特(Joubert)，他派遣儒贝特到意大利攻打苏
163 沃罗(Suworow)。假如他凯旋，他就可以召集国民议会的残余分子，把路易的女儿扶到他父亲曾经呆过的位置上。

在诺维(Novi)，儒贝特打的第一仗失败了，莫罗(Moreau)便下令撤退。而西哀士跟他有牵连。莫罗并不是霍亨林登(Hohenlinden)之战的胜利者，他的地位为什么会蹿升，本来就令人生疑，因而他犹豫了。当波拿巴已逃出埃及将要回到巴黎的消息传来之时，他们正在一起商谈此事，西哀士非常放肆地大喊道："法国有救了。"莫罗则反驳说："我可不希望他回来。他是你喜欢的人。"波拿巴最初对西哀士还有所保留，过了很长时间才想清楚，担任着政府首脑、曾把他称为厚颜无耻之徒的西哀士，是个值得拉拢的人物。

塔列朗把他们撮合到一起，他们很快就达成了某种谅解。在这个决定性时刻，仅仅由于西哀士，布鲁梅勒（Brumaire）的阴谋就注定了要失败。当议会威胁将宣布波拿巴为非法并砍掉他的脑袋的时候，西哀士平静地告诉波拿巴，赶走这些抱敌对态度的议员。于是，这个军事家听取了这位和平人士的意见，拔出了剑，赶走了议员们。

从此，在制定那个时代的宪法的时候，每个人都向这位 1789 年时的议员讨教。经过这么一个绝无仅有的观察机会，他根据 1795 年被拒绝的方针原则，慎重地思考治理法国的方案。他拒绝写下任何东西，但同意进行口授。他口授，布莱·德·拉·默尔特（Boulay de la Meurthe）在一旁记录。这些记录稿在很久以后才整理为一本书发表，但现在在巴黎或伦敦却找不到一本。

我上面所说的这些事情，向你们展示了一个比任何书本上讲过的那个西哀士都更讨人喜欢的形象。西哀士算不上一个情操高尚的人，在他自己的国家，他也没有多少追随者。有些人之所以不喜欢他，因为他是个教士；另有一些人不喜欢他，又因为他是个脱掉了僧袍的教士。他是个革命分子，所以保王党人憎恨他；但他又是个变节分子，所以共和分子讨厌他。我说过他是个政治思想家，而没有说他是个作家、演说家或具有管理天赋的人。温特沃斯·迪尔克先生（Wentworth Dilke）和巴克尔先生（Mr. Buckle）[1]曾 164
指出，在柏克的性格中有很多远非“缺点”一词所能概括的东西。

---

[1] Dilke, *Papers of a Critic*, vol. ii. pp. 309—384; Buckle, *History of Civilization*, ed. J.M. Roberston, pp. 258—269。

即使他们所说的确实有点道理,但我还是要毫不犹豫地承认,柏克是他那个时代最杰出的政治思想家。同样,我前面谈到西哀士,有几页似乎给人一种印象,让人以为他跟那个时代的其他人一样邪恶;不过,这些说法不应该影响我对他作为一个思想家所作出的杰出贡献之评价。

就是以这种口授的方式,1799 年的宪法问世了,(它是很糟糕,但)那并不是他的错,拿破仑强有力的权力玷污了它。西哀士任命了三位执政官(Consul),而拒绝自己出任执政官。他只担任元老院的议长,承担一些礼仪性事务。

当皇帝与他这位最能干的顾问争吵失和之后,他才后悔,他摒弃了这样一位辅佐者的帮助。拿破仑觉得,进行统治不需要这种帮助,他所需要的只是剑和马刺;但他也承认,西哀士经常会有新颖的、睿智的想法,对于他很有益处,这种好处不是他的大臣能带来的。塔列朗并不喜欢西哀士,刻薄地攻击他的贪婪,但他对布鲁汉姆爵士(Lord Brougham)说起西哀士时也认为,西哀士是那个时代长于治国的人物。法国大革命留下的最珍贵的政治遗产,也就是他的那个成果。其他人只管推倒,他却是个建设者。正是他,在 1799 年结束了他自己在十年前所开启的那个时代。政治理论史上,几乎每一章都等着人去书写,而没有任何人能比他最早提出的观念更清楚地展示了什么是永恒的、进步的。

制宪议会的功能就是按照《人权宣言》重新铸造法律,清除绝对君主制的一切残余,清除无知的传统中的一切遗产,因为它们不合乎《人权宣言》。在政府的每个部门,都必须彻底埋葬那些传统,完全消灭那些因素,从根本上建立起一套全新的架构。要从暴力

的统治转向民意的统治，从习俗的统治转向原则的统治，从而经过 165
一番混乱、不确定和迟疑，而建立起一套新秩序。一开始，人们可能感觉不到将要建立的新制度的功效。革命政府的士兵曾经一看到开火，就迅速一哄而逃，而在很短时间内，他们就成为有史以来最出色的军队。近代法国富裕的财政也是从破产开始的。但对于公共生活的一个领域来说，大革命不仅开了一个坏头，而且一步一步地走向了一个糟糕的结局，陷入内战、无政府状态和暴政之中，这一结局埋葬了它所追求的目标。（这个领域就是宗教。）教士中的大多数人对于新观念是真诚的，在几个具有决定性意义的时刻，比如 6 月 19 日和 8 月 4 日，他们都推进了新观念的胜利。很多高级教士都是开明的改良主义者，连罗伯斯庇尔也相信，低级教士总的来说都属于民主派。尽管如此，国民议会却出台了一连串敌对措施，这些措施都经过仔细研究并且是一些人长期以来都在争取的，这些措施将教士变成了大革命的死敌，因此而使大革命遭到法国人民中很大一部分的厌恶。

敌我阵线的这种渐进的但决定性的变化刚开始好像看似不大可能，最后则证明是一大失策，这一点才是那场使 1789 年的政治运动终结的灾难性冲突的真正起因。当然，即使没有教士的权势需要对付，光是雅各宾党人的理论的发展，或者说社会主义的逻辑，也可能导向同样的结局。实际上，它们不过是导致后来发生的大灾难的次要原因。在受到伏尔泰、狄德罗、爱尔维修、霍尔巴赫和雷纳尔熏陶的那一代人中，存在着某种对于教会的强烈的仇恨，对此，无人会表示怀疑。但在那些具有当下影响的人物中，比如杜尔哥、米拉波、西哀士等人所表现的更多是对宗教的蔑视，而不是

怨恨；正是通过这种潜移默化的过程，厌恶的全部力量控制了自由主义者的情绪和宽容的誓言。然而，即使自由主义的趋势更为强大，宽容的信念更为坚定，仍有很多理由使教会与当时盛行的观念之间出现碰撞成为不可避免。法国天主教会与国民议会不惜一切
166 代价要摧毁的那些秩序之间，存在着太过紧密的联系。在法国建立起绝对君主制以来的三个世纪中，国王们拥有所有高级教士的任命权。而在建立宪政制度之后，这样的特权不可能继续留给国王。因此，很显然，必须确立一套委任一般教士和高级教士的新办法，而这就要求对教会法规体系进行一次彻底的变革。

主要有两类事情让人们记忆中的君主制度声名狼藉：王朝战争与宗教迫害。不过，在阿尔萨斯被征服之后，在法国国王确立了对西班牙和那不勒斯的统治权之后，王朝战争就基本结束了。而宗教迫害的臭名声则依然如故；即使人们并不总是将宗教迫害归咎于教士的权力，这种迫害也总是因教士而起的，而就在大革命的前夜，他们还曾试图重施宗教迫害。国王权力的削弱确实极大地改变了那些依赖国王权力的教士们的处境；事实上，教士可以说是严重依赖于国王的权力，这种依赖甚至有点过分，因此，他们做了很多努力试图提高和维护国王的权力。于是，人们开始相信，自由的事业所要求的，不是解放，而是镇压教士。这就是人们采取那些敌对措施背后的动机。而财政利益则发出了信号。教士阶层与贵族一样是特权等级，因此，他们也得到了同样的结局。跟贵族一样，也是在 8 月 4 日的国民议会会议上，教士等级在纳税权问题上投降了，决定放弃不纳税的特权。

在税务豁免特权被废除之后，经济学家算了一笔账，政府总共

欠教士1亿法郎。他们的什一税被取消了，政府承诺给予他们补偿。但地主却不用承担这笔费用，相反，他们从这种交易中得到了很大好处。这之后，教士不再是一个有权势的、富裕的等级，而成了领取薪水的公务员。他们的收入成了国家的一项负担；由于（教士或唱诗班成员所穿的）法衣费也跟什一税一同被取消了，所以，堂区教士对堂区居民提供的宗教服务也成了义务劳动。教士确实成了失败者，但人们没有想到，这笔交易对于公众来说也是糟糕的。这涉及每年至少200万法郎的一笔开支，而总有一天，政府得
偿还拖欠人家的钱。结果是显而易见的。正在筹划如何从日益下 167
降的财政收入中给低级教士发工资的政府，有强烈的动机去没收什一税被废除之后残留在教会手中的财产。这些资源用来给低级教士开工资是绰绰有余了。但政府主要盯上了高级教士和宗教等级，他们跟贵族和专营公司一样，正好遭到了民意的诅咒。他们的财富正好可以用来清偿拖欠教士的钱，可以用来支付他们的工资和年金，可以加强国家的信用。在经过8月份的第一次分裂之后，所有人都看清了这一结果。教会财产的世俗化已经是一个不可避免的结论了。

10月10日，塔列朗提出一项动议，国家应当没收教会的财产。他计算了一下，在教士慷慨捐出其财产之后，一年将得到200万法郎的盈余，以后还会增加。教士们很难拒绝这一动议，因为在8月份，他们已经同意，国家应当供养他们。巴黎大主教已经承认，应当由国民来处置什一税，他后来又加上了黄金、银器和装饰品，价值达几百万；于瑟兹（Usez）主教伯蒂齐（Béthizy）也已经宣布将教会的财产赠送给国民，现在只有国民能够支配它；莫里也曾

经很随意地说过，财产权乃是法律的产物，由此必然可以得出一个结论：也可以通过修改法律而改变其归属。结果，别人就提出强烈的要求，社会上的财产是由法律创造的，而不是由个人创造出来的，因为个人生来就具有享受某些东西的权利。教士们抱怨说，8月份的让步带给他们的只有10月份的毁灭，而由于他们改变了阵线，他们才蒙受了损失。埃克斯大主教布瓦斯热兰(Boisgelin)提出了一个比较实际且具有政治头脑的安排。由于教会的信用一直比国家的信用好，他提出，由教会向国家提供1600万法郎的贷款，以换取国家保障教会财产的安全，这样，国民议会也就不大可能随
168 便干预教会财产了。如果采取这种做法，国家将会摆脱目前的困境，教会也将在未来继续享有其财富。

人们相信，这一计划将可恢复财政的稳定和政府的权威，从而确保革命取得成功，阻止已经迫在眉睫的崩溃局面出现。内克尔一度对此很感兴趣。他的妻子却提醒他说，教会与国家之间的这种关系，将使法国天主教将成为永久的法国国家宗教，于是，他中断了双方协商的会议。塔列朗的动议被修改了一下，以一种比较温和的形式重新提了出来。1789年11月26日，国民议会以558票对346票通过决议，教会的财产将由国家处理。12月1日，国民议会决定，通过出售新没收的这些国家财产筹措1600万法郎，作为发行纸币的准备金。由此就出现了指券，开始的时候，它仅仅起记账作用，两年后，它就崩溃了。现在已经可以看得很清楚了，解决财政问题只是表面的考虑，在这个考虑的背后还有更深层次的设想。有些人希望打碎那个强大的组织，解除那些具有贵族气派的主教们的武装，让孤零零的教士们都服从于这场革命。因而，

马卢埃曾强烈地指出，他们的做法不仅拿走了教士的生活依靠，也拿走了穷人的依靠；但没有人听得进他的话：因为在革命者看来，只要还有一个法国人在挨饿，就不允许任何人有剩余。

1789年8月，国民议会指定成立了一个有关宗教问题的委员会。到次年2月份，由于内部存在分歧，国民议会增加了委员人数，于是，委员会内的少数派成员被压倒了。这之后，这个委员会就不断地告发修道会。于是，修道院的数量开始减少，几年时间，僧侣人数就从26000人下降到17000人。在12年时间中，有9个修道会消失了。1790年2月13日，废除了民事法律支持教会针对僧侣作出的裁决的原则。修道会成员可以自由地离开修道会，只要他们自己愿意，当然也可以自愿留下。而那些选择离开的人将得到一笔退职金。那些留下来的修道士的地位则依据一系列政令来管理，而这些政令却有害于教会的制度，而有利于离职的修道 169
者。而到国王倒台之后，所有的修道会都被解散了，它们的房屋也都被强占了。

在教会的财产成为国家的财产之后，该委员会起草了一个分配这些财产的方案。这被称之为《神职人员民事宪章》(the Civil Constitution of the Clergy)，意思是说，这是根据新宪法调整教会与国家间关系的章程。

5月29日起，国民议会就此展开辩论，7月12日，进行最后的投票表决。首要目标是节约金钱。主教们比较富裕，人数又很多，却不受欢迎。但他们中有些人却被教会挑选出来，担任其高级职位，担任红衣主教职务的人——比如罗昂(Rohan)、德布里安纳(Loménie de Brienne)、蒙特莫朗西(Montmorency)和塔列朗——都是些口碑不好、声名狼藉的人物。因此，在这里，该委员会提出节约开支，将他们的人数减少 50 名，将他们的收入减少到每年 1000 法郎。新创建的每个区都将成为一个由主教管理的教区。将不再设立大主教。他们让所有的主教处于同一水平，以降低教皇的权威。由于冉森派教徒主宰了国民议会，而他们在一个多世纪以来一直遭受迫害，所以，他们对教皇和高级教士心怀反感，因为他们曾吃过这些人的苦头，而他们对长老制度却不那么反感。他们已经剥夺了国王对教会的任命权，但他们并没有把这种权力转让给教皇，因为，教皇是个比国王的权力还要专断的权威，而且，他还是个外国人；而实行选举原则的时候又碰到了困难，因为这种选举应当由上级机构来主持，这种选举在以前的时代曾经发挥过重要作用(但现在却不存在这样的上级)。这部法律规定，主教将由区的选举人来选举产生，堂区神父则由本堂区里的选举人选举产生；这种选举应当在教堂做完弥撒之后进行。这等于假定——当然并不是规定——信奉其他教派的选举人将被排斥在选举之外。而在斯特拉斯堡，由新教多数派选举产生了一位牧师当主教。于是，按照波舒哀的设想，教会机构的权利被从罗马那里抢了回来。

170 与教皇协商是国王的职责。如果他谈判时比较明智的话，或许可以拯救革命，拯救有限君主政体，也拯救他自己的性命。然而，国王后来却接受了这种新的主教制度和新的教士收入制度。拒绝教皇任命高级教士职位，合乎法国天主教的精神。选举产生主教的原则在法国有深厚的传统，是法国所青睐的，也是它所需要的保障机制。有几位主教希望和解，希望召开一次国民大会来讨论这一措施。另一些主教则恳请教皇不要让步。路易很少让他自己去配合别人，当大家都看出，罗马希望拖延时间之际，8 月 24 日，他却对这宪章予以正式批准。就在同一天，他也决定出逃，打算依靠外省的不满和教士的愤怒来恢复自己的统治。

11 月 27 日，国民议会决定强制教会接受这部《民事宪章》。几乎每位担任教会差使或承担着公共职能的教职人员，都被要求必须宣誓效忠于法国宪法，国王已经批准了这部宪法。那些隐约涉及教会的条款，现在已经成为这部宪法的一个组成部分，而这些条款已经遭到了大多数主教的反对；不过，罗马还没有公开提出反对。从罗马来的信件被压了下来，11 月的政令获得通过，并由国王在 12 月 26 日正式批准，而教皇仍然没有正式表态。

1791 年 1 月 4 日，教会人员的代表被召集起来按规定宣誓。不准他们提出任何条件或有所保留。米拉波提得尤其苛刻：他一心希望这些教士们起来反抗。看到国民议会并不打算正式宣布它将不会干涉宗教领域的事务，议员中的大多数神职议员拒绝宣誓。大约有 60 名神职议员无条件地宣了誓，没有宣誓的人的数量也差不多。我们知道，在 45 个区中，有 13426 名获得认可的神职人员。由此可以推断，整个法国大约有 23000 名神职人员，也就是说，只达到满员的三分之一，根本不足以满足所有教堂的需要。现在的问题是，法国的教会到底是一个实行主教制的教会，还是一个实行 171
长老制的教会。有四位主教按规定起了誓，但他们中只有一位得以继续担任新设立的教区的主教。塔列朗拒绝在巴黎竞选，他摘下了自己的主教冠和神职人员衣袍。在他退职之前，他为两位效忠于宪法的主教祝圣，并提升戈伯尔（Gobel）为巴黎大主教。不

过，他后来曾说，在他看来，法国的合宪教会将会变成长老制教会，从而会成为民主的教会，成为反对君主政体的教会。

论起反对王权之决绝，没有人能超过一些当选的高级教士，比如卡尔瓦多斯主教福舍（Fauchet），他跟吉伦特人携手并肩，也跟他们一起覆灭了；还有布卢瓦主教格雷瓜尔（Grégoire）。格雷瓜尔最为引人注目，他一直以“宪政教士”而著称于当时。他是一个谨守自己信念的人，他对信念的真诚甚至有点狂热。他尽管见多识广，却并不是一个思路缜密的作家；尽管在大恐怖时期他表现出了勇气，不过，他却并不是一个能给人留下深刻印象的演说家。他坚守最基本的自由主义信条，在恐怖分子们垮台之后，致力于宗教的恢复和宽容原则之确立。他因为驻外使命而缺席，因而他并没有投票支持处死国王；但他却曾说过，他同意处死国王，到了晚年，他却又掩饰、否认自己有过这种说法，结果，他搞得自己声名狼藉。巴黎主教戈伯尔的名气远低于格雷瓜尔。他希望拯救自己的性命，于是，宣布放弃前任们一直在使用的官署，在这之前，他已经向教皇提出辞职，但希望得到12000法郎的补偿。人们一度曾相信，这两个教会*能够友善共处，政府也能向那些拒绝宣誓效忠者发给适当的退职金。然而，在尼默斯（Nimes）和法国的其他地方，还是出现了混乱和流血冲突。人们也看到，国民议会的那些教会立法已经创造出了内战的动机和机制。拒绝宣誓效忠的教士很快就被视为叛国者和叛乱分子，而暴民们是不会容忍他们在整个巴黎尚留于其手的唯一教堂中作弥撒的。贝利说，法律在谈到良心问

* 疑指效忠宪法的教会与拒绝效忠的教会。——译者

题时，必须保持沉默。塔列朗和西哀士则坚持宗教宽容的原则，并 172 成功地使这一原则为国民议会所采纳。但第二次立法根本没有遵守这一原则，甚至完全忽视了这一原则。

《民事宪章》损害了革命，因为它不仅在这个国家创造了一种强烈的敌对情绪，还驱使国王寻求欧洲列强的保护来对付他的人民。后来导致1792年全面战争的谈判计划，正是形成于1790年秋天的宗教危机时期；仅仅是由于列强之间不团结，由于利奥波德皇帝*格外谨慎，这场战争才一再推迟。我们要搞清楚的问题是，国民议会，及它指导下的宗教委员会为什么没有认识到，它所通过的法律正在导致教会既有建制——不管是法国天主教会还是罗马教会——的破裂？而这种结果是明显有悖于革命的首要原则的；为什么在这个自由主义激情大爆发的时代，却没有宗教自由的一席之地？议员们相信，只要国王的使节行事明智，向教皇解释清楚，他们的方案中是没有什么东西会让教皇存有异议的，从而可以避免大灾祸。庇护七世(Pius VII)向波拿巴作出的让步，庇护六世本来是能向路易十六作出的。意大利教廷作出的裁断，在很多情况下，都倒向了国民议会通过的政令，红衣主教团并没有一致地反对这些政令。他们的看法也传到了巴黎，并且正是罗马派来的代表讲出来的。在1801年的宗教协定**达成之时，孔萨尔维(Consalvi)非常高兴，他觉得他干得太漂亮了，因为他本来已经被授权，在必要的时候可以作出更大的让步。具有革命精神的宗教

* 系1790—1792年在位的神圣罗马帝国皇帝利奥波德二世。——译者

** 指庇护七世与拿破仑签订的政教协定。——译者

法规学者已经说服了教皇，教皇相信，如果他不承认法国人推翻其国王，就等于充当了贵族派的工具，那时，法国教会就将由斤斤计较的利益来统治，而不再由良心来统治。查理九世时代的谢尼埃(Chénier)悲剧*又将上演，狂热的不宽容中最糟糕的一幕将会重
173 现。1791 年春天庇护六世说过的一番话，也不能掩盖教廷对这一幕的恐惧，当时，他谴责了《民事宪章》，但此时为时已晚，已经不能影响事态了。然而，由于他公然抨击自由和宽容，革命者现在终于能够理直气壮地说，他们之间不可能存在和平了，罗马已经站到了革命者所坚持的首要原则的不可调和之对立面了。1791 年 5 月，有议员提出，如果教皇拒绝《民事宪章》，就吞并教皇在法国的领地。这一建议最初被议会拒绝了，9 月 14 日却又被采纳了。我们后面将会看到，正是这一点开启了革命者与教会之间的冲突，而这场冲突加速了王权的崩溃，引发了宗教迫害和内战。

我已经一再将对于国王的猜忌指为导致致命的灾难的根源。而在宗教问题上，这种猜忌所造成的伤害最大。教士的任命权不可能完全交到国王手里，而根据利奥十世的宗教协定，显然应当交给国王；但如果将这个权力交给国王，国王通过他的大臣来行使，那就会有很多困难和危险需要克服；根据拿破仑与教皇达成的政教协定作出的安排，就已经显示了这一点。因此，这种想法一直遭到拒绝，而更为奇怪的是，却几乎从来没有人想到过废除国教制度(disestablishment)或让教会与国家分离的办法。整整一代人之

* 或指法兰西国王查理九世于 1572 年制造的屠杀胡格诺教徒的圣巴托洛缪惨案。——译者

后，在美国和爱尔兰的范例影响下，在法国天主教中才出现了一个自由主义派别，它既有别于教皇至上论者，也有别于法国天主教会，只是它才提出了解决教会与国家永恒敌对的方案。对我们来说，一个重大的事实就是，革命并没有找到这样的解决方案，而正是它在解决这个问题上的失败，导致它走向了毁灭。

174

第十二章　逃往瓦朗纳斯

国民议会通过教会立法的直接后果是国王出逃。从 1789 年 10 月国王搬到巴黎起，有人就开始研究用什么办法来救他，他手下的大臣们已经准备好了必要的通行证。1790 年整个夏天，他都呆在圣克卢德，大臣们提出了好几种方案，但都被否决了。这些方案是被王后否定的，因为她说："离开巴黎，国王没有了深入的了解、没有了那种气氛，没有了支配地位，还能干什么？不要再谈这些东西了！"然而，8 月 24 日，突然发生了一项变故：国王正式批准了那份《民事宪章》。7 月份它获得投票通过，米拉波就告知路易十六，他将公开地带他到鲁昂（Rouen）、博韦斯（Beauvais）、科姆皮埃纳（Compiègne），在那里，路易十六就可以摆脱控制，可以宣布解散议会，并公布一份更好的宪法制度。当然，随之肯定会爆发内战，但米拉波相信，只要国王能够让自己掌握驻扎在梅斯的布伊莱（Bouillé）侯爵的部队，内战就将使国王的权力得以恢复。布伊莱在西印度成功地抗击了英国人，从而获得很高声誉，他又有力地镇压了南锡卫戍部队的哗变，从而获得更高声誉。由于他的功劳有利于国家、有利于维持秩序，因此，在米拉波的敦促下，国民议会对他进行了表彰。国王请求米拉波继续维护自己的声誉，以备将来进行更伟大的事情。这是他第一次暗示自己的秘密计划。就在

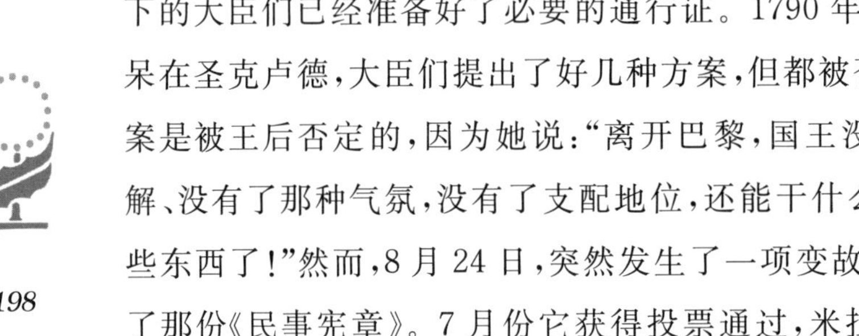

国王正式批准《民事宪章》那一周，伊丽莎白公主又确认了这一点。175
不过，尽管在9月份，路易十六已经准备逃离巴黎，接受大家一致向他提出的建议，却没有采纳这个方案的其他部分；因为他觉得，这些内容将使他依赖米拉波。在这个时刻，他最大的动机就是希望从宗教的纠缠中摆脱出来；他希望让教会恢复其已丧失的地位，条件是，这个被压迫的等级用其财产买下全部指券。有人曾经计算，教会既可以花上四千万法郎挽救政府的财政，也会因为拒绝这样做而令那些倾向于革命的投资者倾家荡产。因此，国王不愿意接受米拉波的建议，因为他并不是一个会执行有利于教士阶层恢复其影响力的政策的国王。这个任务应该交给另一位政治家。

内克尔的政敌布勒特伊尔是个比米拉波更合适的人选。他住在索勒勒(Soleure)，被公认为支持国王的保王党人的领袖，他曾拒绝追随王公们和流亡者及他们中最大的阴谋家卡隆。现在，国王征询他的意见；他建议，国王秘密出走巴黎，躲到边界线的城堡中，那里有忠诚的部队，奥地利人也能够提供支持。如果按照这个计划，成为主宰者的将是布勒特伊尔，而不是米拉波；而以后恢复的政体将倾向于旧政体，而不是立宪君主制。这两位顾问只在一个问题上看法相同：布勒特伊尔跟米拉波一样向国王推荐，布伊莱是能够采取行动的人。布伊莱的答复是由帕米埃主教带来的，这位主教是18世纪那种善于处世的高级教士，后来，不伦斯瑞克取胜之后，他被委任为财政大臣。10月23日，这位主教被派往梅斯去鼓动布伊莱。

不管是就才能还是名声而言，布伊莱都是很多将领逃亡之后残留下来的法国军队中的第一干才。在新秩序中，他勉强应付，他

176 觉得,新政权可能会让他到俄罗斯去建立新功勋。不过,他雄心勃勃,因为他一向都是胜者,国王和布勒特伊尔派来的密使让他看到了一个很诱人的前景。他提出了三个方案供国王选择:国王可以选择逃往北部的瓦朗西安(Valenciennes),这是一条最安全、也最快捷的路线;也可以选择贝桑松(Besanécon),到那儿就在友好的瑞士人可救援的范围之内,而瑞士人已经同意,只要国王提出要求,就会派出一支强大的军队;也可以逃往蒙特梅迪(Montmédy),一个接近边界线、筑有防御工事的小镇,离卢森堡不远,而卢森堡则是帝国最坚固的堡垒。经过比较,所有人都倾向于蒙特梅迪。贝桑松太遥远,敌人有充足的时间,能够追上;瓦朗西安则不在布伊莱的防区范围内。但在春天之前,什么也干不了,因为皇帝还不是他那些反叛的省份的统治者。梅斯的将军与巴黎的费桑(Fersen)伯爵之间,进行了长时间的书信来往。费桑伯爵代表路易十六,全权负责一切事务。圣诞节期间,布伊莱派出他的大哥到巴黎与费桑伯爵商讨事宜。

1791 年头几个月,也正是米拉波生命的最后几个月,他的地位也迅速上升,以至于国王在他与布伊莱之间犹豫不决。2 月份,拉马克来到梅斯,向布伊莱和盘托出了米拉波的大胆计划,而实施这个计划,全需仰仗布伊莱的剑。布伊莱立刻喜欢上了米拉波的计划,而放弃了布勒特伊尔的计划,并准备实施米拉波的计划。费桑却坚持按照国王最初要求他策划的方案,即晚上秘密离开巴黎;他态度坚决,也非常冷静,他消除了大家的一切疑问。3 月下旬他宣布,国王已经决定逃往蒙特梅迪。国王已经不再犹豫了,他拒绝了米拉波的援助之手。路易十六如果接受米拉波的建议,就不得

不放弃自己的主要目标：恢复法国的天主教会。而米拉波政策的实质就在于要牺牲教会。2 月 23 日，即去世前 5 周，米拉波向国王提出了最后的建议。他建议说，如果国王要出走，也应当是因为被人民所迫无法回家。更好的借口是，暴民们聚集在杜伊勒里宫
前，阻止他外出。米拉波希望，这样一种暴行将促使国民议会出台 177
措施，更为有力地保障迁徙自由，而这种原则在适当的时候可以为他所用。

4 月 8 日，出现了这样的机会，当时，整个巴黎都知道，王室要去圣克卢德。复活节就快到了，在复活节，法国国王要公开领受圣餐。但路易十六却无法领受圣餐了。这是他本人正式批准的《民事宪章》规定的，而教会已经开始分裂了。因此，即使从自己的良心上说，他也必须回避，否则的话，人民就会认为，不管是他本人还是那些赦免他的罪的教士，面对这场正在兴起的风暴，都没有一丝悔改之意。因此，为了避免尴尬，最好的办法就是在这个时间外出。果然像米拉波所设想的那样，国王一家刚到门口就被群众拦住了，有一个多小时，他们坐在马车中，遭到暴民的阻拦和侮辱，拉法耶特想驱散人群，开辟一条道路，根本就不管用。国土一家回到宫中，王后脱口对那些围在他们周围的人说："你们现在必须承认了，先生们，我们已非自由身。"这天的事件更强化了逃亡的决心。除了知道米拉波建议的人之外，在别人眼里，这一天的事简直就是一场滑稽剧。他们纳闷，国王吃了多大的亏啊，那些狂呼乱喊的暴民竟然当着他的面称他是肥猪。

神圣罗马帝国皇帝如果不诉诸残酷手段，就不可能解救他的妹妹。现在，他接到了法王的请求，请他将军队集结在接近边境线

的地区，以使布伊莱能够从容地在蒙特梅迪的防线上修建营垒。法王也请求他筹措一笔钱供应最基本的花销。利奥波德对他的这位妹妹实在没有多少了解，因而极力地推脱磨蹭。他也从东方腾不出手来。他对大革命的很多东西表示同情，对于法国的衰落，他可一点都不难过，即使他不会同意革命采取的一些措施。路易十六夫妇的话也自始至终让人丧气。在他们没有成功地逃出之前，他不作出任何保证，而他相信，他们不大可能逃出来。但王后则决
178 心要看看，她已经遭受的这么多的极端侮辱，能不能打动她的兄弟。于是，她派迪尔福（Durfort）伯爵到皇帝在意大利的领地上去找他。不过，王后挑选这个人当代表可实在不够明智。他在曼图亚*找到了皇帝，皇帝正在跟达尔托瓦进行商谈，而他则落入到流亡的保王党领袖卡隆的控制之中。回来的时候，他带了一份有21段的报告，实际上是由卡隆起草的，里面捏造了皇帝的答复，说皇帝将在夏天统帅10万大军入侵法国，就让国王一家等着他的到来，等等。实际上，国王接到的不过是流亡者们的计划而已。

王后现在已经被人说动，她相信，在她兄弟的军队攻入法国的时候，如果她呆在巴黎，她可能会被谋杀。她也相信，流亡者们憎恨她，他们将会为了他们的事业而牺牲她和她的丈夫；因而，如果他们的做法取得成功，这些新主人将比现在的主人更为恶劣。她写信给梅西说，她有可能成为一个不被饶恕的奴隶。她决心承担那遥远的危险，而不愿意让自己落入达尔托瓦及其追随者之手。玛丽·安托瓦内特对于流亡者们的想法估计得很正确，古斯塔夫

* Mantua，意大利北部城市。——译者

三世*曾经说过的一段话就是很好的证明："国王和王后本人确实可能身处险境，但这种危险却并没有危及所有国王的头。"

国王和王后在瓦朗纳斯被追上之后，费桑非常吃惊地看到，流亡布鲁塞尔的法国人欣喜若狂，对于国王和王后被抓住，很多人公然表示心满意足。因为与布伊莱商定的那个计划是要拯救君主政体，而不要挽救贵族制度。王后极为反感达尔托瓦、孔代(Condé)、卡隆那一伙人，她甚至都觉得自己已然成了人民君主制(popular royalism)的信奉者了。用当时的话说，她不过是反对宪法而已，而他们则是反对革命。还有人事上的纠葛。王后指望布勒特伊尔将她从卡隆那儿救出来，她怀疑，卡隆曾想收买国王的告解神父(confessor)，以打探宫廷的秘密。她一看到曼图亚的回复，就立刻看出卡隆插过手。如果这真是她兄弟的政策，那么，现在到了该奔向自由的时候了。雅各宾党人的枷锁是可以忍受的，流亡者的枷锁却不可忍受。布勒特伊尔警告国王和王后，如果他们真心想逃往他们的朋友那里，他们不能再浪费时间了。玛丽·安托瓦内特认定，在逃跑中被抓住，也好过让这些家伙救出来，此时，她只了解事实真相的一半。迪尔福从曼图亚带回来的文件其实是伪造的，它一直流传了100多年，直到1894年，真本才被发现。我们现在知道，背后有达尔托瓦伯爵撑腰的卡隆编造了这个答复，引诱国王和王后走向其覆灭的命运。6月9日，梅西写信说，国王和王后已经上当了。面对恐惧和不确定，他们逃跑了。促使路易十六出逃的最主要的动机是，对自己伤害自己信奉的宗教

* 系瑞典国王，1771—1792年在位，压制贵族，建立绝对君主制。——译者

的震骇。当他签署那份强制教士宣誓、因而引发宗教迫害的政令之时，他曾经说过，“恐怕它不会存活多长时间。”

下届国民议会的选举已经定在7月5日。如果允许第一届国民议会实施它自己通过的法令，那么，曾经得罪一派而获得另一派支持所得到的一切，米拉波费尽心机玩的计谋，都将毁于一旦。让他们踏上逃亡之路的最后的决定性事件是在曼图亚策划出来的那个叛君阴谋。国王为的是“曲线救国”，建立有限君主政体，避免在革命与反动中作出选择，但这种设想却受到方方面面的攻击；也正是为了这一事业，米拉波才强烈要求国王出逃；也正是本着这种精神，布伊莱才决定伸出援手；也正是这种想法，让王后招来那些流亡者的强烈反感。但这并不是布勒特伊尔的想法。除了恢复那不可分割的王权之外，他拒绝任何设想。局势变得复杂起来。几股相反的力量在这个时刻交织到一起。在反动的政治家与支持宪政的将军之间，国王的性命没有任何保障。

逃往蒙特梅迪的算计本身也存在不合理之处。在国民议会中，存在着一个可以与之协商的力量强大的派别。在罗纳
180 (Rhone)河流域、在卢瓦尔河流域，在法国的西部和南部，有很多勇敢无畏的民众愿意为他们的圣坛和他们的君主政体献出生命。但他们可不愿意为这样一位君王献身，因为，在他的手里，最美好的事业已经归于失败，而他作为国王最后的行动，竟然是背叛他那些忠实的捍卫者。在布伊莱的怂恿下，王后请求他的兄弟借给她一些部队，与忠于王室的部队并肩作战，准备进行抵抗。她希望得到3万人。这是一个重大举措，能够给圣梅纳乌尔德(St. Ménehould)的驿站长和瓦朗纳斯的爱国者们壮胆。逃往蒙特梅迪是通

往内战和外国入侵的第一步，而这些逃亡者是在被拦住时才清楚地认识到这一点的。

关于这次行程的安排，最好的建议总是得不到采纳。保王党人们没有安排国王一家乘坐两辆轻便马车，而是乘坐一辆大马车，结果费桑就这样安排。至于路线，经由兰斯（Rheims，法国东北部城市）比较好，因为瓦朗纳斯不在主驿道上。但他们选择了瓦朗纳斯，因为兰斯是国王加冕的地方，害怕国王会被人认出来。去蒙特梅迪的最快捷的路线是从比利时境内穿过，但他们觉得穿越边界线太危险。保王党人们强烈地认为，在路上有军队护送，可能会招来麻烦，但最后作出决定，过了夏隆（Châlons）后，有必要让军队护送。布伊莱的建议并不总是很好，但他提出的一点建议遭到拒绝，事后被证明这是致命的。他希望，旅途上应当跟随一位有经验的军官，他比较了解这位军官，他机警、精力充沛、碰到紧急情况的时候反应敏捷。国王觉得可以考虑，但王后却不希望自己的马车中坐上一位陌生人。不过，她也请求布伊莱派出三位身体强壮的军官，让他们充当驾车手，并且说，他们不必特别机敏。这句话后来果然应验了。这三位赶车的军官回答问题的时候太诚实了，暴露了行藏。

出发的时间定在6月的第二周。布伊莱一直希望皇帝的部队采取行动，因而，他提出推迟行程。6月16日，他得知，国王一家 181
将在20日午夜动身。此时，他已经派出他手下一位上校，舒瓦瑟尔（Choiseul）公爵赶往巴黎听候调遣。国王到瓦朗纳斯的时候，舒瓦瑟尔将带来马匹，他也将在蒙特梅迪自己的家中负责接待国王。他已经给从蒙特梅迪到夏隆的路上的最遥远的骑兵小分队下

达了命令，而他自己的职责则是在国王通过之后，为国王一家的马车断后，防止有人跟踪，收容在路上掉队的人。到达这趟旅途终点之时，他将率领至少 400 人。他的最后一项任务是，如果布伊莱举事失败，就送国王越过边界。穿过边界几里路，就是奥瓦尔（Orval）大修道院，人们设想，至少到了最后时刻人们可能会发现，那个地方要比法国充满敌意的境内更为安全。

舒瓦瑟尔不足以胜任他自己必须承担的这些艰难任务。星期一下午，他开始为自己的任务做准备，他带着一根元帅节杖，它曾经属于他的叔叔，王后的发型师利奥纳德。星期四将举行一个庄严的圣体节仪式，军营中将举行一次军中弥撒，将检阅军队，因为布伊莱将被任命为法国元帅。如果没有艺术家的帮助，王后是不可能让自己出现在这样的场合中的。于是他急忙离开，一个字也没有解释，因为这是有违他的意愿的。同一天，国王的妹妹知道了要出走的消息。曾经有人提出一个想法，把她和孩子们，或与普罗旺斯伯爵夫人一起送走。这位公主是一位非常善良的人，但并不总是很殷勤，所以，得不到王后的宠信。她属于那些认为让步是对原则之放弃的人士中间的一位，在亲王们与玛丽·安托瓦内特的不和中，公主不会站在妥协的一边。普罗旺斯伯爵来吃晚餐，这是兄弟俩最后一次见面。那天晚上，他们就各奔东西了，其中一位走向了断头台，另一位则走向了王座，曾被拿破仑提升为整个地球之
182 王。普罗旺斯伯爵和伯爵夫人也与其他人同时启程了，他们最后安全抵达了比利时。

费桑在处理这些事情的时候表现出了才干和深谋远虑，却也犯了一个错误。国王的孩子在两名侍从陪伴下，乘坐一辆租来的

马车赶往克雷厄(Claye)，这是东路的第二站；而正是给他们赶车的人透露了这些逃亡者准备要走的线路。

当整个巴黎沉浸在睡梦之中，灯光都已熄灭之际，国王一家从一扇通常不用的小门出来，上了一辆出租大车。最后一位走来的是王后，她实在害怕碰到拉法耶特。后来她曾问拉法耶特，她是否能认出她。拉法耶特回答说，如果他只见过她一面，而不是见过三次，他绝对认不出她。他这是在暗示她在逃跑前一天对他说过的话，她当时说，他们一家是不会逃离的。巴黎市长贝利呆在家中，生了病，由于始终有谣传说国王可能要逃跑，所以他再三提醒拉法耶特加倍保持戒备。在进行过最后一遍视察后，拉法耶特向市长保证，有古万(Gouvion)在守卫着，一只老鼠都逃不走。新闻记者马拉和弗雷龙(Fréron)也接到了警报。弗雷隆当晚晚些时候还来到杜伊勒里宫前，但他很满意地发现，一切平静。没有谁会注意到一位正在跟他的同伴东拉西扯的车夫的，也不会有谁猜到他是位瑞典王家军队的上校。十二点钟，王后到了。那个曾在幸福的岁月中让她心动的男人也爬进车厢，消失在黑暗之中。但他们的秘密已经被人知道了，有一双警惕的眼睛一直在观察着他们的动静。王后的服装保管员跟古万将军关系很亲密，她曾在两人亲热的时候警告过他，她也曾对王后身边的人说过，她知道王后将要去哪儿。凌晨两点钟，有人获得了消息，不过，可能并不是她泄露的，警报是以一种迂回曲折的方式拉响的。来自马赛的一位旅行者在他的租住公寓中被一种友好的声音弄醒。他不想爬起来，又睡过去。
几小时后，那位访客回来了，弄醒了那位酣睡者。他是从王宫来 183
的，报告说国王已经跑了。他们把这个消息报告给一位议员，他赶

紧通知了拉法耶特，此时，从王宫出来的人已经消失了。拉法耶特赶紧穿好衣服，与市长和国民议会议长商量了一番，这位议长就是后来的（拿破仑的）约瑟芬皇后的第一任丈夫博哈尔内斯（Beauharnais），他们两人说服拉法耶特，除非抓住国王，否则无法避免内战。于是，拉法耶特起草了一道命令宣布路易十六正在逃跑，他下令所有良好公民见到他后应将他送回。他相信，已经损失了太多时间，但除此之外，也没有别的办法，这等于一份逮捕授权；而对于他缺乏警觉让国王逃走，民众恐怕也会对他不客气。他派出他的军官，主要往利勒（Lille）方向追去。其中一位罗默弗（Romeuf）奉命往瓦朗西安方向追去，却被民众们拦住了，被带到国民议会前。在那里，他接受了一项新使命，他拥有了将国王囚禁的权力。等他骑马出来的时候，他知道已经耽误了太多时间，逃亡者大概已经上了通往莫克斯（Meaux）的路，因为他们在晚上 12 点就出发了。

在这个过程中，发生了一系列非常可疑的事情。拉法耶特在其他人施加压力之前，竟然没有下定决心去干点什么。而他派出追赶的军官都没有走对方向，巴黎革命委员会的使者贝隆（Baillon）却立刻就发现了车辙。他告诉罗默弗，已经太晚了，于是，罗默弗慢腾腾地骑马走路，不过是装装样子而已。罗默弗是贝隆家一位佃户的儿子，他路上麻烦不断，在听到新消息前的四个小时中，仍然慢腾腾的，没有策马快追。到了瓦朗纳斯，他公然声称，他从来就没打算追上逃亡者，国王的军官们都相信他说的话。古万是国民卫队副司令，他早就知道保王党人打算从哪道门出逃，他向国民议会保证说，他已经派了几位军官整夜紧盯着这道门。路易十六甚至吩咐图尔泽尔(Mine de Tourzel),如果在上车的路上碰到他,就缠住他。柏克后来曾经指责拉法耶特故意让国王逃跑,这 184
样,他就可以靠抓住国王立功。即使不这么感情用事的批评家也怀疑,华盛顿的这位战友到底是自己想当摄政王,还是觉得,王位空缺才是建立共和国的最可靠途径。

等在门外的那辆马车是由一位俄国女士考尔夫(Korff)夫人预订的,正是她跟费桑一起苦心经营了这次逃亡。她不仅提供了那辆马车,还提供了12000镑钱和一张通行证。她还想为自己家人办一张通行证,于是,俄国公使就向贝利提出申请。这位市长拒绝了,她不得不去向蒙莫兰求情,谎称她刚刚拿到的那张通行证不小心给烧了。编号和外貌描述都吻合,但目的地写的是法兰克福。逃亡者到达通往瓦朗纳斯的最后一站——克雷蒙特(Clermont),是不可能去法兰克福的,这是很明显的错误。

已经浪费了半个小时,但必须在一点半赶到第一站邦迪(Bondy)。到这里,坐在赶车人旁、不停地赶马快跑的费桑下了车,他耗费了那么多精力要拯救的这家人,不再受他的保护了。他本来希望陪他们走完全程的,他也已经请古斯塔夫穿上瑞典卫队的制服留下来同行。但路易十六不许他留下来,他显然低估了这样一位护送者的作用。费桑向北前进,没费多少劲就到了比利时。次年冬天,他又出现在杜伊勒里宫。不过,作为政治顾问,他却不怎么幸运,因为他跟一些人一起曾参与写作不伦瑞克宣言,而这份声明中的话让国王付出了代价。

逃亡者一路没有遇到什么麻烦,就到了夏隆。到了这里,他们将很快地碰到他们的士兵,于是,他们错以为,危险已经过去了。

实际上,他们已经铸成大错,由于他们自己的失误,他们的命运已经注定了。因为肯定会有人来追他们,所以,他们的安全取决于速度。出危险的地方正好就是瓦朗纳斯,因为一位好骑手如果全速前进,在 13 个小时中可以跑 146 英里,如果他在早上接到命令后就出发追赶,那么,晚上 9 点钟他就能赶到这儿。我们可以计算一
185 下,国王一家每小时走 7 英里半,在八九点钟时可以到达瓦朗纳斯。真是间不容发,岂能浪费时间?国王却觉得,在他们抵达布伊莱部署的前哨基地之前,巴黎派出的军官追不上他们,而只要一出夏隆,就能遇到布伊莱的士兵。那么,为了确保碰上头,就必须抓紧时间。时间是精确地计算出来的,如果不遵守约定,部队就没有用处。在到达夏隆之前,就浪费了 4 个小时——原因则不是保王党人所说的那样是出了意外,因此,骑马侍从瓦洛里(Valory)花了几分钟时间来修理。布伊莱当然知道他自己被毁灭并且是如此悲惨地被毁灭的不光彩原因。但他到伦敦后,却故意误导那些追根究底的人,他也让他儿子发誓,将这个令人痛心的秘密保守 50 年。小布伊莱信守自己的诺言,直到 1841 年,他才向一位朋友吐露了那个秘密,说当时广泛流传的说法是正确的,确实是国王在埃托热斯(Étoges)停了下来,在他王室一位军官夏尼里(Chanilly)的家中用了一顿开饭很早的正餐,后来他的名字曾出现在国王的遗嘱中。在人们想知道到底发生了什么的时候,那里的真相却被竭力地掩饰,害得后人胡乱猜测,直到布伊莱讲出那个传奇故事为止。

到了蓬特·德·索默-弗斯勒(Pont de Somme-Vesle),离夏隆只有八九英里远了,进入了舒瓦瑟尔的控制区。舒瓦瑟尔手下

的人在圣梅纳乌尔德碰到麻烦,他们的出现搅扰了当地村民。没有人相信他们编的借口,派这么多骑兵来仅仅是为了保护财宝通过,村民们开始怀疑,这个财宝可能就是打算逃往奥地利的王后本人。舒瓦瑟尔提高了警惕,因为国王如果出现在这种群情汹汹的地方,很可能发生不测。根据事前得到的指令,国王应该在两点半时通过这里。费桑曾经说过,他完全可以放心,而且,还将派一位传令兵,赶在前头提前一个小时给他来报信。然而,已经到3点钟了,连国王或传令兵的影子都没有。舒瓦瑟尔决定离开这个地方,他希望,他离开这里,能够平息村民的怒火,保证国王安全通过。于是,他派利奥纳德去传令,告诉部署在圣梅纳乌尔德、克雷蒙特
和瓦朗纳斯的军官,说他将要启程与布伊莱会合。又瞭望一阵之 186
后,他撤走了他的所有手下。由于这一决定,布伊莱后来才说,舒瓦瑟尔应当交付军法审判。

我们可以确定,如果国王没有在那天凌晨两点半赶到邦迪,那么,在他前面开路的传令兵应当先赶过去,警告沿途的军官不要撤走。假如传令兵在下午没有露面,那么,这些军官也应该知道,尽管逃亡者已经逃出了巴黎,但他们仍然身处险境。即使舒瓦瑟尔觉得有必要撤走自己的手下,他也应当留下一名军官戈居厄拉特(Goguelat)在这里,等候国王到来,然后充当他的向导。但舒瓦瑟尔却把戈居厄拉特也一起带走了,而没有留下一位向导。这之后,他也没有守候在大道上,在下一个汇合点等候,而是跑上一条偏僻小路,结果,瓦朗纳斯的一切都结束之后,他再也没有露过面。他的错误是严重的,但这也是因为他的主子犯了个更愚蠢的错误。舒瓦瑟尔撤走自己的哨兵没多长时间,国王就到了,没有受到任何

阻拦就顺利通过了。在下一个城镇,他们也没有遭到什么骚扰,就换马继续前进,这个镇就是圣梅纳乌尔德。他们向克雷蒙特进发。路旁的人觉得,尽管车里的人化了装,但还是觉得他面熟,其中嗓门最大的是德鲁厄(Drouet),他是驿站站长,刚刚跟一位守候的军官吵过架,他处于愤怒的情绪中,他正想找碴出气呢。镇议事会马上开会,听他讲了自己的怀疑的根据,然后,就派他去追踪这些旅行者,阻止他们继续逃跑。他们毫不怀疑,路易十六是想投奔奥地利的军队。其实,这并不是路易十六最初的打算,因为他还希望在蒙特梅迪歇上一站;然而,成功走出法国国境线的希望已经越来越渺小了。

布伊莱的控制范围其实很狭窄;他不敢相信自己的手下;而利奥波德皇帝又没有采取行动。这一计划的基础已经瓦解了。不管他们是在边界线内还是边界线外,要想获得成功,都需要奥地利军队入侵。布伊莱的计划从一开始就没有什么意义;要想完成这个
187 计划,就必须把路易十六完整地交到精于算计的皇帝手中。事态已经越来越清楚了:国王的目的地不应该是蒙特梅迪的兵营,而应该是卢森堡的奥瓦尔大修道院。圣梅纳乌尔德那些决心阻止国王逃跑的人根据自己确凿的怀疑采取了行动,但我们不能说,作为法国公民,他们这样做不对。他们是拿不准那人肯定就是国王,他们也没有追捕国王的权力;但就在他们还在商量的时候,一个骑马追捕的人冲进了镇子,带来了他们需要的确切消息和授权。一位国民卫队的军官贝隆当天早些时候已经奉贝利和拉法耶特之命从巴黎出发,而且走的是正确的道路。路上,他碰到了国王的一位手下德布里热(de Briges)先生,成功地将其逮捕,为此耽误了两个小

时。为了赶时间，他派出一位体力充沛的骑手，换上一匹体力充沛的马，去追赶逃亡者。这位从夏隆赶来的信使给圣梅纳乌尔德带来了确切消息，而此刻，国王的大马车刚通过没多久。那位驿站站长德鲁厄骑马上路，开始这趟给他带来好运的旅程，此时，他已经知道了，车里的那个人就是国王，而巴黎并不想让他逃脱。一个小时以后，他碰到了从克雷蒙特回来的驿兵，从他们嘴里他得知，那辆大马车的目的地是瓦朗纳斯，而不是维顿。他从森林中抄近路及时赶到了。就在这个时候，圣梅纳乌尔德也已经沸腾了：指挥的军官已经被看管起来，他手下的士兵也没有办法上马。有一个士兵名叫拉加舍（Lagache），听接待他的主人的女儿警告说，军队财宝箱里的“财宝”已经不见了，真相已经泄露了。于是，他立刻骑上马，每只手拿着一把手枪，从人群中冲开了一条路。

德鲁厄向国民议会讲述的故事经过则添油加醋，他说，他早就认出了王后，因为他在巴黎曾见过她；他也认出了国王，因为他的头像出现在指券上。到后来，他却说不是自己要去追，他只是接到了从夏隆传来的命令行事，他并不是自己主动去追的，他也猜不出那些人是谁。他在说这第二种说法的时候，已经成了奥地利军队
的俘虏，而向他提问的人正是费桑。在这样的时刻，即使像德鲁厄 188
这样坚毅的人，也会竭尽全力争取减轻别人对自己的憎恨。因而，费桑留下的审讯记录并不能取代广泛流传的那种说法。不过，罗默弗却证实了费桑的这种说法，他清楚地说过，这位圣梅纳乌尔德的驿站站长得到了贝隆送来的消息。罗默弗的证词收入了国民议会的报告中，我曾在国民议会看到过这份报告。但这些报告已遭到删节，以保证没有任何东西会损害这些不谨慎的逃亡者、不可靠

的纸币、外省警觉的爱国者的传奇，这些爱国者那个时候被认为维护了自己的国家不受侵略、免遭内战，是当时的偶像。

跟其他驿道上的城镇一样，克雷蒙特对骑兵的出现也感到愤怒。在国王通过之后，该镇当局派出一位信使去提醒瓦朗纳斯。他全速超过国王的马车，到了瓦朗纳斯之后，大声喊着镇上居民搞不明白的话，但这已足以使居民们觉得，出了什么事情。不过，具有超人的体力和能力的德鲁厄已经赶在他前头了，因此，那个信使在这场惊险故事中其实并没有发挥什么作用。克雷蒙特有一位军官尚知道自己的职责，但他手下的人背叛了他，他只好只身一人赶到瓦朗纳斯。在瓦朗纳斯，布伊莱秘密地部署了两个人，一个是他的小儿子，一个是雷热库尔特（Raigecourt），他们带着马，呆在镇子另一头的桥上，而没有仔细观察镇里的情况。因为他们指望着戈居厄拉特、指望着舒瓦瑟尔、指望着部署在圣梅纳乌尔德镇上的当杜安（d'Andouins）、守候在克雷蒙特镇的达马斯（Damas），当然，最重要的是指望事先安排好的传令兵，他应该提前一个小时赶到，及时地提醒他们做好准备。他们觉得，那天晚上不会有事。即使他们自己有那么一点警觉性，但利奥纳德的到来却坏事了，他让他们去睡觉了，他在得到舒瓦瑟尔那个关键性消息之后一个小时就离开了。结果，国王就在离他们住的旅馆几百码的地方被抓住了，而他们却一点都不知道。他们得知出事了，就沿着大路飞奔到斯特内（Stenay），在那里，他们得知，将军正在焦急地等待着。德鲁厄就在镇子入口处赶上了马车，当时传令兵正在跟左马驭手争
189 吵，在黑暗中寻找接替的那组马。在六七个刚刚在酒馆中喝完酒的当地人帮助下，德鲁厄拦住了大马车。

在这里，国王的通行证害了他，因为上面写的目的地是法兰克福，而瓦朗纳斯却根本就不在通往法兰克福的路上。这群人于是就被扣押起来，当晚就呆在索西的家中，镇上的警官和杂货店主看着他们。最初，索西拿来一瓶酒，让国王消磨时间，然后，就叫来镇子上一位经常旅行、见过国王的人。随后发生了情绪激烈的一幕，镇上的居民们用他们手里的武器逼迫这位君主。他们讨论着要派一百个人护送他到蒙特梅迪，路易十六差不多要相信他们的话了，他说，只要五十个人就够了。随着夜幕散开，几位军官汇合了：舒瓦瑟尔，戈居厄拉特，他们从蓬特・德・索默－弗斯勒骑马赶了很长的路才赶来；德・达马斯伯爵也从克雷蒙特赶来了，最后是德斯隆(Deslon)，他是布伊莱最信得过的一位日耳曼骑兵上尉。舒瓦瑟尔的手下比较忠诚，其中有些人就驻扎在瓦朗纳斯，他们觉得，在王后的鼓动下，马车有可能冲过街道，达马斯也希望尝试一下。这件事情过去很久以后，达马斯向一位英国朋友保证说，他很后悔没有不顾国王的乐观情绪、不管国王是否愿意让人用剑来解救他，而领导那次进攻。他用德语对德斯隆说："上马，攻击！"但德斯隆明白，此刻为时已晚了。戈居厄拉特威胁要切断他的后路，被一枪打到马下。

德鲁厄现在控制了局面。正是他指挥着那些磨磨蹭蹭的士兵和犹犹豫豫的镇民。早上5点钟，罗默弗和贝隆赶到了，他们带来了拉法耶特的命令和至高无上的国民议会的政令。国王已失去了一切幻想，不可能再继续逃跑了，国王全部的希望都寄托在布伊莱可能会派人来解救他。布伊莱呆在离这里20英里远的斯特内，他
整夜都在路上观望，他的武器就放在他的马鞍上。他已经想尽了 190

种种有可能扰乱行程安排的情形，这时候，他的儿子带着瓦朗纳斯的消息赶来了。号角吹醒了皇家日耳曼士兵，然而，他们的上校却对他抱有敌意，结果浪费了宝贵的几个小时时间。布伊莱将他的全部钱都给了这些士兵，告诉他们将如何采取行动。他告诉他们，他们的国王现在成了囚徒，他将带领他们去解救国王。当他抵达能够俯瞰整个埃勒谷地的高地的时候，已经过了 9 点了，战马都跑累了，镇头的小桥已经被堵住了，他们也不知道可以从哪里涉水过河。瓦朗纳斯镇上一片宁静，国王早已在几英里开外，在通往克雷蒙特的路上。一个白日梦结束了，那个以战无不胜而著名的将军的军事生涯也宣告终结了。

将军的运气实在不佳，他仅以咫尺之遥与胜利失之交臂，他掉转马头踏上了流亡之路，他对他的儿子说，“你还会称赞我的好运吗？”那天晚上，他与一群军官骑马越过边界线，当他经过的时候，他手下的士兵向他开枪射击。他发表了一个愤怒的宣言，主要是对他的行为进行辩护，他说，除了他本人外，没有谁能继续呆在他的位子上。不过他知道，由于他不在现场，国王和宪法将会失败，国王已经把一些没有经验的人安排在本来需要他掌管的位置上。他一直无法恢复内心的平衡，他变得跟其他人一样不明智且脾气暴烈。流亡者们信不过他，所以也没有让他在随后几年的入侵战争中扮演重要角色。但他的名气在英国却很高，因为他曾在西印度与英国人打过仗，皮特曾想任命他为圣多明各司令，不过，波特兰公爵说服他放弃了。

路易十六则被一群无礼而凶猛的人带回巴黎，与这些人相比，想起索西的那点点礼貌，已经让国王满怀感激之情了。这一趟路一共走了 4 天，就在这 4 天，王后的头发变灰了。国民议会派出的三位议员到半路上遇到了这些忧伤的战利品，由他们来接手负责国王一家。国王立刻向他们保证，他本来就是打算留在蒙特梅迪
的，打算在那里修改宪法。巴尔纳弗说，“就冲这些话，我们也将保 191
留君主制。”拉图尔·莫布尔（Latour Maubourg）不准国王坐在王家马车上返回，他的借口是，他的腿舒服的时间已经太长了，他也建议国王，利用这段时间多跟自己的同行者熟悉熟悉。这种建议在一定程度上成功了，因为巴尔纳弗成了国王的朋友。佩蒂翁（Pétion）是不可能变成朋友的，不过，他在记叙这件事时声称，公主爱上了他。迪马兹（Dumas）将军显示了指挥才能，他让护送的士兵堵在一座桥上，然后拉着马一阵小跑，从而把暴民甩在后面。

他们到邦迪的森林、即法国奥恩斯洛（Hounslow）灌木荒原时，从首都来的一群歹徒发动了一次袭击，费了很大劲才把他们打退。最后，勒弗布弗勒（Lefebvre），即后来的当茨克（Dantzick）元帅公爵带着一支精锐部队与他们会合。由于在巴黎狭窄的大街上仍会有危险，所以，拉法耶特带他们绕道从爱丽舍兵营穿过。已经下达了命令，不得对国王表现出憎恨或是崇敬的情绪，将由一个人骑马在前面静悄悄地引路。民众敢怒不敢言，遵守了这一命令。就在这葬礼般的一幕发生之前一天，普鲁士公使向国内写信说，出于政策考虑，国王可能会被饶恕，但没有任何东西能救王后了。他们到达杜伊勒里宫前的街道时，发生了冲撞和斗殴，迪马兹丢掉了自己的帽子、皮带和剑鞘，他的衣服差不多被人从后背扯开。一大群议员赶来帮他的忙，不过倒也并没有流血。随后来了一辆马车，马上坐着德鲁厄，他高高地站着，一副洋洋得意的样子，非常引人

注目。他得到了1200法郎的奖励,次年当选为制宪会议代表。他被普鲁士人俘虏后,在逆境中所表现出的冷静曾给歌德留下深刻印象。在围困莫伯热(Maubeuge)时,他又被奥地利军队俘获,奥地利人用他换回了国王的女儿。在巴贝夫策划的阴谋中,他几乎丢掉自己的性命,有一段时间生活在一个地下洞穴里。拿破仑授予他荣誉勋位,让他成为圣梅纳乌尔德的副行政长官,拿破仑访问瓦尔米(Valmy)时,也邀请德鲁厄叙谈。在百日王朝时期,德鲁厄
192 又成为国会议员,后来就隐姓埋名隐居起来。直到他于1824年去世时,他的邻居才惊讶地得知,他们一直跟那位在那场可怕悲剧中罪孽最深的人住在一起。

第十三章　斐扬派与战争 193

6月21日，星期二，这一天，整个巴黎都知道，国王逃跑了，这一天，成为国民议会历史上最伟大的一天。国民议会议员那么迅速地聚集起来开会讨论目前的危险局势，他们是那么地冷静，他们所采取的措施是那么的全面，因此，他们立刻获得了公众的信赖。中午时分，街道上的骚动情形就已经平息了，各国使节们对于巴黎的平静甚感惊异。他们向本国报告说，各个派别都暂时搁置了争执，真心诚意地团结起来挽救国家。当然，这只是一时的表面现象而已。右翼人士并没有参与这些行动，他们认为，由此必然会使国民议会篡权，从而取代君主政体，他们会利用这场危机来建立共和国。他们的数量几乎达到300人，他们签署了一份抗议信宣布，他们不会再参与以后的协商活动。他们的领导人卡扎莱斯（Cazalès）出走科布兰兹（Coblenz），却遭到冷遇。当地人觉得，他已经向国会的要求作出了那么多让步，而国会的目的现在已经昭然若揭了，他们现在才后悔，为时已晚。

国王的出逃，在使保守党四分五裂的时候，却为共和派的形成创造了条件。因为路易十六曾经留下一份宣言，这是他琢磨了几个月的东西，在这里他强烈地批评宪法的缺陷，抨击他在凡尔赛遭到暴力攻击之后正式批准的全部政令。其实，除了路易十六之外，

很多人早就注意到了这些缺陷，并希望对其进行修正。但他要放
194 弃这么多他本人正式批准过的东西，放弃这么多他曾经严肃地、再三地确认的东西，却使他被斥为口是心非和虚伪。他不仅蒙受了被抓住、被示众的耻辱，从此之后，他也总是被视为一个可疑的作伪者。如果国王已经再也不能信赖了，那么，君主政体也就没有指望了。奥尔良派提供不了可以替换他的人选，因为他们的人选同样声名狼藉。有人开始议论，不可避免地要建立的那种制度，现在就立刻予以承认，要好于以后通过暴力手段建立，那时节，受到危害的就不仅仅是君主政体了，它也将让广大民众面临最为惨烈的牺牲。我们现在当然知道第二年发生了什么事情，因此在我们看来，这种说法的说服力和正确性是显而易见的。但这种说法却没有打动国民议会。支持这种看法的只有可怜的30人，而不管是巴雷勒还是罗伯斯庇尔，都不在其中。这场新运动的骨干是科尔德利俱乐部*。而绝大多数立宪派人士仍然忠诚于立宪君主制的理想，而且这个事件拉近了他们的距离，在国民议会中，拉梅特和拉法耶特表现得团结一致。有人攻击拉法耶特将军疏于防卫杜伊勒里宫，巴尔纳弗为他进行了有力的辩护。由此就形成了斐扬派(Feuillants)，这是最后一个致力于维护君主政体的组织。他们决心按照加强行政权力的原则修改宪法，而为了实现这一目标，就必须保留国王。即使国王逃跑成功了，他们也要提出与他进行谈判，因为他能够利用他手中的权力，使法国陷入与外国的战争，或引发内战。如果跑到边界线上，国王就比在巴黎拥有更多谈判的筹码。

* 因成立于巴黎方济各会的科尔德利修道院而得名。——译者

他们已经准备派出最机敏、也最令人尊敬的保王党人马卢埃去以国民议会的名义进行谈判，这样，通过折中谈判，既能避免流血冲突，同时又能实现革命的基本宗旨。不过，第二天晚上，一位筋疲力尽的骑手在国民议会入口处勒住了缰绳，外面响起了兴奋的喧嚷声，他已经无法下马了，但他告诉国会议员们，他带来了关于国 195
王的新消息。原来，他是瓦朗纳斯的医生，拂晓时分，镇上就派他来报告那个镇上发生的跟国王有关的事情。

国王的处境不那么危险了，却相当尴尬。他不能立刻恢复自己的统治权。由于无法准确地预测未来，人们已经决定，在宪法完成、修订并送交他无保留地同意之前，他将被软禁在杜伊勒里宫中。于是，有10周时间，他的权力被暂时中止了。国民议会无须经过他的认可，就直接进行治理、立法。王权中断的时间这么漫长，君主政体恐怕是无法恢复了。因此，到9月份，路易十六恢复其国王的职权之后，他已经不再是国家制度中一个不可分割的组成部分了，而是个新发明出来的东西，是个试验品。那一天，他站在国民立法者们面前，未戴王冠，宣誓效忠于他们所制定的宪法；而这种局面在议员们看来，是再自然不过的。当着这位蒙受耻辱、权势衰落的陛下，他们坐了下来，戴上自己的帽子。而那些曾经挫败了米拉波的胜利者，在米拉波死后，却立刻开始秘密地支持国王的事业。在拉梅特地位上升之前，蒙莫兰就去拜访他，立刻开始进行协商。巴尔纳弗频繁光顾蒙莫兰家，却总是很小心地安排有人陪伴着，为的是避免人家说他接受了贿赂。他有两天去参加国王的社交聚会，这一趟也让他对自己的设计方案充满信心。在王权过大的时候，他们就削减之；在王权过于软弱的时候，他们就为他

增加一些权力。至于国王本人，现在已经引不起任何担心了。他们已经着手为遭到损害的王位创造新的道具。拉法耶特曾经说过，“即使没有路易十六，我们也可以搞个路易十七。”西哀士则说，“这个国王没了，我们就另找一个。”这就是当时占据主导地位的情绪。

在雅各宾俱乐部对国王发动又一轮攻击之后，其中的全体议员，除了六人之外，退出了该俱乐部，组建了一个新俱乐部——斐扬俱乐部。7 月 15 日，巴尔纳弗发表了一篇讲话，这被认为是自米拉波之后所发表的最为精彩的演讲，他对君主政体给予了强有力的论证。他说，革命运动如果再进一步推展，就不可能不剥夺富
196 人的财产。他担心，那时，穷人将会统治富人；因为巴尔纳弗的政治哲学的基础是让拥有某类财产的中产阶级居于统治地位，这些财产是靠自己的勤劳、诚实、远见和禁欲才创造出来的。共和派在雅各宾俱乐部和国民议会中落败了，于是他们就筹备在战神大道举行一次游行示威，并在那里签署一份要求国王逊位的请愿书。国民议会由于担心凡尔赛的那一幕重演，就派出贝利和拉法耶特去驱散聚会。7 月 17 日，双方发生了冲突，国民卫队开枪，有几位请愿者被打死。雅各宾党人当即被震慑住了，罗伯斯庇尔、马拉甚至丹东，都不敢抛头露面了，他们都觉得，斐扬党人一定会乘胜追击。然而，这些能够下决心向他们的主人——巴黎人民——开枪的人，这些有能力制定法律的人，却在精神上如此软弱，目光如此地短浅，他们甘愿放弃自己的优势，重新开始与被打败、受到伤害的对手们在平等的基础上展开竞争。

从此以后，斐扬党人占据了优势，一直到次年的 3 月 18 日，吉

伦特党人推翻了他们。他们的俱乐部的规则是，不接纳别的人，只接纳那些向国家纳税并拥有选举权*的人。于是，广大民众就倒向了雅各宾俱乐部。拉法耶特和他的新朋友们则由于 7 月 17 日在战神大道上的表现，激起了那个怀恨在心的派系的怨恨。拉法耶特这一派没有利用他们所激发出的恐惧心理，因此，恐惧消失了，而怨恨心理却保存了下来。他们已经达成协议，由马卢埃提出了宪法修正案。斐扬党人将提出反对，然后他们再让他在辩论中获胜。但马卢埃却被他的朋友们出卖了，他们没有履行自己的承诺，这次修宪在国民议会中没能取得成功。宪法委员会只是提出，应当废除那道著名的 11 月 7 日政令，根据这一政令，任何议员不得担任政府官职。议会决定，仍将维持这一法令，但将允许大臣们参加国民议会的会议，就本部门的问题作出答辩。除此之外，没有
再完成任何重大的修宪措施，也没有认真地就这两年来匆忙通过 197
的条款予以调整，使之互相衔接。他们提出了若干改革措施，却都没有付诸实施；他们的行为以及马卢埃与巴尔纳弗之间达成的短暂谅解已经表明了，他们对于自己制定出来的宪法，都不怎么忠诚信仰。他们对它已经厌倦了。他们已经不再站立浪头，他们的权力已经落入各个俱乐部和报刊之手。他们注定是要消失的。由于罗伯斯庇尔与卡萨莱斯之间已经结成了不那么神圣的同盟，国民议会的成员已经不适合组成未来的立法机构了。法国实际的统治者注定要走向政治上的灭亡。因而，斐扬党人由于机敏地控制国王逃跑后的局势而获得的权力，不可能再维持下去了；时间已经在

* 这个词也有“特许经营权”的意思。——译者

那些激进地反对他们的人一边，他们的得势具有必然性。

路易十六在丢人现眼之外，已经不是一位可以接受的国王了。共和派未来一定可以成为多数，只要现在被排斥在外的阶层获得其在1789年根据平等乃根本律法而曾行使过的选举权即可，而他们完全可以根据《人权宣言》要求获得这种权利。现在，瓦朗纳斯事件又正好给敌视王权的人士提供了一个新理由。所有人都已经清楚地看到，路易十六实在是不称职，王后都看出了这一点。她毫不犹豫地取代了他的位置，因而，当人民谈论宫廷的时候，说的其实是她。他们的逃跑，让他们作出逃跑决定的政策，背后都是依靠外国尤其是皇帝援助的政策，而这次失败让他们更加倚重这一政策。王后是牵线者，也是主要的谈判者。她所追求的目标是要利用皇帝对列强的影响力来约束法国人民，办法则要么是某次国际会议上不光彩地炫耀实力，要么是入侵。大家觉得，王后正在追求这个目标；于是，除了争取自由的冲动之外，国家将失去独立性的

198 担心，也使得宫廷更加不得人心。人民公开咒骂奥地利阴谋集团，而王后正是其核心。人们相信，她不仅希望通过恢复王权来进行统治，更希望借助外国压迫者来恢复国王的权力。革命现在与整个欧洲迎头相撞。革命已经通过起义而开始运转起来，现在，革命将不得不通过战争来完成其使命。欧洲陷入混乱的开端，就是法国国王逃亡瓦朗纳斯。

宪法早在9月份就已经提交给路易十六了。宫门现在已经打开了。那些看管他的卫兵也已经撤走了。表面上看，他现在已是个自由人了。如果他接受该宪法，就应当算是他自愿接受。皇帝、考尼茨和马勒塞伯斯（Malesherbes）建议国王接受它，它是马卢埃

所青睐的，跟平常一样，奉行的是一种相当公正明断的中间路线。柏克则倾向于拒绝。他说，同意就意味着灭亡，他后来也认为，他的看法是正确的，因为国王同意了，也被消灭了。但国王没有听柏克的建议。因为柏克是科布朗兹（Coblenz）的顾问，而由于科布朗兹也同样声称国王和王后欠自己的情，所以，他也被算在国王与王后的敌人之列。梅西则向国王呈递了几封信，这些信目前仍保存在法国档案中，他请求国王，不要让这些影响了自己的决策。在经过十天不慌不忙的考虑之后，由于国民议会领导人拉梅特和巴尔纳弗已经安排好了一切，所以，路易十六毫不犹豫地对 1791 年宪法予以正式批准。议会宣布解散，而这一宪法也只维持到 1792 年。国王政治上的失当，包括瓦朗纳斯的事情，都被过往不究了。

凭着三级会议所带来的巨大变化，凭着代表们的活力和真诚，凭着他们对理性的忠贞和对习俗的拒斥，凭着他们对提高国民权力的深切的渴望，凭着他们的理想主义和他们对于宣布永恒律法的雄心，1789 年召开的三级会议成为历史上给人印象最为深刻的政治性集会。他们摧毁了法国的历史，他们颁布了 2500 条政令，为那些在旧世界中成长起来的人们勾画了一幅新世界的蓝图。他们的机构已经消失了，但他们的影响力仍将长在；他们的发展历史 199
或许可以解释一个问题：为什么这场如此真诚地追求人世间最崇高之善的事业，最终却令人痛心地失败了。埋葬他们的事业的错误也许可以归结为一点。由于历史上法国把整个国家交到国王手中，因此，现在，他们也将不受限制的权力授予国民议会，而没有建立保障机制；对于自下而来的压迫也没有建立起救治手段；他们以为，或者是相信，一个真正地代表着人民的政府，是不可能做错事

的。他们仿佛认为，权力，只要是正当地建立起来的，就不需要制约；对于国民，也不能有任何防范戒备。在他们中间广泛流行着下面的观念：自由就是制定一部良好的民法典；斯塔尔夫人这样著名的自由主义者也用这种观念来解释，为什么那么多革命者会那么轻易地改变立场支持拿破仑。不过，后来发生的急剧转变并非由于那种观念，而是另有理由。法国的新秩序与它周围的愚昧世界之间陷入势不两立的对立之中，冲突是不可避免的。在法国的原则与欧洲的惯例之间不可能存在调和，也不可能彼此信任。每一方都是对对方的持久威胁，只有超人的智慧和政策才能约束那种敌意的大爆发。

英国辉格党的解体表明了，在不存在辉格党人的欧陆君主国中可能会出现什么情形。我们现在都能清楚看到，正是由于遭遇到这块暗礁，法国革命不可避免地会陷入分崩离析状态。曾亲眼目睹那个罪恶时期之暴行的政治家中最为明智的一位，罗耶尔·科拉尔德(Royer Collard)，在很久之后曾说过一句话：革命中的各个派别都是诚实的，只有保王党人例外。他的意思是说，只有右翼是在有预谋、有计划地做坏事。在国王从瓦朗纳斯返回之后、由斐扬党人掀起的那场令人惊奇的革命中，正是保守派靠自己的力量赋予了立宪君主政体以生命力。而这，也正好是他们走向失败的时刻。他们做了那么多努力来挽救一位拥有绝对权力的国王；他们似乎有意让一位立宪君主走向他的末日。

200 法国人上次挑选的1150名代表就此从我们的视野中消失了。720名立法议会(Legislative Assembly)成员都是些新人，普遍地是些默默无闻的人物。贵族、教士、保守派人士没有能够再次出现，他们的位置已被斐扬党人占据了，而在上届国民议会中，他们属于左派。现在，重心已经极大地移向了革命一边。宪法已经制定出来了。关于原则的讨论已经结束了，现在各方将不再为学说而争执，而是为权力而争斗。发言者将不再具有先前那种原创性或说服力；他们不再是政治科学的创新者了；他们也不再是人类的开路先锋了。他们超越他们的前人的，只是文学才能，而不是政治天赋，他们被人记住的也只是他们的雄辩而不是其治国方略。

一位德国旅行者莱因哈德跟一群新当选的议员们一路同行至巴黎，他为他们的魅力所折服，他决心将自己的命运交付给将由这些人统治的国家。而当他被提升为大使和外交部长之时，他的这些朋友们却立刻就跟他断交了，因为他们是来自波尔多的议员，他们把自己区的权力交给了吉伦特派。他们靠着自己从事议会活动的天赋，很快就成了新成立的议会的骨干人物。由于他们几乎没有想法，也没有手腕，所以，他们就让西哀士来指导他们的方针政策。

罗伯斯庇尔通过雅各宾俱乐部成了极左派的领导者，而曾在7月份失势的雅各宾俱乐部，现在又重新扩大了地盘。这些极左分子逐渐与布里索和吉伦特特派拉开了距离。内阁控制在拉梅特领导的斐扬党人手中，而巴尔纳弗则成了王后的秘密顾问。王后听从了他的意见，但充满敌意和不信任。她把他视为一位敌人，急于掀开面具，向他展示，他是如何上当受骗的。因为她实在无法搞明白，这些曾想削弱君主政体的人，怎么又会竭力地维持它。她发挥了一种双重的、不光彩的作用。而正是靠着这位斐扬党顾问的手腕，民众产生了一种有利于宫廷的情绪，国王和王后在大街小巷受到欢呼，在剧院，人们则高呼“国王万岁”而不怎么喊“国民万岁” 201

了。此时是1791年10月，立法议会还没有四分五裂，或者说还没有找到一种方针政策。

1月份，立法议会呼吁流亡者回国，对此，国王表示赞成，尽管他不赞成惩罚这些人。后来，有一个委员会向议会报告了教士的情绪，描述了外省不同派系的教士之间正在酝酿的冲突，议会便出台了针对拒绝宣誓效忠的教士的严厉措施，这一次，国王却予以否决。上一届的国民议会已经剥夺了教士等级的财源，发给他们退职金。这一届议会则把他们看成煽动分子，决心像对待流亡者那样处置他们。在这个问题上，一直拒绝进行宗教迫害的路易十六得到斐扬派的支持。但议会并不是斐扬派控制的，国王的否决导致了议会与国王的疏远。议会强行塞给他一位新大臣，纳尔邦纳·德·拉拉(Narbonne de Lara)伯爵，他是法兰西贵族中最睿智的一位，他的魅力后来甚至迷住了拿破仑。塔列朗认为，目前宪制下的局面让人失望，他推荐了他的这位朋友。宪法协会之女王斯塔尔夫人也为他争取战争部长职位。纳尔邦纳的任命是对斐扬派的一次打击，他们一直希望改革政府机构，他们已经决心追求和平。与此同时，拉法耶特已经卸任国民卫队总司令职位，而宣布竞选贝利离职后空出来的巴黎市长位子。不过，拉法耶特曾下令逮捕国王一家，这一点是宫廷不能饶恕的。王后更青睐佩蒂翁而不是拉法耶特，而佩蒂翁的靠山却是丹东。斐扬派丧失的权势，现在都归了吉伦特派，现在它还没有跟雅各宾派拉开距离。而由于斐扬派支持两院制、爱好和平，支持行政部门独立于单院制议会并有权否决议会的法令，因此，反对斐扬派的势力就希望将国王置于立法机构之下，镇压那些心怀不满的教士，也让贵族、教士逃亡以寻

找打仗的理由。

新推举的大臣纳尔邦纳被任命为战争大臣，而他在外交部的 202
斐扬派同仁德勒萨尔（Delessart）却是一位固执的和平主义者。12月1日，路易十六莅临立法议会，并宣布，他坚持自己的看法，流亡者越过边界线时不应受到惩罚。这是他第一次与国会对立、蔑视国会的行动，这表明，国王与他的斐扬派朋友就要分手了。但德勒萨尔特却破坏了这种影响，他在十天前就向皇帝发回了照会，然后就小心戒备地来往通信。

利奥波德二世是世间最精明、也最谨慎的人之一。他知道如何等待，如何退让。他可不希望自己的妹夫再次强大起来，对于法国由于内部分歧而瘫痪，他可一点都不伤心。但他如果抛下自己的妹妹不管，也不可能不被人耻笑；他也担心在比利时的法国流亡者们的恶劣影响，对这些人，他可是很难控制、也很难安抚的。而在法国问题上联手行动——这种联手行动最终可能就是战争——也是一条结束与普鲁士长期的敌对状态，用与它的结盟来替代已经变得无用的与法国的结盟的办法。因此，他也开始为战争做准备，如果国王一家成功逃出，就帮助他们回国复辟；他也准备引诱普鲁士国王签署一份保证，不过这份保证却超出了他的指令。

不幸的消息从瓦朗纳斯传来后，利奥波德向列强发出呼吁，与普鲁士结成同盟，并参与签订了庇尔尼茨宣言*，根据这份宣言，除非让法国国王恢复其应有之地位，否则，法国将面临欧洲各国联

* 1791年8月25—27日，利奥波德二世与普鲁士国王弗里德里希－威廉二世与流亡贵族阿图瓦伯爵在普鲁士的庇尔尼茨（Pilnitz）会商后所发表之宣言。——译者

合行动之危险。这个威胁其实并没有多大危险，因为它必须以列强一致同意为条件。有一个强国却是不可能同意它的。英国正等待时机从法国的困境中获益。在获得路易十六的认可之后，逃亡的布伊莱确实已向英国提议过，让出法国的一切殖民地，以换取乔
203 治三世的援助。因而利奥波德认为，他这么表示一下，不用冒什么风险，而真正警醒、激怒法国人民的，仍然是流亡者们。然而，在国王自愿接受了宪法之后，庇尔尼茨宣言就成了无的放矢。如果他本人对自己的地位已经心满意足，列强也不可能有义务浪费鲜血和财富去试图修改它。最好的办法就是法国人自己解决自己的问题。于是，并没有什么激动人心的事情传到比利时，其他王公们也没有理由比国王本人更不容易满意。科尼茨说："国王是个好人，他亲手帮助我们解决了我们的难题。"而且，在发生 6 月份的事件后，国王不可思议地又重新受到人民的欢迎，他可以自由地否决他自己不支持的法案，看起来，他似乎与一个强大的、并将一直占据主导地位的派别完全协调一致。根据这些迹象，帝国政府以为，危机已经结束了。这就是 10 月份和 11 月份的局势。

流亡者们意识到了他们在庇尔尼茨遭到的冷遇，因此，他们把促使皇帝放弃幻想作为他们的主要任务，以使他重新回到出兵干预的计划上来。西班牙的波旁王室支持他们的做法，已经召回了驻法大使，并向地中海派出了一支舰队。瑞典的古斯塔夫急于率领一支瑞典军队入侵法国，但需由俄国舰船运送，为此他愿意支付墨西哥的皮阿斯特*，而布伊莱对他的计划表示支持。俄国的卡

* piastre，货币单位。——译者

瑟琳二世百般怂恿日耳曼诸强卷入与法国的冲突，以使她可以不受牵制地在波兰和土耳其采取行动。最早逃亡出国的是达尔托瓦伯爵和他的朋友们，他们曾密谋反对内克尔及其新宪法。他们之所以逃亡，是因为他们的生命处于危险之中。8 月份，农民和抢劫分子起义之后，又有一批人逃亡出国。随着局势越来越严峻，议会用严厉的敌对态度来解决封建权利问题，逃亡潮扩散到低等贵族群体中。而在国民议会与教士阶层关系破裂、教会的财产被世俗化之后，高级教士也加入流亡者行列，紧随他们之后是他们的朋友。到横跨 1790—1791 年的冬天，他们开始在莱茵河地区将自己组织起来，与一些较小的强国，尤其是萨丁尼亚，商谈入侵的事。204

较晚到达的人并没有受到欢迎，因为他们竟然承认过那个立宪政府。真正的流亡者之目标是恢复旧秩序，恢复古代的原则和制度，不仅是没有经过改革，而且也没有经过任何破坏的原则和制度。这是把流亡者与列强连结在一起的纽带，正是基于这一点，流亡者寻求绝对主义君主们的援助。他们不认为，在民众的操控下国王自己拥有改变这些根本法律的权利。一些心地最善良、最能干、最可敬的人也加入到他们的行列中，他们接受这个世界上最伟大的学者埃德蒙·柏克的点拨和激励，他是最地道的自由主义者，也是具有最纯正的革命精神的政治家。此时，他并不是一个反动分子，而是一个辉格党人，他曾经对华盛顿的胜利举杯庆祝，他曾经身穿蓝、黄相间的制服*，他曾经为英军在萨拉托加的投降表示欣喜，他曾起草了致殖民地人民的信，从修辞上看，那是一篇最出色的国

* 这是独立战争期间美洲殖民地军队的制服，英军则穿红衣。——译者

务文献，在这封信中他告诉殖民地人民，攻击他的国家并让他的这些同胞流血是合法的。

流亡者们有形形色色的看法，却一致地厌恶王后，看不起国王，他们希望宣布他的弟弟为摄政王以取代他。他们希望能够同时挽救这两个人，不过，他们考虑得更多的是原则而不是具体的人，因此，巴黎发生的事情并不能使他们放弃自己的计划。皇帝曾谈到过他的妹妹及其丈夫逃跑过程中的种种危险，卡斯特尔诺(Castelnau)回答说："即使坐在王位上的是达尔托瓦，又有什么关系？"他们不仅拒绝服从路易十六，还经常连累他；他们宣称，路易十六想的跟他说的是两回事，这就使国王与他的人民之间的调和成为不可能。在这种极端情况下，连国王的弟弟都拆其后台，他劝阻这些流亡分子不要回国。正是这些流亡者的政策渲染了庇尔尼茨发生的事情的意义；既然他们已经让后人相信了，这个宣言等于

205 宣布他们打算发动一次进攻，当时国内的人当然会更容易相信这一点。面对这些威胁性措辞，法国相信自己陷于危险境地。这些王公贵族们是否想到那个宣言的这种效果，则无人知晓。

法国民众可能已经发现，没有了这么多贵族，他们行动起来更方便了；不过，由于这些流亡贵族正竭力使法国卷入与其邻国的冲突中，而后果如何是显而易见的，所以，议会也作出种种努力迫使流亡者回国；对于那些拒绝回国的人，首先是威胁对他们征收三倍的税，然后是威胁没收财产，最后是11月9日，威胁要处死他们。在公众心目中，拒绝宣誓效忠的教士跟流亡者是一路货色，同样是敌人和阴谋分子，他们甚至更危险，因为他们仍然留在国内。上一次的国民议会已经煽动起边界线上的敌对情绪，第二个议会又煽

动起国内的敌对情绪。第一个议会还给那些拒绝宣誓效忠的教士发放退职金，在没有委任堂区神父的地方继续任用他们。而立法议会则在 11 月 29 日发布命令，这些拒绝宣誓效忠的教士，不管地方当局认为他们如何合适，都必须被剥夺退职金，并被剥夺神职。西部大骚动就是由这一政策引起的。这一政策更多的是宗教性政策，而非政治性政策，议会希望以此迫使流亡教士回国。

议会中好战派的头目是布里索，他以了解外国而著称，而他则肯定地说，法国一定能够获胜，因为不会有哪个真正强大的欧洲国家卷入这场战争的。此时，他已经在努力地孤立奥地利，派遣塞古尔（Ségur）到柏林，塔列朗到伦敦，打算将法国的天然盟友们团结在自己周围。布里索（Brissot）谈论的主题是其他国家的虚弱和分裂；第一个预言到了法国具有的庞大的资源与不可战胜的力量的人，是个慷慨激昂的普罗旺斯人伊斯纳尔（Isnard）。11 月 29 日，他发表了一通讲话，提出了他的预言式看法：在法国人民还被专制的主子们视为奴隶的时候，他们就展示了最高尚的品质；不会有谁担心他们成为自由人之后会堕落；这只是使他们改而为原则而战斗，而不再为国家的政策而战斗。他们中间所蕴藏的力量将会改变整个世界。埃罗尔特·德·塞舍勒（Hérault de Séchelles）无意中泄露了好战派的政治动机。他说，出于国内政治的考虑，希望爆 206
发一场与外国的冲突。这样的冲突将使得比和平时期强硬得多的戒备措施被人所接受，在其他情形下根本不可能被认可的措施，在那种情况下也会因为公共安全的理由而获得正当性。这是未来将要发生的恐怖统治投射出的第一道阴影。不过，让法国卷入这场注定将是历史上最惨烈的战争的，既不是吉伦特派的残暴，也不是

他们的阴谋。真正的根源在于玛丽·安托瓦内特已经下定决心不向新宪法屈服。她最早曾希望法国被列强的联合所吓倒。她曾警告她在国外的朋友们，不要被她与斐扬派政治家们的虚与委蛇而捆住手脚。因此，当利奥波德皇帝将国王接受宪法当成真事，并决定不进攻法国之时，她指责皇帝背叛了她。9 月 8 日，路易十六就在他接受那部宪法之前真诚地写信给皇帝说，在法国，除了他自己的权力之外，他不会容忍任何人进行统治，他希望借助外部援助来恢复这种权力。

召开一次军事强国之正式会议的想法一直持续到 11 月底。不过，从 12 月 3 日到 10 日这一周中，国王和王后写信给列强，希望他们不要管他们的表面行动，两人恳请列强不要理睬他们在公开场合提出的要求，而大胆发动战争；两人也向他们保证，法国会很容易就被制服，并被吓住。他们希望通过这种投敌行为，恢复他们已被打碎的权力。所有这些信件都受到了费桑的影响，几乎就是由他授意的。

由于利奥波德皇帝已经更为清晰地看透了他的妹妹的真实意图，所以他改变了自己的和平政策。10 月 25 日，他谈到要通过在法国境内的一场反革命活动来增加国王的权力。11 月 17 日，他要求普鲁士派出两万部队支援他。12 月 10 日，他公开谴责法国吞并阿尔萨斯的日耳曼领土。与这种逐渐发生的变化相一致，科尼茨也越来越固执强硬了，他公开表示，任何因特里尔* 选帝侯保
207 护流亡者而攻击他的行为，都将遭到帝国军队的反击。步调逐渐

---

* Treves，位置在今德国西部。——译者

加紧了。从和平到战争、从没有效果的劝诫到强有力的挑战的转变过程，是缓慢的、渐进的。这个过程始于10月下旬，当时，人们已经知道了国王接受新宪法的真实意图；但直到次年1月之前，仍然没有发生决定性变化，口气仍然是比较含混的。1月3日，王后寄的一封信终于使皇帝下定了决心。同样是这一吁请，使得梅西改变了态度，他又在1月7日写了封信，迫使科尼茨让步。科尼茨对于法国与普鲁士之间到底是同盟还是对手，已经搞不清楚了。他对柏克先生和所谓革命蔓延欧洲的理论嗤之以鼻。他希望让这种使法国瘫痪的局面永久化，而办法就是让国王与民众继续斗下去。如果恢复国王在国内的权力，也等于恢复他在境外的实力。因此，科尼茨倒是情愿让国王永远处于立法机构的制约之下；然而，事态已经发生了变化，他意识到，反对派的力量在增长，人们曾不加区别地将其称为雅各宾派，其实更准确地说是吉伦特派，这使重心出现了变化。曾经落在君主头上的那些措施，第二个议会又提了出来，国民的力量，国民与他们的代表团结的力量，又开始显现了。

科尼茨尽管最初没有注意到这些变化，不过最后终于警醒了，他终于认识到，挫败法国的办法就是帮助法国的国王。1月5日，在收到王后12月16日的来信后，他宣布，奥地利将支持特里尔选帝侯，如果他因为保护流亡者而遭到武装进攻，奥地利将用武力击退这种进攻。与此同时，利奥波德皇帝也决心与普鲁士结成一个进攻性同盟。他用王后写来的那些表明她的真实心态的信件来解释他自己政策的变化。1月16日，科尼茨仍然相信，其他强国会拒绝合作。然而，普鲁士却表示，如果奥地利放弃5月3日的波兰

新宪法，普鲁士愿意加入新同盟。利奥波德答应了普鲁士开出的这个价码。2月7日，他抛弃了波兰人，他觉得，这样可以腾出更
208 多力量对付法国。其实，1月25日，利奥波德就已经迈出了决定性一步，完成了从防御到进攻的转换。他没有过多谈论国王恢复行动自由的问题。他提出的要求是恢复教皇在阿维农的领地问题，这块领地在教皇反对国会通过的教会法之后被法国吞并了。他要求，日耳曼公侯们应当收复他们在阿尔萨斯的领土，法国也不得擅自闯入帝国的领地。他以一种一般化的用词要求恢复君主政体。2月17日，他本着同样的耀武扬威的、挑战的精神又说了一遍，此时，他已经满足了普鲁士提出的条件，他正期望着英国也会为了保护比利时而提供援助。与此同时，那位曾经帮忙搞到那张致命通行证的俄国大臣西莫林(Simolin)，也应王后的迫切要求来到维也纳。当时王后并没有觉得，他们的生命已经处于危难之中，他们只想到自己的权力受到了威胁。她曾写信给忠实的费桑说，她希望敌人入侵，这样，处于惊恐之中的法国人将会乞求他们的国王去代为求情。

科尼茨已经根据国际纠纷的理由而发出了最后通牒，还声称，他并不想干预法国内部事务。然而，西莫林在25日拜会了利奥波德，于是，皇帝承认了他的首相已经宣布拒绝的东西，他说，这场事业是欧洲所有戴有王冠的人们的共同事业。说完这些意义重大的话之后，他就退出了历史舞台。5天之后，利奥波德驾崩。

奥地利所采取的迈向战争的每一步，都强化了法国立法机构的好战情绪。但德勒萨尔特却缓和了这种情绪；避免煽动性言辞，而与列强打交道的，只能是他。即使巴黎在25日收到17日的照

会，也没有立刻导致立法议会异常激动的情绪。但纳尔邦纳则认为，让他的战争政策付诸实施的时机已经到了，因为多数人现在都站在他一边。他威胁说，除非贝特兰退职，否则他就要辞职，贝特兰是六位大臣中由国王提名的；只是在拉法耶特等控制国民卫队的将军们的敦促下，他才收回了自己的威胁。而路易十六对于这一阴谋极为愤怒，他宣布撤职的不是贝特兰，而是纳尔邦纳。作为 209
报复，吉伦特派弹劾德勒萨尔，结果，3 月 10 日，他被监禁起来。9 月份，他死于狱中。斐扬派的大臣辞职了。罗伯斯庇尔已经预计到了宫廷的算计，并担心战争可能会加强那些拥护君主的军队的力量，所以，他抵制这种好战情绪，并使雅各宾派跟他保持一致。在这个问题上，吉伦特派和雅各宾派分裂为两个不同的派别，吉伦特派也倾向于最终建立共和国，因为他们不信任国王；但他们又承认现行宪法，并不准备拒绝一个处于强大压力下的国王，这是辉格党人发明创造出来的制度。他们相信，只要爆发战争，路易十六就可能跟敌人串通，但只要他们一发觉，就可以将他完全控制起来。“我们被背叛是再好不过了，”布里索曾这样说，“因为那时候，我们就可以消灭那个叛国者。”韦尼奥（Vergniaud）的用词之庄严和高贵已使他成为一位经典人物，他针对杜伊勒里宫说，“从那个宫廷中以一位专制君主的名义制造的恐惧已经太经常了，今天就让我们以法律的名义来进入恐怖时代。”他们怀疑，真心地怀疑，维也纳发来的威胁性照会，实际上是受了巴黎的鼓动。他们组成了一个新内阁，由迪穆里埃（Dumouriez）主掌外交部。迪穆里埃发给奥地利一个照会，要求其在限定时间内撤销其与列强携手强迫法国的政策。而由于科尼茨已经站稳了脚跟，并坚持以前的政策宣示，

于是,4 月 20 日,(根据国民议会的法令)路易十六向他的王后的侄子,匈牙利国王弗朗西斯宣战。玛丽·安托瓦内特通过对她的家人施加影响,终于如愿以偿了。表面上看,这场战争不是为解救她而起,而是由法国率先宣战的,但最后却可以为她所用。为了使这场战争对自己有用,法国就必须失败;而为了确保法国失败,她背叛了国家,将几天前御前会议上讨论的行动计划透露给了维也纳宫廷。

第十四章　迪穆里埃 210

由于战争更经常是政治事件的起因而不是其后果，所以，比较有益的做法是穷追军事局势的进展情况直至迪穆里埃的倒台，至于君主政体的灭亡，我们下周再讲。

1792 年 2 月 17 日，英国首相皮特告诉下议院，欧洲的局势从来没有像今天这样，完全可以有把握地说，将继续维持和平。他还没有认识到法国新宪法所带来的危险。根据新宪法，任何政府，除非它致力于自由，否则就不能被认为是合法的；政府的全部权力均来自国民的意愿。除此之外的一切权力都是僭权，而面对一个僭权的统治者，奋起反抗乃是一种义务。人权应该普遍地适用，就像乘法表那样，而不仅仅适用于法国。这些权利不取决于民族性格和民族的历史，其基础是理性，是所有人都具有的普遍的理性。革命从根本上说是普遍的、具有进攻性的；尽管这些革命基本原则的逻辑推论经常受到国民议会的压制，但立法议会却公开地宣扬这些，从而招来了感受到威胁的欧洲列强之干预。除了这一让人极度激动的起因之外，这场国际性冲突的爆发并没有什么决定性因素。帝国皇帝所强调的不过是阿维农问题，在阿尔萨斯拥有地产的日耳曼统治者受到的伤害，法国在比利时混乱状态中的串通活动，以及当法国否弃欧洲政体之根基之际欧洲团结的必要性。

211 迪穆里埃提议，如果奥地利不再集结更多兵力，法国将从边界地区撤退其军队；然而，就在这个时刻，王后却送来了法国准备进攻列日*的消息。此刻法国提出这个条件似乎是背信弃义，于是，双方的对立情绪更加严重了。玛丽·安托瓦内特派出那个在国王一家逃往瓦朗纳斯途中离开岗位的戈居厄拉特去恳请列强进行干预。她也告诉梅西她对奥地利应该发表的声明的构想。在这封注明写于4月30日的信件中，并没有担心的迹象，也没有说，法国将会因为有人利用过分的威胁手段而被吓倒。希望与奥地利开战的迪穆里埃竭力想离间奥地利与其盟友。他请国王仲裁阿尔萨斯纠纷，并承诺会给他予以奖赏。他提出，将会扩大君权，使那些王公贵族免受追究，将会允许流亡者回国。普鲁士国王弗里德里希·威廉(Frederic William)却不为这些好处所动，他想吞并阿尔萨斯和洛林以抵消他的两个盟友的影响，而且他觉得自己能够成功，因为他的军队是欧洲所有军队中最卓越的。他希望继续留住这些流亡者，他们会支持他对付奥地利，他们也尊敬他，因为他建立了在法国已经崩溃的那种秩序。他们说，“失去一个省要好过生活在那样一部宪法之下。”

同盟军由不伦瑞克(Brunswick)公爵指挥，他是那个时代最受人尊敬、也最有名的亲王。他自己的盛名反倒使他无所作为。很多年前，麦克马洪元帅曾对一位军官说，一支军队，如果是由从来没有闻过火药味的士兵，富有经验的，而又未受军衔的军官，以及靠自己的能力挣取荣誉的将军组成，就是最好的军队。而不伦

* Liège，比利时东部城市。——译者

瑞克则是在伟大的国王手下挣来名声的，他总是担心会失去这一名声。成就功业的渴望，反倒使他不适合担任这一职务，尽管没有人怀疑他的才能。在法国，人们也认为他是指挥同盟军的合适人物，甚至可以担任更高职位。尽管发生了我后面将要描述的惨败，普鲁士人仍然信赖他，当他们与拿破仑相遇的时候，他又成为他们的领军人物。他统帅的这支渡过莱茵河的军队，人数还不到预定的 35000 人。新登基的皇帝弗兰西斯并没有履行自己的承诺；不 212
伦瑞克就在这种各国心怀鬼胎的状态下，开始了远征。

科尼茨现在已经 82 岁高龄了，他对欧洲事态的了解比任何人都要深入，他对他的新主子的政策提出了批评。他认为，他们根本不知道自己将要与什么样的人作战。路易十六从来就没有说明过，宪法作什么样的变动可以让他满足。光有不满是不会有任何结果的，对于一个已经消亡的制度，也没有任何事情可做。8 月 2 日，科尼茨宣布退职，为那个企图肢解法国、从而希望在北方看到一个萎缩的君主政体、在南方看到一个结盟的共和国的人让路。

最后集结起来参与入侵的军队人数达到了 8 万人，其中一半是普鲁士军队。他们集结在莱茵河畔时，觉得有必要向法国人民解释一下：他们为什么要进入法国，他们打算干什么。同盟军总部设在法兰克福，路易十六派来的一位可靠的密使马莱·迪潘(Mallet du Pan)赶来。他既不像柏克或梅斯特(de Maistre)、根茨(Gentz)那样是出色的学者，也不像西哀士那样是一位原创性的、建设性思想家；相反，他是所有见证过法国大革命的政客中最有洞察力的一位。作为一位出生在日内瓦的共和派人士，他通过对法国问题没有偏见的研究而转向了君主政体、贵族制和天主教。

一开始，他跟穆尼埃和马卢埃一样是自由主义者，后来也跟他们一样遭到敌视。在他的事业失败之后，他的那些本来还算开明而明智的证词，变得越来越阴郁而单调，那些与他交往的奥地利政治家也对他越来越狭隘的想法厌烦了。他最后定居于英国，并老死于此。看起来，他并不是一个喜欢提出愚蠢建议的人，所以，人们对他的建议还是比较看重的。他提议，同盟国应当宣布，他们是向雅各宾主义开战，而不是与自由为敌；在国王重新获得他的的正当权力之前，是没有讨价还价余地的。如果国王受到伤害，那他们将遭到可怕的报复。

213 就在聚集于法兰克福的欧洲外交官们研究马莱之建议时，玛丽·安托瓦内特通过费桑搅乱了他们的考虑。王后当然知道如何控制她的笔，并抑制情绪化措辞。但 6 月 20 日之后，她已经毫无保留地相信，另一场更为狂暴的暴乱正在逼近，她相信，共和派这次的目标是想要国王的命。她用来表达自己想法的那些词句，压倒了那位冷静的日内瓦人的建议，她写道："救救我们，趁现在还来得及；但已经刻不容缓了。"她要求宣言的措辞必须非常严厉，从而压垮巴黎的放肆。蒙莫兰和梅西都相信，她的看法是正确的。在保王派政治家中，只有马卢埃预计，她所提出的措辞有害无益。代她前来求情的费桑请一位名叫利蒙（Limon）的流亡人士帮他为此而起草了一份宣言，得到梅西信任的利蒙将他起草的宣言交给了同盟国君主。他宣称，共和派将被消灭，巴黎将被摧毁。而柏克早已写过下面一段话："如果有哪位外国君主踏入法国一步，那他就进入了一个充斥着暗杀者的国家。法国不会实行文明战争的模式，也不应该指望法国人在目前的体制下会奉行这种模式。"马

莱·迪潘本人也宣称过，不应当有任何有害的仁慈，讲究人道就是犯罪。事实上，他的论调与那些取代他的狂热分子之间，没有多大差别。

这份由王后提出、经过费桑、梅西、布伊莱等人认可的宣言，立刻被皇帝接受了。普鲁士人进行了一点修改，最后不伦瑞克于7月25日签字画押。当时他就有点忧惧，他后来曾后悔，他为什么没有在落笔签字前就死去。梅西也曾希望用另一份宣言取代它，但为时已晚。普鲁士大臣们没有让这份文件在柏林发表，他们听任他的起草者陷入贫困和默默无闻状态。而他是根据流亡人士的精神写那份文件的。

7月27日，各国君主发布了他们自己起草的一份声明，它给 214
人这样一种印象：不仅巴黎将遭到军法的严厉管制，而且，凡是国王被从首都赶出后可能会停留的那些城镇，都将受到这种惩罚。布勒特伊尔尽管觉得入侵者们已经展示了一种令人无法容忍的仁厚，但他也不同意这第二条。而利蒙则要求摧毁瓦朗纳斯，流亡者希望，国王所经行的地方的人口中，70%的人应处以刑罚。利用恐吓手段的想法如此丑恶，必然激起三百英里方圆内的恐慌，而事实证明，这种想法对于那些提出者才是致命的；对于那些正在从土伦(Toulon)和布勒斯特(Brest)向巴黎进军并最终袭击了杜伊勒里宫的革命者来说，危险是眼前的，无所作为的后果是确定的。而再确定不过的事情是，国王不可能自己保卫自己。这份宣言是这个事业归于失败的一个令人痛心的根源，他们当时没有搞明白，更明智、更温和的措辞会更有好处。在8月3日之前，巴黎一直没有发表宣言文本。同盟军离得还很远，因而他们的威胁没有被认真对

待,他们还不必对他们已经准备付诸实施的行动并希望看到的结果承担责任。但他们的宣言却强化了丹东的权力,确保了那些狂暴的派系的胜利,并向他们表明:需要将恐怖运用到革命中。这份宣言推动了君主政体的垮台,更导致了三周后保王党人遭受大屠杀。它锻造了某种武器,自己却不能使用,结果被他们的敌人所用。他们的努力不过是让自己走向灭亡而已。

这份宣言让法国人民团结起来反对他们的国王。该宣言试图恐吓并予以谴责的共和派,现在却被委任为国防领导人,共和派的事业现在跟国家的安全画上了等号。为了抵抗侵略,为了使巴黎免遭耶路撒冷的命运,军队开始成为主宰一切的力量。保王分子被从部队中清理出去。拉法耶特作出了最后一次坚持宪法的努
215 力,但他的手下背弃了他。他后来逃进帝国领土,被作为宪法的始作俑者而监禁起来[*]。迪穆里埃继承了他的总司令位置,并效忠于新政府。在国王军队中服役的 9000 名军官中,有 6000 人已经离职了,其中大多数逃亡国外,他们的位置均由新人填补。1791 年,已经征募了 10 万志愿人员,他们还享有选举自己的军官的特权。这成了一支大众的军队,在募集士兵的时候也执行这一原则。在这支军队中,纪律非常严厉,而新当选的指挥官也不为外界所知。这些从行伍中提拔上来的军官终于证明了,比起他们取而代之的那些绅士军官来,他们是更为优秀的职业战士。有才能的人终于有了脱颖而出的机会。1791 年和 1792 年的这些志愿人员中有很多人在后来漫长的战争中飞黄腾达。拿破仑手下的 26 位元

* 他在奥地利监狱被囚禁了 5 年,直到 1797 年才获释。——译者

帅中共有 17 位出自这些人中。

8 月 19 日，在宣战 4 个月后，同盟军终于通过摩泽尔河*一线进入法国领土。在他们的左翼梅斯，有一支法国军队，在他们的右翼，沿沃邦(Vauban)的一连串要塞，也有法国军队防守，中间则是一个无人防守的地带。为了拓宽这一地带，同盟军包围了一座距离最近的有堡垒的地方——隆维(Longwy)，在打败了一些软弱无力的守军之后，于 8 月 24 日攻占该地。当消息传到巴黎的时候，一度引起了恐慌，国防委员会曾考虑撤出首都。丹东宣称，他宁愿一把火烧毁巴黎，也不会把它拱手让给敌人。那个在隆维防守不力的将领拉韦纳(Lavergne)后来被判处死刑。令他伤心欲绝的不是自己的死亡，而是他妻子的哭喊，她表示自己愿与他同死，法官最后成全了她。在上刑场的路上，她竭尽全力让他放松，给他勇气，最后两人一同上了断头台。

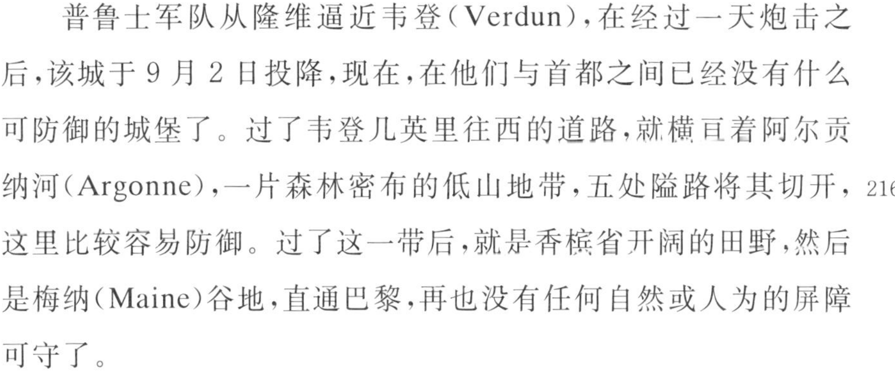

普鲁士军队从隆维逼近韦登(Verdun)，在经过一天炮击之后，该城于 9 月 2 日投降，现在，在他们与首都之间已经没有什么可防御的城堡了。过了韦登几英里往西的道路，就横亘着阿尔贡纳河(Argonne)，一片森林密布的低山地带，五处隘路将其切开，216
这里比较容易防御。过了这一带后，就是香槟省开阔的田野，然后是梅纳(Maine)谷地，直通巴黎，再也没有任何自然或人为的屏障可守了。

9 月 7 日，皮特写信说，他希望不伦瑞克能够不久就到达自己

* Moselle，源出法国东北部，流经卢森堡，在德国境内的科布伦茨注入莱茵河。——译者

的目的地。在他的正前方已经没有敌人了，而在他的侧翼，迪穆里埃仍然固守着边界线上的堡垒，迪穆里埃相信，只要他威胁到布鲁塞尔的普鲁士军队，他就能遏制住这次入侵，而在布鲁塞尔，由于最近发生过起义和内战，防守比较薄弱。法国政府拒绝了他提出的这个太过冒险的计划，而命令他向夏隆方面移动，防御法国的心脏地带。在色当（Sedan），迪穆里埃已经能够听到远处的重炮开炮的声音了。他很快就改变了自己的计划，放弃了比利时，不过，并没有离开太长时间。他绕到森林的通道后面，此举很快令他一举成名。他说，“这里是法国的温泉关，而我要做得比列奥尼达*更好。”

布勒特伊尔在韦登组织了一个新的管理当局，然而此时，不伦瑞克的军队却行动迟缓，向南进军推迟了10天，结果给了法国人充裕的时间来加强其防守。在出发之前，不伦瑞克指着地图上他打算在16日拿下的地方，他的手下第一次听说了这个地方历史上的名字——瓦尔米（Valmy）。14日，克雷法伊特（Clerfayt）与普鲁士军队一起突破了一条隘路，绕到法军左翼。夜幕降临的时候，迪穆里埃非常迅速地撤出了他的温泉关，而没有成为一位可以媲美列奥尼达的人物。他在与通往夏隆的道路相交叉的地方布下防线，对面就是阿尔贡纳的南隘路，这条隘路一直延伸到克雷蒙特和圣梅纳乌尔德之间。正是在这里，德鲁厄追上了路易国王。迪穆里埃的步兵部队与普鲁士骑兵遭遇并溃散。他写道，他的1万将

* Leonidas，古希腊时代斯巴达国王，第三次希腊-波斯战争中，他率领约4000名伯罗奔尼撒士兵，扼守北中部希腊交界的Thermopylae，在大军溃散之后，与300勇士全部战死。——译者

士被 1500 名普鲁士轻骑兵打得四散而逃。

拿破仑后来在圣埃勒纳说，他相信，尽管他比当时的任何一位将军都大胆，但他永远不会大胆到采取迪穆里埃所采取的那种态势。迪穆里埃的军队在数量上被人超出，是一对三；在谋略上，他也被人超出，他被同盟国最有进取精神的将军们打得根本站不稳 217
脚跟。他招募的士兵不敢与敌人对阵。他一度自己都对自己丧失了信心，而他在韦登浪费的时间又让他的对手得以从容采取行动。他向率领梅斯军队的克雷芒（Kellermann）和率领由里勒（Lille）赶来的 1 万部队的伯尔农维勒（Beurnonville）求援，他们也在 19 日及时赶到了。当伯尔农维勒从望远镜中看到一支排开战斗队列的常规军时，便惊慌起来，立即撤退，他以为这一定是不伦瑞克的军队。其实，那是迪穆里埃的军队，9 月 20 日上午，他统帅着 53000人，在他的正对面则是同盟国军队。普鲁士军队已经通过他放弃的一个隘路穿过了森林地带，他们现在回过头来面对着他，他们的身后就是广阔的卡塔洛尼亚平原，通往巴黎的大路就从这里穿过。他们已经进入法国境内一个月了，他们没有遭遇到什么像样的抵抗。拉法耶特已经被抛弃了。军事方面的衰弱是如此明显，那位从隆维跑出来的步兵团上校投河自尽了，韦登市长则开枪自杀。

克雷法伊特的胜利与次日敌军的溃败增加了日耳曼人的希望，他们在 19 日写道，他们正在追击敌人，只要敌人还有胆量等着他们进攻，肯定会被消灭。拉法耶特在卢森堡监狱中希望普鲁士人尽快推进，他设想，这样一来，迪穆里埃或许会与他们合作去拯救国王。

因此，9 月 20 日，当晨雾散去、法国军队在低山前摆出阵列时，普鲁士阵营中欢欣鼓舞。这支在那位伟大君主的监督下、在波茨坦接受过严格训练、赢得整个欧洲尊敬的军队，第一次与共和派的炮火遭遇。他们共有 34000 人，克雷芒以 36000 人迎战，双方的大炮数量分别为 40 门对 58 门。事态很快就清楚了：战斗并没有像入侵者所想象的那样进行。法国士兵并没有被炮击所吓倒。伯尔农维勒策马跑到他的一个团，告诉他们卧倒以躲避射击，尽管伯
218 尔农维勒自己躲到了马背后面，士兵们却拒绝执行他的命令。在估计大炮对共和派军队的神经产生了一定震慑作用后，普鲁士步兵准备发动攻击。后来曾被拿破仑视为当时唯一可以与他相提并论的将军古维翁·圣·西尔（Gouvion St. Cyr）觉得，法国军队没有排成密集方阵，但事前也没有人告诉他们要这样做。

威灵顿（Wellington）曾经说过，战争的奥秘就在于搞清楚山那边正在发生什么样事情。几天之后不伦瑞克骑马巡视战场时，有一位参谋军官问他，为什么没有趁早往前推进，他回答说，“因为我不知道山背后是什么。”山背后就是迪穆里埃准备的 16000 人的预备队。他已经派出了同样数量的军队到前线，克雷芒的战线上需要这么多人手来填补空缺。由于自己那一天的英勇表现，克雷芒已经被授予帝国元帅和瓦尔密公爵头衔。但整个世界都明白，这场胜利其实应该归功于幕后的那个人的头脑。法国军队在损失了 300 人之后仍然没有动摇，普鲁士军队就停止开火，退出了战斗。他们仅仅损失了 184 人。然而，就是这 1 比 3 的伤亡比例和这场二流的战斗，却跟滑铁卢、葛底斯堡战役一样，当属历史上一场决定性战斗。歌德并不是日耳曼世界唯一一位知道这是人类历

史新纪元的一个开端的人。就靠这36000人的军队和40门大炮，法国人阻止了欧洲的推进，他们靠的不是纯熟的策略或冷酷无情，靠的是他们遭遇到截至目前欧洲最为训练有素的军队时表现出的那种坚毅。法国人现在发现，整个欧洲大陆都在自己的掌握之中了；一场最初是为了拯救君主政体的战斗，却变成了扩大共和制度的战争。这种制度是在巴黎建立的，但在瓦尔密获得了巩固。而如果没有军事行动，它不可能获得决定性胜利。法国人坚守了自己的阵地，因为没有人来进攻他们；而他们之所以没有遭到进攻，是因为他们坚守了自己的阵地。普鲁士人遭到了一场战略上的而非战术上的失败。由于他们退出了战斗，他们就背弃了他们投入这场战争的目标本身，背弃了他们所占领的省份和弗里德里希大 219
帝的荣誉。他们不再占有人数上的优势，而如果没有人数上的优势，他们就不可能逼近巴黎。

侵略的目的通过武力是不可能实现了，但有些东西是可以在武力还没有完全失败之前通过谈判得到的。就在他们因为疾病和供应匮乏而不断损兵折将的时候，法国招募的新兵正在源源涌入军队。因此，迪穆里埃希望赢得时间。国王的秘书被抓住了，迪穆里埃派他带了一封主动示好的信给普鲁士国王，信中说，原定推进到巴黎的计划已经没有实现的希望了，与普鲁士有更多共同利益的是法国而不是奥地利。普鲁士国王威廉立刻放弃了原来的要求。他现在才不管法国未来的政府是什么样，早也忘了跟流亡者的协议。他只要求保留路易十六，因为这样对法国更好，而革命的宣传也应当就此结束。这种宣传是法国人用来制约和牵制欧洲绝对君主制奉行者们的一件武器，而很显然，这种宣传从瓦尔密的胜

利中得到了鼓舞。按理，对于被囚禁的国王来说，这是一个光荣的时刻。然而，这场胜利对于他来说，已经没有关系了。迪穆里埃在一份报纸上发布了一道废除君主制的政令。没人知道同盟国现在呆在法国的领土上还有什么用。不伦瑞克说，“我们只想替国王做点事情，然后我们就走人。”哪怕国王只是一位执政者，奥地利人都会心满意足。克雷芒曾许诺，只要国王回到杜伊勒里宫，就可以实现和平。但所有这一切都太晚了。同盟国侵入法国所要拯救的这位君主，现在已经成了掌握在其敌人手的一位人质。他们现在所能做的，不过是乞求这些革命者不要将革命扩散到外国。他们的处境一天比一天危险，迪穆里埃的权势越来越强大。

到 9 月底，弗里德里希·威廉放弃了路易十六，让他听天由
220 命。同盟国入侵法国导致路易十六遭到废黜，而他们离开法国则让路易十六遭人杀害。国王并不觉得，自己应该蒙受这么大的屈辱。如果奥地利人像最初答应的那样派遣 10 万大军，那么，在一位强悍的指挥官的率领下，或许还可以打进巴黎。国王完全可以正当地说，他确实支持过那个勇敢大胆的方案，但这个计划却让那位犹疑畏缩的总司令给搞砸了。这位总司令企图在不再蒙受任何进一步损失的情况下撤出法国，因此放出了中立的口风。迪穆里埃则知道，每次进攻都会使同盟国更紧密地团结起来，所以他克制自己，没有去妨碍他们撤退。10 月初，他们撤离被占领省份，回到莱茵河地区，后来只有零星的射击；与此同时，迪穆里埃则赶回巴黎，作为整个国家的救世主而受到热烈欢呼。

1792 年的入侵唤醒了一头蜷伏的狮子：在那么轻易地地击败了同盟国入侵之后，法国转向了进攻。同盟国军队在进攻的时候是那么软弱无力，但在撤退的时候是那么高傲，它仍然保持着实力，不过，革命者对欧洲的征服已经开始了。达尔托瓦伯爵的义父萨丁尼亚国王一直奉行反对革命的政策，并积极支持进攻里昂的方案。自古斯塔夫被谋杀之后，在欧洲所有君主中，他是对革命最为仇视的。于是，孟德斯鸠（Montesquieu）统帅的一支法国军队攻占了萨沃伊和尼斯，没有遭到任何抵抗，因为人民早就准备实行新制度了。一周以后，屈斯蒂纳（Custine）攻占了莱茵河左岸，这里分裂为很多世俗和宗教地区，根本没有凝聚力，很容易被征服。古弗尼尔·莫里斯曾经说过，历史将会证明，《人权宣言》要比约书亚[*]的战鼓更有力量。10 月 21 日，门茨（Mentz）陷落，居斯蒂纳攻占了法兰克福，补充了自己的军用物资。这种深入帝国腹地的行动，并不是国家的政策所授权的。下面的观念已经开始初现端倪：法国的安全需要可以防守的、历史上形成的莱茵河的天然屏障；而与奥地利的大冲突将会转向意大利。因为德国是个全民武

装起来的国家，因此，最好先把它放到一边。而在意大利，奥地利 221
军队只能靠自己带的物资装备打仗。意大利最致命的一点是它属于帝国最边远的领地，它离维也纳那么远，而离巴黎是那么近。

现在，迪穆里埃已经完全可以随心所欲地发动进攻了，他希望以此来阻止敌人的入侵，就仿佛当年西庇阿登陆非洲从而迫使汉尼拔撤出意大利一样[**]。通过将战争引向这个方向，他就可以攻占帝国领土，却又不会激起普鲁士的怨恨。这个国家将不再有和

* Joshua，旧约《圣经》中人物，摩西的继承者，以色列人的军事统帅。——译者

** 此指迦太基与罗马爆发的第二次布匿战争后期，罗马人派西庇阿率军攻入非洲，正在意大利作战之汉尼拔被迫撤出意大利返国驰援，终遭败绩。——译者

平可言了，它将呈现出一种异乎寻常的特征，保守分子和自由主义者将既被看成爱国者，又被视为反叛者。在这个国家，不满推动了战争，而欧洲革命的进程此刻已在这个国家开始了。10 月 19 日，迪穆里埃统帅一支 7 万人的大军出现在那个他从侧翼进攻阿尔贡纳之前曾经占领过的那个地方。他的部下中有一位中尉是秘鲁的冒险家米兰达[*]，他的使命是运用欧洲的这场运动去解放西班牙人统治的美洲。另一位人物是那位大出风头的老平等亲王[**]，迪穆里埃和丹东两人已经预示了他辉煌的未来。

在香槟省的战斗进行之时，奥地利军队已经开始围困里勒，在潮流变换之后，他们撤出了边界线，在蒙斯（Mons）之前的热马珀斯（Jemmapes）构筑了坚强的防御线，共有 13000 守军。克雷法伊特再次成为他们的指挥官。11 月 6 日，他看到法国军队正在逼近，大约有 4 万人，他像纳尔逊在死亡前那样，佩戴着自己的全部勋章和金色绶带出现在战场上，他想，这种情形，可能会激发他的手下的斗志。但他仍被打败了。次日晚上，在蒙斯剧院，佛兰芒爱国者对迪穆里埃欢声雷动。一周以后，他出现在布鲁塞尔，到月底之前，他已经成为比利时的主人。荷兰几乎没有什么防御能力，他提出占领荷兰，但安特卫普已经处于法国人的控制之下了，他的政
222 府担心英国人将会赶来保护荷兰人。他们下令他进攻科隆，完全

* Miranda，1750—1816 年，西属南美殖民地独立战争领导人。参加过北美独立战争、法国革命，长期活动于欧洲，曾主持成立委内瑞拉第一共和国，后被西班牙逮捕死于狱中。——译者

** Prince Egalité，指路易·菲力浦·约瑟夫，1747—1793 年，波旁王族奥尔良支系贵族，路易十六的堂兄弟，但支持革命活动，参加雅各宾俱乐部，放弃贵族称号，改名菲力浦·平等，投票赞成处死国王，但因其子与迪穆里埃逃亡而遭逮捕处死。——译者

占领莱茵地区。

根据11月19日的政令，国民公会(Convention)对每个在为自由而战的战斗中牺牲的人予以表扬并提供帮助。不过，吞并领土的马脚很快就暴露出来了，政府公开承认，战争还将继续进行下去，只有这样，才有可能满足法国的财政需求，代价则由那些法国军队所解放的人来承担。这些东西冒犯了迪穆里埃的政治甚至道德情操；他与国民公会出现了裂痕。国王被处死后，英国投入战争，法国却没有考虑到保卫荷兰的政策。法国军队入侵荷兰，但很快就失败了。奥地利军队在科布尔格(Coburg)——就在这一天，在科布尔格的住宅中发现了大量财宝——率领下又杀了回来，在靠近兰登(Landen)和拉米里埃(Ramillies)战场的纳埃万登(Neerwinden)发生了战斗。在这里，3月18日，克雷法伊特重创迪穆里埃的左翼，迅速收复了比利时各省，跟他4个月前丧失这些地区一样地迅速。

迪穆里埃终于下定决心与帝国采取共同行动对付巴黎的那些弑君者。在被打败5天后，迪穆里埃通知科布尔格，只要他提供支持，他本人将率领军队打回巴黎，解散国民公会，建立一个立宪君主政体，不过，要将流亡者拒绝在外。他承诺，他的军队中大多数人将会追随他。他的军队中，志愿人员都是雅各宾党人，而常规军则看不起这些志愿者，他们会听从将军的命令。由于已经察觉到他的计划，那些对他抱有敌意的军官开始监视他，向巴黎报告新建的瓦伦斯泰因(Wallenstein)军营中正在发生的事情。雅各宾党人曾两次试图避免这个险情。他们邀请迪穆里埃到巴黎，这样，他可能自己成为吉伦特派领袖，压制吉伦特俱乐部中的多数派，他们

就可以找人暗杀他。后来他们派出战争大臣，在四位国民公会成员的陪同下前去逮捕他。本来还有第五个人，但他没有及时赶到，而他的缺席却拯救了法国。因为迪穆里埃已经拘捕了国民公会密
223 使，并把他们交给了科布尔格，作为保住王后性命的人质。那位没有赶到的议员是卡尔诺(Carnot)。在上述事件之后，迪穆里埃被他的手下废黜了，逃往奥地利军营。他又活了30多年。他成了拿破仑军事生涯的敏锐的观察家，他与威灵顿经常通信，讨论他理解得如此深刻的战争的艺术。在两人多变的一生中，曾与他进行过讨论的那位未来的“法国国王”始终对他保持着忠诚。在复辟之时，迪穆里埃曾提出一个要求，应该让自己成为一位元帅，高傲的迪穆里埃曾这样说过：“你怎么能认为人们已经忘了阿尔贡纳呢?”

次年6月20日，路易·菲力浦[*]从特维肯汉姆(Twickenham)赶到城里了解低地国家的消息。路易·菲力浦的儿子现在还记得他父亲看到他的老司令官的地方，当时，在位于汉默斯密斯的走廊上，这位老将军打着手势说着话。从这里他才知道了，那场大战是如何从瓦尔密的胜利开始，又如何以拿破仑的滑铁卢失败而告终的。

---

* 上述平等亲王之子，与迪穆里埃一同逃亡。——译者

第十五章　君主制之毁灭 224

吉伦特党人的估计是正确的。宣战后四个月，王座就坍塌了，国王被囚禁起来。在新内阁中，权力仅次于迪穆里埃的大臣是日内瓦人克拉维埃勒(Clavière)，他曾是米拉波的一位顾问，是指券的积极推动者；下面是塞尔旺(Servan)，一位战功显赫的军官，不过，对我们来说，他更以军事史家而著称；还有罗兰(Roland)，他的妻子的社会影响力和在知识界的名声在一个较低的层次上享有斯塔尔夫人的影响和地位。

外交大臣迪穆里埃是大革命时期的大人物之一。他属于极端聪明的人，而算不上伟大人物，也不讨人喜欢；他足智多谋，在身临险境时不仅非常冷静——这是指挥官应当具有的素质——当希望已经丧失时，还依然保持着坚定和乐观心态。他与弗里德里希的王牌军队遭遇之时，他的手下都是些没有经过训练的志愿人员，他手下的军官则仍然是国王军队中逃跑后残留的。如果没有原则或信念或良心上的顾忌，他就不会对那些教条的革命者手下留情。他曾对他所蔑视的国王说过：“我可能会经常让你不高兴，但我永远不会欺骗你。”他并不是那个通过发动战争来危害国王、毁灭国王的阴谋的合谋者。他开头做得并不怎么好，不管是在打仗的艺术还是维持和平的技巧方面。他曾利用自己的一切外交手段、动

用一切秘密活动经费，竭力想使普鲁士保持中立。但没有任何东西能阻止普鲁士人在对法政策上的恼怒，及他们对法国军队的蔑
225 视。普鲁士军官接到命令，准备向巴黎进军，私下里他们被告知，这将纯粹是一次军队检阅而已。在比利时境内与奥地利军队的第一次遭遇战证明了他们的这种信念：法国人转身逃跑，并且还杀了他们的一位将军。

迪穆里埃的名声开始动摇了，吉伦特派现在没法再指望利用他来发动下一场战役以执行自己的计划了，于是，他们又提起教士的问题。5月27日，韦尼奥提出制定一道政令，将拒绝宣誓效忠的教士交给地方当局处置，并威胁他们，在国家危急关头，作为人民公敌，他们可被任意驱逐。假如国王批准这一命令，国王本人就将被孤立，遭到伤害。而只要国王否决，他们就有借口煽动巴黎来对付他，而不用等待战局的变幻莫测或迪穆里埃的配合。6月10日，罗兰夫人向国王写了一封信，她的丈夫也在这封信上签了名，信中说，为了教士们自身的安全，应当将他们从那种危险的做法中解救出来。罗兰对自己的这封信非常得意，将其送到报社发表。吉伦特党派的内阁立刻被国王解散了。迪穆里埃试图组成一个没有他的吉伦特同党的行政管理当局，但他无法解决国王对于法案的抵制。6月15日，他宣布辞职，到前线去充当指挥官。立法议会中的大多数人依然忠于1791年宪法，反对进一步的变革；但在这关键时刻，他们对于针对保王的教士们的那部法案的抵制，让他们陷入孤立。路易十六和他的朋友们失去了地盘，他激怒了吉伦特党人；他也已经失去了最后一位具有足以拯救他的力量的人物的支持。

6月 15 日，区行政当局的一位高级官员来到莫伯热(Maubeuge)来拜访拉法耶特。他的名字叫勒德雷尔(Roederer)，我们还会遇到他。在拿破仑时代，他升到高位，我们对于皇帝的性格和我下面将会谈到的事件的了解，都来自于他的记载。他与将军的谈话被巴黎传来的一个消息打断了。拉法耶特被叫了出去， 226
从隔壁，勒德雷尔听到了军官们欣喜的欢呼声。原来，他们听到的是吉伦特党人倒台的消息。为了加强国王的支持者，拉法耶特写信给立法议会，劝告他们要抵制当时的反自由主义、反宪法的倾向。18 日，议会朗读了他的信。这时已经组成了一个新内阁，由斐扬党人和拉法耶特的朋友们组成，其中一位是特里埃·德·蒙特西厄(Terier de Montciel)，他也忠于国王。对此予以反对的，则是吉伦特派，他们对自己失去权力感到愤怒和惊恐；还有更加不妥协的雅各宾党人，佩蒂翁是这个革命委员会的首领。在佩蒂翁的背后，则是巴黎真正的主子丹东，周围是他的一群同党：控制警察的帕尼斯(Panis)和塞尔让(Sergent)，控制报纸的德斯穆兰和弗雷龙(Desmoulins and Fréron)，还有桑泰尔(Santerre)、勒让德勒(Lcgcndrc)之流的民众领袖，而他们中最重要的是则是阿尔萨斯的军事家威斯特曼(Westermann)。

讨论到丹东和他的追随者，我们就看到了现在仍可被称之为意见冲突的最低级阶段，我们开始接触到罕见的贪婪和报复心，残酷的本能和见不得人的动机。在革命的前几个阶段，所有这些因素都已经非常接近于浮现出来。而在这一刻，它们就要占据上风了，那些敢于行动的人将挤上前台，取代了彼此争吵不休的玄想家家。罗伯斯庇尔和布里索都是些从不惧于犯罪的政客，只不过他

们将其用于实现某种形式的民主制而已。他们中间最可怖的人是马拉，他不仅要求实行大屠杀，还要求使用酷刑，他的那些残暴行径令人作呕，纯属变态，但即使是这位马拉，也是遵循着他自己的逻辑。他所信奉的也只是当时人们普遍信服的自然状态和原始契约之理论。穷人确实同意放弃在野蛮的、暴力主宰一切的生活状态下所曾享有之权利，希望从文明生活中获益；但他们发现，这个契约被另一方撕毁了。他们发现，上等阶级纯粹为了自己的利益而进行统治，留给他们的只有不幸和无知。于是，他们就可以重新
227 回到社会出现之前的野蛮状态，他们可以随心所欲地拿走自己需要的东西，他们可以随心所欲地将惩罚施加在那些曾从他们的痛苦中获益的人的头上。丹东不过是个强人而已，他希望出现一个维护人民利益和他自己利益的强大政府。对于理论问题，他从来不关心，他只关心通过压迫富人来解救穷人。他对于在这个背景下聚集起来的那个派别，并无多少同情，他的目标不仅要减少不平等，还要确立真正的平等和社会的均一。这为民主的逻辑之更为极端的发展留下了余地；不过，可以说，近代世界最大的变化乃出自丹东之手，因为正是他，推翻了君主制，建立了共和国。

在路易十六解散了他的大臣之后，丹东立刻大声疾呼，到了发动恐怖打击的时候了。6 月 20 日，他的这个威胁变成了现实。这一天是网球场誓言周年纪念日，有人要组织一场规模庞大的游行示威，要种植一棵自由之树，或提出一份请愿书，事实上想以此吓住议会和国王。他们希望，国王会在这场骚动中灭亡；不过，并没有想出任何明确的办法，也没有派人去进行暗杀。只要他退让，赶走他的教士们，接受民众推举的大臣就行了。这就是吉伦特党人

的全部要求，他们不会同意提出更多要求。国王不得不在他们与他们暂时的盟友——那些一心弑君的家伙——之间作出选择。如果他退让，就可以不受伤害；如果他抵制，他将被杀死。他们没有想到，他会抵制，因为他已不想苟活下去了。国王明白摆在他面前的选择，他作出了抉择，准备赴死。在他的住宅被看管起来之后，6月19日，他写道，他已经对尘世厌倦了。

路易十六天生就缺乏制定政策的能力，也没有努力贯彻这种政策的勇气，但他却有理解原则的能力。到了最后，他觉得，他脚底下的土地是坚实的。他不再动摇，不再接受任何劝诫，也不再接受任何令人烦扰的要求。即使他死了，他也要为宗教事业、为良心的权利而死。良心权利的恰当名字就是自由，因而他对自己是忠实的；从他准备赴死之时起，从人格上说，他就是一位自由主义的，228
一位具有改良精神的君王。那个早晨到来的时候，他曾有过一刻的犹豫。当时还比较平和的暴乱分子曾问他们的头目桑泰尔，如果卫队向他们开枪，该怎么办。桑泰尔回答说：“继续前进，不要害怕。佩蒂翁就在那儿。”他们递上了他们的请愿书，在议会前以单列纵队前进，开往王宫方向。他们没有想到，他们在获得国民的代表们的承认之前，一个低级的权力却不让他们接近。他们越过了一道又一道屏障，涌入了一个房间，国王在此等候他们，他站在一扇窗户的阳台上，有四五个卫兵站在他前面。他们严密地保护着他，尽管人群中不断有人用剑和长矛攻击他，却都没有触及他。他们提出的要求是，国王应当让罗兰复职，收回他的否决，这是吉伦特党人与他们那些狂暴的伙伴们共同的要求。勒让德勒宣读了一份侮辱性宣言，他称国王为卖国贼。这一幕一直持续了两个小时。

然后，韦尼奥和伊斯纳尔德才出现，他们的出现对国王是一种保障。最后，佩蒂翁赶来，踩在精锐部队的肩膀上来到国王面前。他向这些暴民保证，如果整个国家都表明支持巴黎，则国王将会执行人民的意愿；他告诉他们，他们已经完成了他们的职责，然后，用一种圆滑的技巧把他们赶了出去。

这次令人难堪的侮辱，是路易十六一生中最为高贵的一刻。他站在那里，在扑了粉的头上戴着象征自由的红帽子，他不仅毫不畏惧，反而表现得愉快而安详。他在他的敌人的掌握之中，却以耐心挫败了他们。在他的生命受到威胁时，他没有投降，也没有退让。吉伦特党人并没有被召回内阁，那场运动归于失败。此刻，这种结果对于革命党人造成了损害，给国王则带来了好处。事情已经很清楚了，恐吓和凌辱已经不能对他发挥作用，因此，需要采取比吉伦特人半心半意的办法更为严厉的措施。

229 6月20日暴行是对拉法耶特16日来信的一个侮辱性回复，在这个时刻，他写这封信，可不仅仅是写封信的问题。因此，他的来信备受重视，议会下令将该信公开出版。吉伦特派谎称这封信不可能是拉法耶特本人所写，试图阻止议会就是否将该信印发各区进行表决。他不能代表斐扬党人的多数，不能代表主要由他的同党组成的内阁，也不能代表国民卫队将士。由于他是一支军队的首领，所以，他建议国王采取抵制政策，等于说他将支持国王这样做。他现在再次写信说，除非首都局势发生某种变化，否则，他永远没有办法义无反顾地抵抗普鲁士军队。6月28日上午，他的信被公开之后，他立刻来到议会，抨击那些煽动破坏秩序的人正在使国家走向分崩离析。在获得339票对234票批准之后，他呼吁

国民卫队跟他一道反对雅各宾党人。他召集他的朋友们开会，但宫廷事件的影响使这次会议没有开成。他被迫回到自己的兵营，什么事情也没有做成。他设想可能还有机会。于是，他找来他的同事吕克内(Luckner)，他的能力虽然不怎么样，但不是政客，也不是不可信赖的人。他们准备一起去救国王，把他带到某个城市去避难。

革命者们现在已经有了他们的计划，且不惧怕军队了。在7月14日革命纪念日那天，他们召集了各个区的民军(fédérés)，试图作出安排，如果这些顽固的家伙想发动最后一次打击，就应当从布列斯特和马赛派人来制服他们，因为巴黎已经指望不上了。但他们却遭到了彻底失败。6月21日和6月25日，激进的科尔德利俱乐部成员试图再发动一次攻击，他们在20日就曾实施一次，却因为目标被分散而遭到挫折，他们希望这次收到较好效果。但他们的人却动不了。大臣蒙特西埃发布命令，各区不能派民军成员到巴黎来，他成功地阻止了他们的大多数，只有一两千人到巴黎。在港口城市派出的支援队伍到来之前，激进分子们什么也不 230
敢做。于是，危机被暂时拖延了，7月份的几个星期，各派在议会中继续斗争。在议会中，吉伦特党人是议长，斐扬党人却在议员中占多数，雅各宾派则在巴黎占了上风。吉伦特派被迫奉行一种让他们痛苦的、软弱的政策。共和制度被迫将权力交给他们的敌人，就好像当初君主政体将权力交给其他人一样。吉伦特派所能做的唯有不断地积聚对国王的仇视，他们希望这能迫使国王与他们进行交易。他们在公然的进攻、秘密谈判和防守意图之间犹豫不定。

路易十六倾向于接受他的大臣与将军们共同策划的出逃计

划。他将被带到科姆皮埃纳(Compiégne),由军队予以保护。军队就是指拉法耶特,而拉法耶特只会同意保留国王作为国家的世袭元首,他可以充当国家元首,但不能进行治理。王后拒绝充当受到这种条件限制的国王,也拒绝被这样的人拯救。在她看来,安全取决于掌握权力,而不在于对权力的限制。神圣的东西是古老的王权,而不是现在的宪法。拉里·托朗达尔已经不再钟情于马卢埃和克雷蒙特·通纳勒所鼓吹的英格兰模式,他劝诫王后接受莫里斯的方案,莫里斯的方案是现成的,早在五年前,就提出了一种仿照美国政体的方案;托朗达尔希望王后找到他起草的一份经过修正的政府方案,在他们获得自由之后予以公布。然而,王后坚强的意志和更为强烈的激情占了上风。这个时候,一切都精确地配合着,瑞士军队正在向预定地点进发,国王已经收回了他的命令。7 月 10 日,斐扬派内阁辞职,但吉伦特派发现,权力仍然在斐扬派掌握之中。于是,他们非常激烈地抨击国王是国家一切麻烦的根源。7 月 6 日,他们的这种攻击一度被充满感情的一幕所打断:这一天,里昂主教提出了一份宣言,表示在面对敌人时应当同仇敌忾。

7 月 11 日,议会投票通过了一项宣告国家处于危急状态的提
231 案,22 日,议会在大炮声中公布了这一政令。这是召集武装力量的宣言,它将独裁的权力交到了政府手中。议员们提出了种种建议以使这种权力独立于行政部门之外,后来发展成公安委员会的那种想法,现在已经初露端倪。7 月 14 日,在战神祠举行了纪念攻陷巴士底狱和 1790 年成立联盟的活动,国王来到祭坛前,他宣誓将诚心效忠于宪法;这将是民众最后一次在公开场合看到他;下

一次他们看到他时，他已在断头台上。到7月底，吉伦特派明白了，国王不会向他们让步的，而雅各宾派发动的骚乱也日益逼近，这种骚乱既针对国王，也针对他们。他们的最后一张牌是设立摄政王，即由他们打着王储的名义发号施令。韦尼奥提出，国王应当让四位立宪议会成员进入他的御前会议，不担任官职，以弥补他的新大臣没有名气的缺失。就在这个时刻，不伦瑞克声明为人知晓，巴黎48个区中有一些区的民众正在考虑提出废黜国王的要求，30日赶到巴黎的五六百马赛人则使实现这一要求成为可能。

这些几乎在同一天发生的事件，将权力从议会手中转移到了市政府手中，也即从吉伦特派手中转移到了雅各宾派手中，因为雅各宾派已控制了市政府，他们已掌握了在那几个区活跃的势力。在呈交给国王的一封信中，韦尼奥申明，国王与那些为他而来的同盟国之间不可能没有联系，因为他们如果取得胜利，将对他带来很大好处。这是保王党人无法予以反驳的论点。国家处于危急关头，而危急的根源就是国王。宪法在6月20日就已遭到践踏。国王绝不可能忠实于这种如此粗暴对待他的政体，这种政体将使他的敌人可以支配所有的武力，从而使他任由那些最傲慢无礼、最声 232
名狼藉的暴民肆意侮辱攻击。当然，他并不天生就是一位专制者，他或许可以很容易对合理的变革心满意足。但他作出变革的限度却无人知晓，是个未知之数，他也没有解释过。于是，他就被简单地被视为他曾发誓要遵守的宪法的敌人。

这个时候，王后是比她丈夫更重要的人物，她更为公开地从事反动活动。那场伟大试验的失败驱使她重新回归绝对君主制。她在1791年曾拒绝接受流亡者，现在她又拒绝接受立宪派。她宁可

选择灭亡，也不愿意让她憎恶的这些家伙来拯救自己。她唯一的指望是外国军队，他们正磨磨蹭蹭地往摩泽尔河地区汇合。她派出的代表已要求在列强的声明中取消暗示将保留立宪自由的字句，她也已经暗示，巴黎的居民将遭到报复。

国王本人也已正式邀请了入侵者。他的密使就骑马跟在不伦瑞克身边，当然假扮了一番，穿着普鲁士军人的制服。他的兄弟们带着敌人提供的大量辎重进入法国，他最信任的密使——甚于对他的兄弟们的信赖——布勒特伊尔正准备治理他们所占领的各省。9 月份，他也确实在敌人的刺刀保护下，对这些省实施治理。而他们之所以发动进攻，并不是为了国王的安全，而是为了他的绝对权力。同盟国及那些积极怂恿他们的流亡者的目标已经昭然若揭了。他们是在为无条件地复辟而战；而不管是入侵者，还是那些绝对君主制信奉者，国王都跟他们串通一气。那么，国家的军事力量如果掌握在卖国者手中，是不可能全力以赴投入战争的。国王不可能保护国民免于入侵者的暴行，因为这些入侵者本来就是为了救国王而来的。入侵者不认为他是法国行政部门的元首，而把他看成人民手中的人质。因此，在王宫中，他是一个危险，只有在监狱中，他才是保险的。所有这一切在那时是显而易见的，其后果就是使那些支持立宪君主制的人士失去了手中的武器。所以，当
233 这场攻击降临之时，没有任何人出面反对，尽管采取这一行动的只是少数人。吉伦特派已经不再坚持自己独立的政策，他们的政策与他们的伙伴*已经没有什么不同了，而在 6 月份，他们还只是希

* 指雅各宾派。——译者

望暂时中止国王的权力，而没想废黜国王。到底是继续实行君主政体、是设立摄政还是建立共和制度，这个终极问题交给了即将召开的国民公会。佩蒂翁相信，他自己很快就会成为法国摄政王。他接受了宫廷的大量金钱；而正是由于对他和某些不那么有名的人寄以希望，国王和王后仍然固执地呆在巴黎。在这最后时刻，利昂库尔特愿意为他们在诺曼底提供庇护，但利昂库尔特在制宪时曾是个自由主义者，因而是不可饶恕的。玛丽·安托瓦内特更愿意信赖佩蒂翁和桑泰尔。

早在 8 月份，巴黎最有革命精神的派系就已决定，必须将国王处理掉。议会却撤销了这次投票，于是，这些派系的人及其他人公告民众，他们将自行执行自己的政令，除非议会自己动手，使他们不必自己动手，由议会自己完成至高无上的人民、超越于一切权力、高于一切法律之上的人民想干的事情。给议会规定的最后时间是 8 月 9 日。如果到了那天晚上，国王仍然在位，巴黎人民就将敲响推翻国王的警钟。

8 月 8 日，议会就拉法耶特的行为——即在他的国内政敌受到战争威胁的时期放弃他的军队——进行了表决，他以 406 票对 224 票获得支持。这也是自由派最后一次露面。构成议员中多数的 400 名议员在这关键时刻被排斥在外，剩下吉伦特派和共和派在没有自由派的情况下自行其是。关于拉法耶特问题的决议表明了，议会不准备废黜国王。面对这种令人焦虑的局面，吉伦特派想不出合乎宪法的解决办法。因此，下一步只能由巴黎民众来迈出了，而他们的胜利将对吉伦特派带来严重危险，对于极端的革命派来说，则是一场胜利。在这一刻之前，两派一直在为控制权而进行 234

斗争，此刻，他们则是为生存而战。两派的结局取决于这场斗争的胜负。而在斐扬派被赶跑之后，已在立法机构占据优势的吉伦特派却没有再抗拒他们所惧怕的革命，他们也未采取任何主动政策。

8月9日，雅各宾派领导人确定了他们的行动计划。他们在各个区的同党将选出三位代表，与革命委员会一起维持公共秩序，以加强——在必要的时候甚至取代——目前的市政当局的力量。巴黎一半的区都派出了代表，当夜他们聚集在市政厅，与议会分庭抗礼。根据当时的政治学理论，此刻，选民已经暂时中止了他们所建立的政府，收回了所授出的全部权力。这些革命的城镇代表们现在走到了前台，在未来两年中，他们就将是加之于法国头上的种种暴行的罪魁。他们是丹东创造出来的。我们现在靠近了一群作恶多端之人和恐怖委员会，而我们必须谨记一点：我国的法律像惩罚杀人犯一样惩罚那些在实行绝对政府的道路上迈出的哪怕是最小的一步；因此，从道德的角度看，这两类极端行为之间的区别其实并不大。这些代表是一群残忍的暴徒，他们的领导人也好不到哪儿去，他们却都受到共和主义信念的左右，单就这一点而言，他们倒是跟流亡者一样值得尊敬。这个力量大为增强的革命委员会的活动本身，并不会导致暴动或直接导致攻击，而是会使对方无法进行防御。因为国民卫队总司令只接受市政厅的命令，尽管他自己是位保王党人。

革命的力量并没有横扫一切。从马赛和布列斯特赶来的人确实打算投入战斗，从别的区赶来的人也有这种想法。但在午夜刚过、各教堂的警钟响起之后，巴黎的战斗人员集合得很慢，能不能发起进攻都成问题。市政厅已经向发动暴动的人提供了一批军

火，却没有向国民卫队提供。佩蒂翁说，让一支民众的力量来对付 235
另一支公众的力量，这是极其危险的。在杜伊勒里宫中，只有不到1000名瑞士雇佣兵，但他们肯定会履行自己的职责；另有 200 名绅士会赶来保护他们的国王；几千名国民卫队，则不能确定他们效忠于谁，会不会英勇作战。佩蒂翁本人到过王宫，又出现在议会，然后，就不见踪影了。他突然灵机一动，说服桑泰尔将他逮捕，用 400 人组成的一支卫队将他保护起来，使自己不用再冒承担责任的危险。这件事是他自己亲口讲的，他觉得这足以证明他是多么足智多谋。不过，即使市长是个卖国者和懦夫，总司令芒达（Mandat）却明白自己的职责，并决心履行自己的职责。他准备保卫王宫，而他的手下极有可能乐于战斗。只要他们投入战斗，他们的力量足以打退进攻。因而早在 8 月 10 日上午，芒达就被市政厅他的上司们召去。他出现在他们面前，汇报了情况，然后被带到单独办公的革命委员会。他宣称，他已经得到过用武力击退武力进攻的命令，而他将会这样做。革命委员会却要求他签发一项命令，把他们将要守卫的地方的国民卫队撤走一半。他拒绝用这种背信弃义的行为救自己的命，于是，丹东下令将他当场枪杀。他被指控明目张胆地背叛人民，怂恿人民建立的政府抗拒他们的主人。在发生了第一桩流血事件之后，王宫的守备部队被撤走了一半。国民卫队失去了司令，卫队自己管自己的事。现在没有人能确定，到底会有多少人对巴黎人民开枪。

在处死国民卫队总司令之后，新成立的革命委员会任命桑泰尔继任司令一职，然后就取代了以前的革命委员会。现在，已没有什么力量能够阻止暴动分子会合、前进，他们很快来到卢浮宫与杜

236 伊勒里宫之间的地方，私人住宅中聚集着很多人。此时大约是晚上七八点钟。整整一个晚上，国王一家都在等候着暴民们的进攻，而国王什么也没有做。有几千瑞士部队就部署在库尔伯沃瓦(Courbevoie)，其实是能够发挥作用的，但他们却没有及时被调来。最后，王室一家聚集在国王身边，国王孤苦伶仃，企图发动他的卫队进行战斗。这是整个历史上最令人不能忘怀的时刻，因为，这是克洛维王朝的最后时刻了。他的妻子、他的孩子、他的妹妹都在那里，他们的生命就全赖这些站在他前面的士兵们了，他或许可以靠一句话、靠一个眼神来激起他们的勇气。然而，国王却什么也没有说，士兵们对着他的脸大笑。王后回来后，愤怒的泪水夺眶而出，“他已经绝望了，”王后说，“一切都完了。”其他人很快就得出了同样的结论。勒德雷尔来到士兵们中间，他发觉，这些士兵根本不愿为这样一种事业而战。他已经被政府授权成为一名高级官员了，尽管大臣们都在现场，但只有他还有点想法。但芒达的消失和炮兵的犹豫使他确信，守卫者已经没有希望了。

当时有一位旁观者，后来就在那天被攻陷的地方又建立起了一个王朝，成为主宰杜伊勒里宫的另一位君主。1813 年，拿破仑告诉勒德雷尔，他当时就在骑术比赛场的窗户后面看到了那一幕，他相信，勒德雷尔当时犯了一个致命的错误。国民卫队中很多官兵是忠实可靠的，国王一边的力量应该超过了他自己在葡月[*]曾制服的那支军队的力量。因此，他当时觉得，防御的一方应该能够获胜。我不敢说，拿破仑真的是在为这个大错而难过，因为他自己

* 法国共和历的一月，相当于公历的 9 月 22 日到 10 月 21 日。——译者

从这个大错中得到了那么多好处。而勒德雷尔也是一个聪明人，有一些理由让人怀疑，他是否一心一意地希望阻止这个结局未定的冲突。王后热切地希望进行战斗，对每个人都说一些鼓舞士气的话。后来，当她站在议会记者席中听到从她的庇护所传来的枪声，她对德尔维利(d'Hervilly)说，“唉，你现在是否认为我们留在巴黎是个失误?”他回答说，“上帝保佑，殿下，您不应为此为后悔。” 237
勒德雷尔已经猜透了她心里在想什么。失败的结局将是可怕的，因为没有任何东西能够救国王一家。但国王的胜利对于革命也是一件危险的事情，因为它将使君主政体复辟其全部权力，旧贵族又将聚集到王宫，靠王权获得更多东西。实际上，宫中现在只有一些残余分子，在这个关键时刻，本来是有望来 7000 人的，但只来了可怜的 120 人。未来的旺代(Vendée)英雄沙雷特(Charette)也在这些人中间，他还没有意识到，这场战争将给他带来异乎寻常的好运。

勒德雷尔有他所在部门的同僚们的大力支持，他将他所看到、听到的事情告诉了国王。他告诉国王，靠现在的力量是不可能守住杜伊勒里宫的。除了议会之外，没有安全的地方了，那是唯一受人尊重的权威。也就在两天前，议会还以绝对多数认可了拉法耶特的行动。他觉得，他们肯定会保护国王的。不能在这里留下什么东西引发战斗，但他向国王保证，躲在议会背后的人不会有危险。他不会让守备部队撤退的，因此，他没有下达任何命令，让这些瑞士官兵听天由命。玛丽·安托瓦内特却激烈地反对这一提议，因此，路易十六也很难拿定主意。最后，他说，已经没有什么可做的了，他下令准备出发。但盛怒之中的王后却向国王大发脾气，

她大喊道:“现在我知道你是什么人了!”路易十六告诉他的贴身男仆等他回来;在他们穿过花园的时候,有人正在清扫砾石,路易十六说:“今年的树叶落得真早。”罗德雷尔听到了他这句话,也明白了他的意思。

有一家报纸曾经说过,王权不会撑过树叶飘落的季节,而就是这句貌似不经心但却具有重大含义的话,让已经垮台的国王意识到了这个时刻具有某种可悲的庄严感。他知道,他现在走出他的王宫所迈出的每一步,都是没有回头路的。一位议员在议会门口遇到了国王,国王走了进来,并说,他来这里是为了躲避一场犯罪
238 行径。斐扬党人已经被赶走了,吉伦特派控制着议会,议长韦尼奥用一些庄重的词句接待了他。国王退到记者席上,平静地观看着议会的办事程序。韦尼奥也提议,国王应当被暂时剥夺权力,就像以前那样,也应当召集一次国民公会,以宣告成立未来的法国政府。议会作出决定,将举行一次没有财产权资格限制的大选。罗兰等吉伦特派部长又回到了他们从前的岗位,丹东以222票的优势被任命为财政总监,因为丹东是胜利者。尽管佩蒂翁已经不见了踪影,却正是他从市政厅下达的命令,而在桑泰尔犹豫不决的时候,正是丹东的朋友威斯特曼带领他的部下赶到骑术比赛场来汇合。在国王已经离开后,他们开进了杜伊勒里宫,与守备部队进行非正式谈判。如果有什么人留在那里的话,是可以避免流血冲突的。但双方的对峙非常紧张:瑞士士兵拒绝放下他们的武器,有人开了一枪,于是他们失去了耐心,向入侵者开火。10分钟后,他们从王宫和花园中赶走了闯入者。而国王听到了枪声,派人去传令他们停火。传达命令的人是德尔维利,他却具有战士的精神。他

发现局面根本没有那么让人绝望，因此，他并没有立刻传达国王的命令。而等他传达命令的时候，却为时已晚。暴动者已经占据了靠近塞纳河的卢浮宫长廊，此时，瑞士士兵已经没有退路了。于是，他们在王宫中、在花园里被杀死，他们就死在高大的栗树下面。宫中的妇女们，有的被送到了监狱，有的被送回了家。胜利者们畅饮国王的美酒，然后，放水冲进地下室，因为有一些避难的贵族就躲藏在地下室。死于他们之手的男女约有七八百人，他们自己则有 140 人被杀死。

保王党人最初还没有认识到这就是君主制的终结。他们还幻想，国王这次的遭遇会跟从瓦朗纳斯被抓回一样，只不过将住到卢
森堡宫而不能住在杜伊勒里宫；跟一年前一样，他仍然会留下一条 239
命。立法机构中的多数议员是忠诚的，因而还可以指望整个法国对首都的行动表示愤怒。然而，由组织入侵活动的市政当局所代表的巴黎，已经抓获了它的猎物。议会本来允许国王住在卢森堡宫，但这一决议遭到了压制，因为那里有地下通道，被认为不够保险。于是，他被安排住在太庙。议会投票决定花费 2 万法郎来安置国王，等待 9 月份国民公会召开之后再来处理。

路易十六其实不需要做任何事情，只需要签署一道命令就能召来更多的瑞士部队，他们有可能成为君主制不被攻破的栋梁。而且，在那天拂晓之前，他还是有可能逃出巴黎，领导一支获胜的军队，并立刻宣布进行开明的大臣们曾提出的改革方案。他的王后很积极，也有决断力，但她在逆境中想的仍然是恢复国王的权力和古老的权利。她跟柏克一样，强烈地憎恶那些对保王活动有所保留的人。因此，他们的处境之所以每况愈下，其实都是自食其

果。法兰西共和国并不是各种社会力量自发演进的结果。到底是选择最珍贵、最灵活的政治形态——立宪君主制，还是采取那种最僵硬、最贫瘠的制度——共和制度和权力不可分的（也就是说，不是联邦的）制度，这个问题，却由人类中的犯罪分子决定了，由比犯罪活动更为可怕的恐怖行径决定了。确实有一个来世可让人赎回自己的罪孽，然而，愚蠢的代价却是要由后代偿付的。

第十六章　国王之受死 240

路易十六时代所进行的整个欧洲大陆最早的立宪试验，主要因为人们对于行政部门的不信任，对于分权机制的安排失误而失败了。政府已经瘫痪，财政已经陷入混乱，军队已经解体，自由的本能已经让位给暴力的本能，自由主义运动已经完全被逆转了；君主制召来了一场入侵，共和国现在的使命就是打退这一入侵。巴黎对于欧洲的第一次联合大为震惊，这种震惊所导致的变化，比从君主制转型为共和政体本身所带来的变化更为重要，人们的感受也更为尖锐。在这样的时刻，显然需要权力的统一，而由于这种权力不可能被授予一位与敌人里应外合的国王，就不得不在民众中寻找某种专注而积极地解决民众最关心之问题的人。于是，那个最敏捷地掌握了一切资源、最有决心粉碎一切抵抗的政治派别，就获得了至高无上的权力。受到威胁的不仅仅是公共利益。列强的大军正在逼近，这些军队由复仇心切的流亡者指挥着，他们扬言巨大的恐怖将降临到巴黎民众头上。

除了巴黎之外，法国其他地方也希望建立一种能够应付目前危急的权力，哪怕是独裁者，只要能拯救法国就行。新成立的巴黎市政当局满足了人们的这种要求，它已经在 8 月 9 日夜间取代了旧市政府。他们都是由丹东提名的。他们任命马拉为宣传部门的 241

头目。8 月 11 日，罗伯斯庇尔当选为该组织的成员。这就是革命的骨干。严格说来，它是一个非法组织，他们的权力是僭夺而来的。但他们本来就是巴黎的主子，而且，他们已经废黜了国王。立法机构已经认可了他们的行动，现在也被迫遵守他们的指令，并根据他们的旨意撤销了自己的政令。议会已经召集选民选举产生一个国民公会，这样，它自己已经解散了自己。它现在不过是一个垂死的议会而已，它的日子可以精确地计算，它的信誉和影响力就要终结了。

一边是已被废黜的国王，一边是即将解散的议会，只有革命委员会尽情展示着自己可以拯救法国的精神和实力。由于他们本来就是非法的，所以他们只能用暴力来镇服反对派；他们给了马拉一个官职，这本身就向世人表明，他们打算使用哪些残暴手段。这个家伙曾经写过科学方面的著作，歌德曾经称赞过他的聪慧和天赋，但值得注意的是，歌德在这段话中却根本没有涉及他的政治生涯。马拉认为，富人是无权享用从穷人那里剥夺来的东西的，自私自利和压迫这样的罪恶，只能用死亡来抵赎。一年前他曾提出，对那些可憎的议员，应该用酷刑将其折磨至死，他们的尸体的碎块应当被钉在墙上，以警示胆敢步他们后尘之人。不过现在，他却似乎让安全与仁慈并存，他宣称，只要处死议员总数的十分之一，他就很满意了。对于保王党人和那些属于特权等级的人，他却似乎没有这么仁慈。他说，如果让身强力壮的人都当兵被派到前线，谁在国内保护我们不受卖国者的欺压？要么必须在国内保留数千人，不让他们上前线，要么必须立刻消灭这些内部的敌人。8 月 19 日，马拉开始散布这种论点，而一大群招募来的人也附和他，抗议将自己派到前线去，因为他们的家人被控制在保王党人手中。于是，下面的呼声变得很普遍：如果法国不得不用一部分军队来对付国内的 242
卖国者，那它就只能用一部分军队与外敌作战。正是这种借口，导致了后来将发生的处决犯罪分子的事。但这只是借口，而并非动机。如果保王党人密谋策划的破坏活动被视为一种战争行为，需要国家加以防范，那么，温和的人就没有任何理由阻止大屠杀了，否则他就会被斥责为不爱国的公民。

当雅各宾党人准备在监狱中实施大屠杀时，他们的目的是要让整个法国处于恐怖之中，从而确保他们在国民公会中占据多数。正是这个压倒一切的想法左右了未来几周的局势。议会已经颁布了一道政令，指定卢森堡宫为国王的暂时住所，革命委员会却要求交出国王。于是，国王被带到他们面前，他们将他监禁在太庙，这是一座古代城堡，瓦罗亚王室*曾将他们的财宝藏在这里。雅各宾派采取措施镇压了反对他们的报纸，剥夺了曾经签署过反对他们也即反动请愿书的选民们之公民权利，也关闭了海关关卡。他们将自己的敌人投入监狱，他们创建了一间新法庭，专事惩罚那些反对革命的犯罪分子，并花费巨资，为它提供了一种新式刑具。这种刑具可以更为有效地让犯人无痛苦死亡，而且也合乎人人平等的规定。罗伯斯庇尔自战斗结束后那天出现在市政厅那一刻起，就成了主宰一切的灵魂人物和组织者。人们立刻就感觉到，在马拉的滔滔雄辩和咒骂声的背后，有一个具有独一无二的有条不紊、前后一贯、耐心细致、系统彻底之精神的人在发挥作用，指挥着革

* Valois，1328—1589 年间统治法国。——译者

命活动。

8月26日，巴黎知道了隆维陷落的消息，就在这一天，司法部长丹东修改了囚犯名单；他下令在全城挨家挨户搜查武器和可疑人员，到28日，已有将近3000人被逮捕；一件更为不祥的事情是，很多(普通刑事)囚犯被释放了。没有人能怀疑，没有人能认真地否定这些措施的重要意义。立法机构看到，所有这些并不单纯是
243 激情的狂乱，而是一个深思熟虑的有预谋的计划。于是在，它在8月30日下令解散革命委员会，要求它必须重新进行一次选举。他们也保留了各部的治理机构，用来约束巴黎市政当局。法律和宪法在他们一边，因而，他们的行动属于合法的政府行为。现在到了吉伦特派与市政厅斗争的关键时刻和决定性时刻了。次日，即8月31日，议会却收回了成命。塔利安(Tallien)宣读了罗伯斯庇尔起草的一个讲话，他宣布，革命委员会是由巴黎人民正当地建立起来的，具有人民全新的、明确的授权，因此不可能接受议会的命令。因为，议会已经丧失了权力，已经丧失了提案的权力。议会现在完全束手无策，从8月10日起到废黜国王，他们跟雅各宾派串通一气，他们已经作出了太多让步。坐镇革命委员会的罗伯斯庇尔威胁要将吉伦特派关进监狱，于是他们崩溃了。布里索的文件受到搜查，内政大臣罗兰也遭到同样的羞辱。

在8月份最后几天，在挨家挨户搜查逃亡分子的同时，基层选举则在进行中。雅各宾党人强烈反对间接选举的原则，但他们并没有成功地消灭这种制度。他们规定第一阶段进行普选，他们又给予基层议会否决第二阶段选举结果的权力。对于其他人，则依靠恐吓。9月2日，900名选举人集中到主教的办公地。但这里没

有旁听者呆的地方，而选举则要求，由人民提名的这些代表必须当着公众的面进行他们的活动。罗伯斯庇尔提议，选举团应当在雅各宾俱乐部举行它的会议，这样可以充分地公开化。随后几天，代表们就聚集在这个地方。在这里，他们变成了雅各宾党人；这条路引领他们来到一座桥上，在这里，有一幕奇异的景象等着他们，这一景象乃是经过精心的算计而专门让他们看到，以协助他们思考问题的。他们发现，他们置身于很多死人中间，这些死人是在隔壁监狱中被处死的。

这些人之所以被处死，是因为发生了一些事情。9月2日，韦登 244
已经陷落了，但巴黎人还不知道这件事。不过，报纸上已经报道过普鲁士军队出现在那座城堡前，而法军很难守得住。韦登是通往巴黎的大道上的最后一道防线，比利时战争的第一幕让人怀疑，刚刚招募到的法军士兵，面对弗里德里希大帝所锤炼的军队，能否坚守自己的阵地？警报枪打响了，警钟也拉响了，黑色的旗帜宣告，国家处于危难之中，战鼓咚咚召集巴黎人去登记参军保卫国家。

丹东会英语，也能读懂英语书，他似乎记起了斯宾塞（Spenser）的一段话。他宣称必须在巴黎拯救法国，他告诉底下那些有点害怕的听众说，要大胆、大胆、再大胆。然后，他就自己出去视察征兵活动，留下革命委员会的代表们去完成那一天预定的工作任务。关在梅纳（Maine）的24名囚犯被转到阿巴耶（Abbaye），这个地方是圣日耳曼*古老的本笃会**修道院，他们坐在出租马车中；

* St. Germain，巴黎附近城市。——译者

** Benedictine，由 Saint Benedict 于529年创建的天主教修会。——译者

其中有 22 人是教士。路易十六之所以垮台，就是因为他拒绝剥夺这些被指控散布不满情绪的倔强的教士们的公权；除此之外，这些教士也被认为是法国失败的根源。因而，革命委员会已经决定，这些人应被处死。有大量教士已被监禁起来，这是消灭他们的第一步。这些教士是由马赛人从梅纳押送到阿巴耶的，他们是第一批遭到杀害的教士。尽管民众并不喜欢这些教士，但他们从街上通过的时候，倒也没有遭到什么侮辱；不过，一到目的地，马赛人就抽出了他们的剑，冲上了马车，除了 3 个人之外，所有人都被杀害了。其中两个人夺路跑进一个房间中，在这里，一个委员会正在开会，他们坐在开会的人中间，躲过了劫难。聋哑儿童教师锡卡尔（Sicard）被人认了出来，捡了一条命；正是通过他，我们才得以知道那一天发生的事情。他们是由梅拉尔德下令从那个大修道院押送到卡尔默里特（the Carmelites）的，这里是个关满了神职人员的监
245 狱。在这里，他们被登记，然后被有条不紊地屠杀。不过，教士们秩序井然，没有一丝慌乱。那里有一个大花园，16 名囚犯越墙逃跑了；但 14 个人又被抓了回来；最后，有 120 人被处死。他们的尸体碎块被收集在修道院附属的小教堂，并展示着杀死他们的刀剑刃上留下的缺口。

这一天，梅拉尔德有 3 个小时不在场。就在这期间，阿巴耶出现了未经授权的、自发组织的屠杀活动。这些人声称自己是在继续他留下没有完成的消灭敌人的事业。他们迫使狱卒自己随便押来一些囚犯，为的是节约时间。梅拉尔德回来之后，组建了一个法庭审判这些囚犯，而杀人犯则在外面等着，人数超过 200，尽情地杀戮交到他们手里的死囚。至于教士、至于 8 月 4 日事件中幸存

的那些瑞士卫兵，几乎未经过任何手续就被拉出去杀掉了。在阿巴耶和拉福尔西（La Force）的监狱中有很多政治犯，他们中有一部分被故意留下来没有处决。有几个监狱没有留下记录，但在比塞特尔（Bicêtre）和萨尔佩特里埃（Saltpêtrière），那里关押的是地位最为低下的犯人，也发生了恐怖的大屠杀。

由于这种大屠杀完全没有明确目的，是毫无意义的，因而，后来就流行着一种理论，说9月的大屠杀都是几百名狱卒们疯狂的、自发的行动，这些家伙担心自己被清算，所以就胡作非为，为的是逃脱自己的罪责。因此，应该受到责备的是犯罪行凶的巴黎，而不是革命的巴黎。然而实际上，这些大屠杀是革命委员会组织的，应该受到谴责的正是革命委员会，大屠杀就是由其派出的人员指挥进行的。我们现在知道，从9月2日到9月5日，监狱里来过多少位革命委员会的代表，也知道了这些做法的代价又是多少。不管怎么样，这一切都是深思熟虑的、有条不紊地进行的，妇女们被饶恕了。有几个人也在最后时刻被释放了；有些人在法庭上出现了一下就被放走了。一个例外是朗巴勒（Lamballe）亲王夫人，她是王后的朋友。但同为王后朋友的图尔泽尔（Tourzel）夫人却被饶恕了，因此，朗巴勒亲王夫人为什么被处死，我们迄今不得而知。246
但她终生都不能完全免于人们的猜疑，人们一直推测她掌握着一些可能会伤害奥尔良公爵的秘密。

而问题在于，我们并不知道这些刽子手为什么会从事这些屠杀活动，只知道他们为什么会允许他们的有些猎物被救出来。有一个囚犯通过与看守他的马赛人说家乡话而成为他的朋友。在问他是什么人的时候，他回答："一位忠诚的爱国者！"而梅拉尔德摘

下他的帽子说:“我们在这里审判的是行为而不是意见!”于是,他被送给外面嗜杀成性的刽子手,他们发出一阵欢呼声。一位保王党大臣的弟弟贝特朗(Bertrand)得到的是同样的待遇。有两个人放下他们的工作到他家去,在他与家人团聚的时候,他们在外面等候,然后他走出来,他们感谢他让他们看到了这么幸福美满的情景,并拒绝了金钱报酬。另一个囚犯被用马车拉到他自己家门口,有六七位湿淋淋的爱国者爬到他家屋顶上,把他吊死在房子后面。除了一杯烈酒外,他们临死前什么也得不到。没有人比韦伯(Weber)的处境更危险的了,他是王后的义兄弟,也曾参与保卫杜伊勒里宫,在王后被从花园押往监狱的肃穆行程中,他一直陪伴在王后身边。他清楚地知道王后把什么留在了身后,她将去往什么样的地方,他实在有点受不了;但伊丽莎白公主则悄悄地鼓励他,要他控制自己的情绪,做一个男子汉。然而最后,他却得以活了下来,向我们讲述他在那个可怕的法庭上的传奇故事。他被抓住之后,一想到自己会被砍头,就快要发狂了。然而,他们却对着他欢呼;他们授予他兄弟会的荣誉,在他通过警戒线时,他们摘下帽子向他致意,有一个人高喊:“小心看他跑到哪儿去了!你们难道没有看到他一直穿着白色长袜吗?”

在所有幸存者中,有一个人的事迹最令人难忘。在法国的每所学校和每个托儿所,都一直在讲述着残废军人院(The Invalides)指挥官索姆勃勒伊(Sombreuil)的传奇故事:他已经被法官
247 定罪,如果不是他的女儿用一杯盛满前一位受害者犹有余温的鲜血祝福国家,他就会被等候在外面的暴民砍成碎块。他们获救了,被送回家。但索姆勃勒伊最终仍死于大恐怖时期。他的女儿嫁作

人妇，1823年死于阿维农，当时，正是保王党甚嚣尘上的时候。她一生中这个勇敢时刻的事迹传遍整个法国，她的遗体也被送回巴黎，安葬在她孩提时代祝福国家因而成为英雄的那个地方，她的遗体上覆盖着曾在拿破仑遗体上覆盖过的金色华盖。很多人都相信，这是保王党人编造的传奇故事之一，是企图用伪造的历史以假乱真。因为当时的人并没有提到这个故事，直到1801年才有人讲起。据说，德·索姆勃勒伊小姐得到了国民公会发给的一份年金，但这却并不包括在她发表的索赔声明中。一位曾目击索姆勒伊被释放过程的英国人只提到，这对父女被带走的时候，由于过于激动，已经筋疲力尽了。如果我相信这件趣闻轶事是真实的，那我就不会费这么大劲去深入研究它。但如果不信此事，也会碰到一个难题，因为这位女英雄的儿子曾写过一封信，似乎坐实了他母亲的事迹，因为他母亲后来从来不碰红葡萄酒。在这里，我们需要记住的一点是，这些残暴的犯罪分子从拯救一个人中所得到的喜悦，不亚于从杀死一个人中得到的愉悦。他们是一项事业的奴仆，他们的屠杀是得到授权的。

在革命首领中，罗伯斯庇尔的日标似乎土要是摧毁教士阶层。曾有人提出，可以把这些囚犯都关到地下室中，然后放水直到淹死他们为止。马拉则建议，这些囚犯应当与关在监狱中的其他人一起被烧死。科洛·德尔布瓦(Collot d'Herbois)宣称："9月2日，是自由事业掀开的第一章。没有这一章，就没有国民公会。"丹东在一次令人难忘的谈话中说："法国并不是一个实行共和制度的国家。我不过是通过消灭共和制度的敌人而建立了一个共和国而已。"他们碾碎了立法机构，他们通过这些恐怖活动已经向日耳曼

人发出了警告，即使打到巴黎，也不能拯救国王，因为他现在就被248 掌握在可以干这等事情的人手里，他们也借此确保了雅各宾党人在巴黎选举中的胜利。马拉发表了一份讲话，号召各省都学习他们的榜样，这篇讲话以司法部的名义被分发各地。丹东本人也发布了同样的命令。这篇讲话稿目前保留下来的似乎只有一件，如果不是他本人曾公开向路易·菲力浦承认他是9月大屠杀的始作俑者，人们恐怕很难确定，丹东应该为此承担责任。

外省倒也并没有广泛地学习巴黎的榜样，不过，关在奥尔良的国家囚犯被押送到了凡尔赛，在这里，他们被处死。整个这场大屠杀中被处死的人数约在一千三四百。我们现在触及到了大革命最丑恶的一幕了，再也没有什么东西比这更丑恶的了。我并不想再说什么，你们也应该能够留下一种印象，这些共和派一出场就干下的这些暴行，和绝对君主制被指控犯下的罪行一样残忍，而君主制已经因此而被消灭了。但我们必须牢记的一点是，大革命期间犯下的滔天罪行，跟其他国家历史上所曾经出现过的罪行一样丑恶；然而，几乎各个派别的政治学家和历史学家都一直在为这样的行径辩护，论证其正当性；因此，从根本上说，如今的世界一点都没有比过去有多少进步。

大屠杀在巴黎获得了成功，在法国其他地区却没有展开。在这场大屠杀的冲击下，在首都，除了雅各宾党人之外，其他派别的人无一当选。选举委员会的主席和副主席分别是罗伯斯庇尔和科洛·德尔布瓦，马拉则担任秘书。最后的选举结果是，罗伯斯庇尔第一个当选，重新回到议会；第二个当选者是丹东，第三个是科洛，第四个是曼奴埃尔（Manuel），第五个是比约－瓦雷纳（Billaud-

Varennes)，第六个是卡米里·德斯穆兰，第七位是马拉，他击败了普里斯特莱，后者又被两个省选出，但他拒绝了这个席位。巴黎选出的第二十位、也即最后一位议员是奥尔良公爵。

巴黎民众认可并支持这些杀人犯，法国其他地区的人民却没有做这样的事。在很多地方，选举活动从唱弥撒曲开始，以唱感恩
赞曲结束。有 17 位主教和 31 位教士入选国民公会。汤姆·潘恩 249
(Tom Paine)尽管不会说法语，也在四个地方当选。三分之二的议员都是新人，没有参加过从前的两届议会。五分之四的基层选举人都投了弃权票。

9 月 20 日，国民公会在骑术学校开幕，议会以前曾在这里开过会。1793 年 5 月，它搬到了杜伊勒里宫。议会中大约有五六十名雅各宾分子。议会中多数人尽管不是吉伦特派，但只要吉伦特派出面领导，他们仍然准备追随吉伦特派。佩蒂翁立刻被推举为议长，6 位秘书都属于同一派别。吉伦特派大获全胜。他们仍然占据着优势。但这个派别没有多少凝聚力，尽管有西哀士替他们出谋划策，他们也不懂得策略。除了比佐(Buzot)，或许还有韦尼奥之外，他们在后来的文献中几乎都激不起人们的兴趣，因为他们都没有原则。对于立法机构的无助状态，他们非常尴尬，他们没有起而抵制那场大屠杀。当罗兰、孔多塞和戈尔萨(Gorsas)谈到这场大屠杀时，都将其形容为时局之迫切需要，他们说，这些行为尽管很残酷，却绝对是正义的。当流血事件正在进行时，内政大臣罗兰却叫宴席承办人为他举行盛宴，他曾提出，在他经过的街道挂上一道帷幕。这种人物是不可能与罗伯斯庇尔这样冷酷无情的恶棍争雄的，他们同样也不可能公开谴责他，揭露他的罪行。这就是他

们奉行的政策，正是这样的政策，让他们走向了灭亡。

除了巴黎城区之外，向共和政体变革的趋势并不是很明显。除了犹拉地区之外，各地的选民们并没有提出这样的要求。另有两个地区宣布反对君主政体。34 个区都没有给议员授权指令；36 个区赋予议员以广泛的或者说是不受限制的权力。包括巴黎在内的 3 个区则要求宪法性政令应当交给民众来正式审核批准。国民公会采取的第一项行动就是奉行了这样一条新原则。根据丹东提出的动议，议员一致投票同意，宪法必须经过国民在各地的低级议
250 会中讨论通过。不过几个星期之后，10 月 16 日，当曼奴埃尔提议，是否建立共和国的问题应当征求国民意见的时候，却被国民公会驳回。9 月 21 日，废除君主制的法令也未经任何讨论就颁布了；因为格雷瓜尔主教说，历代国王的历史都是迫使国民殉难的历史。22 日，在听到军队在瓦尔密胜利的消息后——这个消息是法国未来的国王*带回来的——议会立刻宣布建立共和国。在那个旧政府招来的入侵者被击退之后，建立了新政府。

吉伦特党派掌握了议会中的控制权后，开始对反对党领导人展开一系列攻击。他们说，众所周知，马拉是个声名狼藉的流氓无赖，丹东始终没有讲清楚他退出官场到进入议会之前这段时间干的事情，而罗伯斯庇尔则是个人人皆知的杀人犯。丹东确实引起了人们的怀疑，但这些攻击者们在利用这些材料时却太没有技巧了，所以他们与罗伯斯庇尔甫一交手，就一败涂地。雅各宾党人将他们从自己的俱乐部中驱逐出去，卢维（Louvet）提出的针对罗伯

---

* 指拿破仑。——译者

斯庇尔的动议也在11月5日被议会否决了。于是，次日在讨论审判国王的问题时，他们就疲软下来。这是两派之间冲突的第一个重要阶段，也是决定性的一次。路易十六应该去死还是可以活下来的问题，其实关系到是雅各宾派还是吉伦特生存下去并进行统治的问题。

就在我们刚刚讲过的事情与我们下面将要讲到的悲剧之间这段时间，法国的局势和法国国民的精神发生了巨大的变化。9月份，日耳曼军队已进入法国，最初没有遇到任何抵抗。危机显然是极端严峻的，而唯一的安全保证就是国王的那条命。但在那之后，普鲁士和奥地利军队被可耻地打退，比利时已被征服，萨沃伊已被占领，阿尔卑斯山和莱茵河及遥远的梅斯成了共和国的边界线；从日耳曼海一直到地中海，已经没有任何一支军队或堡垒可以抵抗革命者了。9月份看起来还合情合理的恐慌，现在已经转换成一 251
种过分的自信心了。整个欧洲的军事力量都没有什么可担心的。法国人现在准备与整个世界开战，他们认为，除了丢失几座产糖的海岛之外，他们不会遭受任何严重的挑战。在这种情绪下，处死国王就是自然而然的，就像他们以前以国王为人质一样自然。11月9日，他们决定向每个决心获得自由的民族提供援助和帮助。这项实际上开启了后来的大战的政令，是受来自门茨的抗议书之刺激而颁布的，在那个地方，法国人组成的党派害怕自己被抛弃。但是，这项命令对英国不利，它正好打在英国的软肋上，因为它鼓励爱尔兰人的分离倾向，从而将削弱英国的战争能力。

早在8月12日，勒贝基(Rebecqui)就曾提出，应当由即将召开的国民公会来审判国王，国王则可以向人民提起上诉。10月1

日，这个问题摆到国民公会面前，国民公会任命了一个 24 人组成的委员会来核查证据。11 月 6 日，该委员会向国民公会提出了报告；自那一刻起，事情就无可挽回了。次日，马耶(Mailhe)以法官的名义说，即使从宪法公开承认的不可侵犯性上说，也不存在法律上的障碍。穆松(Mousson)回应说，由于路易十六已被废黜了，所以他已不承担国王的责任了。13 日，一个非常年轻的人则一语惊人，他说，国王之所以应该被处死，并不是因为他干的事，而是由于他的身份。发表这番讲话的人是圣茹斯特(St. Just)。11 月 26 日，就在议会将就路易十六死活进行辩论的时候，罗兰出现在议会，说有一个重大发现。国王在宫中有一个铁保险柜，而锁匠已经打开它。路易十六在其中收藏有 625 份文件。一个 12 人组成的委员会去审查这些文件，从中他们发现了他策划罪恶活动的证据，也发现了米拉波接受贿赂的证据。12 月 3 日，国民公会投票通过决议：国王将接受国民公会的审判。16 日，公布了有关审判程序

252 的指令。10 日，拟定了起诉书。第二天，路易十六被带到法官面前，由议长进行问讯。在回答议长提问时，路易十六说，他对铁保险柜的事一无所知，他从来没有贿赂过米拉波或别的议员。回到监狱中后，这个可怜的人激动地说，“他们怎么会问到我根本没有准备的问题，让我束手无策”。给他 10 天的时间来准备作出答辩。为他辩护的有马勒埃伯斯，有著名法学家特隆歇(Tronchet)，还有比较年轻的德赛兹(Desèze)，他代表国王发言。他们的辩护无法令人信服，因为辩护律师认为，再也没有比对他们的委托人所提起的指控更有力量，也没有比他们的委托人更危险的了。

人人都相信，是路易十六让侵略者踏上法国领土的，却始终找

不到证据。如果这个证据那个时候就公开，并且为人所知，那么，辩护就只能仅限于国王是不可侵犯这一条；而辩护方得到的回复肯定是，他确实可以用他的大臣来推卸责任，但他得对他背着他们干的事情承担责任。在最后时刻，几位吉伦特党人提出，应当由国民在各地基层议会中宣布判什么刑，这是富尔(Faure)在 11 月 29 日提出的一个想法。这是违背代议民主制精神的，这种制度只就人选问题征求选民意见，而不能再由选民来决定只应由议会辩论决定采取的措施。这是直接民主制的做法，而这个制度是雅各宾主义理论所主张的。不过，雅各宾党人却没有要求这样做。因为迫使就死刑问题进行投票，他们就可以摧毁自己的对头。假如吉伦特人投票赞成处死国王，他们就附和该派，同样坚定地要求处死国王；而假如他们投票反对，就可以指控他们具有保王倾向。于是，当“国王有罪还是无罪”的问题提出之后，吉伦特派没有犹豫：683 位议员都认定国王有罪，只有一人，即朗瑞奈回答说，他是立法者，而不是法官。让人民来决定刑罚的动议——这个动议有利于吉伦特派而不利于国王——以 423 票对 281 票遭到否决，竭力追求这一点的吉伦特人被埋葬了。判处何种刑罚的表决活动从 253
1 月17 日晚上开始，每位议员都必须到法庭上表达自己的意见，因此，一直持续到第二天，最后由韦尼奥宣布结果，他说，赞成处死的意见以 5 票优势占多数。两派对此都不满意，都怀疑对方做了手脚。于是，又进行了仔细核对，然后宣布，赞成死刑的票数是 361 票，而认为应当判处其他刑罚的是 360 票，一票决胜负。不过，当就处决时间是否应当推迟一事进行表决时，赞成立即处决的人以 70 票优势占据多数。

这个判决是个令人恐惧的结果，即使是由布里索和卡尔诺(Carnot)宣布的。奥尔良公爵向议长写信说，他不能在有关他的亲人的审判中投票。这封信被退了回来。他向他的儿子保证，他不会投票赞成判处国王死刑的，但当他们再次见面的时候，他却对儿子说："我不配当你的父亲。"就在那关键的一天吃晚餐时，韦尼奥还说，他将力保国王的命，即使坚持这一立场的只有他一个人。但几个小时后，他却投了赞成票。不过，韦尼奥很快就会发现，容易受到恐吓影响的人并非他一个。事情的真相是，无人会怀疑国王有罪，刑罚不过是个政治问题，而不是一个司法问题。

军队倾向于饶过国王，屈斯蒂纳在11月23日提出，只要普鲁士承认法兰西共和国，就应当让路易十六活下去。然而，这一提议却是徒劳的。迪穆里埃在1月份来到巴黎，他发现，已经没有什么可做的了。他后来说："国王确实是个十恶不赦的坏蛋，但砍下他的头却是愚蠢的。"西班牙的波旁王室竭尽一切努力来救他们的家族首领，他们保证自己保持中立，并愿意进行斡旋。他们也下令他们的密使花费几万镑寻找贿赂议员的机会。他们承诺，只要把路易十六交给他们，他们一定会严厉看管他，不让他干涉法国事务，并且为了保证他履行承诺，愿意送来人质。他们恳请乔治三世跟他们一道进行这项关系到君主制和人道的事业。兰斯道纳(Lansdowne)、谢里丹(Sheridan)和福克斯(Fox)都强烈要求英国政府
254 进行干预。格伦维尔(Grenville)说过众所周知的话：只要法国人放弃其要求，就可以维持和平；不过，他没有替国王说过一句话。皮特从可信的一个人那里得到一份情报，说丹东愿意以四万英镑为酬劳救国王一命。但当他决心拿出这笔钱时，丹东却回答说，已

经太晚了。皮特向法国外交官——后来曾担任外交大臣——马雷(Maret)解释说,他的行动太犹豫了。法国国王被处死在英国掀起了汹涌波涛,辉格党人被淹没了。

路易十六已经将自己交给了命运,但他还侥幸希望自己会被饶恕,他说他会退隐到莫勒纳山(Sierra Morena),或者年老之后到瑞士忠实的共和派人中间寻找隐居之所。当他的辩护律师告诉他,他已经没有希望了,他却不相信他们的话,他说:“你们说得不对,他们不敢对我怎样。”他很快就恢复了镇静,拒绝提出探望家人的要求,他说:“我可以等等,再过几天,他们就会放我。”一位曾申请留下来陪伴他的牧师被派到监狱来。由于外国人似乎不大可能受到骚扰,所以,国王请求将他送往爱尔兰境内费尔蒙特(Firmount)的埃奇沃斯修道院,这样,他可以继续在法国度过余生,但将被视为一位爱尔兰人。内政部长加拉(Garat)去接国王,在走出监狱的路上,他说:“他大权在握的时候是那么软弱,而现在,他披枷带锁时,却是那样地强大。”

次日,路易十六被人带着从成排的军队士兵和大炮中穿过,来到协和广场的断头台前。这儿离爱丽舍大街不远,离卢克索(Luxor)方尖碑矗立的地方稍远一些。在路上他花了将近一个小时。西班牙公使与那些曾对他提出要多少钱给多少钱的贿赂条件所吸引的人没有能够达成协议,在国王徒步沿着布勒瓦尔(Boulevard)大街走过时,这位大使还花了大量金钱企图救出国王。还有一位同样勇敢的人,德·巴兹男爵(De Batz),他曾经协助组织过旺代的起义,只是由于遭到波拿巴的镇压才失败了。这次,他试图带领四五百人冲破防线。他们准备从一条小巷冲出来。但在拉着 255

囚犯的马车经过的地方，每条街道都有人巡逻，每个地方都有人把守。德·巴兹信守着约定会合的时间，时间一到，他猛地站出来，拔出剑来喊道，“跟我冲啊，去救国王！”但无人响应他。他消失在了人群中；他的一位同伴被抓住，并在断头台上被处决。不过警察却报告说，在路上没有发生任何意外。

1月21日为国王的事业献身的，不是保王党人，而是国王本人。他尽管没有很好地完成自己作为国王的使命，但到了监狱中，到了断头台上时，他总算表现出了与他那高贵血统相般配的气质，众人也证明了路易·布朗基（Louis Blanc）的一句话是正确的：“除了死人，不会有谁悔过的。”宽恕他是不可能的，因为我们比公诉人更清楚地知道，他曾密谋通过对他统治的人民带来大灾难、大毁灭，来恢复自己不受制约的权力。最大的悲剧不是巴黎所看到的那一幕：桑泰尔举起了他的剑，下令敲响了战鼓，而这个将被处死的人说出的第一句话，让鼓声停了下来；最大的悲剧在于，路易十六在走向毁灭的时刻，内心依然盲目自满，他仍然没有意识到自己的罪恶，对于他所浪费的机会和所引起的痛苦依旧懵然无知；他死的时候也不是一位表示悔过的天主教徒，而不过是一位死不悔改的国王。

第十七章　吉伦特派之垮台 256

1791 年的政体已经垮台了，因为那个政体实行的是分权原则，然而，针对君权集中制而采取的种种限制措施，却使行政部门陷入瘫痪。在一个新制度被组建起来之前，已经采取了一系列革命性措施，正是这些措施终结了国民公会的统治。路易十六被处死之后，国民公会立刻就向外地各个区派出拥有不受限制之权力的代表。3 月份，议会创建了革命法庭，专门审理政治事件，对该法庭的裁决不得上诉；4 月份，在迪穆里埃被打败并叛逃之后，又建立了秘密的公安委员会。不过在这个时期，吉伦特派仍然占据着国民公会中多数席位。审判国王的事件对于他们来说是灾难性的，因为它证明了他们的软弱，不是指他们在数量上处于劣势，而是指他们的性格软弱，缺乏决心。罗兰立刻被免职了，这已经表明了他们的失败。不过在倒台之前，他们还坚持了 4 个月。在这场引人注目的斗争中，斗争的焦点是，法国应当由暴力和血腥来统治，还是由那些热爱自由的人来统治。吉伦特派要求彻底调查 9 月份的大屠杀，这立刻触及了问题的核心。这是一件有效却危险的武器。毫无疑问，那些敢于靠杀害上千人而夺取权力的家伙，在保护自己的时候也会无所顾忌。

吉伦特派的算计严重失误。如果他们答应不惩罚犯罪分子，

就可能分化瓦解他们的对手。直到差不多最后时刻，丹东都竭力
257 避免双方的冲突。然而，吉伦特派一次一次地拒绝了他的条件。韦尼奥说，公开的战争要好过空洞的停战协定。他们一再地拒绝，让犯罪分子们心情紧张，这是他们失败的根源，但这也是他们复兴的标志。他们总是缺乏见识，总是不够团结，总是不够果断；但他们也屡次是最诚实的人。他们攻击的第二条战线选择得也不够好。政党政治还是一种新东西，理解对方的科学技巧还没有发展出来；吉伦特派也相信，山岳派*是铁杆保王党人，企图建立一个奥尔良王朝。马拉接受了王室的钱，所以，西哀士直到最后都一直认为，马拉是君主政体的一位伪装的代言人。丹东本人则向年轻的沙特尔公爵（Duc de Chartres）保证，共和国维持不了多长时间，并建议他时刻准备着某一天去收获雅各宾派播下的种子长出之果实。

雅各宾派的目标是建立独裁统治，这是君主政体的一个全新替代品。吉伦特派曾经付出那么大努力反对的奥尔良王朝的幽灵，不过是一个幻想而已。作为报复，雅各宾党人指责吉伦特派搞联邦主义。其实，这也是一种错误的猜疑。在法国的政治学文献中，在孟德斯鸠、卢梭、米拉波等人的论著中，美国独具特色的联邦制观念已经被认可为一种最伟大的观念。但在国民公会中，唯一一位明确的联邦主义者只有巴雷尔。9 月 10 日，雅各宾党人曾讨论过联邦的方案，不过并没有进行表决。但吉伦特派或者它的不

---

* Montagnards，激进派，因在国民公会中集中坐在会场左边的最高处而得名，代表人物有罗伯斯庇尔、马拉、丹东等人。——译者

管哪位成员，却从来就没有信奉过这种观念，唯一的例外是比佐。他们所喜欢的东西在雅各宾派看来糟糕透顶。雅各宾派倾心于权力的分散，地方自由，希望对巴黎那些压倒外省的活动予以约束，希望由拥有主权的人民之代表来进行治理，而不是由这些主权者自己进行治理。所有这些都是与权力集中截然对立的，然而，自从入侵和叛国的恐慌出现之后，集中权力就成了雅各宾派压倒一切的目标。这种主张很容易与主张各省权利和权力分立的理论发生冲突，这种冲突非常激烈，是那个时期最大的危险所在。雅各宾党
人以“联邦主义”的罪名指控吉伦特派，其实是抬举了他们；因为联 258
邦主义意味着，在一定意义上，他们属于立宪主义者，意味着他们认为，存在着不同等级的权力，存在一定程度的压迫，但对此，连吉伦特派都会提出反对。

在这方面，雅各宾党人比他们犹豫不决的反对者要占有优势。因为他们所倾心的制度是简单的，是容易操作的，而上代人写作的那些最著名著作就已使这种制度广为人知了。在他们那里，没有什么不确定性，不需要暗中摸索，也没有妥协折中。他们声称，广大人民群众任何时候都有权利表达并强制贯彻他们的意志，他们的这种权利优先于一切临时性权力，高于一切政府官员。由于他们不得不带领一群四分五裂的群众与整个世界作战，因此，他们要求将权力集中到那些能够按照人民意志行动的人手中，而那些在国内敢于抵制这种权力的人，将被视为敌人。他们必须被无情地镇压，就像无情地击退一切侵略一样。较好一些的雅各宾党人并不否认自由，但他们给自由下的定义却与众不同。在他们看来，自由不在于对统治权力的限制，自由本身就是由至高无上的权力构

成的。他们不愿意让国家的行动不确定、迟缓、变化无常，仰赖轮流坐庄的多数和互相争雄的力量，从而削弱国家的力量；相反，他们觉得，只有由国民的整体来行使权力，国家才能获得安全保障，这个整体结合了农民，大革命已经赐给他们意外的收获。这是人数最多的一个阶层，这是一个利益一致的阶层，他们的利益与反抗特权的运动相一致，他们必会忠实于新制度。雅各宾党人觉得，他们在国民公会中确实是少数派，但他们却是体现着团结和共和制度的少数派，是议会外面的多数民众支持的少数派。他们没有把自己划入最善良或最卓越的人士之列，他们认为自己属于致力于权力之运用的人，而不是操纵观念的人。很多杰出的行政管理人才都属于这一派，其中最著名的是卡尔诺。拿破仑理解他们的能
259 力，他曾经说过，没有人像经历过大革命的那群人那样精力充沛、那样有效率，因此，他向 127 位弑君者授予了官职，其中大多数是山岳派。

犹豫不定、内讧不止的吉伦特派从来没有使共和制度在整个欧洲和半个法国获胜。他们立刻就遭遇到一场全面战争和一场令人生畏的暴动。他们并不是害怕战争。欧洲军事力量最强大的国家就是普鲁士和奥地利，而这两国的军队已经被法国三四万军队赶到了莱茵河。在他们之后，西班牙和英国的军队看起来不是那么令人生畏。事实证明，这种想法是正确的。法国人同时对欧洲三大军事强国——英国、西班牙和荷兰——宣战，表现了他们的大无畏精神。直到 1797 年，也即过了 4 年之后，英国舰队才确立起优势地位。但吉伦特派一直希望与英国的战争能被避免，并派出几位密使与英国进行谈判。法国人有一种想法，觉得英国的政府

不管是从其起源还是从其性质上来说，都是革命性的。他们处死国王就是效仿英国的榜样，作为一个新教国家，英国必然会尊敬那些奉行新观念的民族。布里索跟 1815 年时的拿破仑一样，将自己的希望建立在英国反对派身上。福克斯先生*不可能公开抨击建立一种共和制度；这个政党曾经为美国人战胜本国而欢呼，那应该也可以指望他们会对一个部分地效仿英国、部分地效仿美国的国家表示一点同情。

与欧洲大陆绝对君主制的战争，也是革命应该付出的正当代价；但 1789 年以来法国发生的变化，就是沿着某种与辉格党相同的原则在变化的呀。当乔治三世**告诉法国国民公会，不希望看到弑君的人继续充任大臣，他们没有就这个问题进行辩论，就将其直接交给了一个委员会。他们这样做不仅是出于民族自尊，也是因为他们认为，这不是一件严重的事。吉伦特派觉得，这场战争在英国国内是不受欢迎的，具有革命精神的群体——辉格党人和爱尔兰人会让这场战争很快终结。熟悉英国的马拉曾说，这是一个 260
幻想。但在法国陆续与英国、西班牙、荷兰宣战时，却无人提出反对；西班牙和那不勒斯的波旁王族是 2 月份和 3 月份投入战争的。国民公会立即投票通过发行 8 亿法郎指券，由流亡者被没收的财产来担保。当时，法国在战场上只有 15 万军队。2 月 24 日，国民公会颁布了一道征召 30 万人的命令，要求各区都要征发一定比例的兵员。在以后 20 年中一直维持着这样一个令人咋舌的水平的

* 当为 Sir Charles Fox，1749—1806 年，英国政治家，具有激进倾向，曾广泛支持大西洋两岸的革命者。——译者

** Geoge III，大不列颠和爱尔兰国王，1760—1820 年在位。——译者

法国军队，就是从这一天诞生的。不过，这一政令颁布的最初结果，却是国家的军事战斗力受到严重削弱。因为，大革命给人民带来了很多好处，而没有给他们强加任何负担。强制征兵则是第一个负担。在很多地方，只是在施加了强大的压力后，才供应了所需之兵员。有些地方提供的兵员人数还超出其规定比例。

3 月 10 日，这项征兵令在普瓦图(Poitou)区比较偏僻的堂区公布，一度引起这里的乡村陷入骚动。在这个地区，根本没有大的城镇，农民们对于推翻贵族、教士和国王早就心怀怨恨。驱逐他们的神父已经引起了不满。现在又要求他们到异国他乡去，在他们不信任的军官手下打仗，要为一个迫害他们的政府而战死，他们的怒火爆发了。他们拒绝按规定数目提供兵员。在随后的几天中，他们成群结队，攻击他们憎恨的两类人，一类是政府官员，一类是政府新委任的教士。到 3 月中旬，大约有 300 名教士和共和派官员被杀害，旺代战争爆发了。在革命的法国，最后一个坚守自由的地方正是这里，而不是巴黎。

不过，我们必须先观察一下，在即将到来的冲突阴影下国民公会中发生的事情。10 月 1 日已经任命了一个委员会为共和国起
261 草一部宪法。丹东是委员会主席，但他大部分时间都不在，他跟军队到了比利时。汤姆·潘恩带来了美国的启示；通常情况下，巴雷勒自己没有一点主意，总觉得别人说得有道理。国民公会中的多数派是吉伦特派，西哀士则跟他们有密切关系。2 月 15 日，孔多塞起草了一份报告。吉伦特派的主要目标是巩固自己的权力，三个月来，他们都在国民公会中空耗着。而让辩论长期久拖不决，表明了这一派的软弱。罗伯斯庇尔和他的朋友们反对他们的政敌提

出的草案，并用冗长的议论让对手无法得手。他们要求把自己的观点塞进宪法序言中，重新表述了一遍《人权宣言》。结果，他们的做法大获成功。最终，宪法中没有任何一部分被付诸表决。我们看得出来，这场辩论中最有趣的部分是关于宗教自由原则的辩论，草案强调了这一原则，韦尼奥却提出反对。就在这一没有结果的讨论正在进行之时，其他地方爆发了战斗。于是，雅各宾派携优势力量发动了反击。

在战场上，迪穆里埃的形势已经急转直下，于是又出现了一次新的紧急状态，要求集中权力。丹东与罗伯斯庇尔达成了谅解，他们决定建立一个革命法庭。这个法庭将由国民公会任命的法官组成，负责审判国民公会送审的犯罪分子。对其作出的裁决，罪犯不得上诉。丹东说，这是一项必须采取的措施，为的是打击公众中的暴力和复仇行为。他打着人道主义的旗号向国民公会提出了这一建议。当国民公会听到丹东在谈论“人道主义”时，出现了一种厌恶感，在可怕的寂静中，朗瑞奈说出了一个词：“9 月。”丹东则回答说，只要新法庭及时地建立起来，就不会发生大屠杀。国民公会作出决议，这些案件应当由陪审团来审理，而且，不经它同意，不能审判议员。罗伯斯庇尔的目标没有实现。他原来的打算是，革命法庭将在没有陪审团的情况下进行审判，并且要对议员有司法管辖权。对他来说，吉伦特派还是太强大了。于是，丹东向他们让步。262
最后，他们同意成立一个强大的委员会，来监督和控制政府。3 月 25 日，他们拟定了一份 25 人组成的委员会名单，其中大多数是他们的朋友。于是，他们基本上让议会服从一个委员会的领导，他们再一次获得了主导权。就在这之后，迪穆里埃失败的消息传到巴

黎，国民公会正确地预计到，他们恐怕很难躲得过一场大危机了。因为迪穆里埃曾打算将荷兰和比利时境内他所能支配的所有力量团结起来进军法国，建立一个他自己的政府。他曾与丹东保持着密切的联系，因此，这是攻击丹东的一次再好不过、不容错过的机会了。4 月 1 日，拉苏尔斯（Lasourse）指控丹东有叛国嫌疑。两派之间的休战状态终结了，而其结果立刻就看得很清楚了。25 人委员会显然太臃肿了，其中有来自各派的人物，因此，有人提议减少该委员会的人数。于是，4 月 6 日，又选举产生了一个 9 人委员会，这才是真正的公安委员会，其中没有一个吉伦特派人物。同一天，首次执行了新法庭判决有罪的犯人之死刑。革命政府的两大工具就在同一天启动了。不过，这两大工具却并不能使雅各宾派把吉伦特派怎么样，因为议员是不可侵犯的。但除议员之外的所有人的生死，现在都在公共起诉人的掌握之中。

吉伦特派对丹东的攻击失败了，现在他们转而攻击马拉。他们以 220 票对 132 票通过决议，将马拉送上革命法庭，指控他犯有煽动叛乱罪。24 日，马拉被捕。而马拉的朋友们则发动了针对吉伦特派的请愿，他们要求将其中 24 人驱逐出议会。议会对此展开辩论，韦尼奥拒绝将他的朋友们的命运交给基层议会去决定。该请愿遭到拒绝，他的理由是，这将引起内战。确实，旺代人的怒火正在喷发。在法国很多地方，也都能够感受到反对共和的怒火爆发的危险。

263 就这样，一直到 6 月份，吉伦特派攻击个别议员的做法无不遭到失败，而他们在国民公会中的地位仍然是不可撼动的。靠着吉伦特派的内讧，靠着偶尔形成的多数支持，尤其是靠着丹东不确定的、断断续续的帮助,罗伯斯庇尔已经采取了一些重要措施——建立革命法庭,成立公安委员会,派国民公会代表到外地各区征税、征兵。通过这一系列有利于穷人、容易被人接受的政令,罗伯斯庇尔和他们的朋友们已使自己成为新秩序的创建者。巴黎人民作出的回应是创建一个起义委员会,以通过施加合法的压力或任何手段,实现驱逐那 22 个吉伦特党人的目标。5 月 22 日,国民公会任命了一个 12 人组成的委员会,来证明国民公会的权利理应高于巴黎市政当局。吉伦特派占据了多数位置。他们的候选人从 104 人增加到 325 人,而雅各宾派的候选人仅为 98 人。不过,这是吉伦特派在议会斗争中的最后一次胜利了。看来,通过合法途径是不可能消灭吉伦特派的了。这项使命只能交给马拉那样的煽动家,交给起义委员会了。在雅各宾派内部就此达成共识之后,吉伦特派的末日就临近了。国民公会的机构即主要由温和派组成的 12 人委员会已经逮捕了好几位最为狂暴的煽动者了。5 月 26 日,罗伯斯庇尔号召巴黎人起来打倒这些叛国的议员们。第二天,巴黎人就上街了,他们冲到国民公会,宣读了他们的要求。那些煽动家被释放了,12 人委员会宣布解散。但 28 日,国民公会觉得自己驯服地屈从太丢脸,证明了它不具备压倒一切的权力,于是,它又以 279 票对 239 票同意恢复该委员会。

现在,革命者决心采取一项更具有决定意义的行动,雅各宾派准备发动一场他们所说的精神起义。他们希望避免流血事件,因为之所以设立革命法庭,就是为了让事态纳入司法范围,从而防止出现流血冲突。吉伦特派在被议会开除之后,可以被交给革命法 264
庭,可以享受到陪审团审判的一切安全保障。此时,吉伦特派起草

的宪法草案被弃置一旁，宪法委员会又增加了5位新成员，起草了一部新草案。然而，5月30日，自大革命爆发以来，议会议长第一次被从主席位置上赶了下来。5月31日，起义的群众冲入议会。他们倒并没有实施暴力活动，也没有遭到抵抗。吉伦特派没有做任何事情来捍卫他们自己的事业，他们的12人委员会又一次宣布解散。议员们并没有遭到什么伤害，但罗兰逃跑了，他的妻子遭到监禁。两天后，即6月2日，革命的精神力量得以完胜。杜伊勒里宫被大炮包围起来，议员们被勒令不得走出，部分吉伦特党人同意交出自己的议席，以避免议会解体。他们的这种做法被称为自愿流放。

吉伦特派就是如此极端地软弱，只有朗瑞奈一个人充满勇气和果决，只有他在说话、行动。就在他说话之时，勒让德勒走上法庭，威胁要杀了他。勒让德勒曾经当过屠夫，所以，朗瑞奈回敬他说："这就你的第一条命令：我是一头肉牛。"曾经当过嘉布遣修会修士(Capuchin)的沙博(Chabot)高声辱骂这位即将垮台的政治家，朗瑞奈对他说："古代人会给他们的牺牲者戴上花冠，教士是不应该侮辱他们的。"不过，这位勇敢的政治家一直活了下来，活到见证他的政敌们之毁灭，并且又被很多区推选为议员，主持国民会议通过了拿破仑下台的政令。到了最后时刻，一位暗地里支持吉伦特派的人去找丹东，呼吁他出面干预，以免国民公会被暴力冲垮。丹东回答说，他无计可施，因为雅各宾派并不信任他。6月2日深夜，更多遭到怀疑的吉伦特党人遭到逮捕，尽管没有被关进监狱。在首都，雅各宾派终于获得了完胜。在起义委员会帮助下，他们终于大功告成。在这个起义委员会看来，凡是不赞成9月大屠杀的

人,都是不能容忍的。

随后,溃败和彻底毁灭的命运就降临到吉伦特派头上。他们一直犹疑不定,不敢用武力来保护自己。他们只想到了共和国,而 265
没有想到他们自己的党派。他们中有些人仍然留在首都,成为雅各宾派手里的人质。其他人则走出首都,想弄清楚法国各地对于他们组成的议会之分崩离析有何反响。他们的力量分布在各个区,在一些区,民众正在武装。在法国西部地区,他们是没有希望的,因为正是他们制定了激起旺代人反叛的法律。他们转向北部各区。在诺曼底,保王党人正在那位著名的阴谋家皮赛(Puisaye)的领导下组建一支军队。在这样的人与比佐之间,是不可能达成什么共识的。但他们之间没有时间吵嘴,因为这场运动立刻就失败了。诺曼底民众非常冷漠,不过,他们中有一位却具有足以改变法国面貌的志气、干劲、勇气和激情。这个超乎寻常之人就是达尔蒙侯爵(M. d'Armont)的女儿,她以夏洛特·科尔黛*的名字而成为历史上不朽的人物。她当时芳龄24。她的父亲是个保王党人,却读过雷纳尔的著作,具有那个时代及其他时代受过普鲁塔克**著作熏陶的人士所具有之古典激情。她拒绝祝福路易十六,因为她认为,他是个好人,却是个坏国王。她更喜欢跟男性家属一起生活,不喜欢跟自己的家人在一起,她已经打定主意终身不嫁。她的成长环境具有深厚的宗教色彩,但在她的新家中,宗教的影响似乎减弱了。在那种强烈的念头形成的五天中,看不出一点迹象。

* Charlotte Corday,1768—1793年,刺杀马拉的法国女子。

** Plutarch,46—120?年,古希腊传记作家,著有《希腊罗马名人传》。——译者

从5月31日起，她就已经把马拉视为驱逐吉伦特派的罪魁祸首，其中有些吉伦特派人士到了卡昂（Caen），头上则顶着爱国者的荣耀。7月7日，民众自愿组成的准备进军巴黎的军队进行了检阅，然而，这支军队的人数太少了，进军巴黎的希望破灭了。夏洛特由此形成了一种想法：有某种东西可能比全副武装的男人的力气和心灵更为强大。吉伦特派的命运掌握在杀人犯们手中，在法国，除
266 了匕首之外，没有东西能够保护他们。取去一个人的性命，可以拯救很多人的性命。刺杀一位谋杀犯，刺杀一位已经谋杀过人并打算继续谋杀人的家伙是正当的，对这一点，她从来没有产生过怀疑，他们本来就应该接受这种刑罚。她没有将自己的决心告诉过任何人，她没有说过任何激动人心的话，也没有说过任何自吹自擂的话。她只是这样回敬佩蒂翁拙劣的俏皮话：“公民，你这样说话，说明你似乎没有理解我。总有一天，你会理解的。”她找了一个普通的借口去了巴黎，并看望了一位吉伦特派议员。为了报答他的照顾，她建议他立刻返回卡昂。他的朋友们已经被捕了，他的文件也已经被拿走了，但他告诉她，他不能抛弃自己的职责岗位。她继续劝他，哭诉说：“相信我的话，赶在明早之前离开。”他不明白她的意思，于是，他就成了那些跟韦尼奥一同被送上断头台的人士中的一位。第二天是7月13日，星期六，早上，夏洛特买到了她的匕首，并去拜访马拉。尽管他正躺在浴缸中——他的大多数时间都消磨在浴缸中——但她还是进了他的住所。她解释说，她之所以非要见他，是因为她要向他报告她在诺曼底见过的阴谋家的情况。马拉记下了他们的名字，并向她保证说，用不了几天，他就会把他们送上断头台。听了这话之后，她拔出了她的匕首，刺入他的心

脏。当十分愚蠢的首席公诉人宣告说,这么准确的一刺只有受过训练的人才干得出来,她当时大喊:"丑八怪!是他让我成了女杀手!"她唯一想到的是,她取一人之命会保住千人之命。她被打倒在地,被拉着穿过愤怒的人群送到监狱。最初,她对自己仍然活着感到很惊奇。她曾以为自己会被撕成碎块,她一心希望,当这些令人尊敬的巴黎居民看到她的头被挂在长矛上示众时能够记住,她年轻的生命是为他们而献出的。在所有的谋杀犯中,在所有的受害者中,夏洛特·科尔黛是最为沉着镇静的。当刽子手来为她梳洗打扮之时,她借他的剪刀剪去了自己的一绺头发。当马车缓慢穿过人群骚动的街道之时,刽子手对她说:"你会发现这条路很
长。"她说,"不,我并不担心迟到。"据说韦尼奥曾写过下面的墓志 267
铭:"是她杀了我们,但她也教会我们如何去死。"

在诺曼底起事的计划——这是仅剩的一点希望了——失败后,比佐和他的同道们从海路逃到了纪龙德河*。7月28日,吉伦特派被宣布为非法组织,该派的人被随心所欲地未经审判就处死,他们不得不躲到户外和地窖中。几乎所有人都被抓住。曾经带领马赛人来到巴黎的巴尔巴鲁(Barbaroux)在被逮捕的那一刻开枪自杀,但没有马上死去,于是,仍然被拉到断头台上。比佐和佩蒂翁在垮台之后又活了一年。就在大恐怖时期快结束时,在法国西南部一个偏僻地方,几条狗不断咆哮,引起人们的注意。在这里,人们发现了这两位吉伦特党人,他们被人认了出来,尽管他们的脸已经变样了。就在他们被拉去处死之前,比佐将罗兰夫人的信件

* Gironde,位于法国西南部。——译者

藏到一个安全地方。70 年后，在一次拍卖中，这些信件得见天日；她在自己的回忆录中讲过一些她生活中遭人怀疑的秘密，最初出版时，这些内容被编辑删节了。如今，这些内容终于重新为世人所知。她在 1793 年 11 月 10 日被处死，此前四天，奥尔良公爵已被处死；她在最后时刻表现出的令人振奋的尊严，已经使得人们原谅了她以前的夸夸其谈、矫揉造作和反人道表现。她的丈夫在靠近鲁昂的藏身地倒很安全；但他在听到妻子被处死的消息后，他用一把手杖里藏的剑自杀了。而在这之前几天，吉伦特派大多数人物都已被处死。180 位吉伦特派议员中，有 140 人被监禁或被消灭，24 人想办法逃跑了；73 人是 10 月 3 日在巴黎被逮捕的，但没有被审判；在那些比较有名的人士中，有 21 人在 10 月 24 日被送上革命法庭，一周以后，他们被处死。即使他们得到这样的命运并不算有什么不对，但对他们的审判是不正常的。从韦尼奥、布里索和他们的同仁们开始，革命者采取一种新做法，就是将很多人立刻送上断头台。在随后的 5 个月中，又有 98 人被处死。

在自己的党派垂死之时，孔多塞在巴黎一处寄宿公寓中找到
268 藏身之地，在这里，在恐怖统治气氛中他写了薄薄一本论述人类进步的书，这里面包含了他对人类作出的思想贡献。他从他的朋友杜尔哥那里汲取了主要想法，然后又将其传给孔德。在他看来，也许有 20 来个决定性的、各具特色的观念主宰着整个世界，每个人都将按着次序来理解他的时代，而这个时代就是其中之一。这本书写完后，他觉得，作者的本分已经尽到了，他活着已经没有什么可追求的了。至少有一位山岳派议员知道了他躲避起来的事，他担心会连累到那些曾经冒着生命危险保护他的人士。于是，孔多

塞化了装，蹑手蹑脚地走出那家，一只口袋里装着一本贺拉斯的诗，一个口袋里装着一瓶毒药。天黑之际，他来到乡下一位朋友家门口。在这里发生过什么事情，后人一无所知，不过，这位逃亡者没有在这里住。在离巴黎几英里远的地方，他因受到怀疑被逮捕了，并被投入监狱。早上人们发现，他躺在地上已经死了。是卡巴尼斯(Cabanis)帮助他逃跑的，后来，他又同样帮过拿破仑逃跑。

这就是吉伦特派悲惨的结局。他们轻易地被打败了，无情地被摧毁了，而根本无力奋起拯救自己。他们垮台之后，自由也就不复存在了；不过，自由在他们的手里，本来也就只有一点微弱的残余而已，而现在，这一点火花几乎完全要熄灭了。尽管吉伦特派既很软弱，又很糟糕，但任何国家都没有遭受过由于他们的失败和毁灭而降临于法国头上的不幸那么巨大。吉伦特派是实行恐怖统治的最后一块绊脚石，也是当时专制权力一步步地集中到罗伯斯庇尔手中的最后障碍。

269 第十八章　恐怖统治时期

大革命所掀起的自由主义和立宪浪潮，随着吉伦特派的失败而告终了；自由反对权力、正义反对暴力的事业失败了。就在吉伦特派失败之际，整个欧洲都武装起来，从陆上和海上对抗法国；保王党人在法国西部取得了胜利；南方的起义也在蔓延，普雷西(Précy)率领四万人坚守里昂。现在已经主宰了国民公会的多数派*给自己所定的主要目标是扩张和集中权力，他们认为，只有这样，才能将国家从危机状态中拯救出来，而在夏天那几个月，这场危机几乎摧毁了国家。在这一年剩下的时间中，这个超越一切的、迫切的目标决定了他们要做什么样的事情，也决定着他们将出台什么样的政策，其结果就是我们所说的恐怖统治(the Reign of Terror)。获胜的山岳派采取的第一项措施是制定一部新宪法。他们在四五月份就批评和反对吉伦特派起草的宪法草案，只有新起草的《人权宣言》获得了通过。整部宪法现在都需要重新制定。新增加了5名成员的公安委员会着手筹备起草一部适应目前局势的宪法纲要，其中要能够体现目前已经取得优势的原则。他们以孔多塞的宪法方案作为自己的基础，按照雅各宾派演说家在议会

* 指雅各宾派。——译者

辩论中所指出的原则予以修改。因此，他们在几天内就完成了起草宪法的任务，6 月 10 日，他们将这一草案提交给国民公会讨论。向国民公会作宪法草案报告的是埃罗·德·塞舍勒斯（Hérault de Séchelles），但在随后展开的辩论中，最经常发言的却是罗伯斯庇尔。这个草案经过了短促的辩论，不过也进行了一些重大修改。270
6 月 24 日，1793 年共和国宪法获得通过。这场大革命的所有成果，在这部宪法中得到了最集中的体现，它的重大意义也远大于它所得到的名声。

吉伦特派——由孔多塞执笔——在其宪法草案中没有提上帝之名，仅仅将良心自由作为意见自由予以保护。在这个方案中，遴选行政官员和立法机构成员的办法是一样的，都是由全体人民直接选举产生，从而将官员的委任权交到这些官员将要治理之人民手里。将由基层议会选举国务委员会（Council of Ministers），基层议会也有法律提案权。这个方案是为了有利于权力分散化才限制国家的权力的。而公安委员会的草案尽管保留了孔多塞方案的很多内容，但要采取措施防止出现过分的离心力量。根据这个方案，立法机构是由直接普选产生的，但公务员不由选举产生，这样的投票太随意，因而也是靠不住的。他们已经决定，由 24 人组成的高级行政委员会应当由立法机构从一个候选人名单中提名，每个区间接推举一个人，由它来任命和控制政府所有的部和行政官员；立法机构可以就所有必要的问题颁布具有法律效力的政令；但只有经过民众的认可才能成为真正的法律，不管是明确的还是隐含地认可。这样，他们就把直接民主制与代议民主制结合了起来。他们限制了公民投票决定的范围，取消了民众的提案权，限制了需

要民众认可的事项，剥夺了选民对行政部门的任命权，取消了秘密投票制度。这些措施规定了权力的组成方式，不过它们也是有利于个人自由的。新闻出版将是自由的，人民将享有完全的宗教宽容和结社权利。教育将成为普及性的，将制定济贫法；如果出现压迫，起义不仅是一种权利，也是一种义务，篡权行为将被判处死刑。所有的法律都是临时性质的，都必须不断地进行修正。罗伯斯庇尔抛弃了他在4月份的社会主义倾向，现在又回到了他以前的说
271 法，也坚持要求保护财产权，实行比例税制而不是累进税制，也拒绝给穷人免税。4月份，一位由殖民地选举出来的不知名的议员要求宪法序言中应该承认神；6月份，在吉伦特派被消灭之后，这一想法得到了采纳。与此同时，调整了几个词之间的次序，平等成了《人权宣言》的第一个原则。宣言又宣布，文明社会的最高目标是幸福而不是自由。不过，最高目标之类的东西完全是精神性的，乞灵于这种东西于事无补。

埃罗曾提出应当由全体国民选举产生一个大陪审团，专门听取针对政府及其官员的申诉，并决定哪些案件应送交法庭审理。这种设想是西哀士最早提出的，获得了罗伯斯庇尔的支持。不过，国民公会却拒绝了，于是，罗伯斯庇尔又建议，每位议员都应当由其选民作出评判，只要被选民公开谴责，在别的地方也就没有当选的资格。这是与下列原则相违背的：议员属于全体国民，理应由全体国民选举，只是由于这样做面临一些实际操作上的困难，才不得不将全体国民分成不同的选区。辩论最后得到的结果是，议员仍然是不可侵犯的，也不用接受选民的制约，尽管有一位年龄最长的议员仍然固执地要建立大陪审团，这位议员的年龄之大，甚至能够

清楚地记得路易十四。

这部宪法明智地撤销了一贯坚持的支持各个起义民族的立场,也放弃了一切干预和侵略他国的目标。有一段说,和侵略者是不能讲和的,在读到这一段时,有一个人喊道:“你是否跟胜利有约?”“没有,”巴齐尔(Bazire)回答说,“我们跟死神有约。”社会上立刻出现一种批评之声,这种批评尽管是匿名的,却很容易看出有孔多塞的影子。这个人抱怨说,法官比陪审团更受青睐,官员不是由民众普选来委任的,宪法没有规定固定的修正时限,民众对法律的认可沦为单纯走形式。孔多塞相信,几乎所有的财富不平 272
等——这正是不幸的根源——都是由不正当的法律造成的,而社会治理艺术的目标就是减少这种不平等。还有人提出另外的反对意见,认为这部宪法没有造福于穷人。关于财产和其他问题上的规定,被人贴上了公然倒向保守主义的标签。但在全国选民的投票中,这部宪法以 1801918 票对 11610 票获得通过,8 月 10 日,举行了一个隆重的仪式,庆祝这一宪法诞生。但却并没有规定这一宪法生效的具体日期。丹东的朋友们已经在谈论提前解散议会了,但国民公会却拒绝解散,而这部宪法也就一直没有得到实施。尽管当时立法机构颁布的其他法律不失为良法,但法国的法官却从来没有适用过 1793 年 6 月 24 日和 8 月 10 日通过的那部伟大宪法。当年秋天,它被正式宣布暂时停止实施,而后来也再没有恢复过。于是,法国就不是由这宪法来治理,而是由一系列具体的法令来统治,这些法令创造出了异乎寻常的权力,镇压了各种反对力量。

议会被解散之后,下一个要摧毁的东西是新闻出版自由。在

议员受到侵害并不得不退让的情况下，新闻编辑记者是不可能自己具有神圣性的。马拉还在，他仍对巴黎发挥着影响力，他在6月2日的活动增加了他的影响。他有他自己的追随者，有自己的权力基础，因而，他并不是丹东或罗伯斯庇尔的追随者。凭着他在弄垮吉伦特派的事业中的贡献，他成了跟罗伯斯庇尔和丹东并驾齐驱的人物。他死之后，新闻出版领域和街道革命舞台上空出来的地方，立刻被他的一位稍逊一筹的竞争对手埃贝尔（Hébert）占领了。有一阵时间，埃贝尔获得了巨大权力。马拉的报纸几乎无人问津，埃贝尔却经常能卖出60万份《杜歇老爹报》（*Père Duchesne*）。他又通过自己的盟友肖梅特（Chaumette）控制了巴黎市政当局，而现在，这里掌控着一切。通过布绍特（Bouchotte）和文森（Vincent），他还控制着战争部，掌握了广泛了军官任命权和拨款权，他把他的报纸也订到每个军营。对于讲究秩序、比较刻板的罗伯斯庇尔来说，这个家伙是令人厌恶的，因为他是个无政府主义
273 者，是个堕落的家伙，还是那些无能的将军们迫切需要的保护伞。不过，如果罗伯斯庇尔没有这个家伙在巴黎的报刊的支持，也什么都干不成，所以也只好容忍他。但在埃贝尔和丹东之间，则爆发了公开的冲突，而丹东却处于劣势。吉伦特派被推翻，削弱了丹东的力量，因为他曾想挽救吉伦特派，所以，丹东被迫退让。不过，在国民公会中，他依然是最强有力的人物，一度所有的问题都由他来决定。不过，在失去了实际进行统治的公安委员会中的位置之后，他就无法再得到官方的信息情报了，他的权力最终也就无法与罗伯斯庇尔相抗衡了。整个夏天，他明显地黯然失色了，而肖梅特、埃贝尔和文森等人结成的同盟却几乎所向无敌。

7月10日，一度代理立法委员会职权的公安委员会进行重组，又成为一个单纯的行政机构。以前，它有14名成员，现在调整为9人。巴雷尔得票最多，获得192票；圣茹斯特仅得到126票，丹东则没有入选。罗伯斯庇尔的影响最大，7月27日，他本人也填补一个空缺而成为委员。此时，法国的运道正处于最低潮。旺代人的起义没有被镇压下去，里昂仍然没有被攻占，奥地利和英国军队已经突破了堡垒防御线，正在缓慢向巴黎推进。不过，所有这些在几个月内就发生了变化，这几个月就是罗伯斯庇尔鼎盛的最初几个月。此刻，他掌握着三件强有力的武器：公安委员会，革命法庭和雅各宾俱乐部，这些武器使他成为法国的主宰者。7月27日，就在他被选入公安委员会之前一天，发生了一个大变化。历史上第一次，从杜伊勒里宫发布出的命令仅用一刻钟，就送达前线作战的军队；这就是旗语信号发送方式（semaphore telegraph）的开端：科学成了大革命背后的支撑力量。8月1日，开始实行米制，随后实施共和历；不过，我们将在另一个场合中再来谈这个问题。

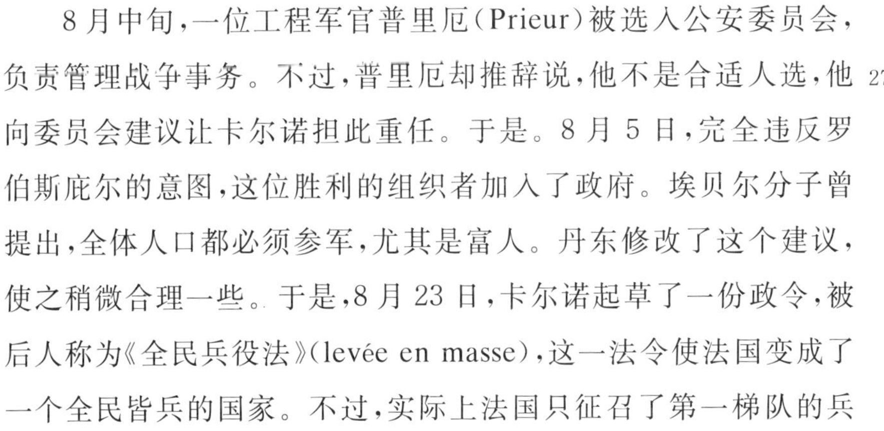

8月中旬，一位工程军官普里厄（Prieur）被选入公安委员会，
负责管理战争事务。不过，普里厄却推辞说，他不是合适人选，他 274
向委员会建议让卡尔诺担此重任。于是。8月5日，完全违反罗伯斯庇尔的意图，这位胜利的组织者加入了政府。埃贝尔分子曾提出，全体人口都必须参军，尤其是富人。丹东修改了这个建议，使之稍微合理一些。于是，8月23日，卡尔诺起草了一份政令，被后人称为《全民兵役法》（levée en masse），这一法令使法国变成了一个全民皆兵的国家。不过，实际上法国只征召了第一梯队的兵员，即年龄从18岁到25岁的所有男子，并下令第二梯队，即年龄

从25岁到30岁的所有男子待命。正是根据丹东和卡尔诺的命令，法国拥有了一支人数超过整个欧洲大陆各国总数之和的军队。到这年年底，这支军队成为世界上最好的军队，而奥什（Hoche）、莫罗（Moreau）、波拿巴等人则被提升到指挥岗位上。

8月份，在国内秩序方面，还发生了一件事情，它对人类的影响，与法国军队的创建一样深远。在公安委员会忙于制定宪法之时，立法委员会正在起草一部《民法典》，它正是拿破仑法典的基础。康巴塞雷斯（Cambecérès）与后来跟他完成这部法律的人士一起，在通过宪法的那一天，也向议会提交了民法典第一稿。还有，8月24日，共和国财政顾问康邦（Cambon）完成了共和国债务的转换和统一。

这些都是那些接受罗伯斯庇尔领导的人士在他的政府进行统治的最初一段时间所从事和完成的影响很大的措施。也正是凭着这些措施，罗伯斯庇尔才得以巩固自己的权力。

9月初，公安委员会的成员增加了，它接纳了比约-瓦雷纳、后来推翻丹东的科洛·德尔布瓦，最后，它也接纳了罗伯斯庇尔。任命科洛是对埃贝尔作出的一个让步。这一派相信，政府的权力太软弱了，面对其敌人，应当加强权力。丹东本人也说，每天都应
275 该有一个贵族、一个恶棍用他的脑袋来偿付他们所犯下的罪行。委员会立刻制定了两项措施，显然是为了实现这一目标。9月5日，对革命法庭进行了改组，不再只有一个革命法庭，而是产生了四个革命法庭。9月17日，《嫌疑犯法》（Law of Suspects）获得通过，该法能使地方政府随心所欲地逮捕人，即使在被宣告无罪后仍可被投入监狱。在巴黎，9月13日总共关押着1877名囚犯，到10

月 20 日，囚犯人数上升到 2975 名。9 月 25 日，旺代战争的失利——即使是芒茨的精锐部队也被打败了——在国民公会中引起一场激烈辩论。这场辩论以丹东派的进攻而结束，罗伯斯庇尔却窃取了胜利果实，在投票中获得了全体一致的支持；从这一天到 1794 年 7 月 26 日，可以算作罗伯斯庇尔稳固统治时期。在此期间，国民公会让位给了公安委员会，该委员会成为一个临时性政府。

鼓吹暴力的一派因为南方的起义而坚持要处死他们视为人质的那些吉伦特派人士，因为西部的起义而坚持要处死王后。而政府在丹东的认可下曾试图挽救玛丽·安托瓦内特一命。他派马雷(Maret)去与意大利的诸小国谈判，让他们保持中立，法国将为此释放王后。奥地利却不希望这些小国宣布中立，所以，在格里松(Grisons)山的隘口抓住了马雷和他的同伴塞蒙维勒(Sémonville)，并把他们关在曼图亚一个地牢中。此时，王后已被押送到孔西埃日监狱(Conciergerie)，这是送上革命法庭的最后一步了。而由于她的侄子、神圣罗马帝国的新皇帝一点没有软化立场的迹象，所以，10 月份，她被送上法庭，随后被处死。王后被处死是令人恶心的，因为这完全是一场交易，是罗伯斯庇尔为还清那个时刻比他还狂暴的人的人情而作出的一个让步，是为了转移他们攻击的目标。我们已经看到了，王后在关键时刻给国王出的主意是灾难性的，她从来就不相信国民应拥有权利，她密谋策划针对她的人民的战争和破坏。她有很多理由惹人憎恶。但如果我们自问，谁 276
可以在那个时期及其他时期从审判国王和王后们的法庭上毫发无伤地走出来，如果我们记得，她是如何经常地反对保王党人和流亡

者，从而取悦于、也有益于国民的事业，她甚至反感那位伟大的爱尔兰人[①]对她在凡尔赛宫的描写——这本书由迪唐（Dutens）翻译、由费茨詹姆斯（Fitzjames）公爵夫人呈给她——则我们必须承认，她理应得到一个比那些与她立场差不多的人物更好的结局。

1793 年 10 月份，是埃贝尔派大获全胜的时期，在这个月中，出现了一轮新的、史无前例的大屠杀。他们公然主张的政策就是全面逮捕，快速审判，立刻处决。与他们相比，罗伯斯庇尔倒似乎算是个感情丰富、优柔寡断的人了，只有在压力推动下，才会采取行动。他最终果然遂了他们的愿，不过这个功劳是他们的，报酬也应该是他们的。他们中的一位——文森如此地嗜血成性，他发现，撕咬小牛的心脏，会让他身心舒畅，仿佛他咬的是保王党人的心。不过，这个派系并不是唯一一群残忍的家伙。他们有两大敌人，教士和贵族；他们有两种激情：消灭上层阶级，消灭宗教。有一批人一直在攻击教士，还有一批人一直在攻击宗教。这些人的原创性在于，他们试图创造出一个替代宗教的东西，他们希望给人们提供某种跟上帝不同的东西让人信仰。他们更渴望将新宗教强加于人，而不是摧毁旧宗教。事实上，他们相信，旧的信仰体系正在迅速走向灭亡，那些传播这种宗教的人自己都从内心深处抗拒它。埃贝尔是个无政府主义者，而肖梅特却属于非宗教性信仰的热情洋溢的创始人。他认为，革命从本质上说是与天主教信仰不共戴天的，他以为，革命从一开始所奉行的原则就是他现在宣布的东西。然而，实际上，1789 年，教士一度颇受欢迎，尽管国民议会拒

① Burke, Reflections on the French Revolution。

绝宣布法国是天主教国家。1792 年 6 月，雅各宾俱乐部拒绝了一个取缔国家宗教、并用富兰克林和卢梭取代壁龛中天主教圣人的 277
提议。12 月份，一位议员大谈取消上帝崇拜的话，却无人支持。1793 年 5 月 30 日，时值纪伦德河地区危机时期，圣体节*游行队伍在穿过巴黎的大街小巷时并未受到骚扰。8 月 25 日，在罗伯斯庇尔的主持下，国民公会公开拒绝了一项要求取缔以万能的上帝之名传教的请愿。

9 月 20 日，罗默(Romme)向议会提交了新历法，他说，从这一刻起，平等不仅主宰了人间，也主宰了天国。11 月 24 日，该历法被采纳，其中那些响亮的称呼，都是由法布勒·德朗蒂纳(Fabred d'Eglantine)发明出来的。它标志着用科学取代基督教。葡月(winemonth)和果月(fruitmonth)并不比尤利乌斯和奥古斯都或者比维纳斯和土星包含更多反基督教的色彩，但实行这种历法的结果是废除了星期天和各种节假日，让理性压倒了历史，让天文学家压倒了教士。这种历法完全是一种冒犯性武器，因而从来没有人想过那些名字是多么荒唐，根本不可能适用于纬度不同的其他地方，到了法兰西海外诸岛和旁迪切里地区**，人们根本不知其所云。尽管国民公会摇摆不定，一会儿沿着一个方向前进，一会儿又从这个方向上后退，不过，革命委员会却坚定地一往直前，因为肖梅特受到了他的朋友们在 9 月和 10 月份所取得的胜利的鼓舞。他觉得，现在已经到了关闭教堂，建立一种新型世俗化敬神体系的

* 天主教节日，三一节后的第一个星期四。——译者

** Pondicherry，印度东南部一港口，时为法国殖民地。——译者

时候了。在一位比他还狂热的日耳曼人克洛茨(Anarcharcis Cloots)的支持下,他对巴黎主教说,他手下的教堂将像拒绝宣誓效忠者的教堂一样注定会毁灭,他说,那些信徒已经不信仰它了,整个国家都已经抛弃了它。肖梅特还可以再加上一句:革命委员会准备消灭这位主教了。这位主教戈伯尔屈服了。11 月 7 日,他带着一群他手下的教士出现在国民公会旁听席上,向人民辞去了他从人民那里得到的职权。另有一些教士和主教步其后尘,看起来,有些人确实是戴着面具活动的,现在他们很乐意抛弃自己本来
278 就不相信的信仰。西哀士宣布了人人皆知的一件事:他既不信仰那些宗教学说,也从来没有实践教会的戒律;当然,他也交出了一大笔圣职收入。有些人一直怀疑,戈伯尔是否也同样对信仰没有兴趣。他们说,戈伯尔曾向教皇提出,他交出主教职务,但教皇得给他一笔适当的金钱回报。这一点被下列事实所证实:他通过克洛茨和肖梅特获得了补偿金。对于这两人来说,能让他彻底投降,就已经是一笔很好的交易了。不过,他的榜样的力量却多少受到了布洛瓦主教格雷瓜尔的抵消,因为这位主教强烈地反对这种做法,跟他反对国王时一样地坚决。他站在主教座上,坚决拒绝放弃他的神职岗位。在国民公会中,他自始至终穿着法国高级教士的彩色长袍。

在巴黎主教举行放弃主教职务的仪式之后三天,肖梅特向理性宗教(religion of Reason)打开了巴黎圣母大教堂的大门。国民公会对此敬而远之,对此不屑一顾。而一位女演员发挥了最重要的作用,她被很多人形容为理性女神或自由女神,然而,她可能自己都不知道自己是什么。她从她在这座教堂的宝座上俯视着众

人，她被抬到议会，在议长旁给她安排了一个位置，议长在巨大的欢呼声中向她行了一个非常热情的见面礼。在经历过这次奇袭之后，曾经犹豫不决的议员们屈服了，大约一半议员也跟着众人一起护送这位女神回到她在一座哥特式塔楼下的住宅。肖梅特取得了决定性胜利。他早已禁止在建筑物之外从事宗教活动，现在，他又废黜了国家任命的神职人员，在他们留下的空位上代之以一位巴黎女演员。他已经克服了议会明显的犹豫态度，迫使议员们积极参加他举行的仪式。12 月 23 日，他着手关闭教堂。革命委员会作出决定，任何人，只要打开教堂之门，就将被视为嫌疑犯而遭到惩罚。由此，肖梅特主义达到登峰造极的地步。

但有两个人出人意料地联合起来反对肖梅特，成了基督教世界的捍卫者。他们是丹东和罗伯斯庇尔。罗伯斯庇尔当然乐意看到出现一个比他更极端的人，有了这个家伙，他就可以靠几辆囚车 279
的囚犯，来廉价地收买人心。但他并不打算压制宗教，而去照顾没有上帝的敬神活动。这是违背他的政策的，这也是违背他的信念的；跟他的导师卢梭一样，他是个一神论信仰者，甚至对他的信仰，也是容不得异说的。不过，这一点并不是让他和丹东团结起来的纽带，因为丹东没有那么强烈的唯灵论信念，他尽管是一个钟爱理论的人，却属于 18 世纪一个完全不同的思想流派。不过，丹东始终受到埃贝尔一派的攻击，所以，对他们的狂暴行为深恶痛绝。吉伦特党人之死令他惊恐万分，因为他实在看不出有什么理由可以使他免于他们的下场。对于未来的共和国，他已不抱什么希望，他已没有了激情，没有了信念。从 10 月份那个时候起，他开始变得温和了。他认为，不是罗伯斯庇尔，而是埃贝尔会导致不尽的流血

事件，他乐意与他的对头罗伯斯庇尔合作，推倒这些狂热的极端分子。从9月底起，他离开位于阿尔西斯（Arcis）的家中外出。回来之后，他跟罗伯斯庇尔一起公开谴责了这种反宗教的骗人勾当，并替教士们说话，说既然反对宗教的人士可以得到宽容，那教士们也完全有理由得到宽容。

当罗伯斯庇尔宣布国民公会从来没有打算禁止天主教宗教活动时，他是真诚的，这是迈向至高无上者（the Supreme Being）的节日盛宴的第一步。丹东则仅从政策角度采取行动，只是为了反对那些与他为敌的人。肖梅特和埃贝尔畏缩了，革命委员会宣布，教堂不会被关闭，12月初，持续了26天的理性崇拜活动终于退场了。人们清楚地感受到了伤害。肖梅特说，子弹和毒药是对待进攻国民的教士们的武器。对待这些叛国者，绝对不能仁慈。这是一个攸关生死的问题。让我们推倒横亘在我们中间的那道永恒的壁垒。不能在公众场合做弥撒，只可在冬天到2月份期间在私人
280 小教室中做弥撒。次年4月份针对肖梅特提出的控诉中之一大罪状，就是他干涉平安夜宗教活动。

罗伯斯庇尔在镇压埃贝尔主义的行动中得到了丹东的支持。他们两人达成共识的迹象，可从两人共同出现在12月份的《老科德利尔党人》（*Vieux Cordelier*）杂志上看出来。在这本著名的杂志上，卡米勒·德斯穆兰相当热诚地为仁慈的事业提出辩护，看起来似乎相当真诚；他也当众嘲笑埃贝尔是那种喝断头台上滴下的液体喝醉了的人。罗伯斯庇尔还看了正在校对的那一期稿子。但到了圣诞节，他已经拥有足够的支持，可以进行讨价还价了。国民公会在12月20日竟显示出某种仁慈的倾向，但在26日又退缩

了。于是，德斯穆兰在第六期的最后大声收回了自己以前的说法。这个联盟解体了，它打败了埃贝尔，让丹东丢了脸，从而有利于罗伯斯庇尔实现自己的目标。而到1月份，《老科德利尔党人》被勒令停止出版。

现在，罗伯斯庇尔站在两个敌对的派别之间，一边是丹东、德斯穆兰和他们的朋友，他们希望建立一个正常的政府；另一边则是埃贝尔、肖梅特和科洛，他们不再坚持设立一位可怕的总督，但仍然希望由七十人*进行统治。科洛充沛的精力赋予了他的党派以新的活力，丹东却没有想出对策来。就在这个时候，罗伯斯庇尔病倒了，从2月19日到3月13日，他关在自己家中。罗伯斯庇尔是一位精于算计的人，是一位谋略家，他做事的方式有条不紊，他所追求的目标是明确的、有分寸的。他的决断力和勇气不是那么令人注目，因而，两个具有异乎寻常的活力的人物现在脱颖而出。他们是比约-瓦雷纳和圣茹斯特。圣茹斯特在军中之时，他的同伴博多(Baudot)总喜欢讲述，他们以他们在炮火下的勇猛无畏而让士兵们大为吃惊。他又说，他们不想要勋章，因为他们知道，他们的生命有魔法保护，炮弹不可能伤到他们。圣茹斯特从战场上带回巴黎的，正是这种诚挚、狂热的精神。在他的领袖患病期间，他掌握了主动权，他提出了下面的理论：派别政治就已经构成了权力分立，他认为，这种分立削弱了国家的力量，联合起来才是合情合理的。

3月4日，埃贝尔号召人民武装起来推翻温和派控制的政府。281
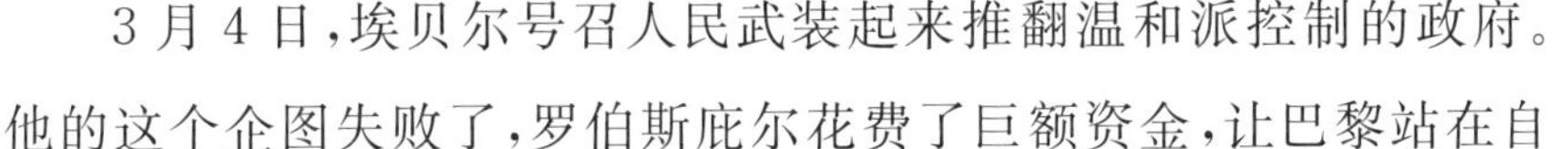
他的这个企图失败了，罗伯斯庇尔花费了巨额资金，让巴黎站在自

* seventies，犹太教公会，《圣经》中指犹太最高法院和司法机构。——译者

己一边。他一度甚至考虑与这个危险的对手寻求妥协。还有一种说法是,他吓破了胆,寻思着要逃往美洲。在这个特殊的危急时刻,金钱发挥了作用,埃贝尔获得了外国银行家的支持,让他来结束罗伯斯庇尔的暴政。3月13日,埃贝尔被捕,18日,肖梅特被捕;17日,罗伯斯庇尔让人告诉丹东的朋友、正赶往公安委员会的埃罗·德·塞舍勒斯,他最好退职,因为他们正在考虑逮捕他。19日,丹东派指使逮捕了忠于罗伯斯庇尔的警察局长埃龙(Héron),罗伯斯庇尔一直想争取释放他。3月24日,埃贝尔被送上了断头台。在上刑场的路上,他对龙桑(Ronsin)哀叹说,共和国快要完蛋了。龙桑却说:"共和国是永恒的。"迄今为止,断头台一直都被用来摧毁敌对的派系,从而使人们陷入明显的敌对状态中。很自然地,现在,它也可以成为解决自己个人恩怨的工具,而这些人却都是最出色的共和主义者和雅各宾党人。3月份的受害者共有127人。

丹东没有做任何事情来阻止这场大屠杀,这种无所作为也毁了他,使他失去了人们因他遭受不幸对他产生的同情。比约和圣茹斯特声称,应当逮捕丹东,并要求在公安委员会晚上开会之时逮捕他。只有一个人拒绝在这个决定上签字。丹东早就收到了多次警告。蒂博多(Thibaudeau)、卢瑟兰(Rousselin)曾经告诉过他将要发生什么事情。到了最后时刻,帕尼斯专门到剧院找到他,愿意为他提供一个藏身之地。弗斯泰芒则建议他发动武装民众来进行抗衡。塔利安恳求他采取自卫措施,他是国民公会议长。马拉的结局就已经向他发出了警告。阿尔贝蒂纳*找到他,并告诉他,

* Albertine,马拉的妹妹。——译者

她哥哥一直嘲笑说，罗伯斯庇尔是个说到做到的人。她对他说：“在塔利安主持议会会议时，走上讲台，粉碎公安委员会！要拯救你自己，除此之外，没有别的办法了！”“什么，让我杀了罗伯斯庇尔 282
和比约？”“如果你不杀了他们，他们就会杀了你。”丹东却对他的一位顾问说：“法庭将会宣告我无罪。”他又对另一个人说过：“让人送上断头台，总好过送别人上断头台。”在两人最后一次谈话中，罗伯斯庇尔指责丹东鼓动德斯穆兰的反叛活动，并曾对吉伦特派的失败表示同情。丹东说：“是的，现在到了结束流血的时候了。”罗伯斯庇尔说：“那么，你就是个阴谋分子，你是自找的。”丹东知道自己已经失败了，泪水夺眶而出。整个欧洲都将因此而蒙受损失，因为他曾经说过，他不是那种把自己的国家踩到自己脚底下的人。他有一个难以抵赖的罪名：有人称他为英国的皮特先生的保人，因为皮特曾经说过，如果有机会进行谈判的话，那么，最好的谈判对象就是丹东。3 月 31 日晚上，丹东被逮捕，同时被捕的还有卡米勒·德斯穆兰及其他朋友。勒让德勒次日提出一项动议：丹东应当由国民公会审讯，而如果国民公会来聆讯，丹东就将仍是那里的主宰者。罗伯斯庇尔当然意识到了此刻的危险，在右派支持下，他驳回了赋予丹东的这一特权。在法庭上，丹东为自己所作的辩护是那样的有力，法官仓皇失措。他那令人难忘的声音，在法庭之外都能听见，令人群骚动起来。公安委员会拒绝要求为他辩护的证人出庭作证，并简化了审讯程序。只有践踏法律，才有可能将丹东及其朋友们定罪。

在法国，恐怕没有谁比丹东更爱国的了；几乎所有人都看得出来，他之所以被处死，完全是由于私人的恩怨、嫉妒和恐惧。自此

之后，那位胜利者除了磨快断头机之外，没有别的保住自己权力的办法了。尽管我们要把同情给予那些名气更小的被处决者，不过，我们必须承认，正是丹东的答辩促成了1794年4月5日他被处决之后的4个月，恐怖逐渐升级；这一天，罗伯斯庇尔站在杜伊勒里
283 宫的一个角落，观看着他的犯罪同谋的末日。

丹东突然垮台，并且他是毁于那个能力和勇气明显低他一等的人之手，这个事实太令人惊讶了。或许一个故事能够解释这一点，因而有必要讲讲这个故事，尽管这个故事未必真实，因而不足以影响我们的叙述。1793年6月份，吉伦特派刚刚垮台，丹东结婚了。他的新娘子坚持说，他们的结合应当得到那些没有宣誓效忠于国家的教士的祝福。丹东同意了，找到了这样的教士，并去做忏悔。从此，他就有点不大适应他在革命中的角色了，他被赶出了公安委员会，意志消沉，满腔愤慨，退隐到乡村。在王后、罗兰夫人和吉伦特派被处死之后，他回到巴黎，并站到被定罪的教士一边，鼓励这场革命运动向着仁慈的方向发展。就这样，他不大受人欢迎了，也失去了影响力，他也拒绝采纳那些能够恢复自己权力的办法。他甚至拒绝采取措施保障自己的个人安全，就像一个厌弃了生命的人一样。就在这个时候，巴黎的七名教士——有人提到过他们的名字——轮流跟随着从监狱到断头台的大车，化装成狂呼乱叫的暴民，为的是抚慰和慰藉这个将死之人。而曾经为他主持过婚礼的德·克拉弗南(de Keravenant)神父也随他一起走上了断头台，丹东认出了他，他在最后时刻赦免了丹东的罪。

第十九章　罗伯斯庇尔 284

现在我们已经到了恐怖统治的末日，热月9日*是近代史上最值得庆祝的一天。4月份，罗伯斯庇尔就已经是绝对至上的了。他已经将埃贝尔处死了，罪名是煽动破坏秩序；他也处死了肖梅特，罪名是压制宗教；又处死了丹东，罪名是企图限制血腥的屠杀。他所奉行的政策就是借助于对恐怖活动与放松迫害的自如操纵，维持秩序和自己的权力。治理国家的权力现在已经集中到了公安委员会手中，因为政府各部已被撤销，代之以12人组成的行政管理委员会，而该委员会则向公安委员会负责。现在几乎不存在与他抗衡的力量了，巴黎市政当局也经过改组，权力掌握在追随罗伯斯庇尔的人手中。议会的代表中，各地市政厅中人民的直接行动中，仍然存在着对立。革命委员会的一位成员说，教堂的警钟再敲响时，国民公会也将不复存在。换句话说，只要大人物插手，他就可以换上自己的人。两个政府的观念是自相矛盾的，将两个机构联系在一起的，只有彼此的仇视。但只要罗伯斯庇尔站在它们中间，它们的冲突就可以暂不爆发。

经过改革的革命委员会立刻查封了除雅各宾俱乐部之外的其

---

* 即公历7月27日。——译者

他俱乐部。所有的党派都被粉碎了：保王党人、斐扬党人、吉伦特派、弑君者。被分别关押在法国各地的残余分子则被转送巴黎，在
285 那里，由罗伯斯庇尔从容处理。不过，尽管已经不再存在一个完整的反对派，但仍然有一个反对他的群体，他们的人数并没有减少，也不想妥协。这些人主要是那些被国民公会派到外地镇压1793年各省起义的代表。国民公会的这些代表可以行使巨大的权力：他们拥有不受控制的生杀大权，他们毫无顾忌地从活人和死人手中聚敛土地。也正因为这一点，他们成了高居国家之上的那位生性严厉的人物猜疑的对象；而且，大家也都知道，他们是一群最肆无忌惮、也什么都敢干的人。

心思极为缜密的罗伯斯庇尔当然早就看出了危险潜藏在什么地方，他也知道，他的敌人中哪一个最有理由令人担心。但他一直没有拿定主意该如何应付这一危险；在发动打击前，他先进行威胁；但这样就促使其他人联合起来，推翻了他。正是他，一直推动他的这些敌人团结起来，因为他试图在这个显然——至少在表面上——不存在观念冲突的时代，引入一种观念的冲突。每个人都成了共和主义者和雅各宾党人，但现在，罗伯斯庇尔本人却坚持信仰上帝。他就是毁在自己稀奇古怪的招摇撞骗行径中：他企图将他那罪恶的血腥统治与神的认可结合起来。他不用费多大神就想到了这个方案，因为他对于这种想法向来情有独钟。早年他曾在埃默农维勒(Ermenonville)见过卢梭，那时就接受了萨瓦人的非决定论的宗教(indeterminate religion)。1792年3月，他提出一份决议，说对万能的上帝与来世的信仰，是雅各宾主义的必要条件。11月份，他指出，宗教信念衰落后留下的都是有利于自由和

公共美德的观念的残余，政治的根本原则可以在基督隐晦的教诲中找到。他反对不准向教会捐赠财物的规定，因为这对于维持超越于人之上的权威的收入是必需的。因而，12 月 5 日，他说服雅各宾俱乐部将爱尔维修的头像打碎了。

尽管革命的伟大导师卢梭是日内瓦的加尔文教徒，却没有人想过以某种新教形态来维护基督教。胡格诺教派的大臣们没有在
这方面做过任何努力，罗伯斯庇尔对他们格外地厌恶。在处决丹 286
东之后、审判肖梅特之前，宗教的复辟是由库通*预示的。一周之后，雅各宾派决定：新型宗教的创始人——卢梭——的遗体应当被奉祀入先贤祠（Pantheon）。

5 月 7 日，罗伯斯庇尔提出了他那著名的动议：国民公会应当承认存在着一位至高无上者。这就是他的论点，这一论点将剥去议会制的一切装饰。共和国生命的奥秘在于公共和私人美德，也即正直，意识到自己的义务，自我牺牲精神，服从权威的纪律。这是淳朴的民众的自然状态；但在文明的发达阶段，如果没有对于上帝、对于永恒生命、对于上帝的主宰的信仰之约束，就很难保持那些美德。社会将被激情和利益撕扯得四分五裂，只有借助宗教的普遍的根基，才能够调和、控制这些激情和利益。透过诉诸更好的权威，罗伯斯庇尔希望加强国家对内、对外的力量。就后者而言，他达到了目的，他对无神论的严厉斥责，给整个世界留下了深刻印象。这明显地是在保守主义方向上迈出的一大步，因为它承认了

---

* Couthon，1755—1794 年，雅各宾派领导人之一，恐怖统治的主谋之一。——译者

宗教自由。它可能确实未必有利于教会，但也不属于宗教迫害。事实上，它对民众中的基督教徒比较有利，至于反宗教活动，尽管并没有禁止，却遭到挫折。革命似乎要倒退，似乎想在那些曾在现已崩溃的秩序中获得其习惯和思想的人们中间寻找朋友。这种变化的迹象是毋庸置疑的；但这种变化只获得了一个人的意志的支持，而没有获得任何一股舆论的支持。

一个月后，即6月8日，巴黎人拿出其最庄严的精神举行了“至高无上者节”。罗伯斯庇尔也在队列中，从杜伊勒里宫步行到战神大街，他后面跟着国民公会议员们。由于其他人都落在后面，
287 他孤独地走着，头发上扑了粉，手里拿着一个巨大的花束，穿着天蓝色的大衣和紫花布衣服，我们最好记住这身衣服，因为在热月危机中，我们还会看到这身打扮。他已经得到了一个人所能得到的最高的荣耀和尊崇。欧洲任何一个君主的权力都不能与他相提并论。过去五年中曾经挡住他的前路的人，都已经被一股脑儿地消灭了；大革命的幸存者现在都对他俯首帖耳。在上一次国民公会议长选举中，只有117人投票；但罗伯斯庇尔此次获选，却得到了486张票，因此，那一天，他可以走在他们前头。就是在这儿，在这个最重要、最令人陶醉的时刻，一道鸿沟出现在他面前，而他也意识到了危险的极端严重性。因为他听到了走在他背后、对他抱有敌意的前排议员们的说话声，他们低声地对他所得到的狂热表示诅咒和蔑视。而派到里昂、纳韦（Never）、南特、土伦的那些残暴的总督，在压服了所有人之后，现在也要迫使他们的主人对他们表示崇敬，他们发誓要为他们所受的屈辱而进行报复。这些总督说，这是建立某种神权的开端，是在为某种新的宗教迫害提供理由。

他们觉得,他们正在铸造一件针对他们的武器,正在从事一项自杀行动。前一阵发布的那道政令并没有造成这样严重的后果;但这个大肆张扬的挑衅性仪式,却被认为是一个宣战声明。

有经验的观察家立刻就预计到,罗伯斯庇尔时日不多了。他已经没有时间预防即将到来的危险了。他提出了那部著名的牧月22日法令,该法令由库通提交给议会,在提交之后两天,6月10日,就毫无异议地获得了通过。这是大革命期间颁布的最残暴的法令,君主政体历史上的一切残暴与它相比,都黯然失色。因为牧月法令取消了政治审判中的一切正式手续。库通是这样说的:私人利益处于危急关头时还是可以拖延的,但在保护公共利益时是不能有任何迟延的。公共的敌人必须被揪出来。国家派他来拯救
自己。因而应授权公安委员会将它甄别出来的人送上法庭,只要 288
陪审团满意,就不需要在证人、书面证词或法庭辩论上浪费时间了。罗伯斯庇尔认为应当处决的任何人,都不得借口进行答辩而拖延判决;他可以任意逮捕并立即判决,不得有任何例外和豁免,以前关于审判程序的政令全部作废。这一条是关键所在,因为它剥夺了国民公会保护其成员的权力。罗伯斯庇尔只需要把某位议员的名字交给公诉人,第二天,他就会进坟墓。这一点掩藏得很巧妙,竟然没人看出来。后来,经过大法学家梅兰(Merlin)的提醒,议员们才恍然明白自己都干了些什么。6月11日,他们规定,未经国民公会允准,任何议员不得遭到逮捕。库通和罗伯斯庇尔没有到会。6月12日,他们两人以辞去公安委员会职务相要挟,迫使国民公会废除了前一天通过的政令。不过,他们也向议会保证,议会的担心是多余的,他们的意图被人误解了。他们坚持自己的

法案，他们也实现了自己的目标；但获得成功的其实是另一方。议会的图谋已经显露出来了；国民公会进行了抵抗，这还是第一次。准备反抗的议员们在得到警告之后表示，他们已经理解了他的意思。而从此以后，他们就盯着他。他们的敌人却不能利用这个条款来对付他们，因为他自己已经否认了它对他们的效力。罗伯斯庇尔给了他们充分的时间联合起来。在巴黎之外的其他地方，他则不受控制地行使新获得的那种权力。受害者的人数迅速增加。截至 6 月中旬，在 4 个月时间中被处死的人大约为 1200 人；在牧月法令通过后七周时间内，被处死的人数则达到 1376 人；也就是说，每周处死的人数从 32 人上升到 196 人。不过，断头台已经搬到城市比较偏僻的地方了，在那里，专门挖了一个沟渠，让血流走。

然而，在这段时期，革命法庭并没有用来对付真正从事政治活
289 动的人物，我们不必去研究法庭的相关判决，因为这些受害者没有创造历史。但在这些毫不防备的人民默默无闻地遭受不幸之时，暴君的敌人正在密谋将这些人民从他们如此近距离地看到的可怕命运中拯救出来。将他们团结在一起的，没有别的，只有对于那个掌管所有人生杀大权的莽撞的教条主义者的恐惧和共同的憎恨；而且，不是每个人都明显地意识到，他们正在从事同一事业。不过，他们中间有一个人，尽管现在还多少隐没在背景后面，但他生就一种令人难以置信的机灵，他在 1815 年将拿破仑从权力宝座上推翻，在 1794 年，他则要将罗伯斯庇尔推翻。

富歇（Fouché）从前是一位奥拉托利会会友（Oratorian），他是教会选出的最无耻的议员了，他在夺取教会财产的运动中树立了一个榜样。因为他说过，现在已经没有法律了，他们现在可以回到自然状态了。在埃贝尔被处死后，他被从里昂召回。罗伯斯庇尔曾想娶他的妹妹，因而，4 月 6 日，罗伯斯庇尔曾在雅各宾俱乐部为富歇辩解。6 月 6 日，作为一位被免去圣职的神职人员，他当选为俱乐部主席，俱乐部以此对罗伯斯庇尔向教会让步的倾向表示抗议。6 月 11 日，在奉祀至高无上者的游行和牧月法令通过之后，富歇在一次讲话中攻击罗伯斯庇尔，他说，拔剑刺向一位压制自由者的心脏，是对至高无上者致敬的方式。这是他第一次流露出对罗伯斯庇尔的敌意，而这种敌意似乎有点来得太早了。当时，富歇并没有得到整个俱乐部的支持，几周后，罗伯斯庇尔称他为反对自己的阴谋的首脑，他被俱乐部开除。但他是命中注定的人物，尽管他的命似乎已经掌握在罗伯斯庇尔的手中，他却采取了更为隐秘的战斗方式。7 月 19 日，在他被开除 5 天后，科洛当选为俱乐部主席。一种神圣的纽带将他和富歇联结在起来，因为他们两人一起在里昂屠杀了 1682 人。大约在同一天，还有一些同谋者加入他们的行列，7 月 20 日，公安委员会的演说家巴雷尔，眼看着潮流正在发生转变，发表了一个野心勃勃的声明，预示了双方的决
裂。不过，阴谋者们其实还没有就行动计划达成一致，罗伯斯庇尔 290
还有时间。现在，他已经充分地意识到了正在逼近的危险，并决定发动无可抵挡的一击。

最近几周，这个国家的局势正在经历某种变化。6 月 1 日，维拉勒·茹瓦瑟(Villaret Joyeuse)在于桑(Ushant)与英国人展开战斗。这是后来展开的一系列海战的开端，在这些海战中，法国人在单场战斗中经常取得胜利，但从整个战争的进程看，却经常失败。他们失去了时间，不过并没有丢失他们所要保卫的地方，美国

的谷物因而得以安全地运进法国港口。这方面巨大的成功和旺热河(the Vengeur)幸运的奇迹拯救了政府,使之没有受到民众咒骂。到了6月底,圣茹斯特带来了法国军队在弗勒吕斯(Fleurus)战胜奥地利军队的消息,在这里,发生了多起战斗。这场胜利多亏了儒尔当(Jourdan)和他手下的军官,如果他们听了圣茹斯特的话,可能会失败;不过,圣茹斯特却及时赶到巴黎,大讲了一番自己如何如何的故事。然而,多年之后,敌人的大炮将再次在比利时边界线上响起。圣茹斯特恳请他的同道(指罗伯斯庇尔——译者注)抓住机会,在人民享受胜利喜悦的时候,摧毁他的敌人。然而,后来的事态表明,法国军队自路易十四时代以来所取得的最大胜利——弗勒吕斯大捷——并没有给他个人要保卫的政府带来多少好处。这场胜利使法国领土获得了20年的安全,于是,对侵略的恐惧和实行恐怖统治的必要性也就不复存在了。有危险的时候,似乎有根据搞恐怖统治;现在危险结束了,恐怖统治也该结束。

公安委员会对牧月法令深为不满,而他们提出的禁止该法适用于议员的要求也遭到拒绝。罗伯斯庇尔从来没有想过调整一下该法,而他却并不占据多数。他威胁并辱骂卡尔诺。由于各种权力当时都是以合法的形式设立的,因而他在对付自己敌人时,没有人能帮上忙。革命委员会和雅各宾俱乐部确实还效忠于他,但国民公会已提高了警惕,两个委员会也各自为政。人们又发现了一
291 个将被剥夺公权的人士的名单,但名字出现在这份名单上的那些人却并没有投降。

在巴雷尔发表表明自己已开始动摇的讲话——此时,科洛当选为俱乐部主席、富歇正在秘密进行活动——后两天,晚上,两个

委员会联席召开了一次会议。圣茹斯特提议，应该推举一位独裁者。罗伯斯庇尔已经准备接受这一头衔，但在革命委员会的11名委员中，只有5人投了票，其中3人支持这一提案；在雅各宾俱乐部的12名委员中，只有两人支持该提案。雅各宾俱乐部派了一位代表到国民公会，要求加强行政权力；他们用巴雷尔的话将这个代表打发回来。但罗伯斯庇尔还有一种办法。不管牧月法令是多么巨大的一个失误，他仍然有可能获得国民公会的逮捕授权，即获得审判和处决其部分成员的权力。议会已经交出了丹东、德斯穆兰、埃罗和肖梅特。四个月后，他们也可能会抛弃康邦、富歇、布尔当或塔利安。

那两个委员会已经拒绝了罗伯斯庇尔，公然违抗他的意愿。他的反对者们也在议会中与他作对。不过，议员中的大多数不属于山岳派，而属于平原派，而平原派却站在罗伯斯庇尔一边。他们没有理由在眼前就觉得恐惧，他们也不抱什么希望。他们中有70个人被逮捕了，但都是因为牵涉到吉伦特派，而且，罗伯斯庇尔一直拒绝将他们送上法庭，他们将自己能够活下来归功于罗伯斯庇尔。他们现在仍在监狱中，他们的生死仍在他的控制之下。因此，他们在议会中的朋友们为了拯救他们而不敢拒绝他提出的任何要求。他们在春天已经交出了一些恶棍，现在再多交出几个恶棍，他们不会有良心上的不安的；这就是罗伯斯庇尔的如意算盘。山岳派将会瓦解，平原派中最诚实正直的人将会让他成为多数，从而让他彻底清除另一帮恶徒。他在家待的最后一个晚上，他对跟他同住的朋友们说：“我们没有什么可担心的，平原派将跟我们站在一起。”

292 在遭到长期以来一直对他言听计从的两个委员会的断然拒绝后，罗伯斯庇尔坐下来撰写一篇讲话，他的胜利和生存都端赖这一讲话；此刻，他的敌人的计划已趋于成熟了。富歇告诉他妹妹，南特人正在策划什么事情。7月21日，他说，他希望很快就能取得胜利。23日，他在一封信中写道："只消几天工夫，最正直的人们将会时来运转。那一天，卖国贼也会被揭露。"一个如此精明的人似乎不大可能写出这样明目张胆的信，因为这些信件可能会被截获，并作为重要情报送到罗伯斯庇尔那儿。不过，这件事也表明，富歇对时间算计得多准，等这封信到巴黎之时，罗伯斯庇尔已经死了。

平原派议员们保持中立，对于一方的重要性显然大于另一方，各省同盟也企图跟他们进行谈判。但这些人的提议遭到了拒绝。他们再次进行接触，又遭到了拒绝。由于顾忌自己尚在罗伯斯庇尔手中掌握的朋友们，所以，平原派不敢有所作为。而且，他们也从他目前实行的政策中看到了有利于宗教的前景。他们对罗伯斯庇尔给予了过分的称赞，他们说，看到他身穿海蓝色和紫花衣服在奉祀至高无上者的队伍中行进，让他们想起了奥菲士*。他们甚至觉得，他应当一直活下去，从而清除掉更多最为肆无忌惮的家伙，而现在准备攻击他的，正是这些家伙。他们相信，时间在自己一边。塔利安、科洛、富歇遭到了挫折，平原派的固执已见使局势进入一种极端严重、无疑是非常危险的时期。

* Orpheus，希腊神话中的诗人和歌手，善弹竖琴，其音乐能令猛兽俯首、顽石点头。——译者

就在他们犹豫的时候，塔利安接到了一份用他能认出的笔迹书写的便笺。就是这片纸救了无数人的性命，改变了法国的命运，因为它里面有下面的字句：“懦夫！我明天就要遭到审判了！”在波尔多，塔利安发现有一位女士关在监狱中，她的名字叫丰特内(Fontenay)夫人，她是马德里银行家卡巴鲁斯(Cabarrus)的女儿。她当年21岁，那些第一眼看到她的人，无不为她惊人的美丽而惊 293
呼不止。她被释放后，与丈夫离了婚，嫁给了塔利安。后来，她成为德希迈(de Chimay)王妃；而因为写了这个便条，她得到了一个亵渎神灵、但却令人难忘的称号：热月的圣母玛利亚(Notre Dame de Thermidor)。

7月26日，塔利安与他的朋友们与平原派的布瓦西·当格拉斯(Boissy d’Anglas)、迪朗·德·梅拉纳(Durand de Maillane)举行了第三次会议，他们最后终于让步了。但他们却提出了自己的条件。他们将投票推翻罗伯斯庇尔，条件是恐怖统治也应随之结束。对于另一方来说，在这个极端危急的关头，任何条件都不是不能答应的。而正是由于这一妥协，当权力落入这些血腥残忍的家伙手中的时候，法国政府就堕落为嗜杀成性的机器。这是个紧要关头，因为就在这天早上，罗伯斯庇尔发表了他准备了很长时间的指责其敌人的讲话，多努(Daunou)曾对米什莱(Michelet)说，这是罗伯斯庇尔发表过的唯一一份精彩讲话。他谈到了天国，谈到了永恒，谈到了公共美德；他谈到了自己；他公开谴责他的敌人，但除了康邦和富歇之外，倒没有点谁的名。他到最后也没有提出任何指控，也没有要求议会交出其成员中的这些罪人。他的目的仅仅在于发出警告，引起敌人的惊恐，却并不想让他们绝望，他想

以此争取平原派，获得山岳派的选票。下一轮攻击留待明天再发起，那时，国民公会将投票决定散发他的讲话稿，这样，它卷入太深，就身不由己了。次日，国民公会果然立即投票同意，将这份讲话印刷两万五千份，送到法国境内的每个堂区。正是通过这种形式，议会表明自己接受了罗伯斯庇尔的讲话，完全地、不加保留地接受了。现在，如果他再次点那些敌人的名，议会就不能再拒绝牺牲他们中间的这些败类了。

后来人们才看出来，这位演讲者点康邦的名字，实在是犯了个
294 大错误。因为康邦极有自制力，直到议会就此投了赞成票之后，他才站起来作出反击。他驳斥了罗伯斯庇尔对他的攻击，并扭转了整个舆论的走向：“让共和国瘫痪的，就是刚刚讲过话的这个人。”

在整个议会的历史上，再也没有比这更为坚韧的行为了。事实证明，这个榜样具有很强的传染性。国民公会收回了其决定，将这份讲话提交给委员会进行处理。罗伯斯庇尔跌坐到座位上，咕哝说：“我失败了。”他已经看清，平原派不再是可以信赖的人了。他的进攻被击退了。如果国民公会拒绝迈出第一步，他们就不可能迈出第二步了，而他在次日却提出了这一要求。他来到雅各宾俱乐部，向挤得满满当当的与会者重复了那个讲话。他告诉他们，这是他临死前的遗言了。他知道，邪恶的人们联合起来的力量太强大了。他已经丧失了他的盾牌，准备吞下毒药。科洛站在主席台下面的台阶上，逼近他说：“为什么你把委员会抛到一边？为什么你没有知会我们就把那种意见公之于众？”罗伯斯庇尔纹丝不动，沉默不语。他确实因为委员会拒绝扩大他的权力，因而没有征求委员会的意见，他那天的行为本来就是诉诸国民公会来对付委

员会的。雅各宾俱乐部也出现了最初的分裂,并决定支持他,对他表示热烈欢迎,粗暴而傲慢地开除了科洛和比约－瓦雷纳。罗伯斯庇尔正是受这一胜利的鼓舞,才敦促雅各宾派开除那些坏蛋,以纯洁国民公会的。这是他第一次诉诸民众的力量。劲头十足的科芬阿(Coffinhal)恳求他立刻发动进攻。他却回家上了床。此时已到午夜,他没有采取任何防备措施。他错误地以为,自己在下一次会议上可以争取到多数的支持。

科洛和比约两人都是俱乐部最高统治机构中的成员,在俱乐部激烈的争执结束后,他们来到开会的地方,发现圣茹斯特正在聚精会神地写东西。他们打断他,要求知道他是否正在琢磨如何给他们定罪。他回答说,这确是他正在干的事情。不过,他向他们保证,在他向国民公会提交他的报告之前,会先知会公安委员会的。得到了这个保证,他们才放圣茹斯特走。第二天早上,圣茹斯特放出话来,他是在遭到他们严重胁迫下才作出了那个承诺的。此时,巴雷尔也开始着手准备一份针对圣茹斯特的报告。

在国民公会于热月 9 日即星期天上午开会之前,塔利安就在走廊中游说组成了一个能够确保自己得到多数支持的同盟,布尔当走过来与迪朗握手,并说:“啊,右派的好心人。”会议一开始,圣茹斯特立刻走上讲台,开始宣读他的报告。塔利安从外面看到他,就大喊:“是时候了,快来看啊,这是罗伯斯庇尔的末日!”圣茹斯特的报告是对委员会的一个攻击。塔利安打断了他的话,宣布在他讲话之前,应当通知今天缺席的人,并召他们来开会。圣茹斯特不是个敏捷的发言者,他遭到挫折、被人打断之后,就说不出话来了。罗伯斯庇尔竭力想帮他的忙,不断地鼓励他,塔利安却滔滔不绝。

随后，比约代表政府上台发言，他之后是巴雷尔和瓦迪埃(Vadier)，罗伯斯庇尔和圣茹斯特要大家让他们讲话，却无人理睬他们。插话的人乱作一团，讲话都具有挑衅性，现场十分混乱。这是一群绝望的人在为自己的生存而战。议长科洛·德尔布瓦没有制止他们，他把自己的位子让给他可以信赖的这些人，自己也加入到吵架队伍中。因为他清楚，此刻，只要国民公会再次犯错误，听取罗伯斯庇尔致命的讲话，没有任何人敢保证，他不会恢复自己的优势地位。这些策略取得了成功。罗伯斯庇尔始终没有机会发言。双方彻夜开会，情形一直都是如此。从早上5点钟起，走廊里也挤满了人。巴雷尔提出一项动议，分散革命委员会的将军昂里奥(Hanriot)的指挥权，而三巨头靠的正是他手中的剑。随着激动情绪不断

296 高涨，国民公会宣布剥夺昂里奥和他的副手的指挥权。这时候是中午刚过。在知道了这里的情形后，革命委员会召集其武装，巴黎开始起义了。

不过，在整个这段时间，罗伯斯庇尔本人都没有受到攻击。国民公会提出并获得通过的政令仅仅针对他的属下。斗争已经持续了很多小时了；他觉得，他的对手已经筋疲力尽了，所以鼓足勇气走上了讲坛。这时候议会已经知道，支持他们的人正在武装，于是，议员们开始喊："打倒暴君！"议长摇起他手里的铃，不准他上台讲话。最后，他的嗓子说不出话来。有一位山岳派议员喊："他是让丹东的血给噎住了。"罗伯斯庇尔立刻回敬说："什么！你是要为丹东报仇吗？"他说这句话的口气仿佛是对他们说，"那么，你们为什么没有保卫他？"当他明白山岳派的打算、明白长期遭到压制的想法已经恢复了其力量时，他向平原派求助。他们是最诚实的人，

他们一直保持着沉默，他们一直是如此顺服。他在以前的投票中一直得到他们的支持。然而他不知道，这仅仅是他们为了阻止断头台铡刀落下而作出的令人感佩的妥协。尽管他们现在还没有充分的理由改变自己的阵营，但对于有人喊出致命的“打倒暴君”的口号，他们颇感满意。这句口号显然具有决定性意义，在罗伯斯庇尔直接向平原派求助的请求被回绝后，结局就迅速降临了。当一位不知名的议员提议应将罗伯斯庇尔逮捕时，没有一个人出面反对。他的兄弟和几位朋友跟他一起被拘禁起来，他们中没有一个人进行过抗拒或提出过抗议。他们知道，不大可能出现什么冲突。巴黎的革命委员会、雅各宾俱乐部、革命法庭都在他们的掌握下，至于有多少武装民众，更是无人能说清楚。但在知道这一切之后，所有这些力量就都瓦解了。5点钟，经过一天的斗争、已经筋疲力尽的国民公会宣布休会，吃晚饭。

革命委员会得到了机会，他们开始收复失地。他们的军队正在逐渐集结。昂里奥曾经被捕，现在又被释放了。他成功地回到
了市政厅，而曾经被捕的议员们已经聚集在此。他们曾经被押往 297
不同的监狱，但除了一位典狱长之外，所有的监狱都拒绝收监他们。罗伯斯庇尔坚持要求把自己关进监狱，卢森堡宫的监狱看守却不为所动，让他走人。他害怕自己被置于非法或叛乱的地位，因为这样一来，他的政敌就可以剥夺他的公权。一旦被剥夺了公权，那么除了造反之外就没有别的路可走了，而这条路的结局却是不确定的。相反，走上革命法庭，风险倒比较小，因为每个官职都是他设置的，每个官员都是他提名的，如果他在这里也得不到保护，那也就不必指望敌人的仁慈。那些当着他的面关上监狱大门的看

守已经决定了他的命运;有人推测——不过我并不知道——另一方的武朗(Voulland)要他去拿他的议员授权书,这样就可以违反他的意愿,给他安上个蔑视法庭的罪名。尽管已被监狱看守轰了出来,他却不愿成为自由人,他来到了警察局,在这里,从技术上讲,他仍然处于被拘留状态。圣茹斯特曾经上过战场,曾经让他的同仁对他在猛烈炮火下表现出的冷静大感惊奇,这次却没有准确地预计到事态的这种变化。他带着罗伯斯庇尔的弟弟一起赶到市政厅,已经有一支数千人的队伍聚集在那里了。他们派人去接自己的领袖,罗伯斯庇尔却拒绝回来。他觉得被关起来更安全;不过,他却建议革命委员会的朋友们敲响警钟,封闭关卡,取缔新闻报纸,占领邮局,逮捕议员。一个自己处于和平状态的人,却鼓励他的同志们去践踏法律,并告诉他们怎么做,这简直太荒唐了。一位地位更高的人科芬阿跑来,以朋友的身份把他强迫带了回来。

10点钟,被捕的议员们聚集到一起。库通是个跛子,他已经回家了。他们派人把罗伯斯庇尔叫了回来,罗伯斯庇尔签署了一封信,他借这封信宣告,起义现在已经全面展开了。这封信及他在警察局时给他的朋友们出的主意表明,他已经下定了战斗的决心,
298 不准备为了遵纪守法而成为一位烈士。不过,即使罗伯斯庇尔在这个紧要关头已准备投入战斗,他也不知道该如何着手。对他有利的时机已经悄悄失去了;他没有大炮可开,而国民公会在经过几个小时的无所作为和危险之后,又开始收复流逝的权力。根据武朗的提议,凡在监狱之外的犯人均被剥夺公权,巴拉斯(Barras)被任命为可信赖的部队的首长。指定了12名议员来宣布管治巴黎的一切政令。他们骑着警察的战马,披着显眼的三色围巾,举着火

炬，跑遍巴黎的大街小巷，让所有市民都知道，罗伯斯庇尔现在是个被剥夺了公权、被判处死刑的犯人。这一招终于发生了效果，巴拉斯可以报告说，现在人民已经转而支持合法的权威了。当时有人散布这样一个编造的故事，说罗伯斯庇尔有一枚刻着法国王室的百合花徽记的印章。巴黎西部各区和比较富裕的人支持国民公会，但穷人区、东部和北部却支持革命委员会。不过，他们并没有开战。勒让德勒来到雅各宾俱乐部，锁上了大门，把钥匙扔进他的衣兜，此时，革命委员会的成员们悄悄地走人了。大约凌晨一点钟，布尔当(Bourdon)带领曾经坚定支持肖梅特的一群人，沿着塞纳河冲到格雷弗广场。市政厅的暴动者们没有做任何抵抗就放下了武器，聚集在大厦内的暴动领导人们知道，大势已去。

垮台也就是一瞬间的事。就是此前一刻，戈丹(Gaudin)——后来的加厄塔(Gaeta)公爵、拿破仑最信赖的财政大臣——派出一位信使报告说，他发现，罗伯斯庇尔已经取得了胜利，正在接受人们的祝贺。其实，即使到了最后关头，罗伯斯庇尔也一直没有采取行动。有人起草了一份具有宣战意味的声明，他的朋友们都签了字，并放到他眼前。他却拒绝签字，除非是以法国人民的名义。库通便说："那么，除了等死之外，我们什么也不用干了。"犹疑不定的罗伯斯庇尔写下了他的名字中的头两个字，剩下的字则是飞溅的血迹。布尔当两手各拿一支手枪，嘴里则咬着他的剑刃，骑马带
领他的部队冲到市政厅的台阶前，勒巴斯(Lebas)拔出手枪，把一 299
支给了罗伯斯庇尔，一支则对准自己开枪自杀。接下来发生的事情，却是一件引起很大争论的历史事实。我相信，罗伯斯庇尔向自己头部开了一枪，不过，只伤了下颌。但很多杰出的批评家都认

为，这块伤其实是跟随布尔当来的一位警察开枪所致。罗伯斯庇尔的弟弟脱下鞋，试图从屋子的檐板逃出去，不幸却掉到了走廊。昂里奥将军用一根水管猛砸自己，结果，第二天早上，他在地上被拖得浑身肮脏不堪。只有体力最好的科芬阿逃了出去，在某个藏身之地躲了一段时间。其他人则没费什么劲就被抓住了。

罗伯斯庇尔被押到杜伊勒里宫，被放在桌子上有好几个小时，人们纷纷跑来观赏他的样子。医生跑来处理他的伤口，他镇静地忍受着痛苦。从开枪的那一刻起，他没有说过一句话；但到了孔西埃日监狱，他则用表情告诉看守，他想写东西。他们拒绝了他的要求，于是，他就带着自己的秘密离开了这个世界。一直有人喜欢提出某种神秘的猜测，说我们上面讲的罗伯斯庇尔的故事只讲了一半。他们总是觉得，在我们表面看到的粗鄙而无用的犯罪活动背后，存在着更深刻的东西。拿破仑喜欢罗伯斯庇尔，相信他的意图很好。帝国的首席大臣、当皇帝上战场时治理法国的康瓦塞雷斯(Camvacérès)有一天曾对他说："这是一个他决意追求、却从来没有提出过理由的事业。"

那些扳倒这位暴君的一些人士，比如康邦和巴雷尔，在很久以后，为他们在推倒罗伯斯庇尔的活动中所发挥的作用追悔莫及。在欧洲北部，尤其是在丹麦，有很多热烈崇拜罗伯斯庇尔的人。欧洲上流社会都相信，他跟他们有很多类似之处。他们将他视为一位有威信、正直、讲究秩序的人，他是一位反感腐化和战争的人。他之所以垮台，就是因为他企图妨碍反对宗教信仰的观念的发展，而这种观念正是那个时代最为强大的一股潮流。他的私人生活是无可挑剔的、正派的。他是个可以与皇帝和国王们媲美的人物；一

支 70 万人的军队曾对他唯命是从；他控制着数百万从事秘密活动的经费，他可以借赦免他人而获得他希望得到的一切，但他却只靠 300 议员每年 80 法郎的工资生活着，他留下的财产不过是一些不值钱的指券，价值不到 20 几尼。那些对他保持敬意的敌人说，他通过合法的没收、通过分割财产、通过累进税，使国家的财政收入增加到 2200 万斯特林，其中没有一个子儿取自广大的小自耕农，他们因此也始终拥护这场革命。然而，毫无疑问，他顽固地坚持平等原则，这就意味着由穷人来统治，由富人来买单。他也渴望权力，而这仅仅是为了保住自己；跟路易十四、彼得大帝、弗里德里希大帝一样，他是靠血腥暴力来维持权力的。对于人的生命的毁灭，他无动于衷，看到鲜血，他甚至感到愉悦。这种情形在他周围的人那里非常普遍，而这种情形在革命开始前就已经出现了。社会如他所设想的那样实现了转型，只是所付出的代价是在 12 个月中有数千人掉了脑袋。比起拿破仑所发动的战争中一天的伤亡来说，这也许不是那么更严重，而这些战争除了实现自己的野心之外，没有任何理由。罗伯斯庇尔的私人笔记已被出版，但从中我们看不出他对未来有何设想。这是在 1794 年 6 月 28 日的断头台上也没有解决的问题。只有下面一点是可以确定的：他将站在自马基雅维里将公共人物之道德准则降至最邪恶状态以来那群最可憎的人物之前列。

301 第二十章　旺代

那位残忍的暴君在牧月的覆灭，并不是国内原因造成的；迪穆里埃的失败和溃逃为其终结做了铺垫；次年7月份法军在边境线堡垒带的失败促其每况愈下；最终，当农民在弗勒吕斯获胜、战争的潮流倒转之后，覆灭的命运就降临了。因此，我们下面要来讨论这一连串对法国政府产生了巨大影响的战争。最初，尤其是在1793年夏天，最大的威胁不是来自国外军队，而是内战。在这四年期间，总是革命掌握着暴力。唯一活跃的反对力量是流亡者，但他们人数很少，而且代表的是一个等级的利益。他们没有一兵一卒，只有在不伦瑞克攻占法国部分省份时，才跟随他一起行动；在新秩序之下，广大乡村民众纷纷起义，试图达到他们以前从来不敢想象的生活状态。效法以农为本的罗马，这场革命的纲领之核心内容是，那些辛勤耕耘土地的人，应该拥有自己的土地；他们应该享有在自己的土地上收获自己的劳动果实的确定性。然而，现在，使革命摇摇欲坠的这场冲击，却恰恰就是一场那些得到了益处的农民的暴动；那曾经具有强大的力量、足以打败欧洲所有君主政体的民主制度，现在却发现，它的军队被一支由农民和伐木工组成，由从来没有在军中服过役的不知名指挥官领导的乌合之众打得四散而逃。

有一位法国人曾在华盛顿手下干过，他在拉法耶特之前就出

了名，大家都知道他是阿芒德上校（Colonel Armand）。他的真名 302
是德·拉·鲁埃里（de la Rouerie）侯爵。他那饱经风霜的一生充满了冒险与磨难。他曾出现在歌剧院的舞台上；他曾跟猴子结伴而行；他曾跟人进行过决斗，以为自己已杀死了对手，其实人家是吞毒而死的；在经历过一场情场失意的短暂痛苦之后，他曾经被拉·特拉佩（La Trappe）修道院收容；他曾跟那些心怀不满的布列塔尼人一起被送进巴士底狱。在坐船到美洲大陆的旅程中，在已经看到陆地之时，他的船被暴风吹沉了，他游泳上了岸，但这个人上岸之后，却充满了大无畏精神和谋略。他很快就被提升为大陆军的团长；回国之后，他则由亲王们授权担任西部省份保王党人暴动的组织者，他曾到科尔布朗茨拜访过亲王们，他准备在布列塔尼组织一个秘密协会，与中部省份的其他人进行合作。

就在拉·鲁埃里调整他的组织、准备使复杂的机构趋于完善时，入侵者进入法国，随后又撤走了。在他们控制了夏隆的时候，却没有发出采取行动的信号。当政府征召志愿人员抵抗入侵者时，戴着黑色帽花的人却冲出来打断了征兵活动，他宣称，任何人拿起武器，都只能为解救国王。他们的神秘的领导人科特罗（Coterreau）成了拉·鲁埃里的左膀右臂，他是第一个打出了那个具有历史意义的让·舒昂（Jean Chouan）旗号的人。看到列强军队被迪穆里埃打败，这场密谋的性质发生了变化，人们开始认为，只有他们能够与国民公会决一死战，此刻，国民公会的军队正在莱茵河和默兹河*一带作战。布列塔尼拥有200英里海岸线，可以看

* 源自法国东北部，流经比利时，在荷兰西南部注入北海。——译者注

到海峡群岛，英国巡洋舰可以提供援助。

拉·鲁埃里是个具有创造力的奇才，他将自己的阵营组织得极为严密坚固，因而才能在他去世后爆发舒昂起义，从而掀起了1793年春天爆发的一场从塞纳河到卢瓦尔河的起义，并持续了十
303 年之久，只是面对拿破仑的进攻，这场起义才开始瓦解。事实上，我们恐怕也不能说，他们是被拿破仑的天才打败的。1815年的起义也被称为小舒昂起义（Petite Chouannerie），它对拿破仑的垮台发挥了重要作用；因为拿破仑被迫派出两万部队去对付起义者，而假如这支军队当年出现在滑铁卢，或许会改变他的命运。

然而，1793年1月份，拉·鲁埃里病倒了，国王被处死的消息使他神智失常，30日，他死了。而为了使那场暴动在预定时间能够爆发，他的同伴们隐瞒了他已死亡的消息，夜深人静之时把他埋葬在树林中，坟墓中填满了生石灰。不过，消息还是泄露了，敌人找到了他的遗体，跟他密谋的那些人逃跑了，那些被抓住的人则至死都没有背叛自己的事业。

就在这个时候，布列塔尼人的起义已经失败，保王党人控制的卢瓦尔河流域北部还没有从所遭之打击中复原，旺代人起义了。2月26日，埋在灌木丛中的尸体被挖出来；3月2日，他们的文件被搜获；3月12日，就在布列塔尼人的行动已陷于瘫痪之际，政府强制征兵却打响了内战的信号。不过，这两件事情完全没有任何关系。在另一个地方，有人密谋了很久，最后却没有任何结果；在另一个地方，却在任何人没有准备的情况下爆发了一场起义。旺代人并不是卢瓦尔河北岸的密谋分子发动起来的。它是在政府突然的挑衅行为刺激下完全自发地爆发出来的。不过，布列塔尼人的

密谋也让人们对这场起义的发展方向产生了分歧，一直有人强烈地期望两个地方能够携手行动。走私者、偷猎者、乞丐等人都信守那个秘密誓言，他们带的通行证上都写着下面这句话："为了阿芒德，信赖本证的持有人，给他提供协助。"他们是由偏僻地方的无名乡村绅士领导的，而由于他们的起义，他们的名字很快就传遍了全世界。他们中间有一位，叫做德尔贝（D'Elbée），后来成为义军总司令；他一直把3月份成功的起事视为命运的差错，因为它根本就不是深思熟虑地谋划的结果。也正因为此，这位绅士最初踟蹰不前，他是被农民使劲推着往前走的。现在，没有从前为进行战争而成立的组织的支持，没有布列塔尼更多人手的支持，却竟然要与国民公会相抗衡，似乎太疯狂了，尤其是布列塔尼控制着海岸线，可 304
以与英国强大的海军力量保持联系。国民公会的政治和宗教政策确实激起了很多人的不满，不过，激起民众第一次以实际行动起而反抗的，却是2月23日颁布的、历史上新出现的强制服役原则。

将要上演这么一幕辉煌而又悲壮的历史剧的这个地区，位于卢瓦尔河左岸和大海之间。从索米尔（Saumur）到大西洋东西长100英里，从南特到普瓦蒂埃（Poitiers）宽五六十英里。政府军从来没有攻进其最南端的乡村地区，尽管这里的旺代人的骑兵很弱小，也没有训练有素的枪手；主要的战斗都发生在叫做博卡热（Bocage）的地区，这里的地形破碎、林木茂密，很难通行。在这里，没有几个城镇，也没有像样的道路。这里的民众构成了那支义军的骨干，旺代人的英勇事迹大多出现在这里。沿着海岸线是一片沼泽地区，这里居住着一群更为粗鲁的人，他们与内陆的同志们几乎没有多少往来，也几乎很少共同采取行动。他们的领袖沙雷

特(Charette)是起义军中最积极、也最勇敢的人，他更多是为战斗本身带给他的狂喜而战，而不是为某项事业而战。他从海路与英国保持着公开的联系，并与英国进行谈判。他也向波旁家族表示，只要他们中一个人挺身而出，他就可以让他成为 20 万大军的首领。他认为其他指挥官对教士俯首帖耳，认为他们无法跟他相提并论。

旺代 80 万居民是比较富裕的，比起法国东部民众来说，他们受堕落的封建制度的剥削比较轻。他们与地主的关系也比较融洽，因而对革命也就没有那么大的热情，因而也就倾向于拒绝宣誓效忠的教士。他们打心眼里是保王党人，拥护贵族制度和教士，除此之外，他们也具有其他地方人所不具有的反对革命的动机。这就是他们会发动起义的根源；而他们之所以具有强大的力量，秘密在于他们具有军事天赋，一种比勇气更为罕见的东西。征兵时在几个地方爆发的骚乱都是由普通人组织起来的。其中最早的一位领袖卡特里诺(Cathelineau)是一位送信人，是他所在村庄的教堂
305 司事，在他挺身而出统帅自己的几百名邻居之前，他从来没有开过枪，他的助手则是肖莱(Cholet)，他曾当过兵，来自东部前线。由于他的名字叫什里斯托费(Christopher)，日耳曼人将其错误地发音为斯托费尔(Stoffel)，结果他就以斯托菲厄(Stoffiet)而著称于世。当时，冲突规模还比较小，也不会有更好的人来领导他们。他和沙雷特坚持的时间最长，在他们为之而战的教士背叛之后，也没有屈服。

不过，这种民众的、大众的自发行动维持时间很短。几天之后，贵族就承担起了领导责任。其实，他们中间没有一个人曾经密

谋策划过起义行动，但也几乎没有一个人拒绝加入这场起义。我们知道得最详尽的一位是莱斯屈尔（Lescure），因为他的妻子的回忆录曾广为流传。莱斯屈尔让贵族与教士团结了起来，因为在他看来，这项事业既是政治性的，也是宗教性的。他本来应当担任第三位总司令，不过由于他身体受伤而行动不便，他推荐他的侄子亨利·德·拉·罗什雅克兰（Henri de la Rochejaquelein）替换了斯托菲厄特。我们现在将会看到，严重的猜疑使他们的名声受到了玷污。与莱斯屈尔一样，德尔贝是个足智多谋、处事手段高明的人，而不是个狂热分子。他希望实现的是合理地恢复原状，而不是某种反动。他临死前曾说，如果政府采取绥靖政策，那就要采取措施让狂热分子服帖。

在军事才能上与所有这些人不相上下、而在人格上与最卓越的人士又能相提并论的，则是邦尚侯爵（Marquis de Bonchamps）。他精通巧妙地操纵群众的艺术，在斗争进入生死攸关之际，他则努力为进行这场斗争而引导群众。他让群众变成了他们没有想到过的样子，并为他们从来没有想到过的事业而奋斗。正是由于他这种无师自通的指挥才能，这场战斗才得以在较大规模上展开。那些在最开始时只能进行偷袭和夜间发动进攻、而一碰到敌人的正面进攻就四散溃逃的起义军，后来却能够打败自莱茵河调来、在法兰西共和国最出色的将军指挥下的军队。邦尚一直强烈认为，有必要派出一支部队去发动布列塔尼人；然而，这支部队渡过卢瓦尔 306
河之时，他却死了。

旺代远离普鲁士、奥地利军队入侵所经之路线，这里也不会受到日耳曼人的威胁。他们不用担心自己的家庭生活和家园遭革命破坏，对于这些没有卷入欧洲战争的人民来说，也没有经受过革命的恐怖。因此，如果他们必须投入战斗，那他们是决意为他们所热爱的理想而战。他们憎恶革命，这确实并不足以使他们拿起武器反抗它，但却足以使他们拒绝保卫它。他们被革命逼着必须作出选择：要么必须反抗压迫，要么为革命去当兵，为一个与他们的朋友为敌的政府去卖命，这个政府与整个欧洲的保守主义作对，而这些保守人士为流亡的贵族们提供了援助，为那些遭受迫害的教士提供了保护。因此，他们的反抗并不是个政策、策略问题。如果其中没有原则考虑，他们是不可能坚持那么长时间的。革命政府的征兵令不过迫使他们作出了抉择而已。在他们的起义背后，有一种厌恶和复仇的心理，尽管起义最后的爆发是自发的。开始是愤怒的农民孤立地进行反抗，但这种局面只持续了很短一段时间，然后很快就出现了更为有力的理由，它背后出现了一股更强大的力量。教士和贵族们提出了良心自由的权利，于是，那些曾经与拉·鲁埃里密谋过的保王党人开始编织了一个新的网络。那场起义密谋获得了流亡王公们的授权，他们希望恢复旧秩序。而这并不是旺代人最初的目标。这场起义从来就没有认同过复辟绝对君主政体的目标。这支军队最初被人称为基督教军队，后来，它则变成了天主教和保王军队。他们的祭坛更贴近自己的心灵而不是王座。有一个迹象可以证明这一点：教士在其理事会中占有较高位置。有些领导人还是 1789 年的自由主义者。其他人在政府保证宗教自由之后就立刻放弃了保王主义，接受了共和政体。因而，在整个起义过程中，尽管起义队伍中有一些不宽容的狂热分子，也曾经有过不顾后果的愤怒情绪发作的事，但旺代起义总的来说是一项高尚的事业。有一个旺代人被包围了,政府军要求他放下武器,他回答说:“那先把上帝还给我!”

神职领导人中最有名的贝尼耶(Bernier)确实是个阴谋家,但他并没有狂热地坚持那些已经过时的制度。在他看来,这场起义 307
的正当目标是恢复宗教,仅此足矣。他一度非常小心地使旺代人与布列塔尼人之间拉开距离,因为两者的目标不同,一个是为了宗教理想,一个是为了王朝的事业。在督政府时期,他看到了实现自己目标的机会,便走出了自己的藏身之地,推进达成一项协议。在波拿巴谋划签署宗教协定过程中,他是波拿巴的代表和助手,这个协定既大大放弃了宗教不宽容,也大大偏离了保王主义。作为奥尔良主教,他再次出现在卢瓦尔河流域的乡村,离他建立自己功业的地方不远。但他的老战友们对他心怀猜忌,他们觉得,他一直在利用他们的忠诚追求其他目标,而不曾是个保王党人。

旺代的乡村绅士们要么根本就没有外逃,要么在思考清楚逃亡的后果后,又回到了自己家乡。他们关心自己的利益,他们坦然接受了这一局面。他们具有全部的勇敢无畏精神,这使他们为信仰而战的历程是如此的壮丽,而他们中很少有人显示出暴戾或极端的想法。旺代人的精神最主要地体现在这样的人身上。他们既不畏惧革命的本质,也不害怕其持久的后果。相反,他们努力要将他们的国家从宗教迫害狂和谋杀犯手中解救出来。当然,有的时候,他们表现出了跟巴黎的战斗者一样的残忍。尽管他们非常虔诚,但他们仍然具有残酷和报复的倾向。在法国,这种倾向经常跟宗教联系在一起。从一开始,在沙雷特那些粗野的追随者中就可以看到这一点;昂儒(Anjou)和上普瓦图(Upper Poitou)等地的

狂热分子更为糟糕，甚至已经是嗜杀成性了。他们都憎恨城市，因为正是那里的市政府逮捕了教士，征用军需和兵员。

暴动始于一系列对城镇的小规模攻击，这里是政府所在地。在1793年春天的两个月中，共和派都被消灭了，旺代整个乡村地
308 区都掌握在这些旺代起义者手中。他们没有秩序，也没有纪律，也没有经过任何形式的训练，他们厌恶有军官骑在马上对他们发号施令。他们自己没有重型武器，但他们缴获了400门大炮。到4月底，其人数估计达到了10万人，战斗人员与人口之比，只有美国内战(War of Secession)时期才达到过。信号只要一发出，600个堂区的教堂警钟都会敲响。尽管形势随时都有可能逆转，但他们还是抢得先机，于6月9日占领了索米尔，这个堡垒使他们得以控制整个卢瓦尔河。在这个属于他们家乡最偏远的地方，他们以4万将士和大批武器装备进行防守。如果要想进一步向前推进，就必须超出邻里之间的纽带，需要一种更为强大的组织，需要比撞大运当上头领的当地人更为有力的领导。他们建立了统治机构，主要是由教士构成；他们也推举出了总司令。这一重任最后落到了卡特里诺肩上，因为他是个淳朴的农民，他得到了那些仍然占据主导地位的教士们的信任。由于教士们都是平等的，因此他们需要有一个主教凌驾于他们之上。拒绝效忠的主教在法国很少见了；莱斯屈尔竭力要满足这个紧迫的需要。现在，就在这个如此令人叹为观止的时刻，在这个捷报频传的时刻，我们要讲述那位阿格拉(Agra)主教令人困惑而又荒诞不经的冒险过程。

在靠近圣马罗(St. Malo)的多尔(Dol)，有一位年轻神父，他曾向宪法宣过誓，不过后来他抛弃了这个圣职，满怀喜悦地来到普

瓦蒂埃，并结了婚。他志愿加入共和国军队中，并走上了消灭保王党人的战场。他骑着马执行任务，并由羡慕他的朋友们配备了装备。5 月 5 日，他被起义军俘虏，从他身上搜出了他加入雅各宾俱乐部的证书，他以为自己这下完了。他告诉抓住他的人说，他跟他们是一边的；由于他属于教士等级，所以，伤害他可是亵渎神圣；毕竟，他不仅是位神职人员，还是位主教，是教皇委任他为主教来解救蒙受痛苦的法国教会的。他的名字叫居约（Guyot），但他谎称 309
自己叫福勒维勒（Folleville）。在起义军看来，这样一位俘虏要比一个团的骑兵还有价值。莱斯屈尔在他的家乡抵抗共和国军队已经好几天了；5 月 16 日，居约穿上法袍，重新成为一位主教，带着主教冠、戒指、牧杖等等一切能够彰显他的尊贵的装饰。

对白旗阵营来说，这是意义重大的一天；敌人透过望远镜看到，旺代步兵成行地跪下，一位身体魁梧的高级教士大步从他们中间走过，为他们祈福。看到这种场景，敌人大为惊异。在旺代人投入战斗之际，这位主教向他们发表讲话，他向那些将投入战斗的人保证会取得胜利，那些战死的人会登上天堂，因为他们从事的是这样一种美好的事业；他手执十字架出现在战火纷飞的战场上，为那些受伤者主持宗教仪式。于是，他们推举他为理事会首领，并要求每个教士都必须服从他，否则就要被监禁起来。贝尼耶曾经跟居约是同学，他当然不会上当。在罗马，他写信给莫里（Maury），揭穿了他的真面目，莫里当时正在旺代，享有很高的声誉。这场骗局立刻就被揭露了。教皇庇护十一世宣布，并没有什么阿格拉主教，对于这个假冒阿格拉主教的人，他一无所知，只知道他是个冒名顶替者，是个无赖。在贝尼耶写信的那个时候，居约仍然掌握着权

力;但到了10月份,他将教皇的拉丁文信件翻译给了将军们。他们决定不理睬这封信,但已被揭露的这位冒名顶替者不能再作弥撒了。拉·罗什雅克兰打算将他弄到船上,在第一个海港就将他弄死。但他们却没能走到海边。在格朗维勒(Granville),居约遭遇了险境,他的腰带成了那个战场上的收藏珍品了。虽然军官们已经知道了真相,但士兵们还没有发现真相。在他凑巧占据了重要职位的那六个月,他忠诚地为他们效力,他与他们同生共死。他本来可以靠戳穿他的同伙的谎言和这些容易受人愚弄的人的低能而救自己一命,但他宁可自己去死,也不愿意揭露他们。

310 6月份,获得胜利的旺代人攻占了索米尔,现在,他们应当有一项政策和一个计划了。他们有四个选择:他们可以围困南特,从而打开与英国舰队的联络通道;他们也可以与法国中部的保王党人汇合;他们可以在布列塔尼发动起义;他们也可以进军巴黎。通往首都的大路已经是敞开的;被押在太庙中的囚犯们需要有人解救,君主也需复辟。大概描述旺代人事迹的报告,已经有人呈送给了王后,激起了王后脱出苦海的希望。在一份偷递出来的便条中,伊丽莎白公主曾问,西部的民众是否会攻进奥尔良;在另一份便条中,她又问——这个问题并非没有道理——英国舰队到底怎么样了。据说,斯托菲厄曾提出过这个大胆的建议。拿破仑相信,假如他们真的采纳了这个建议,那么,没有任何东西能够阻止白色军旗在巴黎圣母院的塔楼上飘扬。但这是一支没有组织的军队;士兵们没有军饷,只要他们乐意,就可以回家。将军们陷入令人绝望的分裂状态,沙雷特不愿意离开自己的地盘。一直领导他的手下并在每场战斗中都受过伤的邦尚离开了,由于伤病,他无法再行军打

仗。他的建议是众所周知的，他觉得，他们唯一的希望是派一小支部队去发动布列塔尼人。只要把布列塔尼人和旺代人的力量结合在一起，就可以向巴黎进军。起义军最后采纳了这种方案，决定围困南特，这是一个不设防的城市，是与西印度进行贸易的商业中心城市，也是非洲奴隶贸易的中心。只要攻下南特，就有可能激发布列塔尼人起义；而且，这样一次远征，沙雷特也愿意参加。这是卡特里诺提出的一个灾难性建议。他们沿着卢瓦尔河右岸顺流而下，从索米尔向南特进军。6 月 28 日夜，他们发出信号，要沙雷特次日采取行动。他并没有拒绝，但他却在河对岸，无法渡过卢瓦尔河。他抱怨说，这样的安排等于把这座富裕城市的战利品，都交给了来自昂儒和普瓦图地区那些虔诚的士兵，他却只能从远处看着干着急。

起义军在索米尔考虑的时间太长了，行军速度又太迟缓，南特 311
抓紧时间修筑了防御工事，其居民的心灵中也已经建起了堡垒。进攻失败了。卡特里诺攻入一个市场，人们从窗户向外看，一个鞋匠击中了昂儒的这位英雄。旺代人失去了他们的主心骨，他们的事业从此就没有了前景。卡特里诺死亡之后，德尔贝被推举继承他的位置。他承认邦尚具有更为高级的地位，但他并不喜欢邦尚提出的将战争引向北方的政策。其他人更喜欢德尔贝，因为对他的支配地位和意志力不用太担心。他们的分裂不仅出于嫉妒，也出于互相敌视。沙雷特一直远离那个决定性的战场，当大军沿卢瓦尔河而下的时候，他很高兴，因为他们把整个乡村都留给了他。沙雷特和斯托菲厄找机会处死了炮兵司令马利尼(Marigny)。而莱斯屈尔曾宣称，如果不是他因为受伤而没法动弹，他就会杀了

德·塔尔蒙(De Talmond)亲王。斯托菲厄向邦尚发出了决斗邀请;斯托菲厄和沙雷特两人最终被他们的同志抛弃了。起义的胜利靠的是德尔贝、邦尚和莱斯屈尔三人之间经过所有人事、政策变化之后依然保持的信赖。他们在海湾抵抗共和国军队达两个月之久。他们一直没有抵达普瓦蒂埃,在吕松,他们遭到共和军重创,但他们却攻占了图阿尔斯(Thouars)、帕尔特内(Parthenay)、夏蒂隆(Chatillon)、布勒絮伊勒(Bressuire),从而在西南方向构筑了一道城镇防御线。有一条道路,从北向南贯通博普罗(Beaupréau)、夏蒂隆和布勒絮伊勒;另一条大路则从东到西,连通杜埃(Doué)、维伊埃(Vihiers)、科龙(Coron)、莫尔塔纳(Mortagne)。所有这些,都是曾经发生过著名战斗的地名。位于旺代省中部、上述两条道路交叉处的肖莱(Cholet),起义军曾取得过第一场胜利,也打过最后一场仗。

旺代起义者的有利之处在于,没有良好的军队来对付他们,共和军中也没有好军官。罗伯斯庇尔早期的政策是压制军事才能,
312 这种才能在一个共和国中可能是危险的,相反,他喜欢利用那些会说大话的爱国者。他可没有让他们给蒙蔽,但他信任他们,认为他们是靠得住的人。只要他们狂热地、残酷地履行自己的职责,效仿在巴黎取得巨大成功的做法,就不会碍事。比起谋略家的技巧来说,这是彻底消灭保王党人的一种更为可靠的办法,因为一位谋略家可能会讲究人道,而且几乎可以肯定是个野心勃勃、令人不能放心的家伙。于是,巴黎接连派来无能之辈,这使得德尔贝的名声越来越大。他本来应该拿出时间跟英国首相皮特联络,人们本来就相信,皮特到处都在搞阴谋,而巴黎政府的各个委员会也确实越来

越强烈地担心，英国军队将在西海岸登陆。

7月底，一场灾难性疫情袭击了法国军队，芒茨让普鲁士军队占领了，瓦朗西安纳斯很快也落入奥地利军队之手。他们的精锐部队尽管不能应付外国军队，却能对付国内的敌人。从马扬瑟(Mayence)调来的军队被派到南特。这支军队有8000人，他们带来了克莱贝尔(Kléber)。旺代起义到了最关键时刻。到9月中旬，法国政府所拥有的最好的士兵和最好的将军与邦尚和德尔贝经验丰富的老兵遭遇了。从18日到23日这一周之内，他们进行了5场战斗，其中最著名的一场以所在村庄的名字托尔富(Torfou)命名。在这场战斗中，保王党人取得了令人惊异的战果，这样，他们就取得了每场战斗的胜利，缴获了100多门大炮。在某次战斗中，克莱贝尔和马索(Marceau)头一次互相看到了对方。看起来邦尚似乎更应该能够打败克莱贝尔和马索，因为他曾经打败过弗斯泰芒和罗西尼奥尔(Rossignol)。这时候，却发生了一件奇怪的事情。有一些人化装偷偷地来到旺代前线。后来发现，他们是来自马扬斯(Mayence)的精锐部队。他们说，他们更愿意效力要求他们攻打的保王党将军，而不愿意在他们那些无能的将领手
下卖命。但他们希望得到一大笔钱好带给他们的战友。邦尚和沙 313
雷特很认真地考虑了这一提议，希望接受他们的条件。但这笔钱只能靠熔化教堂的器皿来筹集，而教士们拒绝这样做。有些人认为，这是一次严重的失算。导致他们失败的其他原因也是明显的、决定性的。他们应该获得布列塔尼人的支持，但布列塔尼人却没有做好准备。他们本来应该团结一致，却陷入严重的内讧之中，缺乏协调。他们本来应当在卢瓦尔河两岸的高地上建立起坚固的堡

垒，但他们不懂得防御策略。他们占领一个城镇后，不应当停止进攻，而应该撤出城镇，只有把敌人赶走才算真正成功。最为重要的一点是，他们应当寻求英国的支持。德尔贝的第一封信被中途截获，直到 4 个月后，英国政府才行动起来。流亡者和那些王公们不喜欢这些农民和继续留在国内的贵族和教士，而这些人也确实在很长时间中一直宣称自己不是保王党人，自己的主要或终极目标不是恢复君主制度。皮赛向纳皮耶(Napier)展示过一封信，路易十八在信中下令将他秘密处死。

英国人应该早一些、也即在夏季风小的时候，就在海岸线上采取行动，但英国却希望找到一个更为安全的登陆地点，因而没有给起义者提供任何帮助。沙雷特费了很大劲坚守努瓦穆蒂埃(Noirmoutier)岛，此时，皮特本来是能够成为法国的主宰者的。等他作出一些承诺和建议的时候，已经是 10 月了，机会早已经消失了。

10 月中旬，克莱贝尔的力量大大加强了，部队人数已经达到 25000 人，邦尚认定，现在必须撤退到布列塔尼去了。他派出一只部队去保卫位于圣洛朗(St. Laurent)的卢瓦尔河渡口，他率领自己的全部人马退守肖莱，同时，他派人向沙雷特报警，现在已经到了决定性时刻了。在这里，10 月 16 日，他打了自己的第一仗。德
314 尔贝的身体被子弹射穿了，他被安全地运送到努瓦穆蒂埃岛，一直逗留在那里，直到 1 月份共和军收复该岛。他在被处死前与打败他的人的对话，是这段历史时期最有价值的一次谈话。莱斯屈尔的头部已经被子弹打穿了，在肖莱，邦尚也受了致命伤。但在那个时刻，命运仍然在摇摆不定中，他们的事业最后的失败应该归咎于沙雷特不愿救援。斯托菲厄和罗什雅克兰率残部从肖莱撤往卢瓦

尔河。他们整整走了一天，这一天，都没有敌军追赶。他们赶到河边时，邦尚仍然活着，仍然能够发出他最后一道命令。从肖莱带出的被俘的政府军有 4500 人，他们被关在圣洛朗教堂中，军官们一致认为，应将他们处死。毕竟，国民公会也不会同意让这些被保王党人释放的人再回军中服役的。而文明战争的种种规矩早就已经被摧毁了，这些俘虏也肯定又会被用来对付饶恕他们的人。邦尚却下令饶过这些人，就在这一天，他死了。德尔贝、莱斯屈尔和邦尚在同一时刻永远离开了起义军，拉·罗舍雅居厄兰接过了指挥权。曾在拉瓦尔被他击退的克莱贝尔形容他是个非常有才能的军官；但他率领义军离开卢瓦尔河，进入乡村地区，不知道该往哪儿去。拉·塔尔蒙亲王——他是拉特勒穆瓦勒人（La Tremoille）——向他保证，只要他们接近他的家族的领地，一同打算起事的布列塔尼人就会加入他们的队伍。更重要的是，有两位拄着拐杖的农民现身。这两位农民其实是乔装打扮的流亡者，他们的拐杖中藏着从白厅*来的信，在这封信中，皮特答应，只要义军占领一个港口，他就将援助他们。他建议他们攻占格朗维勒，因为这个地方位于离圣米舍尔（St. Michael）山不远的一个海角。这两位信使不愿意进一步确认他们带来的令人鼓舞的信息。不过，
拉·罗舍雅居厄兰仍然向海边进发，尽管被成千失去家园的妇孺 315
所拖累；他开始进攻那个地方的堡垒。但他发动的进攻失败了。尽管在泽西岛**就能听到法国那边的炮声，却没有英国战舰赶来。

* 英国首相官邸。——译者

** Jersey，英国海峡群岛中的最大岛屿。——译者

现在,最后一线希望也破灭了。这支伟大的起义军的残部一边诅咒着英国,一边撤回自己的家乡。已经有数千布列塔尼人加入到他们的队伍中,斯托菲厄也一直抗击着阻拦他的共和派军队。他和拉·罗什雅克兰、萨皮诺(Sapinaud)一起乘坐一艘小船渡过了卢瓦尔河。然而,他们的军队发现,没有办法渡过这条河,他们就在没有军官指挥的情况下,无助地游荡着。直到12月26日,在萨维内,被敌人打败,并被全部处死。莱斯屈尔一直坐在车上跟着这支队伍,最后,他听到了王后被处死的消息。他在弥留之际说:"我们就是为了拯救她而战;我希望活着替她报仇。现在看来是没有机会了。"

卡里埃(Carrier)同样是以这种精神在南特进行反抗革命的斗争的。但我实在无法去讲述那些取得胜利的共和分子是如何报复这些曾令他们颤抖的勇敢的人们的。同样的残暴行径也曾在南方上演。里昂人曾经推翻了雅各宾派,将其中最恶劣者处死,并在共和派军队的围困下坚持了一段时间。在南特互相敌视的吉伦特派和保王派,在这里却并肩作战;这个城市的防御十分坚固,他们一直坚持到10月9日。8月29日,土伦的保王党人召来了一支由英国和西班牙人组成的精锐部队,并将舰队和军火库交给了胡德爵士(Lord Hood)。10月份,共和派军队开始围困这座城市。土伦港海水很深,也很开阔,但有一座要塞扼受着出海口。不管是谁,只要控制了莱居伊勒特(l'Aiguillette)要塞,就控制了码头中的每条船和军火库中的每支枪。12月18日午夜,在狂风暴雨之中,法国军队发动进攻,并占领了这个要塞。土伦再也无法防守得住了。英国人迅速摧毁了他们无法带走的法国船只,不过,他们并

没有完全摧毁之，留下的东西就成了后来法国军队远征埃及的装备；英国人冒着要塞上的枪林弹雨，飞快地撤出了港口。波拿巴的运气就始于这一战功，他军事生涯中看到的第一个重大事件，就是 316
在冲天大火的掩映下，英国舰队在他眼前逃跑。至此，1793 年胜利地结束了，国民公会成了整个法国的主宰，只有靠近大西洋的沼泽地带例外，沙雷特在那里打退了所有进攻，并成功地按自己的条件与共和国达成了停战协议。不过，危险已经降临，并扰乱了罗伯斯庇尔的睡梦，人们发现，这个家伙使革命仅仅成了军人攫取权力的一块垫脚石而已。

317 第二十一章　欧洲战争

法国大革命试图在欧洲公法中确立那种在法国人协助下在美洲获得胜利的基本原则。根据美洲《独立宣言》的原则，任何一个政府，只要其妨碍自由，就丧失了要求人民顺服的权力，那些为了摧毁它而不惜令自己的家园被毁、甚至献出自己生命的人，无非是在尽自己的义务而已。美洲革命并不是由暴政或不可容忍的罪行所激起的，因为殖民地的境况要好于欧洲任何国家。人们拿起武器反抗的乃是一种推定的危险(constructive danger)，对该危险本身，他们可以忍受，却不能接受其可能的后果。美国人据以控告乔治三世的原则，对于路易十六来说是致命的。法国大革命的理由要比美洲革命的理由强有力得多。而且，法国革命产生了国际性后果。它宣告，其他国家的政府也是不正当的。如果法国的革命政府是正当的，那么，其他国家保守的政府就不是正当的。它们必然会彼此感受到对方的威胁。根据其维持自身生存的法则，法国鼓动针对其邻国的内部暴动，已有的欧洲势力均衡不得不按照某种更高级的法则来重建平衡。

在法国获得成功的大动荡，最终导致了欧洲的大动荡；国民公会在第一场胜利的鼓舞下，曾许诺将为那些为自由而战的邻国提供援助；这种做法尽管不够策略，却并非不合逻辑。事实上，雅各

宾派不过是把君主政体为支援并未受到压迫的美洲殖民者所创造的先例，移植到被压迫的欧洲民族身上而已。没有谁会错误地以 318
为，不通过抵抗或付出牺牲，会建立起新的国际关系体系，而狂热地追求自由——不管是真正的自由还是假冒的自由——之人士无不认为，为此而付出任何代价都是值得的，哪怕其代价是一场持续20年之久的战争。这种新的教条乃是法国与英国决裂的真正原因，因为英国对革命造成了极大危害。比较明智的雅各宾党人，比如丹东和卡尔诺，都看到了为原则而放弃策略考虑的危险所在。他们曾费尽心机地重新解释那个威胁性宣言，以使其看起来不冒犯英国。他们提出，两国天然地是具有共同利益的盟友。但那个宣言本来就是革命精神的本质所在，其性质是任何人都无法否认的。

英国对庇尔尼茨声明和不伦瑞克统帅的远征军敬而远之，但8月10日之后，英国开始对法国不那么友好了。戈韦爵士(Lord Gower)并没有立刻被免去法国驻英大使之职，一直到年底，他还能领到自己的薪水。然而，由于他是国王正式委派的，因此，在国王被囚禁之后，他被召回。看起来，国民公会根本就没有考虑怎样让这一步显得不是太唐突。新派来的肖弗兰(Chauvelin)不被英国政府承认。英国政府不让他递交新国书，他想觐见国王的要求也被冷冷地拒绝。皮特和格伦维尔不是那么容易和解的人。他们非常高贵，以至于有点桀骜不驯。而当他们桀骜不驯的时候，他们就表现得傲慢无礼。比利时被法军占领、舍尔特河*的入海口

* Scheldt，发源于法国北部，经比利时，在荷兰注入北海。——译者

被打开，及革命法庭审判国王，在英国，都激起了某种更为仇视法国的情绪。不过，12 月间，大臣们依然觉得，只要他们顺应时势，他们就是安全的。对于舍尔特河的入海口被打开，荷兰人并没有提出反对，因而，英国也就缺乏派军的有力借口。但法国现在正在威胁荷兰，而考虑到英国对法兰西共和国、对其对外政策中的共和原则、对其吞并尼德兰的憎恨，如果考虑到战争可能确实是不可避免的，那么，通过海上和陆路立刻掌控荷兰的资源，就具有重大意义。

当时的法国，一派希望退出被征服的国家，与英国实现和解，另一派则希望，立刻侵占联省共和国（The United Provinces，即荷
319 兰），打败英国。这两种设想一度陷入相持不下的状态。如果退让，温和派，也即吉伦特派就会获胜。雅各宾派则早已经推断出两种设想的不同后果，他们也急于希望用从荷兰人手中抢来的战利品来恢复财政平衡。因此，在投票处死国王之后，他们就开始追求他们的目标。处死国王这件事正好是一种让英国人的激动和愤怒走向沸腾的东西。不过，到 1 月底，英国政府仍然准备与法国签订协定，条件是法国退出其占领地区。英国为此已经接待了几位法国密使。其中最值得一提的是马莱，他后来成为巴萨诺（Bassano）公爵。1 月 28 日，隐居在里特希德（Leatherhead）的塔列朗通知英国首相说，马莱已经再次上路，为迪穆里埃本人打前站。他承担的是一项友好使命，即宣布法国将放弃荷兰。然而，马莱来得太晚了，而正在赶往海岸的迪穆里埃也接到了一份指令：他的目的地是阿姆斯特丹，而不是伦敦。

23 日晚上，从巴黎来的消息传到了伦敦，在剧院观众的坚持

下，演出中断了。本来计划国王次日正式接见法国大使，现在取消了这次接见安排。国王召开了一次御前会议，终于作出了一个具有重大意义的决定。格伦维尔本来就拒绝承认法国大使肖弗兰的官方身份，他已经通知肖弗兰，他必须服从《外国人法案》。24日，格伦维尔发给肖弗兰通行证，并下令他离开英国。正是据此，杜穆里埃也被召回了。29日，肖弗兰回到巴黎，讲述了他的遭遇。2月1日，国民公会向英国宣战。由于英国的决策者们不是那么狂暴，由于他们还在痴心等着迪穆里埃的消息，所以，战争的爆发被推迟了。但英国不可能开出任何条件，使法国觉得足以弥补其放弃荷兰的船队和财富的代价。

英国大臣们在谈判的素质方面一向有所缺失，驱逐肖弗兰等 320
于把战争责任加在了自己身上，而这本来是很容易就可避免的。也许他们确实不可能一直避免与法国人陷入敌对状态。也许福克斯有可能取得成功，因为福克斯能够理解法国所奉行的政策背后的新观念。但这个国家已经没有心思再遵循辉格党人的政策。有人不公正地指控皮特，说他是出于个人野心而走向战争的。对于这一重大指控，他是无辜的。但他的确没有竭尽全力阻止战争的爆发，因为他非常清晰地认识到了战争将会带来的好处。他也理应因下面的决策而受到指责：他倒向了实行绝对君主制的列强，在第二次大分裂(the Second Partition)之时，将英国与这些国家捆在一起，将这些国家对付波兰的那些原则，用到了法国头上。科布尔格(Coburg)亲王在比利时与他的盟友们举行第一次会议时宣称，奥地利声明放弃一切征服的想法。英国立刻提出抗议。他们让大家都知道了，为了使敌人不是那么难以对付，他们准备吞并尽

可能多的领土。英国驻法大使奥克兰爵士(Lord Auckland)是一位具有温和看法的人,他一直建议英国政府与法兰西共和国进行谈判。他劝告科布尔格,在稳固地建立起一条令人满意的防御线之前,不能松懈,因为英国将要占领敦克尔刻和诸殖民地,并打算长期固守。4月27日,乔治三世清楚地表达了这种打算。他说,法国必须受到极大的限制,这之后,我们才可能讨论跟这个危险的、失信的国家达成什么样的条约。2月份,格伦维尔明确提出肢解法国的建议,要求法国将边界线上的要塞及整个阿尔萨斯和洛林地区都交给奥地利。正是英国给人留下了一种自私自利、巧取豪夺的形象,由此,战争爆发了。

只有这个岛国无所畏惧,因为除法国之外的海上列强都在她这一边,而她的海军的优势地位是无可置疑的。法国人在开战之初拥有76艘战舰,英国则拥有115艘,双方的火炮则分别是8718
321 门和6002门。但在总炮数上,双方的差异并没有这么大,因为英国舰队的一次齐射炮弹重量是89000磅,法国是74000磅。但英国还能利用拥有56艘战舰的西班牙舰队和拥有49艘战舰的荷兰舰队。西班牙的战舰建造得很好,但操纵得实在太差劲;荷兰的战舰是为浅水区建造的,但船员素质很高。除了这些力量之外,还必须算上葡萄牙舰队,它也追随英国;还有那不勒斯,其国王属于波旁王族,是西班牙国王的兄弟。因而,从一次齐射炮弹重量的角度——这是仅次于智谋的最重要的东西——看,英法的比例至少是2比1,从战舰数量看,双方的比例更达到3比1,也即230艘对76艘。这可以解释,为什么不列颠岛国的政治家们会投入战争。与欧洲大陆那些暴露在法国面前、容易遭到攻击的盟友们相比,英国并没有更大的进取心和劲头，却有更坚定的决心和勇气。两者之间的区别在于，英国不会担心法国打来，它拥有2比1的优势，而欧洲大陆各国的领土却可能遭到一支人数比它们多得多的敌军的攻击。因而，正是处于有利位置上的皮特推动着其他国家前进，在他们遭受挫折时，用金钱和战利品的承诺来鼓舞他们。对于他的政策来说，与海上诸强国结成同盟是至关重要的。然而，到了真正的战争中，这支强大的舰队却没有任何用处。荷兰人和西班牙人从来就没有投入过战斗；英国人尽管将本国的安全归功于与海上列强的同盟关系，却将战场上的胜利归功于自己。这样的胜利越来越频繁，也越来越辉煌。于是，在与我们维持了两年没有多大用处的友谊之后，西班牙人和荷兰人加入到我们的敌人行列。英国卷入这场战争中，并以坚忍不拔的决心坚持着，因为她认为可以从中获得可耻的收益。战争使房地产租金提高，有利于统治阶层。战争也使贸易商从征服海上的附属地和领地中获得了好处。

1793年，英军没有从海上捞到任何好处。英军在当地居民的邀请下占领了土伦，在那里，他们掌握了法国海军近一半的战舰和军火。然而，就在这年年底，英军被法军赶走。法国在西印度的领
地立刻落入英军手中，1793年、1794年，英国占领了西印度的向风 322
群岛[*]、马提尼克岛[**]、桑塔卢西亚(Sante Lucia)，最后又占领了瓜德罗普岛[***]。不过，一位雅各宾派律师却从法国出发，重新占领了瓜德罗普岛，法国人以令人难以置信的顽强精神坚守着该岛，一直

[*] the Windward Islands，在小安的列斯群岛中部。——译者

[**] Martinique，在向风群岛中部，1635年沦为法国殖民地。——译者

[***] Guadeloupe，位于小安的列斯群岛中部，1635年沦为法国殖民地。——译者

到 1810 年。他们丢掉了海地，但该岛却从来没有成为英国人的囊中物。他们领教了黑人的力量，黑人发动了有史以来最为伟大的一场起义。同一年即 1794 年夏天，科西嘉岛成为英国的附属地，它能大大地加强英军在地中海的地位。但英军没有能够守住这个岛屿。英军的元帅也没有做任何事情帮助旺代起义。几乎没有人知道下面一件事，12 月 19 日，英军还在争论，是否派一位军官到邦尚手下帮忙，而当时，邦尚已经去世两个月了。

在这段光怪陆离、令人不齿的历史中，有一个时刻是值得记住的。1794 年 4 月 11 日，130 艘商船满载着粮食从切萨匹克湾起锚驶往法国港口。豪伊爵士（Lord Howe）奉命率军去拦截它们；5 月 16 日，法国舰队驶出布列斯特港保护它们。豪伊兵分两路，他派蒙塔古（Montagu）去截获商船队，自己率领这支驱逐舰中队的余部去迎战维拉勒·茹瓦瑟。经过 5 月 28 日的遭遇战后，6 月 1 日，他们在离陆地 400 英里的海域再次交战，双方势均力敌。法国舰队司令在甲板上有一位辞去圣职的胡格诺教派牧师，他年轻时曾出过海，现在则负责将革命的激情灌输给整个舰队，就像圣茹斯特向陆军灌输革命精神一样。持续了三个小时，这场海战收场了。维拉勒一直坚持到晚上，而豪伊爵士有几艘战舰失去行动能力，既不能重新投入战斗，也无法追击敌军。法军损失了 26 艘战舰中的 7 艘，其中最著名的是旺热尔·迪·珀普尔（Vengeur du Peuple）号。它与不伦瑞克号交战，由于一艘战舰的索具与另一艘战舰上的锚缠得死死的，两艘船被捆死在一起，并且漂离了整个交战线。他们挨得太紧了，法国战舰无法发射其低舷炮，他们没有地方装填弹药。英国人已经预备了在这种紧急情况下会用到的备用推弹

器，所以，继续向敌舰的炮眼中开火，而法国舰长则把他的手下从 323
底下叫出来，在上甲板占有居高临下的优势。最终，汹涌的波涛使这对都不服输的敌人分开了。不伦瑞克号上的600名水兵中有158人丧生，74门大炮中有23门被打翻。它退出战斗时已经失去了战斗能力，回国修理去了。旺热尔号则继续留在战场上，它的桅杆已全部被打断了。现在它的吃水线以下又遭到撞击。它的大炮已被抬到甲板上，但几个小时之后，旺热尔号发出信号：它正在沉没。英国船只驶来，其723名水兵中的400人被救了出来。人们看到，这些没有死伤的幸存者站在已经折断的桅杆上，在战舰下沉的时候，大喊着“共和国万岁”。这并不是传奇故事，而是发生在旺热尔号上的真实历史，任何夸大和任何缩小，都会玷污这一场景给人印象深刻的壮丽。

6月1日的海战是第一次同盟战争中那些给英军带来荣耀的陆战或海战中的一场。英军当时所获得的优势地位一直没有丧失。英军在西印度、在维尔德角群岛、在地中海、在法国海岸线的失败，甚至英国的海上盟友们的背叛，都没有能够影响到这一点。此后，就在所有人都与英军为敌时，那些比豪伊更具有创造性、更具有进取心的舰队司令却扩大了英国的海上优势。这场胜利，与纳尔逊在特拉法尔加海战中所战胜的那支更为强大的海军力量的战役比起来，不那么辉煌，也不算大获全胜，当时，法国损失了全部战舰。蒙塔古并没有拦住法国的商船队，也没有能够帮助主力部队攻击法国舰队。维拉勒·茹瓦瑟和其来自朗格多克(Languedoc)的精神饱满的牧师尽管在那场战斗中失利了，他们却获得了实质性好处。在海岸大炮的掩护下，那些商船驶入海港，而共和国

急需这些商船上运来的粮食。尽管在两年时间中，法国海军面对
的是比自己强大的对手，但他们的损失却少于预期，并没有削弱国
324 内政府的力量。因此，他们有理由相信，只要他们的与西班牙和荷
兰海军联手，在海战中他们的运气也会跟在陆战中一样顺利。

我们现在正在研究的这场战争经历了三个不同阶段。1793年间，法国苦苦支撑着，因为它不得不对付国内的那场暴动；1794年间，潮流则转而对他们有利了；到了1795年，则是法军占据优势并捷报频传的时期。共和国从君主制那里继承了一支20万人的常规军，但由于军官逃亡，它已经受到严重损害，士气极为低落。然而，不断有人加入这支军队，最早是1791年的志愿者，他们很快就成了能征善战的士兵。这支军队被输入了一大群卓越的军事天才，在1815年之前，他们声名鹊起，不管是在美国内战期间，还是在19世纪70年代的德国，都无人能与他们相媲美。至于在不伦瑞克宣言和9月份征召中涌现的第二批志愿者，则无法与第一批相提并论。两批合起来共增加了30.9万人。在全面战争爆发之初，即1793年3月，政府建立了引起旺代起义的强制征兵制，由于在其他区也遇到了麻烦而在中途停止执行。它没有能够征集到30万人，但也征集到了16万人。1793年夏天，当边界线的要塞陷落之时，首先进行了第一次全面征兵，然后，到了8月23日，又建立了征兵制度，通过这套制度组织的征兵活动，又征召到45万人。这样，在一年半时间中，法国将110万人送到了前线；在最关键时刻，即第二年年底，共有超过70万人在军中服役。这支军队由卡尔诺控制着。他是一个精力充沛的人，一个正直诚实的人，也是一个具有工程师般专业技巧的人，不过，他并不是一个具有指挥才能

的人。卡斯尔雷爵士[*]甚至无礼地称他为愚蠢的数学家。他一度与他从前的同志富歇闹翻，并已经宣判要将富歇赶走。他们两人有过这么一段对话：“我该到哪儿去，叛国者？”“随你便，白痴。”作为一位严厉的共和派人士，在拿破仑帝国时代，他不受青睐；但他却守住了安特卫普，使那里成为拿破仑衰落时期的一个亮点。拿 325
破仑从埃尔巴回来之后，他出任内政部长，他提出的建议本来是有可能改变世界历史的。因为他希望皇帝在英军集结之前先击溃英军，然后再从容地打败俄国。一天夜里，他正在玩一局惠斯特牌时，听到滑铁卢传来的消息，眼泪从他的脸颊流下。

卡尔诺将胜利归功于两个东西：可以随意控制军官的升迁，法国人生命的廉价。只要他觉得有必要攻占某个地点，他可以不计任何牺牲。一位奥地利军官，如果身在离家1000英里外的萨姆布勒河（Sambre），就不大可能被免职。而法国军官却随意可被撤换。马克（Mack）上校曾评论说，同是损失了一位战斗人员，对法国来说，不过是损失了一个人而已，而对于奥地利，则是损失了一位战士。旺代起义就已经表明了那些没有组织、没有机动能力的人，仅靠不断的活动、拼杀和勇气，也一样能够取得胜利。卡尔诺只会要求他的手下一遍又一遍地发动猛攻，他根本就不考虑人员死伤情况。低级指挥官很快被清理了一遍，有时，革命政府的刽子手也会在这方面帮他的忙，于是，最能干的人脱颖而出。所有军队中最善战的这支军队，在默兹河的桑布勒与伦米瑟（Sambre et

[*] Lord Castlereagh，1769—1822年，1812年至1822年任英国外交大臣。——译者

Meuse)战役时，这是由克莱贝尔、莫罗、雷尼耶(Reynier)、马尔科、内伊(Ney)等人指挥着；在莱茵河更进一步了，是由奥什(Hoche)、德塞克斯(Desaix)和圣西尔(St. Cyr)等人指挥着；在亚平宁半岛，则是这支军队最辉煌的时代，由波拿巴和马塞纳(Masséna)指挥着。

在内尔温登(Neerwinden)大捷和迪穆里埃的逃跑导致奥地利军队推进到法国边界线上时，所有这些部队基本上还没有形成，卡尔诺的才能还没有显山露水，出色的将领还没有脱颖而出，国民公会还没有想到全民皆兵制。当科尔布格亲王在荷兰人支持下，在约克公爵统帅的英国-汉诺威联军兵临边界要塞之时，法国军队在战场上几乎无所作为。7月底，孔代和瓦朗西安陷落，对于胜利者来说，通往巴黎之路已经洞开。他们可以凭借着这支占有压倒优势的军队于8月中旬攻到巴黎。但英国军队却拐了弯，没有
326 进攻巴黎，而转向进攻敦刻尔克，约克公爵率领3.7万人北上围困敦刻尔克。科尔布格亲王则与它背道而驰，去围攻勒奎斯诺瓦(Le Quesnoy)。他听从格伦维尔的劝告，准备逐一攻占这些保护严密的城镇，然后与普鲁士军队汇合。他已经强烈要求当他深入法国境内时，普鲁士军队必须与他合力行动。与此同时，普鲁士军队攻占了门茨，那里的守军跟瓦朗西安的法国驻军一样，盛名之下，其实难副，只抵抗了很短时间。不过，普鲁士军队对上一年的那次入侵记忆犹新，所以不敢贸然前进。这个同盟各有自己的利益，各有自己的小算盘，于是，给了其敌人以喘息之机。几年后，拿破仑已经打败了皮埃蒙特人，并在切拉斯科(Cherasco)提出了停战协定，现在正在等候皮埃蒙特人送回他们签过字的这份协定，他

对对方的拖延极不耐烦。皮埃蒙特军官对于拿破仑缺乏自制力表示惊讶,并向拿破仑说明了这一点。拿破仑的回答是:“我经常会在战斗中失败,但从来不想浪费一分钟时间。”

法国人很好地抓住了他们的敌人留给他们的这个时机。8月14日,卡尔诺执掌军权,23日,他促使国民公会通过了那份通常被称为全民服役,实则建立了征兵制的政令,使所有身体合乎要求的人都入伍服役。在军队中也立刻可以感受到严格管理的新气氛了。围攻勒奎斯诺瓦和敦刻尔克的两支军队相隔得太遥远了,法国军队可以从容地将其各个击破。敦刻尔克的守军打开了水闸,淹没了整个乡村,将英军与掩护它的汉诺威军队分割开来,让约克公爵除了沿唯一的一条堤道逃跑外,没有任何退路。9月8日,法国军队在洪兹肖特(Hondschooten)打败汉诺威军队,解了敦刻尔克之围。英军仓皇逃跑,丢了自己用来攻城的大炮;不过,法国政府本来是能全歼英军的,所以,法军指挥官还是被砍了头,他的继任者茹尔丹(Jourdan)率军直指科尔布格亲王。10月16日,他采用新的、不计死伤代价的战术,在瓦蒂尼埃(Wattignies)打败了亲王的军队。卡尔诺不信任他手下的将军们,及时赶到,就在这一天 327
强行改变了指挥官及其参谋们的命令,从而赢得了那天的胜利。法国的小孩现在都会讲他是如何把自己的帽子挑在剑尖上,徒步率领军队冒着霰弹的射击冲锋陷阵。从那一天开始直到巴塞尔和约签署为止,卡尔诺都控制着军队。他们已经遏制了敌人的入侵。盟国军营中没有人再谈论通往巴黎的最短路线了,不过,他们仍然占领着他们此前征服过的地方。两个月以后,在敦刻尔克一举成名的奥什指挥了沃兹热斯(Vosges)战役,猛攻魏森堡(Weissen-

burg)防线，1870年战争的第一场战斗就是在这里打响的。到11月底，普鲁士军队已被打退到马扬西(Mayence)，乌尔姆塞尔(Wurmser)已经退守莱茵河。也就是在这个时候，旺代人的起义已经失败，里昂和土伦也已经落入共和军之手。1794年，法军得以全力对付外敌。

这年秋季和冬季，卡尔诺尽管没有意识到自己周围发生的事情，也没有特别在意自己签署的命令，他却逐渐组织起了一支由征兵令提供的数量庞大的军队，他所提出的计划使他在法国历史上写下了浓墨重彩的一笔。他将共和军队分为13个军队。他们称之为14个军队，我相信，这是因为有一支教导队作为预备队留在国内。西班牙战争需要投入两个军，因为炮兵无法从比利牛斯山通过，只能从山脉两端通过，那里有两条狭窄的峡谷从法国通往西班牙，一条经过圣塞巴斯蒂安[①]附近，另一条则通过靠近地中海狭长的、开阔的乡村。那里发生的战斗并没有影响整个事态的进程。不过，众所周知，里卡尔多(Ricardos)统帅下的西班牙军队在1794年获得了重大的胜利，要比他们在与拿破仑进行的战争中的任何一仗都打得更好。第三个军部署在意大利边界线上，第四个军在莱茵河，第五个军则用来对付部署在佛兰德斯的盟军。卡尔诺只能增设更多部队，因为找不到合适的人，可以胜任指挥大部队的职责。他认为，他部署在各个方向上的力量都必须足够强大，但在比利时，则应该占据压倒性优势，因为那是最危险的地方，在这
328 里，集结着奥地利、荷兰、英国和汉诺威军队。神圣罗马帝国皇帝

① San Sebastian，西班牙北部港口城市。——译者注

也在5月份亲临该地，他的弟弟查尔斯大公则是盟军方面最出色的军官。

4月底，科尔布格亲王攻占了朗德勒西埃（Landrecies），曾经陷落的堡垒防线中的第四座堡垒。5月18日，法国军队在图尔科安（Tourcoing）获胜，英军损失惨重，约克公爵仓皇而逃，寻找藏身之处。当时甚至有人谈论要把他送上军事法庭。这一天之所以失败，一个原因是查尔斯大公没能亲临指挥，因为他就跟尤利乌斯·凯撒一样，疾病突然发作，据说，他在几英里之外的地方躺着，几乎不省人事。但大约有一个月时间，盟军坚守着自己的阵地，不断击退茹尔丹的进攻，茹尔丹试图从萨姆布勒渡河。不过，沙勒鲁瓦（Charleroi）最终落入法军之手，次日，即6月26日，法军赢得了弗勒吕斯大战的胜利。7月1日，蒙斯陷落；5日，盟军决定撤出比利时。8月，法军收复了四座要塞；科尔布格亲王由里埃热（Liége）撤退进日耳曼地区；约克公爵借道安特卫普撤退到荷兰。10月份，茹尔丹追击奥地利军队，迫使其退过莱茵河。就如同6月1日的海战确立了英国的海上优势一样，弗勒吕斯战斗确立了法国在欧洲的优势地位。他们开始发动进攻，并将这种优势保持了20年。不过，在经历了不错的运气和那么多胜利之后，仅仅一个弗勒吕斯的失败，却不能解释为什么盟军突然泄气，大败而归。原来，列强中的一个准备抛弃这个同盟。普鲁士本来已同意在那年春天接受英国的财政援助。英国将立刻支付30万镑，然后每月再掏15万镑，条件是普鲁士派出五六万人的部队，听候英国调遣，英国打算以其进攻比利时。然而，马尔梅斯伯里（Malmesbury）协议的墨迹未干，这时局势却发生了变化。

公安委员会已经在敌人阵营的大后方制造了麻烦。在法国人的金钱援助和指导下，科兹塞尤斯科(Kozsiusko)在波兰发动了起义，普鲁士军队的手脚被捆住了。对他们来说，比起法国问题来，波兰问题才是心腹之患，因此，他们的整个心思都转向了相反方
329 向。奥地利人则开始明白，普鲁士将会把他们遗弃在莱茵河地区，就在自己将最好的军队投入到弗兰德斯战场时，普鲁士却会在波兰再次捞到好处。皮特不得不增加对普鲁士的许诺。他派斯宾塞爵士(Lord Spenser)到维也纳，安排增加财政援助的事情。然而，普鲁士已经开始撤兵了。默伦多夫(Moellendorf)元帅于9月份通知法国说，奥地利军队正准备进攻特里尔(Treves)，他保证自己不会去做任何可能帮助他的盟军的事。20日，奥地利的霍亨洛赫(Hohenlohe)在凯塞斯洛滕(Kaiserslautem)与奥什开战，并将其击败，这位总司令却派人向法国进行解释和道歉。于是，10月份，皮特停止了供应，普鲁士则完全从对法战场上消失了。

1794—1795年冬天非常寒冷，连荷兰的海面都结冰了。1月份，皮舍格吕(Pichegru)从结冰的莱茵河上通过，不管是荷兰军队还是英国军队，都没有进行像样的抵抗。奥兰治亲王被迫逃往英国，约克公爵则撤退到布勒芒(Bremen)，并在那里上船撤走；28日，阿姆斯特丹的民众开门欢迎法国军队。一支骑兵策马来到冻结在海面的舰队，接受了英军的投降。这些英军也实在没有什么可保卫的了。荷兰现在已经成了法国人信用的大救星了，它让法国人有了贸易，又给了法国一支舰队，还让法国占据了有利位置，可以从德国人根本没有设防的方向进攻日耳曼地区。现在，牌桌上的形势明显地不利于皮特和他的政策。他的普鲁士盟友已经在

4月份与法国讲和，将莱茵河以西的全部日耳曼领土割让给了法国，并盘算着，如果作为选帝侯的英王乔治三世拒绝保持中立，就出兵占领汉诺威。西班牙几乎立刻步了普鲁士的后尘。曼努埃尔·戈多伊(Manuel Godoy)后来是一位捍卫者，但自1792年11月份出任首相和阿尔考迪亚(Alcaudia)公爵起，他就拒绝皮特提出的与西班牙结盟的要求，他一直以为，通过向法国保证保持中立，可以救路易十六一命。在这一希望破灭之后，他同意入盟。然而，双方联合出兵占领土伦时就闹得不愉快；乔治三世宣布成为科西嘉国王，更是对西班牙作为地中海霸主地位的一种侵犯。于是，
西班牙人对弑君的法国的憎恨渐渐消退了；这场战争成了不受欢 330
迎的事情，而阿尔考迪亚公爵在万众欢腾声中成了和平之王(Prince of Peace)。

我们已经看到了，1792年的入侵如何将最恶劣的人推上了法国的权力顶峰。1793年，恐怖统治与公共危机局势的持续时间几乎完全吻合。就在要塞失陷消息传来那一天，罗伯斯庇尔成了政府首脑，而在弗勒吕斯战役胜利、1794年7月11日法军占领布鲁塞尔之后，他很快就倒台了。我们不能把这些事情分开，我们也不能否认下面的论点：恐怖统治拯救了法国。确实，1793年3月份吉伦特派当政时颁布的征兵令，只征召到所需之一半兵员；而次年8月份由山岳派发布并执行的征兵令，则让整个国家都变成了士兵，他们被国内的大屠杀逼迫着去面对前线的大屠杀。这就是保守的欧洲进攻法国所得到的结果。法国已经征服了萨沃伊、莱茵河地区、比利时和荷兰，而普鲁士和西班牙则争相与法国媾和。英国确实夺取了法国的殖民地，却失去了军事强国的声誉。只有奥

地利和它周边那些依赖它的近邻一起，在更为恶劣的条件下，继续在欧洲大陆上进行着前所未有的战斗，而除非俄国伸手援助，他们是绝无胜利希望的。

第二十二章　大恐怖之后

331

最后我们探讨恐怖分子垮台后，从共和三年的宪法，到1795年10月份国民公会闭幕期间法国政治变化的历史。在经过狂风暴雨之后，国家随风漂流，很长时间没有正常的政府，也没有一个指导社会生活的意见团体。人们的第一感觉就是从此可以随心所欲了。监狱大门打开，成千上万因私事而被判刑的犯人被放了出来。人们的新感受以一种极端夸张的形式表现出来，人们急切地追求着从前那个严厉而沮丧的时代所没有过的愉悦。塔利安夫人创造着流行时尚，成为巴黎上流社会的女王。人们拒绝前代的服装，因为它们代表着那令人憎恨的年月，人们现在穿起了紧身衣。他们用折叠整齐的领结遮住了下巴，并戴起高帽子，为的是跟敌方裸露的脖子和红色睡帽作对。粉还保留着，辫子却被齐茬剪掉，以纪念那些在断头台上丧命的朋友们。代表着新的时代精神的年轻人则穿起一种制服，胳膊上别着徽章，手上则拿着圆头棒，这种圆头棒也出现在雅各宾俱乐部的骷髅画中。他们后来就成为著名的"时髦青年"*。报纸对他们大加吹捧，革命者用他们来对付反动派的领导人，用来强迫提出反对意见的人，他们代表着公共生活状

---

* the Jeunesse Dorée，意为有钱而时髦的年轻人。——译者

态的一种巨大的变化。

这仅仅是外在的变化。深层次的变化则是社会中具有威望的人逐渐地恢复了元气，权力逐渐从参与消灭罗伯斯庇尔的那些可
332 耻家伙手中转移到他们手中。那些热月党人倒也忠于他们与平原派达成的协议，他们正是靠着平原派的支持才获胜的。他们中有些人曾是丹东的朋友，而丹东在上个冬天曾一度同意，在使用断头台时采取一种更为温和的政策。塔利安认为，不管是为公众考虑，还是出于国内局势考虑，都应实行仁慈政策。但大批真正的山岳派却不愿意改弦易辙。在罗伯斯庇尔不能保护他们的时候，他们毫不犹豫地抛弃了他；但他们并没有抛弃他创建的那套制度，他们相信，只有靠这套制度，他们才能保护自己不受伤害，因为他们当政时招来过强烈的敌意。

现在，集中了全部权力的国民公会中的多数议员没有治理的能力。恐怖统治时期所向无敌的手段已经不能再用了，却没有新东西能够取而代之：没有一部正常发挥作用的宪法，没有获得认可的政府权威，没有享有优势地位、获得民众尊重的政党，也没有手上不沾血的政府官员。好几个月之后，那个垮台的党派的废墟才被彻底清除掉，并建立了一个具有真正的政策及实施这一政策的手段的有效政府。革命委员会和革命法庭的头目们——大概有近一百人——也步罗伯斯庇尔的后尘，被送上了断头台。

政府各个委员会已经失去了其最有活力的成员，因而没有能力实施急剧变革的计划。权力在议员们变幻无常的帮派之间摇摆着，所有议员的组合都是转瞬即逝，他们很快就声名狼藉。主要的分歧在于，是报复，还是赦免。随后几个月，议会越来越明显地倾

向于报复，因为曾经被罗伯斯庇尔囚禁或判刑的人陆陆续续重新
掌权。但山岳派中有一些人通过组织、武装和控制军队，已经使法
国成为欧洲第一大强国，不可能立即替换他们。巴雷尔提出，应当
保留目前的机构，富基耶－坦维尔（Fouquier-Tinville）可以继续
行使自己的权力。8 月 19 日，曾率人进攻罗伯斯庇尔的卢谢
（Louchet）强烈呼吁，有必要继续全力坚持恐怖政策，因为这种政 333
策是明察秋毫、思想深刻的马拉所制定的。一个月以后，9 月 21
日，国民公会举行了隆重的仪式，将马拉奉祀为圣人，他的遗体被
迁葬到先贤祠，而米拉波的遗体则被迁出。三个星期以后，罗伯斯
庇尔的导师卢梭也被迁入，以同样隆重的仪式被移葬在马拉旁边。
残存的犯罪分子中最恶劣的巴雷尔、科洛·德尔布瓦、比约－瓦雷
纳在公安委员会中的席位遭到剥夺。尽管勒库安特（Lecointre）
和勒让德勒遭到公开谴责，国民公会却拒绝将他们除名。

整个 9 月份和 10 月份的大部分时间，山岳派依然稳稳地掌握着权力，阻止政府进行改革。比约因此而受到鼓舞，他宣称，狮子可能在打瞌睡，但敌人会唤醒他的。他所说的狮子，就是指他自己和那些热月党朋友。进行治理的各个委员会根据频繁变动的原则不断地调整人员，赋予政府以任意逮捕和无条件释放之权利的牧月法令被正式废除，国民公会派出代表到各省让他们学习巴黎的榜样。

除了这些措施之外，国家的活动基本陷入停滞状态。那些靠恐怖进行统治的家伙的垮台，最初并没有产生多大政治影响。变革的过程反而是由南特的某些公民推动起来的。卡里埃押送 132 名囚犯来供应巴黎的断头台，其中有 38 人死于他们所承受的残酷

折磨。剩下的人在热月期间仍被关押，现在，他们请求由法庭对他们进行审理。于是，法庭开庭。根本就没有他们犯罪的证据，因此，对他们予以平反是不可避免的了。9 月 14 日，这些南特人被开释。由此就必然产生了一个问题：如果卡里埃的这些受害者是无辜的，那么，卡里埃本人算什么？他的残暴行径已被暴露无遗，11 月 12 日，公民公会以 498 票对 2 票通过决议，卡里埃应被送上法庭。但是因为卡里埃是议员，根据一般法律，他是不可侵犯的。
334 这次审判拖长了，因为法庭所审判的不是一个人，而是一种制度，是一群人，而他们仍然享受着豁免权。

那些可以证明卡里埃犯罪活动的证据，都给了热月党人以对付其政敌的力量，给了他们控制公共舆论的力量。12 月 16 日，卡里埃被送上断头台。他只能乞求神鬼保佑他。这一案件的力量在于，起诉他的人几乎跟他一样有罪；他们随后都遭到反对共和制的人的清算。因为卡里埃竭尽全力将自己的罪行归咎于他的党派，不过，他的同伙们被革命法庭放过一马，因为他们声称，他们的违法行为不是政治性的，因而他们被押上了普通法庭。国民公会就在作出南特的刽子手应当被送上革命法庭之决议的那一天，也查封了雅各宾俱乐部，现在，终于到了走回头路的时候了。

12 月 1 日，在听取了卡尔诺的一份报告后，议会提议赦免卢瓦尔河流域的起义者；8 日，曾经遭到追捕的吉伦特党人被召回。这些措施具有决定性意义。在平原派真心诚意的帮助下，吉伦特派又成了国民公会的主宰者，因为他们有 73 人，而且跟平原派不同，对于清算，他们可不愿受到约束、也不愿中止。他们可不是恐怖统治的同伙，因为那个时代，他们已经被关了起来。在坚定地行使那些犯罪分子理应得到的惩罚措施时，他们不用担任何心，他们有一种强烈的冲动要进行清算。仍然有16名议员被比佐和其他人禁止参加议会，现在他们被赦免了，3个月后，即3月8日，他们恢复了他们在议会中的席位。于是，他们跟曾经迫害过他们的家伙面对面坐在一起，这些家伙曾经根据一项法案要置他们于死地，而该法案现在已被宣布为不正当了。

随着上一年的政策发生逆转，要求进行报复的呼声已经越来越强烈。旺代人的起义则实现了政策的这一转折。2月17日，在
拉·约纳耶(La Jaunaye)，法兰西共和国与沙雷特达成了停火协 335
议。沙雷特被视为一支与国家平等的力量。他获得了宗教信仰的自由，获得了金钱上的补偿，当地人不用服兵役，可以拥有2000人的地方自卫军，由他来指挥，费用还是由政府来支付。斯托菲厄及布列塔尼人领袖科尔马坦(Cormatin)也很快接受了同样的条件。在那个胜利的时刻，沙雷特骑马进入南特城，展示着保王党的白色徽章；他受到政府的表彰，也得到了群众的欢呼。拉约纳耶条约给了西部人民宗教信仰的自由，这个条约签署后，这种自由很快就扩展到整个法国。几个月后，教堂归还给了教士；据说在东部一个区的某个堂区，教堂从来就没有关闭过，宗教仪式也从来没有中断过。

3月份，吉伦特派已经拥有了足够的力量，可以对付他们的政敌了。反动的幅度可以从下列事件中看出：马拉的遗体又从先贤祠中迁出，年轻人则在费雷隆的鼓动下，将巴黎城所有的马拉塑像悉数捣毁。3月份，那些以前一直难以扳倒的罪大恶极的犯罪分子科洛·德尔布瓦、比约和巴雷尔被投入监狱。卡尔诺为他们辩

护，理由是，他们很难说比他本人还恶劣。国民公会作出决定，将他们流放到卡扬纳（Cayenne），巴雷尔中途逃跑了。接下来是富基耶－坦维尔，这年春天，他的案件对他的党派构成的伤害，跟去年秋天卡里埃案一样巨大。他求情说，他不过是公安委员会当权者手中利用的一个工具而已，而且该委员会的三位成员只是被流放，他不过是听命于他们，那对他也不能惩罚得比他们还重。但法庭没有理会议会通过的政令中的刑罚规定，5 月份，判处他死刑。

山岳派看出了，如果他们不进行斗争，就活不下去了。4 月 1 日，他们袭击国民公会，但很快被击退，不少罪大恶极者被收监。
336 更加令人生畏的进攻发生在 5 月 20 日。有 4 个小时时间，国民公会被暴民控制，一位议员为保护议长而死。那些属于山岳派的议员通过了一系列政令，高度赞扬群众。深夜，议会才恢复了安全，混乱中投票通过的决议被宣布取缔，那些曾经提出这些动议的人则被送交一个军事委员会。不过，他们并没有怂恿叛乱，他们强烈表示，他们那么做，是为了平息群众的愤怒，反而拯救了反对他们的人。共和历的发明者罗默是其中最有名的人物。他们是否有罪、对他们的刑罚是否正当，确实有一些可疑之处。其中一个人的妻子曾探过监，留下了让他自杀的工具。他们被带出法庭之后，每个人都用刀刺自己，然后，默默地将刀子递给别人。等卫兵注意到狱中的异样时，已经有三个死去，其他人浑身是血，被拉到了刑场。这一天是 6 月 1 日，吉伦特派取得了至高无上的地位。在清算的过程中，有 62 名议员遭到判决。雅各宾派暴民的统治，即以平等取代自由的治理，终于宣告结束了。中等阶层又恢复了权力，法国的这些新主宰者是否愿意再进行一次共和国的试验，是非常可疑的。

上次的试验已被证明遭到了可怕的失败，最为简便也显而易见的办法是在君主政体下寻求庇护，而不是坠入变幻莫测的陷阱。

保王党人则在南方竭力地报复他们的敌人，后来被称为白色恐怖；在巴黎，他们也展示了自己的实力。有一段时间，用来对付山岳派的每一项措施，都对他们有利。人们也在公开地谈论 8 加 9 等于 17，意思是指 1789 年的革命最终将以路易十七登基而告终。然而，在吉伦特派和保王党之间，横亘着国王的血，弑君者们知道复辟对他们意味着什么。党争仍然是不可调和的，双方的观念也是截然对立的。他们现在所要对付的不再是山岳派了，该派 337
已经被打压下去了，他们的对手现在是他们以前的老对手，坚持君主制的改良者。不过，他们中有一些领导人物，可能是出于信念，更大的可能是出于政策考虑，与流亡的王公们建立了联系。大家都知道，或者人们都怀疑，山岳派的塔利安和康巴塞雷斯、吉伦特派的伊斯纳尔（Isnard）和朗瑞奈、平原派的布瓦西·当格拉斯、常胜将军皮舍格吕、法国最出色的谈判家巴泰勒米（Barthélemy），都在与住在维罗纳的普罗旺斯伯爵进行讨价还价。报纸普遍报道说，委员会正在摇摆，政体可能倾向君主制，布列塔尼人和旺代人准备再次起义，皮特则准备向他们提供军事援助。不过，这其中最重要的是，有一位年轻的僭位者，他从来没有与任何人结怨，他早年的经历使他同时博得了保王党人和共和派的同情，对于逃亡者和外国入侵者，他都不用承担任何责任，他甚至从来就没有见过这些人，这是再好不过的了。

此时，法兰西共和国提高了它在整个世界的地位。它所征服的地方包括阿尔卑斯山脉、莱茵河、比利时，国运之鼎盛甚至超过

了君主制的路易十四时代。欧洲国王们之间的结盟关系已被打破。托斯卡纳是第一个表示服帖的，随后是普鲁士，它的屈服又使整个北日耳曼保持了中立。然后是荷兰，西班牙也已经答应进行谈判。不过，对西班牙来说，有点麻烦。与一个将波旁家族的掌门人关进监狱的政府，总不大可能签订条约吧。只要国王*被释放，那份条约就可以签署、生效。因而，在1795年春天，人们的注意力开始转向太庙的一个房间，年轻的国王被关押在这里，缓慢地、但无可置疑地走向死亡。狱卒曾问过政府的有关委员，他们的意图到底是什么："你们是否想放逐他？""不。""杀了他？""不。"狱卒赌气地问，那么，"你们到底想怎样？""把他处理掉。"于是，5月3日，
338 政府接到报告说，那个年轻的囚犯病了；第二天，又有报告说，他病得很严重。但他对于与西班牙签订条约是个障碍，而这份条约却是绝对必须的，所以，政府这两次接到报告后都没有任何表示。5日，人们相信，他的病情危急了，政府派去了一位医生。这个医生选得很好，因为他很才能，并曾给国王一家看过病。他的诊断意见是，除了让他呼吸点乡村空气之外，没有任何办法可以救这位国王。有一天，他又说过一句："他死了，但有些人可能不会难过"。三天后，路易十七还活着，但这位医生却死了，由此生出了很多谣言。有人说，他是被毒死的，因为他知道了一个可怕的秘密：太庙中关押的那个男孩并不是国王。连路易·布朗基**都相信，国王早已被秘密释放了，在医院死去的那个人其实是他的替身。迄今

* 指路易十六的儿子。——译者

** Louis Blanc，1811—1882年，法国政治家与历史学家。——译者

仍然有人相信这个说法。最受欢迎的剧作家[①]的一部戏剧现在仍然在巴黎上演，且吸引很多观众，在这部戏中，这位国王被藏在一位洗衣妇的篮子里救了出来。但历史的真相是，这位年轻的国王于 1795 年 6 月 8 日死去。共和国终于达到了自己的目的，与西班牙的和平协定签署了；而立宪委员会中支持君主制的人士立刻宣布，他们不会投票批准该条约。

就在布瓦锡·当格拉斯向议会提交宪法草案时，一支运输船队在军舰护航下驶抵西海岸。英国首相皮特曾经听任旺代的起义者被政府军打败、屠杀，现在，他终于下定决心帮助他们，而且规模相当引人注目。他派出了两支远征船队，满载着军用物资。每支船队都运载着三四千名流亡者，由英国提供武装，并穿着英军制服。其中一支由代维利(d'Hervilly)率领，我们曾经提到过他，因为正是他在 8 月 10 日传达了路易十六下达的王宫卫队停火的命令；另一支则由年轻的索姆勃勒伊率领，他的父亲在 9 月份的那场大屠杀中被女儿救了出来。他们两人的上司是皮赛伯爵，流亡者中最有头脑、也最有影响力的人物，在诺曼底时曾跟吉伦特派有过 339
联络，他引起了白厅大臣们的注意。他们尽管再三解释，但在旺代人中具有正当性的那些纯正、排外、心胸狭窄的人，却既不能谅解他，也不能信任他。他们带来了大笔资金，都是伪造的法国指券；想到那位阿格拉的虚衔主教进行的宗教活动引起的混乱，他们也带来了一位真正的主教，他已经认可了他们伪造货币的活动。

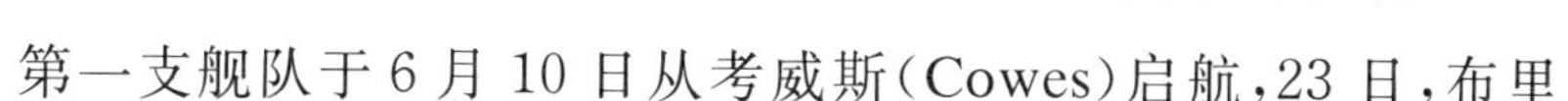

第一支舰队于 6 月 10 日从考威斯(Cowes)启航，23 日，布里

① 萨尔杜(Sardou)。

德波特爵士与法国舰队遭遇，英军将其打回港口。4天后，流亡者在卡尔纳(Carnac)登陆，这里是早期凯尔特人活动过的地方之一。这是一处不高的岬角，法军在一座要塞中把守狭长地带，这座要塞以庞蒂埃弗勒(Penthièvre)公爵的名字命名。它可以被舰队的大炮摧毁。有数千舒昂人加入他们的行列；但旺代人仍有猜疑，袖手旁观。他们本来以为舰队会开到他们这里，却开到了布列塔尼，而在这两个省之间、在路易十八的支持者和他的兄弟达尔托瓦伯爵的支持者之间、在教士与政客之间，都存在着强烈的嫉妒心理。教士们阻止沙雷特、斯托菲厄与皮赛汇合，教士们指控他们试图让约克公爵成为法国国王；他们保证，只要他们稍等一会儿，达尔托瓦伯爵就会赶来。于是，他们埋葬了自己成功的希望；不过，皮特也难辞其咎。皮赛拒绝让英国士兵踏上他的国土，皮特则接受了他的这一顾忌。而为了壮大自己的力量，这位流亡大臣武装了一两千法国囚犯，他们都是共和派，但声称自己准备加入反共和国的行列。他们当然高兴摆脱监禁，否则，政府将会干掉他们。保王派军官反对这些人加入，但他们的反对意见没有被听取。等他们一到自己家乡，这些人就逃跑了。他们向共和国军指了一个地
340 方，从这里，在水位较低时，共和军可以从那个要塞下面通过，从而进入保王军未设防的一侧。晚上，在猛烈的暴风雨中，共和军通过了这地方，共和国的三色旗很快就飘扬在城墙上。

保王派被驱赶到半岛顶头，有一些人——实在是没有多少——乘小船逃到了英国军舰上。人们都觉得，英国舰队没有竭尽全力，本来它是有可能补救大大有损于英国的威望和影响力的那次决策之严重后果的。索姆勃勒伊一直在进行抵抗，直到一位

共和军军官要求他停止抵抗，他答应了，因为没有任何胜利的希望；但双方没有谈拢，因为对方要求的是无条件投降。塔利安当时正在营中，他驰往巴黎替这些俘虏求情。在上国民公会之前，他回了趟家。他妻子告诉他，她刚刚拜访了朗瑞奈，西哀士已从荷兰被带回来了，塔利安与波旁家族来往的那些谋反信函也被发现，他的妻子已处于危险之中。他立刻赶往国民公会，要求当场惩罚那些被俘的流亡分子。

奥什是一位宽宏大量的对手，对于索姆勃勒伊，不管其品格，还是其政策，他深为敬佩。他秘密地让他逃跑。但这位俘虏拒绝在自己的同志继续被囚的情况下自己逃跑。他们在靠近奥雷(Auray)的一个地方被集体枪杀，这个地方一直被当地民众视为烈士牺牲之地。他们总共有六七百人。开枪的这伙人唤起了旺代人的愤怒，沙雷特立刻枪杀了他抓获的俘虏；而舒昂人后来则到处寻获杀死执行枪决任务的那四营法军的所有官兵。

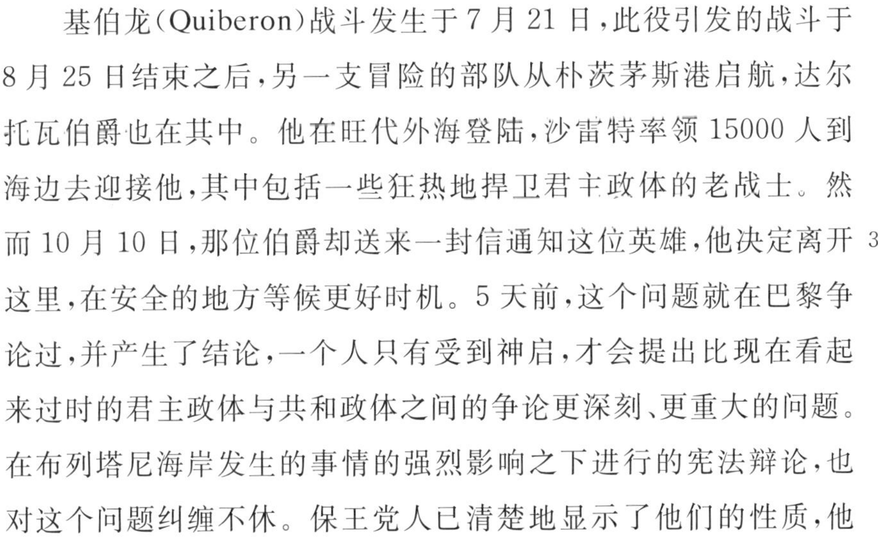

基伯龙(Quiberon)战斗发生于 7 月 21 日，此役引发的战斗于 8 月 25 日结束之后，另一支冒险的部队从朴茨茅斯港启航，达尔托瓦伯爵也在其中。他在旺代外海登陆，沙雷特率领 15000 人到海边去迎接他，其中包括一些狂热地捍卫君主政体的老战士。然而 10 月 10 日，那位伯爵却送来一封信通知这位英雄，他决定离开 341
这里，在安全的地方等候更好时机。5 天前，这个问题就在巴黎争论过，并产生了结论，一个人只有受到神启，才会提出比现在看起来过时的君主政体与共和政体之间的争论更深刻、更重大的问题。在布列塔尼海岸发生的事情的强烈影响之下进行的宪法辩论，也对这个问题纠缠不休。保王党人已清楚地显示了他们的性质，他

们是打着英国旗帜启航的，但他们的英国盟友并没有攻击法国。保王党人表现出了一种令人诧异的政治低能，他们的精神之高尚与他们的战争技巧之拙劣，形成了鲜明的对比。

在多方支持下，宪法委员会已于4月23日选举产生，当时，国民公会正在跟沙雷特、科尔马坦进行谈判，也在与几大强国讨价还价。而就制宪来说，按说西哀士是最合适的人选，但他以身在行政委员会为由拒绝了。梅兰和康巴塞雷斯也同样如此，这样，议会中最能干的三个人都没有发挥作用。

选出来的11人都是温和但不怎么出名的人物，草案基本上是由多努(Daunou)执笔起草的，并获得蒂伯多(Thibaudeau)的大力支持。多努是古老的奥拉托利会的一位会友，即使不是一位强人的话，也是一位好学深思的人，他成了档案保管人，一直活到1840年。他被人指控为了学问而非法盗用档案。蒂伯多现在则开始崭露自己的才智，他的作品是我们所见的关于共和国后来这几年及帝国初年历史之最权威的记载。他们的方案的突出特征是，主要受经验的影响，而不是被理论所左右，他们竭力要将权力与财产联系起来。6月23日，他们向议会作了报告；7月4日，议会开始辩论；20日，西哀士介入。他的建议主要是成立宪法陪审团的想法，这个陪审团大约由100人组成，用来监督宪法的实施，成为与立法者相抗衡的宪法的守护者。它将受理少数派和个人针对立法机构
342 的诉状，以保持这些机构的锐气，使之不被国民代表无所不包的权力侵害。这一在欧洲发展某种类似于美国最高法院之职能——而这种职能在美国还没有发育成熟——的值得纪念的努力，却在8月5日遭到拒绝，几乎全体一致地拒绝。

8月17日，这部宪法被国民公会采纳，它包含了一个义务宣言，它完全是建立在思维混乱的基础上的，议员们却提出了下面的理由为其辩护：光有权利宣言会摧毁国家的稳定。关于宗教问题，它根据迄今为止所发生的事件而搞了一个发明，因为它把教会与国家分离开来，让所有的宗教自己去寻找自己的活路。权力的分立更进了一步，因为立法机构被分为两个，行政部门被一分为五。普选受到了限制；最穷的人被排除在选举之外；9年之后，将进行一次教育水平测试。不过，这部法律却没有那么长的寿命。每200位选民推举一位选举人组成一个机构，仅财主有资格进入。其督导则由立法机构指定。实际上，比起以前的宪法来，这部宪法更多地关注自由，而较少关注平等。公共舆论已经发生了变化，从下面一点就可以看出：在对两院制问题进行投票表决时，只有一位议员提出反对。

在国民公会将要解散时，由于各区已不存在保王党的威胁，所以它作出决议，立法机构的三分之二成员应当出自国民公会。这样，他们就自己延长了自己的权力行使时间，并确保鼓舞他们行动的观念继续占据主导地位。与此同时，他们又表明，他们希望不去触犯国民热爱共和的感情，这激怒了保王党人，又给了他们为自己谋私利的勇气。9月23日，国民接受了这个宪法，他们投票时无精打采，但宪法仍获得了多数支持。

新宪法为法国提供了它从来没有享受过的秩序和自由之保障。大革命所肇始之自由主义，与其说是一种哲学，不如说是一种激情，第一个议会——国民议会致力于通过削弱权威、弱化行政部门、分散权力来实现那种理想。在吉伦特派统治时期，当国家陷于 343

危急关头时，这一政策破产了；雅各宾派则依据下面的原则进行统治：权力即使来自于人民，也应当集中到尽可能少的人手中，使其成为绝对不受制约的。平等取代了自由，于是产生了下面的危险：最受欢迎的平等，就是平等地分配财产。这一派的思想家即雅各宾派的政客们在消灭财产权时，不能不堕入社会主义。他们占有了教会财产，以其充当国家信用的基础。他们占用了王室领地，没收了流亡者和不满分子的地产，没收了公地和林地。在战争时期，他们则劫掠富裕的邻国的财产。通过这些措施，农民的收入翻了一番。人们以为，这样大概就可以使民众不用再纳税，而通过财富的大规模转移，巴黎也不会再有穷人。但这种措施最后走到了尽头，共和三年的宪法为革命时期画上了句号。

首都的保王党人和保守分子在希望破灭之后，本来应该默认这一宪法。然而附加条款却有可能将权力永久掌握在现有议员的手中，且该条款只需经过范围小得多的投票即可通过，而不用进行议会组织法本身所规定的投票程序。恐慌和屈辱感达到了极点，保王党人在点算了自己的力量之后觉得，他们得到了推翻已经权力衰落的议会的大好时机。他们集结了大约 3 万人，并由一位经验丰富的军官来指挥。有人曾提出，将此权交给科尔贝・德・莫勒里耶(Colbert de Maulevrier)伯爵，斯托菲厄以前曾效力于他。但此提议遭到伯爵拒绝，理由是，他们并不是绝对君主主义者，也不是流亡者，而是自由主义者，是立宪君主政体的拥护者，仅此而已。

国民公会的军队只有可怜的 6000 人，其中很多人是雅各宾派暴徒。指挥权被授予了梅努(Menou)，1789 年时贵族等级中少数派之一员。但梅努已经晕头转向，他竟然更同情自己的敌人，他竟然要求进行谈判。于是，他被撤职，由巴拉斯（Barras）接替，他是热月那场没有流血的战斗中的胜利者。 344

已经被撤职的波拿巴正在巴黎百无聊赖地消磨时间，他从剧院走出，发现自己置身于一群拿枪的人中间。他赶紧跑到总部，在那里，他那些斩钉截铁的话具有神圣的权威，于是，他立刻被任命为副总司令。于是，10月5日，天刚破晓，卢浮宫和杜伊勒里宫就变成了堡垒，花园变成了防守严密的兵营。已经成为欧洲战场上最杰出人物的年轻军官缪拉（Murat）从乡下调来了大炮。桥梁、码头和每条通往王宫的街道都由成排的大炮严密把守着，简直可以用霰弹清扫大街了。他又派出军官征集军需用品，征集弹药，征集医院和急救要用的一切东西。胆敢逃跑者，格杀勿论，一支强大的小分队把守着通往圣克卢德的道路；武器则大量分发给国民公会和比较友好的圣安托瓦纳区。暴动者尽管由机敏的阴谋家领导，却缺乏一位伟大的军事家作统帅，因而无法靠近塞纳河；那些从富裕的城市中心来的人已经失去了他们的机会。在圣奥诺雷大道（Rue St. Honoré）经过一番激战之后，他们逃跑了，在后面追赶他们的，只有比空弹壳更为致命的子弹。巴黎第一次感觉到自己在那个主子的掌握之中。那个打败了他们的人，由于打败了他们而使王位空缺的人，正是波拿巴。正是借助他的天才，这场革命将要征服整个欧洲大陆了。

345 附录　法国大革命文献概述

在我们搭船渡过波涛汹涌的大海之前，我们应该先获得海图和罗盘。因而，我先探讨了这场大革命的历史，这样你们立刻就知道该接受哪些看法、拒绝哪些看法。你们可能已知道，我们置身何处，我们如何才能走得更远却又不至于走偏，哪个领域已经结满了丰硕的果实，哪棵知识之树上的果实还正在生长。我希望将你们从属于个别学派和特殊历史时期的学者的记述中拉出来，将你们从总是依赖仅能满足最肤浅需要的现成的、容易找到的叙述中救出来。

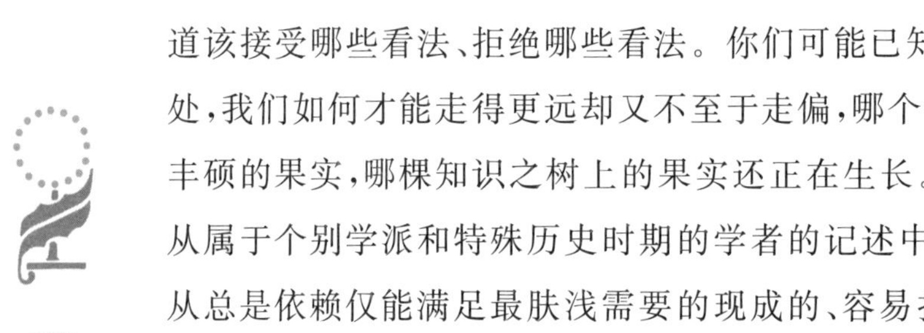

随着人类的经验越来越丰富，随着人们的好奇心越来越强烈，而资料越来越多，每代人都对我们的历史认识有所贡献。对于微不足道的事件，身在其中的那些人即可理解清楚，而伟大的事件则需要更长的时间来凸显其伟大。

拉马丁(Lamartine)曾经说过，这场大革命有神秘之处，但无令人费解之处。尽管不无唐突先贤，但我们不得不承认，现在看来，这些话未必就比刚写下之时更接近事实的真相。人们从来就没有停止过有关这些历史事件之根源和性质的争吵。有人说，是因为预算赤字；有人说，是因为饥荒；有人说，是因为那个奥地利团伙；有人说，是因为钻石项链，因为七年战争令人屈辱的记忆；有人说，是因为贵族的傲慢或教士的不宽容；有人说，是由于启蒙哲学；还有人说，是共济会策划的；有人说，是英国首相皮特策动的；更有 346
人说，是因为法国国民性中不可救药的轻率和狂暴；最后有人说，是由于构成法国历史之整体的各等级之间的斗争。

我们不得不在所有这些解释中找出自己的一条路来；不过，还有很多细节问题，对此，我不得不告诉你们，我尚没有找到确凿的证据。

*　　*　　*

除了当时人的回忆录之外，第一位撰写那个时代之权威历史的学者是德罗兹（Droz），他对此用力 30 年之久，始于 1811 年。当时，巴黎充斥着种种变幻莫测、不易把握的信息，他对其知之甚详，以至于该著作直到他死后很久才能出版。他曾咨商过拉里·托朗达尔，并获准使用马卢埃的回忆录。这份回忆录当时尚是手稿，在有关国民议会的文献中，该手稿之智慧和可信度是无可比拟的。德罗兹是个有辨析力、又有阅历的人，他具有真诚的、甚至是强烈的精神；就健全与准确性而言，他的著作是当时人所写的所有相关著作中最出色的。该书记录的是路易十六尚有可能使革命受到控制的那一段历史。作者以绝对精确的判断力向我们证明，局势的转折点是国王在 1789 年 9 月份拒绝第一个宪法大纲。在他看来，这场革命在最初 4 个月还能被控制。他本来是打算写一本政治学专著来讨论大革命的自然发展过程（natural history）的。他打算论述，提出合乎公正的要求是一门高深的艺术，因而，不公

正的、危险的要求不可能具有任何力量。不过，最后，它却变成了一本记录历史机会不会被错失的历史，变成了一位英国学派的立宪君主主义者对法国大臣们的智慧和国王的懦弱之指控。他对历史学的贡献在于，他揭示了，社会失序和犯罪横行是如何从措手不及、从缺乏干劲、从缺乏明智的思考和准确的设计中产生出来的。德罗兹承认，他写在扉页上的哲学中存在某种缺陷。国王在1789
347 年夏天丧失的地位，再也没有恢复。但1790年间，米拉波还在努力地争取保留君主制的方案，而他并没有说明，这种努力是否永远都不可能成功。因此，德罗兹又加了一卷，研究米拉波的议会活动历程，他称之为附录，因而依然存在着他最初理论中的致命的局限性。我们现在对这位大演说家的了解要比德罗兹在1842年的了解更深入，因而，德罗兹的杰出著作的价值仅限于第二卷。但是，即使我们不接受激发他的灵感的那种观念，它的价值也一点不会减少。根据他的观念，他倾向于认为，君主制是有可能获胜的。即使在经过8月10日名副其实的战斗之后，他也这么认为。不管怎样，德罗兹的这本著作属于少数实际价值大于其名声的著作之列，下面一本则从一开始就跟其具有截然相反的命运。

对我们来说，下一个历史事件是革命爆发。诗人拉马丁属于正统主义者(legitimist)，这些相信路易家族才是正统君主的人士相信，1830年彻底埋葬了君主政体。他们认为，奥尔良王朝是赝品。他们立刻使自己向前看，他们认为，共和制度是不可避免的。塔列朗曾提醒他，要时刻准备着迎接新变化的到来，这个变化不再只是在一个没有根基的王朝中用某位侄子取代某位叔叔。他具有天才的直觉，因此，他比绝大多数人更迅速、比所有人更准确地看到了即将到来的信号。他说，我们将在6年内成为主人。这个估计只有几个星期的误差。时机到来，他抛出了自己的方案，立刻成为公认的领袖。至于使革命纯洁化、理想化及为建立共和制度而进行的种种努力，对于人类来说，不应当是一场灾难，相反，应当很轻松地承认悦耳动听、引人共鸣的滔滔雄辩之魅力。于是，他写出了《吉伦特派史》(*History of the Girondins*)。对于一本历史著作来说，这本书所取得的成功是最迅速、也最辉煌的。人们再也读不下去其他历史著作了；亚历山大·迪马(Alexandre Dumas)很精明地说出了自己的不满，他说，拉马丁将历史学提升到了浪漫文学的水平。拉马丁则达到了他的目的。他对建立一个和平与人道的共和国作出了贡献。这个共和国会被格言警句的魅力所感动，俯
首于书写过吉伦特派之荣耀的大师之权威。他一直相信，如果没 348
有他的著作，恐怖统治就会重演。

从本世纪初以来，有一个接一个的法国学者知道如何以英国的拉斯金先生(Mr. Ruskin)和斯文伯纳先生(Mr. Swinburne)根本不懂的那种技巧进行写作。他们高度重视语言的铺排及其重要意义，使得散文体作品读来更为铿锵有力，更加具有穿透力，大概只比该国最伟大的诗歌稍逊一筹。这样的作者不下六七位，他们始于夏多布里昂，我怀疑，终于圣维克托(Saint Victor)。拉马丁也成为这一科林斯风格流派*的历史学家，他书中辞藻华丽的段落要比那些论证严密的段落好得多。不过，法国人在讲究辞句之

* Corinthian school of style，科林斯属古希腊城邦，其艺术风格流于华丽藻饰。——译者

华丽时,似乎也知道有一些陷阱,这只有用更为平淡枯燥的文笔才可以避免。卢梭曾将元老院比喻为二百位国王,但他灵敏的耳朵却不允许他说三百是三百王(trois cents rois)。夏多布里昂在一封私人信件中描绘他的阿尔卑斯山之旅,谈到了山顶上的月亮,并补充说:“确实如此,我曾经研究过历法,发现确实有一个月亮”。保罗·路易·库里耶(Paul Louis Courier)说过,普鲁塔克应该让庞培[*]在法萨罗[**]获胜,这样,读起来会更有气势。夏多布里昂认为,库里耶的想法是完全正确的。库里耶这种苛求历史的趣味,完全可以在拉马丁那里找到。拉马丁完全知道,玛丽·安托瓦内特于 1770 年嫁为太子妃时是 15 岁;但他却描述说,她就是在马札尔权贵们发誓要为他们的王后而战死之时王后紧紧抱在怀中的那个孩子。然而,这一幕发生在 1741 年,是在她出生前 14 年。文献史上一定要给这个令人吃惊的巨大错误留下一笔。

到了晚年,拉马丁重提这本书,并写了一个表示道歉的文字,他对批评他的人作出了答复。他公开承认,有些段落就是为了赚他们的眼泪。有充分的理由收回这本书。写这本书是为了给大众民主——他本人也属于其中——罩上一圈光辉,因而,有时,他在揭露那些出于公众利益而进行的犯罪行径时,就吞吞吐吐。他所设想的共和制属于那种不给少数派任何保障的制度,在这样的制
349 度下,除了被国家赐予权利的人之外,任何人都没有权利。在议会犹豫不决时,他曾大声疾呼,拒绝设立摄政来履行合法政府的职

* Pompey,公元前 106—前 48 年,罗马统帅,政治家。——译者

** Pharsalus,公元前 48 年,庞培在此被凯撒打败,逃往埃及,被杀。——译者

能。他也迫使奥尔良公爵夫人逃亡。当有人报告说，她已被抓住并请他下令将其释放之时，他却拒绝了，他说："是人民要抓住她的，必须把她交给人民。"

他在那篇自我辩解的文章中说，他曾经走访过丹东的未亡人，并发现了吉伦特派最后一次宴会的一位目击者。在他的书中，他将这一幕戏剧化了，他展示了这些失败的政治家在他们活在人世的最后一个夜晚的行为举止。格拉尼耶·德·卡萨尼亚克(Granier de Cassagnac)宣称，这整个描述都是虚构的。同样的故事，诺迪埃(Nodier)也讲过，而他是个职业编造者；梯也尔(Thiers)也讲过，但他并没有给出任何权威性证据——任何人也都不可能发现这样的证据。不过，据拉马丁说，当时有一位教士坐在门外，等着给这些将死之人提供最后的宗教慰藉。50年之后，他仍然健在，拉马丁找到了他，并记录下了他的回忆。有一位老吉伦特党人，叫蓬特库朗(Pontécoulant)，夏洛特·科尔黛曾要求他为自己辩护，最后他又成为第二帝国的元老院议员；他曾对他的朋友们说，拉马丁讲的是历史真相，再现了他犹能记起的那个时代的真实情况。同样，迪马将军也认可了梯也尔对8月10日的记录。将军是美洲独立战争的老战士，革命时期的政治活动家，是拿破仑信赖的手下，他撰写过拿破仑的军事史，留下过我们认为很有价值的回忆录。不过，我还是怀疑，这些遗老太容易对这位机灵的作者表示满意了，因为他让他们回忆起了自己早年的生涯。拉马丁的叙述中可能确实不乏真相，但总体来说，他笔下的那些吉伦特党人是生活在文学作品中，而不是生活在历史中的。而他关于国民议会的四卷本著作不过是纯为书商而写的，根本不值一评。

在这本吉伦特派史掀起的雷鸣般响声渐渐消散之前，出现了两本站在同样立场写作、但具有稍微持久价值的著作。路易·布
350 朗基是个信奉社会主义的政客，他曾在1840年之后协助创建社会主义者与共和主义者的联盟，正是这一联盟推翻了君主制度，并使1848年6月的路障土崩瓦解。他被驱逐出国流亡之后，定居在伦敦，花了好几年时间在伦敦博物馆进行研究。对这段时间，他可一点都没有觉得有什么不幸，因为这里正好有他要找的东西：它会给你一种鼓舞你进去的想法，因为有那么多资料等着你去爬梳。克罗克(Croke)在辉格党上台后搬出自己在海军部的房子时，将自己收藏的有关大革命的1万册图书卖给了该博物馆。然而，收藏家的狂热却并没有因为政府的更替或收入的减少而稍有改变。6年以后，克罗克又收藏了跟上次同样多的文献，这些也由该博物馆的理事们买走。在去世之前，这位无可救药的收藏家又收集到跟前两批不相上下的文献资料。最后，这三批文献被集中在同一个地方。在伦敦博物馆一个房间中，我们能看到500个书架，平均每个上面放120多本书籍，所有这些都是有关我们所关注的那个时代的文献。除去复本，记录革命踪迹的文献总数量在四五万种。我相信，即使巴黎也没有可与之媲美的收藏。当布朗基和托克维尔查阅利用这些资料时，已经有一半收藏进来了。克罗克所收藏的同一时期的手稿，在他去世的时候卖了50镑，他们很快也成了中山(Middle Hill)著名的收藏品。

路易·布朗基因而得以在英国继续进行其在本国开始的研究，最终写出了12卷本的著作。它包括大量辅助性的细节和很多文献参考资料，这使它能成为一本可供查阅的非常有用的著作。

不过，本书极为丰富详尽的材料和文采的力量，并不能弥补作者的理论和意图所导致的沉闷乏味、强加于人的感觉。

一位有名的法国大人物曾对我说过，他的国家的国会一门心思压制教育自由。我问他什么东西使得他们反对自由主义，他回答说："那是因为他们都是自由主义者。"路易·布朗基也带有几分 351
这种混合心态。他所赞颂的正是这场大革命表现出的强制性的、反自由主义的一面。他希望建立的政府是能够为了人民而做任何事情的政府，不能限制政府，不能阻止政府伤害少数。广大群众所遭受的苦难不幸，更多地源于财富的滥用，而不是权力的滥用。他们需要国家的保护，而不是防范国家。掌握在恰当的人手里，也即掌握在代表全民的人手里的权力，决不能为了某一部分人的利益而受到限制。因而，路易·布朗基是罗伯斯庇尔的崇拜者，为他大唱赞歌；写到9月大屠杀时，他的语气是欢欣的，他也命令我们想象一下圣巴托洛缪大屠杀。

米什莱(Jules Michelet)同一时期所写的一本著作跟布朗基一样为这场革命进行辩护，尽管没有布朗基那种令人不寒而栗的激情，也没有布朗基那种卖弄学问的研究，没有布朗基那么具体的意图，而具有更为深刻的洞察力和更为站得住脚的看法。他在档案馆中的职位，使得他占有其他人所无法比拟的优势。他失去自己的职位后，便定居到法国西部，开始研究旺代省起义。他毫不在意证据，他认为毫无价值的单纯事实本身，对他的论点或他所描绘的图景没有多大用处。由于阿拉斯是教权主义者控制的城镇，因此，他称罗伯斯庇尔是个教士。因为在阿雅西奥(Ajaccio)有迦太基人的坟墓，所以，他说拿破仑是汉尼拔的老乡。在他看来，历史

学有用的地方在于判断，而不在于描述。如果我们听任历史事实的摆布，如果我们更多地考虑已做完的事情而不是它所提示的问题，那我们就会变成胜利和暴力的卑躬屈膝的同谋。历史学是最后的审判，历史学家被召来管理审理过程，改变刑罚，因为人民是一切历史学研究的对象。他们恍然大悟，意识到了他们的失误和他们的能力，奋起报复过去的一切。历史学也是一种补偿。权力趋于暴虐，国民已经遭受了苦难不幸；而大革命则是正义的降临，它是人类历史中最关键的事件。米什莱宣称，根据他的印象，经过这场革命，空洞无物的偶像已被打碎了，被暴露在光天化日之下。行尸走肉的国王们现了原形，被揭开了被单，被撕下了面具。他
352 说，他不得不强忍着那么强烈的愤怒、那么多的憎恶之情，那么多心如蛇蝎之人和那么多国王；他写作的过程中反复接触到的这种东西，似乎对他本人都会产生不利影响。他所想象的图景中充满了人类残酷的痛苦不幸，而当他写到那些没有被折磨致死的受害者以狂暴的惩罚行动报复千年来所受的磨难时，他发自内心地为之狂热欢呼。人民获得理论上的权利，尚不及惩罚历史上的错误更能激动他的心灵。对有些人竟然抗拒意识到自己巨大力量并奋起抗争的人民，对这些家伙，他决不轻言饶恕。源出于广大群众的一切都是好的，而源出于个人的一切都是坏的。人类，尽管对于自然是如此无知，却依然能充当人类事务的公正的审判官。学识渊博之士从反思中得到的知识理应归于无知无识之人，这更多地乃是由自然所启示于我们的；权力之所以应归于群众，不是由于其人数较多，而是由于其本性善良。它们是正当的，此乃上天之安排，遭受它们伤害之人如果还记得旧时代，就不要怨天尤人。米什莱

不能容忍有些人试图在宗教中寻找这场革命之本质的做法。他曾比较过教会在处死人时犯人所受的痛苦，与革命的断头台瞬间落下赐给犯人的仁慈。他也更喜欢断头台掌握在丹东的手里，而不喜欢其落入路易十四或托尔居厄马达（Torquemada）之手。

所有这些，加上他对民众的感受之深切理解、他的观点之彻底性及他那给人强烈印象的语言，使他成为民主派历史学家的典范。我们经常读到这样的情节，某人之所以发生了变化，仅仅由于某本书偶然落入他们之手，或者如有人所说的，因为他们落入某本书的控制之中。这可并不总是一种令人欣喜的偶然事件；我们会觉得，如果他们仔细地研究过约翰·卢伯克爵士的《好书名单》（Sir John Lubbock, *List of Best Books*），或者，研究一下我更喜欢提到的圣赫勒拿岛*的图书馆，其中所有的藏书，都是能够满足最能干的人在其心智完全成熟时之需、并适合其利用的书籍，那么，他们或许就会走上一条不同的道路。在这些书中，在有关大革命的书架上，也许有两本书具有足够强大的力量，能够改变读者的生活，在读者的生命历程中成为一个值得纪念的事件，其中一本是泰纳的书，另一本就是米什莱这本。

353

革命党人的第四本书是维尧姆（Villiaumé）的著作，几乎与上述作品同时完成。拉马丁崇拜韦尼奥，路易·布朗基崇拜罗伯斯庇尔，米什莱崇拜丹东，维尧姆更进一步，崇拜马拉。他跟革命英雄中幸存下来的家庭生活了很长时间，他说，他吸到了那个已经灭绝的传统的最后一口气。他也从夏多布里昂那里收集到他回忆起

* St. Helena，1815—1821 年间拿破仑被放逐于此而终老该岛。——译者

来的很多东西；双目失明的蒂埃里，让人把这本书从头到尾读了两遍。

比谢(Buchez)的28卷著作中关于马拉的部分是由维尧姆撰写的，并赢得了阿尔贝蒂娜·马拉(Albertine Marat)的赞许。在大革命的文献中，最珍贵稀少的东西是马拉办的报纸。它经常是在隐蔽的地方在艰难的处境下印刷的，因而很难找到。几年前，连巴黎图书馆都没有一套完整的报纸。一位书商告诉我，它曾经将一全套报纸以240镑卖给一位英国政治人物。马拉自己的那一套上面有他亲笔校对的字迹，还有其他一些材料，保存在马拉的妹妹手中。1835年，她将其转让给维尧姆。他在完成他的著作后，1859年，将其以80镑的价格出售给收藏家索拉尔(Solar)。后来，拿破仑亲王拥有了它；最后，它辗转流入一座苏格兰古城堡，我很幸运地在那里查阅过它。

* * *

在法国，在政治事件的影响下，倾心革命的历史学家大行其道，保守派则难以与其争锋，最初也没有一本站在保守立场的革命史著作成功过。热努德(Genoude)长年担任主要的保王派报纸的编辑，通过这份报纸，他开启了政治思想的一个新阶段。当波旁王族由于其死不悔改的绝对君主主义恶名而被赶下台之时，正统主义者发现，在人们心目中，他们只愿意给予人民某种勉强的慷慨和受到限制的投票权，他们处于极为不利的地位。于是，在他的报纸《法兰西时报》(*the Gazette de France*)上，热努德立刻采纳了完全

相反的政策，并压倒了自由主义的奥尔良分子。他论证说，王位不 354
应该好像一个人占有他的地产似的，仅根据继承的正当性而被占有，而只能以其表达法国人民的意志而获得其正当性。因而，他提出，王位之正当性要诉诸国民，他坚持人民主权，坚持最广泛的普选权。当他的朋友库尔默南（Courmenin）起草1848年宪法之时，正是热努德说服他采纳了新的普选制原则，大革命时期还没人提到这一点呢。失去妻子之后，他被授予圣职。有一天，他说，所有这一切都会终结的，不是经由一位军事家，也不是经由一位雄辩家，而是经由一位红衣主教。他为人们还记得黎世留而举杯庆贺。

借助民主制复辟正统王朝的想法——他借鉴自博林布鲁克，1873年的时候，这种设想差点变成现实——使热努德那本关于大革命的著作得到补救并具有原创性。当然，你们可能不大喜欢看这部著作。塔列朗的回忆录出版后，大多数人才第一次知道，他曾深夜赶到国王那里表示愿意为他效力，并使国王在国民议会中占据上风。回忆录编辑将这件事放在7月中旬。似乎无人注意到，其实，热努德已经讲过这个故事了，而且他也把这场午夜发生的权力讨价还价过程放在正确的日期，一个月前。

阿梅代·加布尔（Amédée Gabourd）的历史叙述则是一本好得多的书，也许是保王派所写的最好的著作。加布尔以前曾写过一本法国史，关于19世纪写过很多卷书。他没有故作研究状，因而对于初步地了解各个国家和各种事件很便利。他写得很认真，很有灵性，对他人的研究也很熟悉，他的著作胜过查尔斯·奈特的《通俗英国史》（Charles Knight, *Popular History of England*）。实际上，我认识的一些进行深入研究的学者，也有经常引用其著作

的习惯。他曾说——这话很有道理——没有任何一位作者在追索真理和正义的过程中比他更真诚，也没有人能比他更仔细地避免不受党派原则和社会成见的影响。由于他是一位宪政主义者，因此，二月革命意味着他希望永远维持下去、并一直主宰这个世界的
355 那种体制的毁灭。但他仍然忠诚于自己的原则，他写道：“我会热爱人民，我会赞美国王；我对来自上面的暴君与来自下面的暴君，会作出相同的裁判。我并不是那种要在自由与宗教中间设置一道深渊的人，仿佛上帝不接受发自内心的崇拜，而只接受卑躬屈膝的心灵。我不会对抗我所描述的这些历史事件导致的结果，我也不会否认以如此巨大的痛苦为代价才换来的东西之好处。”

* * *

在所有人中，教条主义者在理解大革命并对其作出正确的判断方面，占有最为有利的位置。他们既不偏爱古老的君主政体，也不特别热爱共和制；他们平静地接受结果，而不问其动机。他们为理性的统治而喜悦，但他们也要求君主权力应当受到恰当的限制，要求根据政教协定确立教会的地位，为的是保持历史发展的连续性，让习俗发挥影响。他们是这个国家的政治人物中学问最渊博的人，但跟皮尔派保守党人*一样，他们是没有追随者的领袖，有人曾这样形容他们，他们只有四个人，却假装有五个，试图借人数

---

* Peelites，尤其指支持英国首相 Sir Robert Peel 于 1846 年废除谷物法的保守党党员。——译者

吓唬人。他们中间最伟大的人物是基佐,晚年曾为他的孙子编过一本法国史。这本书没有完稿,但其中关于法国大革命的部分由他的家人编辑出版,这是他毕生都在思考的题目。不过,作为一位祖父编写的传奇故事,不能算是他作为一位历史学家正经的研究成果,跟尼埃布尔(Niebuhr)性质相似、水平相当的那些讲座一样,这本书大体上只是反映了一位伟大人士的零散看法而已,我们只能为无法看到反映他真实水平的著作而扼腕叹息。

我们要谈的教条主义历史学家不是基佐,而是巴朗特(Barante)。他具有他的朋友们所具有的声誉和尊严,具有他们的著作所具有的博学,也跟他们一样有公共事务的经验;他关于勃艮第(Burgundy)历代公爵的著作受到了赞誉;不过,尽管那些研究有可取之处,但还比较幼稚。他早年曾协助罗舍雅居厄兰夫人撰写她的回忆录。他写的革命第一年间内政大臣圣普里厄斯特(Saint Priest)的短篇传记极其公道,其记述也极为权威。1848 年后,他 356
出版了 9 卷本关于国民公会和督政府的历史著作。与他的同仁一样,巴朗特一直认为最初的革命精神正是法国各项制度之本。然而,1848 年的革命运动却拂逆这些理论家的意愿,冲击着他们的君主政体和他们的政府。于是,他们逐渐发展出保守主义的因素,此后,这种因素在他们的著作中一直比较强烈。

在那个时代,蒙塔朗贝尔(Montalembert)取代了基佐在法兰西学院(the Academy)的位置,并有机会发起攻击。照他的说法,他不是要攻击 1793 年,而是要攻击 1789 年。他说,基佐,这位流芳百世的人物中最能言善辩者,对此却未置一词。考虑到这一点,为了抵制雅各宾派观念之死而复生及雅各宾派人物重又招摇过

市，他写出了自己的著作。这是一个令人敬佩的决定，因为潮流已经明显地转向了另一边；然而，这本书尽管出自这样的人物之手，却仍令人失望。写到对国王的审判时，他完全忽略了对方的看法，仿佛历史学家可以手持辩护状充当辩护律师一样。好在就在此时，海因里希·冯·絮贝尔（Heinrich von Sybel）脱颖而出，一位更为卓越的保守主义历史学家出现了。

* * *

大约在50年代中期，当絮贝尔早年著作出版之时，托克维尔也在法国开始进入更为深入的研究[*]。正是他第一个确切地证明了，甚至是他第一个发现了，这场大革命并不完全是个断裂、逆转，一个令人惊奇的新生事物，相反，它不过是旧的君主政体时代就已经开始形成的趋势的一个发展而已。他在这场大革命与法国的过去之间看到了非常密切的关联，他相信，在路易十六登基之初，革命就是不可避免的了；他相信，这场革命运动的成功和失败都源于以前就已经存在的因素。人们对政治自由的渴望是真诚的，但其中掺进了杂质。这种追求与其他目标交叉在一起，并受到其他目标的妨碍。次要的、从属性的自由权利妨碍了人们获得最重要的目标：自我治理。因为托克维尔是一位最纯正的自由主义者，而
357 且，只是自由主义者而不是任何其他主义者，因此，他对民主及与其相关的平等、集权和功利主义，均表示深刻的怀疑。在所有的作

* 即《旧制度与大革命》。——译者

者中，他被人们最普遍地接受。他总是极为明智，总是完全正确，就跟亚里士多德一样。他的知识是没有任何缺陷的。不过，他的知识也是有限的、受到了制约。他对政治文献与历史的了解，要强于对政治生活的了解；他那些新颖别致的见解，并没有多少原创性，他并没有激发出人们灵光的闪现，也没有提出发人深思的暗示。

两年以后，即 1858 年，有一本著作出版了，比起托克维尔的著作来，它并不算新颖，也不那么精致，但对于每位研究政治学的人士来说，却更具有启发性。迪韦吉叶·德·奥朗纳(Duvergier de Hauranne)具有长期公共生活的经验。他还记得有一天，居维叶(Cuvier)穿着黑色丝绒套服跳上主席台开始讲话，完全是一位杰出演说家的风范，他使选举法获得了通过，这就是 1817 年的改革法案。奥朗纳曾经与教条主义者争论过，他领导了针对基佐的批评，他是梯也尔赖以护持王位的三人中之一，当时，国王乘坐一辆轻便两轮马车出走，把整个王朝托付于他。他晚年致力于研究法国议会史，写到 1830 年就已经有了 10 卷，其中包含着比我在查阅文献时所知道的任何作者都要深刻的思想和更鲜明的政治科学色彩。他分析了每次宪法辩论，并提供了大量可信的历史细节。他也非常熟悉各个时期的宣传小册子和重要文章。他家中的藏书并不是很多，但他不允许一个聪颖的想法或一个坚实的论点逃过自己的注意。复辟时期爆发了所有时代都争论得最为激烈的讨论，理性与习俗之间的冲突在一个更高的层次上展开。那个时代的问题不是两者中间哪一个应该获胜的问题，而是两者如何协调的问题，理性的思考与国民的生活是否可以取得协调的问题。在第一

卷中，他概述了大革命，追溯了法国每届政府之演进、变化，从西哀士脱颖而出，一直到拿破仑登基。

358 拉布莱(Laboulaye)同样是一位有才能、有分寸感的人，他担任大臣时，沃丁顿(Waddington)就曾说他是托克维尔真正的后继者。与托克维尔一样，他的思想中浸透着美国的观念。同样跟托克维尔一样，他相信，革命时期的集权遗产是建立自由制度的主要障碍。他用薄薄3卷书描写了美国的历史，这是对他在班克罗夫特和伊利德雷特(Ilildreth)所学到的东西作出的一个极具悟性的抽象概括。他的文笔极为流畅，条理分明，他从来没有用搪塞撒谎的诡辩来玷污自己的劝告。因而，如果我们要学习历史，没有比读他的著作更方便、也更易于接受的了。他关于大革命早期历史的讲稿在一本评论杂志上连载发表，我相信，它们一直没有结集出版。拉布莱既是个政治家，也是个学者，他总是非常了解他所研究的题目，要说入门的指南，我们不可能找到比他那些没有讲完的课程更有助益的了。

* * *

卡莱尔(Carlyle)的著作记录了英国王位之争事件。50年后，我们仍要依靠他来了解克伦威尔。在《过去与现在》(*Past and Present*)一书中，他给我们提供了英语文献中最令人注目的历史学思考。但在他开始撰写他最著名的著作之时，研究的奇迹还没有降临到他头上。在大英博物馆，他被一位无礼的家伙吓坏了，那家伙曾在阅览室中一个劲打喷嚏。由于法语小册子还没有分类编目，于是他请求让他自己入库仔细翻检，自己从书架上去选要看的书。结果，他抱怨说，这一条只适用于德高望重的官员，他则遭到拒绝。帕尼齐(Panizzi)对于卡莱尔将自己说成一位高官而大为光火。他宣称，他决不会允许一位不知名的文人到他的图书馆中乱翻。最后，一位私人收藏家的普普通通的收藏品满足了他的要求。不过，这本书鲜明生动的描写，交织着精妙与荒唐，使得某些不喜欢这本书的人忘却了我们的先辈们——从奴役时代(thral- 359
dom)到柏克——所撰写的著作中同样存在的判断之有失仓促和事实考证之贫乏。它们依然是那种令人失望的雷雨云，雷声大而闪电少。

* * *

我们的知识是否进步了，要看历史手册和学校的课本是不是有所改进。有三本这样的书必须在此提一下。本世纪中叶，任教于军事学院的拉瓦莱(Lavallée)为学生们写了本法国史。他引用拿破仑的话说，法国的历史只能写4卷，或者必须写100卷，而他倾向于写4卷。在整整一代人中间，他的这本书都是同类著作中最出色的。他曾任教于圣西尔——这里曾经是最著名的女校，晚年的拉辛曾以这里为背景写过一出悲剧。他用多年时间为德·曼特农(de Maintenon)夫人的著作作注，并发现了她那些曾被人篡改过的书信。他关于革命的论述收入第四卷，共有230页。卡尔诺曾编写过一个篇幅适中的缩写本。这个卡尔诺是后来担任议长的卡尔诺的父亲，是那位曾经组织过战争的卡尔诺的儿子，他在

1815年曾向拿破仑提出一个令人难忘的建议：如果他对英国发动猛攻，他将会看到，英国人会惊慌失措，措手不及。他是一位好战的共和派人士，曾编写过他父亲的回忆录，格雷古瓦及巴雷尔的回忆录，奥拉尔先生（M. Aulard）抱着对一位同派教友的同情而称赞过他的著作，说这是目前所见的最出色的描述。但另外一些健全的共和派人士则更喜欢亨利·马尔坦（Henri Martin）在其法国通史中的相关描写。不过，我可以毫不迟疑地说，达雷斯特（Dareste）的7卷本法国史要比上面那几本书好得多；不过，这样我们得进行挑选、甄别了，这可是我不愿意做的事情。

我们已经看到，不管是哪一派，都写过很多出色的著作，都有两三本相当精彩。也有少数几位富有洞察力、并保持公正的人士，他们在各派之间走出了一条狭窄的小径：托克维尔关于革命的起源的分析，德罗兹和拉布莱关于1789年那个重大时期的描述，迪韦吉埃·德·奥朗纳的政治思想，达雷斯特对于战争与和平时期重大政治事件的提纲挈领。这些加起来也就不到5卷，还不到梯也尔或米什莱单本书的篇幅，还没有路易·布朗基那本书的一半
360 篇幅。我们可以很轻松地将其通读一遍，我们将会发现，他们将所有的事情都清晰地呈现到我们面前。我们可以信赖他们，我们似乎没有什么需要研究的了。但如果我们因为我们觉得我们可以同意他们的看法，将自己局限于这些引导我们走上中道的人士，那我们的见识就不够健全，我们就永远无法理解其他人士的力量之所在。任何人，如果不读米什莱的著作，是不可能知道大革命的壮丽的；如果不读泰纳的著作，则不可能知道大革命之恐怖。不过，我要把最好的东西留到最后，下周再来谈谈泰纳，及两三本可以跟泰

纳一较高下的著述。

* * *

在看过这么多站在党派立场上撰写的、别有意图的著作之后，明察事理的人士当可对于这场革命的善恶对错作出某种合情合理的判断。由迪韦吉埃·德·奥朗纳这样的立宪君主主义者所提出的观点，由托克维尔、拉布莱等在固守门户之见的保王派和共和派之间保持同等距离的人士所提出的看法，很大程度上也可在那些明智的民主派人士那里能够看到，尤其是在朗弗雷(Lanfrey)的著作和基内(Quinet)关于大革命时期杰出人物的两本著作中可以看到。在他们生活的那个时代，即第二帝国时期，没有任何东西可以当得起历史学之名。尤其是因为无法去查阅档案，人们也不想付出巨大的努力进行认真的研究。第一位根据巴黎革命委员会的文件写出原创性著作的人是莫尔蒂梅·泰诺克斯(Mortimer Ternaux)，他的探讨恐怖统治的八卷本著作于1862年至1880年间陆续出版。他所揭示的真相是如此地确凿不易，以至于絮贝尔不得不据此改写自己关于9月间发生的事件描述。

我说过，关于大革命的真正研究始于托克维尔和泰诺可斯，我这样说的意思是，从他们开始，才利用真实的、官方的资料来进行研究。当然，回忆录很多，可能有一百多部。但回忆录不能提供历史的确定性。这种确定性只能通过考证的手段来获得，而如果没有当时的官方文件，是没有办法进行考证或验证的。一直到本世纪中叶，私人信件和官方文件始终相当少见。而到了1851年初 361

夏，两份重要的文献几乎同时面世。

第一件是马莱·迪潘(Mallet du Pan)的回忆录，他是一位自由主义者，不偏不倚而富有洞察力的观察家。泰纳曾说，除了文风上的天分之外，他跟柏克可以相提并论，而且他也跟柏克一样，倒向了另一边。

随后，米拉波与宫廷的秘密通信被披露出来。作为民众的领导人却收取国王的金钱，他撒谎欺世，两面讨好，这件事，人们早就知道了。至少有 20 个人保守着这个秘密。有一个人在匆匆离开巴黎时，把一份文件遗漏在他的房间中，这是其中最重要的一份。在国王的那个铁箱中也装了一些文件，其中可以找到明显的证据。有一位大臣曾在其回忆录中提到过这件事，其中一封信曾在 1827 年被人发表。拉马克在临死之前向蒙蒂尼展示过这些文件，蒙蒂尼在其论述米拉波的著作中谈到过这些信件。德罗兹在 1842 年写作其著作时也从马卢埃那里了解到主要事实。在我们看来，共和派人士的兴趣不在于揭露大家已知道的事情，而在于揭露米拉波在临死前所奉行的那些居心叵测的、巧妙的政策之细节，以揭露他试图拯救国王和那部宪法的计划。在革命党人看来，在当事人死后揭露这样严重的变节行为，就相当于一位僧侣在临死之时获得了圣人声誉、在葬礼上却掀开裹尸布站起来，向其教友公然承认，他一直就是个无耻的伪君子。

不过，私人文件始终不能弥补无法使用公共档案的缺憾；一直到 1865 年，政府、外交和战争的秘密，几乎原封不动地被保守着。他们被挖掘出来的方式，是革命史研究中最离奇古怪的事情。它是手迹热和收藏热的结果。从 1822 年到 1850 年，这 28 年间，巴

黎通过拍卖共售出7万件手迹。而从复辟那天起，人们最热衷于索求、最引以为荣的，莫过于王后的手迹。巴黎保王派的上流社会将她视为一位威严、具有英雄气质而又无辜的受难者，而将君主制 362
的毁灭归咎于她那些情操高尚的顾问们的疏忽。盗取那些盖有她的印鉴的信件，成了一门有利可图的职业，有些富人专门收集这些东西。王后写于1784年的一封信，1850年的售价是52法郎，到1857年，则以107法郎售出，1861年，更上涨到150法郎。1844年，有一封信以200法郎被人买走，还有一封卖了350法郎。一封致德·朗巴勒亲王夫人(the Princess de Lamballe)的信，1860年的售价是700法郎，1865年涨到760法郎，而此时，人们对其是否属于真迹开始表示怀疑。流入市场的王后写给德·朗巴勒夫人的总共41封信，没有一封是真迹。如果只是偷来的信件，还比较值钱，这总比造假更加有利可图，因为如果开始造假，供应就没有什么限制了。

王后活着时就知道，仇视她的流亡者在模仿她的手迹。1801年，在朗巴勒夫人所写的一本极为珍贵的回忆录中印出了三封这样的信件。从1822年起，这些假冒信件就开始流入市场。模仿手艺达到了非常高的水平，人们很难辨清真伪，公众由于贪得无厌而轻易受骗上当。在德国，有一个人模仿席勒笔迹达到了完美的地步，以至于席勒女儿一见到他们造出的信件，也会出手收购。在巴黎，这种邪恶的生意大约在1839年活跃起来。

1861年3月15日，一位仿冒高手贝特伯代(Betbeder)发出一份挑战书，他将利用纸、墨水、手迹或文章，模仿出一个根本辨不出真伪的作品来。这次试验当着专家的面进行，1864年4月，专家们宣布,他的仿作与真迹根本无法区分出来。这个时期,有一个著名的数学家,他的名字叫夏斯勒斯(Chasles),他对几何学的历史很感兴趣,也热衷于为法国争取荣誉。一位聪明的家谱学家看出发财的机会来了,他造出一些信件,从这些信件上看,其实法国人在牛顿之前就提出了牛顿的几大发现,但他们没有名气,所以荣
363 誉就被牛顿抢走了。夏斯勒斯收购了这些信件:为了爱国,他是不在乎金钱的。他一次一次地收购了那位江湖骗子弗朗·吕卡斯(Vram Lucas)假造的所有信件。他把他收购的这些文件提交给学会(the Institute),学院宣布,这些信件是真迹。这些所谓的真迹,有亚历山大写给亚里士多德的,有凯撒写给韦辛热托里克斯[*]的,有拉萨路[**]写给圣彼得[***]的,有抹大拉的马利亚[****]写给拉萨路的。造假者的想象力简直是自由驰骋,他竟然制造了一篇毕达哥拉斯的手迹,其中毕达哥拉斯竟然能写出一手糟糕的法文。最后,有一些不喜欢夏斯勒斯的博学之士才让他弄明白,他被人骗了。当真相大白、犯罪分子被投入监狱之时,他已经拿着这些东西炫耀了七年,花了几千镑,创造了一个匪夷所思的有2万7千件赝品的市场。

就在这些神秘的伪造品市场兴旺发达之时,于诺尔斯坦(Hunolstein)伯爵花3400镑从一位巴黎经纪人手中购买了玛丽·安托瓦内特的148封信件,并于1864年6月将其出版。拿破

* Vercingetorix,约死于公元前45年,高卢人首领,曾率众反抗罗马。——译者

** Lazarus,《圣经·约翰福音》中人物。——译者

*** 《圣经》中所记耶稣的门徒。——译者

**** Mary Magdalen,《圣经》中所记耶稣的门徒。——译者

仑三世和皇后厄欧仁尼(Eugénie)也附庸风雅,对这位不幸的王后的遗物表现出浓厚兴趣,因为他们所奉行的政策旨在安抚意大利革命所冒犯的那些正统主义者;凑巧,他们宫廷中一位高级官员福伊勒特·德·孔舍兹(Feuillet de Conches)先生也又有同样嗜好。早在 1830 年,他就在购进这些东西了,他从热月党人库尔托瓦斯(Courtois)手里搞到了很多,这位库尔托瓦斯曾掌管过罗伯斯庇尔的文件。瓦克斯穆特(Wachsmuth)曾于 1840 年到巴黎进行其历史研究,他在一本德语杂志中就福伊勒特的收藏品的价值作过报道;1843 年,他被形容为法国手迹(autographophiles)收藏第一大家,这个词可不是我杜撰的。众所周知,他准备写一本有关国王一家的作品。他走遍整个欧洲,在很多地方都被允许鉴定那些严密保护的手稿和摹本。他的第一卷书在于诺尔斯坦的书出版两月之后面世,第二卷于 9 月份出版。在这年夏天和秋天,保王主义最为时髦。有 24 封信被这两本书同时收入,但两处的文字却不 364
完全吻合,于是,人们开始提出质疑。

能够解开人们心中疑团的人只有阿尔内特(Arneth),他当时是维也纳档案馆副馆长,他曾被人邀请撰写了玛丽亚·特雷萨的伟大历史,使他一举成名。由于玛丽·安托瓦内特写给她母亲和家人的信被很好地保存着,就在他的照管之下。就在这年年底前,阿尔内特出示了王后写给女皇的那些信中的那些句子;结果人们立刻就发现,巴黎出版的书中印刷出来的那些信件上的词句,跟阿尔纳特出示的完全不同。

由此引发了一场情绪激动的争论,最后人们确定,于诺尔斯坦版本中的大多数、福伊勒特版本中的一部分,都出自一位造假高手之手。有传言说，那位经纪人夏拉瓦伊(Charavay)出售给于诺尔斯坦的所谓真迹，其实就来自福伊勒特。是圣伯弗(Sainte Beuve)最先上的当，并曾赞叹不已。从那之后，他愤怒地与自己的熟人翻了脸，并发表了让他上当的那封信。福伊勒特更为小心翼翼了，因此，他的后四卷书中充满了极具价值的材料；他所收藏的拿破仑的难以辨认的手迹卖了 1250 镑，现在收藏在迪尔当(The Durdans)。

就这样，一位最为厚颜无耻的窃贼的欺诈行为，导致帝国档案对公众开放，而大革命的真实记录就存放于此。由于皇帝——约瑟夫和利奥波德——是王后的兄弟；她的妹妹又是低地国家的摄政，她的家族派来的大使甚得她的信赖，那场导致了大战的诸多事件及先后在克雷法伊特、科布尔格公爵和查尔斯大公领导下进行的战争本身，可以、并且只能在这里搞清。档案一旦开放，阿尔内特就不会轻易让其大门对学者们再度关上了。他本人发表了很多资料，他也鼓励他的老乡们前来仔细研究他的宝藏，他也欢迎、并
365 一直欢迎柏林的学者。由于那些招摇撞骗的法国人的欺诈行为而得以被披露的这三四十卷奥地利档案，构成我们研究大革命时期及大革命之前法国国内外历史的最权威资料。

法国外交部不容易打交道。两位最精明干练的外交官巴泰米尔和塔列朗的文件都已经公开了，已经公开的还有费桑、莫利、沃德勒伊(Vaudreuil)等诸多流亡者的文件；几位国会代表写给其选民的信正在编辑出版。

在外交官中，仅次于奥地利大使的最有价值的人是美国大使、威尼斯大使，还有瑞士大使，这位瑞士大使是内克尔那位有先见之

明的妹妹的丈夫。从1865年到1885年或1890年间发生的这一文献格局的变化，除了促使我们重新关注国际事务之外，也在相当大程度上降低了回忆录的价值，而我们对这段历史的看法正是建立在回忆录之上的。因为回忆录是事后为世人而写，因而其中不乏事后诸葛亮，自我辩解，工于心计，有意欺骗。信件则是当时所写，是诚实的，因而它们能使我们验证回忆录的真实性。一个根本原因在于，我们发现，很多回忆录不是本人所写，或者不是由书上标明的作者所写。声称为哈尔当贝(Hardenberg)亲王之回忆录的书，其实出自两位见多识广的文人博尚(Beauchamp)和达卢维勒(d'Allouville)的手笔。博尚也写过号称是福基(Foucki)回忆录的东西。罗伯斯庇尔的回忆录是雷伯德(Reybaud)所写，巴拉斯的回忆录是卢瑟兰(Rousselin)所写。罗舍(Roche)写过勒瓦瑟尔德·拉·萨尔特(Levasseur de la Sarthe)的回忆录，拉菲特(Lafitte)写了弗勒里的回忆录。国王信任的贴身男仆克雷里(Cléry)留下过一本日记，这本日记被人发现，有人据此编成了假冒他的回忆录。连刽子手桑松(Sanson)都有六卷本的回忆录，这当然是假冒的。

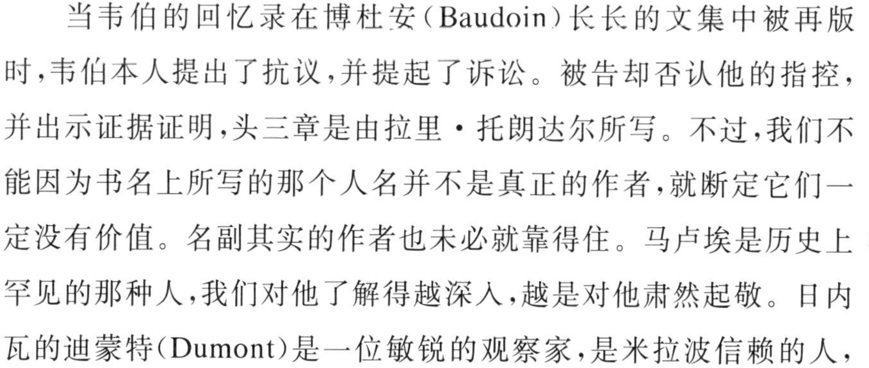

当韦伯的回忆录在博杜安(Baudoin)长长的文集中被再版时，韦伯本人提出了抗议，并提起了诉讼。被告却否认他的指控，并出示证据证明，头三章是由拉里·托朗达尔所写。不过，我们不能因为书名上所写的那个人名并不是真正的作者，就断定它们一定没有价值。名副其实的作者也未必就靠得住。马卢埃是历史上 366
罕见的那种人，我们对他了解得越深入，越是对他肃然起敬。日内瓦的迪蒙特(Dumont)是一位敏锐的观察家，是米拉波信赖的人，

并且经常是他的赞助人。但这两人都误导了后人，因为他们的回忆录很晚才动笔写，他们的记忆难免出错。迪穆里埃在回忆录中为自己的失误百般辩解，塔列朗则对自己在复辟时期的不光彩行为蒙上了一层相当漂亮的帷幕。内克尔的家人总是让人恼怒，因为他们总是把日期搞错。孔庞夫人则希望恢复自己的地位，她的地位是由于帝国的垮台而被埋葬的。因此，有些曾经看到过她的回忆录手稿的人证实，那些被删除的段落都对王后颇有微词；由于同样的原因，在费桑的通信集中有些段落被删除了，代之以一些令人生疑的星（*）号。弗里埃勒斯（Ferrières）一直被公认为最值得信赖的见证人，正是他对别人讲，议员们在网球场宣誓后正在举行第一次会议，却被王室赶了出来，以便让达尔托瓦伯爵进行一场比赛。然而，现在，从最近出版的一位议员的信件中我们发现，这个表明国王傲慢无礼的故事，根本就是编造的。事实的真相是，教士们通知议员们，他们马上就要到了，大家觉得在这样的场合让神职人员在一个网球场上列队前进有点不相称，于是，议员们决定将会场改到旁边的一个教堂。

蒙洛西耶曾被柏克称为具有荣誉感和骑士精神的人，他告诉我们说，他从奥韦纳（Auvergne）来的同伴在一场决斗中几乎被人杀死，并在自己的床上躺了三个月。这个受伤者的老乡比奥扎（Biauzat）则在写给家乡的信中说，他仅有 10 天缺席了国民议会的会议。然而，事情的真相是，这个弄伤了受伤者的手的对头，正是蒙洛西耶本人。

罗兰夫人在狱中所撰写的东西，只是对子孙后代的呼吁，而非一本深思熟虑的著作，也没有揭示她生活中的秘密。它于 1863 年出版，这时候，有三四封信出现在拍卖会上，不久后，人们在一家蔬菜水果商店的废弃物中发现了一幅小画像——上面还写了点什 367
么。那些信件都是罗兰夫人所写，比佐曾在出逃、自杀时将其送到一个安全地方，而那幅小画像则是她的画像，逃亡时他曾随身携带。

海军部长贝特朗(Bertrand)曾说，王后曾写信给皇帝，告诉他应该采取哪些措施来救他们。他发表了皇帝的回信。有一百年时间，人们都以为那封信是利奥波德皇帝的意图之真实反映。那份文件确实是信使带回来的，但并非皇帝所写。真正的回信被阿尔内特发现了，并由伦兹(Lenz)教授于两年前向柏林一批幸运的学生讲授大革命课程时予以发表，其文本大大不同于误导了所有历史学家的那封假信。絮贝尔将其插入自己的评论中，并重新发表了伦兹的文章，而这篇文章推翻了他自己的著作的根本结构。

德·布伊莱侯爵在1797年写出自己的回忆录，把自己对瓦朗纳斯逃亡失败应承担的责任摘了个一干二净。而保存在费桑文件中的来往书信则显示，他在回忆录中的说法是不真实的。他曾说，他希望国王公开离开，就像米拉波所建议的那样；他又说，他曾建议走经过兰斯的那条路线，但国王却拒绝了；他曾反对走那条军用驿道，这条路线最终导致了灾难。而那些信件却证明，他建议的正好就是秘密动身，走瓦朗纳斯那条路，并由骑兵护送。

*　　*　　*

我正在描述的这个时期的总体特征是，回忆录声名狼藉，而我们已从那些依赖回忆录的学者那里解放了出来。这个阶段代表性的历史学家有三位，絮贝尔、泰纳和索勒尔(Sorel)。他们超越了他们的前辈，因为他们可以查阅更多的私人和外交来往信函。但他们也达不到后来者的水平，因为他们缺乏官方的信息。

368 絮贝尔[*]是兰克(Ranke)的学生，他在研究自己并不喜欢的中世纪史时，就已经知道了怎样彻底清除传奇故事、虚构的故事和谎言，并严格依据确凿证据再现历史。他早年曾研究过隐士彼得(Peter the Hermit)的故事及其对十字军的影响，而正是这样的技巧，使他得以揭穿，王后信件乃是伪造的。他确实是一位一丝不苟的批评家，他根本就不读那部虚构的哈尔登堡回忆录，尽管其中包含着很可靠的材料。他完全秉承那个学派所坚持的非精神的(unsipiritual)的气质，对于历史学的唯物主义和宗教基础，他表示同样的担心。他坚持要让历史叙述合乎历史事实本身。他更看重的是制度，而不是其操纵者，他是一位适应时代的才智非凡之士，他是最早一批从研究文本转向研究现代历史及其热门话题的人士。就学问与深奥的研究而言，他完全可以媲美于那些被称为学者和批评家的人，而毫不逊色；但他的趣味却使他选择了另一种职业生涯。他这样形容自己：他身上的四分之三属于政治家，只有剩下的那可怜的部分使他成为教授。絮贝尔是通过柏克关于法国和爱尔兰政策的论述而开始研究法国大革命的。他坚定地坚持下面的理论：人应当按照血统进行治理，历史上的国民必然会战胜现实存在

---

[*] 其关于法国大革命的名著是《法国大革命史，1789—1800年》，另著有《威廉一世所建立之日耳曼帝国的基础》7卷。——译者

的国民，我们不可能与我们的祖先割断联系。因此，在他看来，普鲁士的自然发展过程才是比较正常的，是可以接受的，那些企图按照自己的想法构造自己的民族的状况与此恰成对照。不管是他的政治理论还是民族性剖析，都使他对法国人没有好感。所以，毫不奇怪，他在法国也普遍地不受重视。他对高高在上的巴黎敬而远之，他更重视 1789 年发生在中欧的大冲突，及其给整个世界带来的麻烦。法国权力的分配状况对他的触动远不及欧洲权力格局的变动，他认为政府形态的变化没有国界线的变化重要。他把罗伯斯庇尔的垮台形容为瓜分波兰过程中的一个插曲。他竭力要把大革命置于国际关系变动的框架中。

有人为了贬低尼埃布尔等历史学家，曾说过这样的话：如果你去问一个德国人要一只黑色大衣，他会给你一只白羊，让你自己等着它变成你要的衣服。絮贝尔属于上年纪的一代，他可以写得非常精彩，但却很沉重，一点都不轻灵鲜活。他的第一卷出版于 1853 年，先于托克维尔那本著作几年，两者中间有很多相似之处，以至于有人提出，他可能读到过托克维尔早先发表的一篇文章，这篇文章由约翰·密尔翻译、发表在《威斯敏斯特评论》(*Westminster Review*)上。不过，絮贝尔曾亲口向我保证，他从来没有读到过那篇文章。他曾经查阅过重要文件，在他成为一个大名人之后，什么东西他都可以查阅得到。在外交问题上，他比所有其他学者都先知先觉，只有索雷尔(Sorel)* 是个例外。他曾经是反对派领

* 1842—1906 年，其关于法国大革命的经典著作是《欧洲和法国革命》八卷，另著有《普法战争外交史》、《18 世纪的东方问题》等。——译者

袖，在普鲁士被称为自由主义者，后来他倒向了俾斯麦，并撰写了俾斯麦推动新日耳曼帝国成长的历史，直到皇帝将他从档案馆赶走。而在他活跃的那些年月，他一直担任档案馆馆长。不算他为了充实和辩护而写的大量论文，他写了 5 本著作，它们构成了一个连续的历史记录。由于不断地修订，所以一直写到 1880 年的某一天。它们一度占据着第一的位置。在不断修订出版的各版中，一经发现错误，就立刻予以更正；不过，即使在第四版中，穆尼埃仍被说成是来自普罗旺斯议员，尽管众所周知，他是多菲纳省议员。由于絮贝尔既不喜欢梯也尔，也不喜欢西哀士，所以他声称，将 1799 年宪法比作英国宪法是荒唐的，因为梯也尔一直在这样说。梯也尔认为，那部宪法是执政府和帝国时代最有思想的一部宪法，并认为西哀士的杰作已达到英国的水平。在提及这一点的那一页中，絮贝尔则认为，这是过甚其词了。絮贝尔说，他的主要目的就是要揭示，作为经验和不断地调适之产物的政府，要优越于根据政治逻辑人为地构造出来的政府。

絮贝尔的看法是：大革命走向错误是非常自然的，新秩序并不比旧秩序好，因为它源于旧制度，是从贫瘠的土壤中生长出来的，
370 是由那些在旧制度腐烂过程中培植出来的人所操纵的。他利用法国大革命展示了保守而开明的德国的优越性。他并没有说过什么青睐普鲁士的话，因为普鲁士通过一种不光彩的和平而圆满地结束了一场不光彩的战争。他是通过罗列法国民众从一开始就表现出的愚蠢和邪恶而取得上述效果的。即使他的著作存在种种缺陷，也仍然是富有启发性的。他的一位同胞曾听过丹尼尔·韦伯斯特(Daniel Webster)的邦克尔山演说，这个人曾这样形容这篇

演说:每个单词都值一镑钱。我们几乎可以用这句话来形容絮贝尔的历史著作,不是由于其语言的力量或思想的深度,而是由于他极度的认真:每个段落都经过深思熟虑,每个证据都经过了考证。这位作者在有生之年看到,自己的作品赶上并超过了泰纳的法国国内史和索雷尔的外交史。

泰纳*是在黑格尔和孔德的思想体系中接受的训练。他的基本观点是,不承认自由意志,物质力量绝对主宰着人类的生活。在他看来,竭力按照自己的意图和方案塑造未来,而不是让过去塑造未来,这是再愚蠢不过的了。从创世的次日重新开始,把个人从群众中解放出来,将活着的人从死去的人中解放出来,所有这些想法都背离了自然规律。人要由他周围的环境、他的祖先、他的民族所教化、所培育,也必须适应它们。在泰纳看来,大革命所发现、并使之浮现的自然的人,是某种邪恶的、破坏成性的野蛮人,他们是不能容忍的;必须抓住那些年轻人,对其进行持之以恒的训练和控制。

泰纳并不是一位历史学家,而是一位病理学家,他的著作是我们所见到的最科学的、在一定程度上也是最详尽而彻底的,但却不是历史学著作。他投入很大精力来总结公式、积累知识,他投入绝大多数精力收集那些能够支持他的结论的材料。因此,他是当时法国最有说服力的人,他对大革命的控诉也是有史以来最有分量

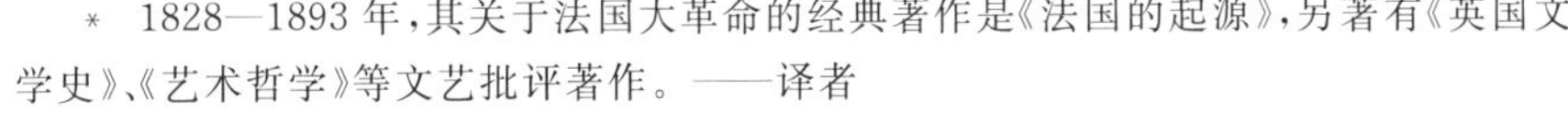

* 1828—1893年,其关于法国大革命的经典著作是《法国的起源》,另著有《英国文学史》、《艺术哲学》等文艺批评著作。——译者

的。因为他并不是君主制或帝国的辩护者,他的毫不留情的判断
371 就没有受到党派倾向的影响。他的著作是这一代人所能写出的最杰出的著作。但它并没有替代历史学著作。这位造诣极高的(实验室、医学院的)示教老师,钟情于解剖法国人的大脑,因而将很多我们关心的东西弃之不顾,他对欧洲的文献和一般事务的分析也是不完整的。

不过,在泰纳失败的地方,索雷尔却取得了辉煌的成功,他占据了法兰西科学院中的空位,也在研究大革命的学者中占据了无可置疑的至高地位。他是元老院的秘书,他不是一个喜欢玄想的哲学家,而是一位政治家,他感兴趣的是登上报纸、吸引公众注意的那些事情。他没有去探究人的内心世界,而是警觉地留意着阿尔卑斯山两侧和莱茵河两岸的动向,他写作的时候仿佛是站在外交部的角度。当他在想象中指导外交官纵横捭阖的时候——他自己也确实当过外交官——他最为兴奋。不过,关于国内政治过程的研究,在发展政治观念方面,他并没有超过他的前辈。他的研究晚于絮贝尔,所以,他在文献资料上占有优势。他对革命的原则更为同情一些,尽管他并未对其高声欢呼。他更欢乐、更乐观,他的著作阅读起来也更令人愉悦。一年前我曾经说过,絮贝尔和泰纳死后,索雷尔将是在世的最高历史学权威。不过,今天,我不能再说这些话了。

在兰克 90 岁诞辰之际,莫穆桑(Mommsen)送给他下面的格言:“您可能是最后一位通史大家。毫无疑问,您也是第一位。”这句优美的话可做两种解释,他的意思可能是贬低通史;不过,关于大革命的文献,我最后要说的恰恰是通史。目前正在法国出版的

8卷本《通史》中,奥拉尔[*]勾勒了大革命的政治概貌。它可以被称为典型的1889年的作品。当时正值周年纪念日,是第一百个纪念日了,人们也看到,共和国已经稳定地建立起来了,并创造出了其创建者从来没有想象到的力量,于是,人们就开始以一种新的精神来研究这段历史。人们投入了巨大的人力和资金来收集、整理、出 372
版最为确凿和精确的文献资料;人们也不再有太多的强烈感情和党派色彩了,人们由于变成了绝对的胜利者而更中庸、更公正了。这一新兴学派的核心人物正是奥拉尔先生。他在巴黎大学担任革命史教席,他也是专门推动革命史研究的组织[**]的主席,又是其学术杂志《法国革命》(*La Révolution*)的主编,该刊物已经出版到第31卷。他也已经组织出版了大量雅各宾俱乐部和公安委员会的档案文件[***]。论起对已出版文献的熟悉程度,从来没有人能超过他,而他对未出版档案的了解也无人可以企及。党派偏见这个恶魔的马脚只在几个地方偶尔露了一下。比如,他曾说,人民是因为国王的做法而起来报复的;他不承认丹东是9月犯罪活动的同谋。尽管丹东本人曾向包括未来法国国王在内的多人承认自己有罪,而他却说,这违反了批评的主要规范:不能根据一个人的口供而将其定罪。奥拉尔的描述并不完整,缺乏细节;但他的描述要比其他人的描述更聪明,更有启发性,并显示了经过一个世纪的研究后所形成的标杆。

---

* Aulard,1849—1928年,以《制宪议会、立法议会、国民公会中的演说家》闻名,关于法国大革命还著有《法国革命政治史》。——译者

** 革命史研究会。——译者

*** 《雅各宾俱乐部文献记录》、《公安委员会文件汇编》。——译者

那么现在，我们处于哪个方位，采用多大的射击仰角才能使我们指望某一天成为具有较高权威的人物？现在，回忆录的供应已经终结或接近终结了；现在我们所知道的尚存于人世的手稿也所剩无几了。除了西班牙之外，我们已经拥有相当完善的外交和国际关系往来函件了；不过，自费桑以降，还有很多私人来往信件。对于革命时期法国政府每一法案的形成过程，我们却只有很少了解。

对此我想谈一点想法。30 年前，1789 年的议会议事录（Cahiers）或者说议员授权指令（Instructions）出版，共有六厚本。编者抱怨说，他们并没有找到全部材料，四个省的十几本议事录丢失了。新任编者则在其两卷本的导言中说，仅在那四个省，前任编者
373 就遗漏了 120 份授权指令；他说，整个法国应该有 5 万份。已经出版了一本关于巴黎选举的文献资料集，另一本是关于巴黎选举人的文献集。所谓选举人，即由选民选出、再由他们投票选举议员的人，这些议员后来就组成了巴黎市政府，并使他们的地位永久化。随后又出版了革命委员会、几个政府委员会、雅各宾俱乐部、战争部的法令集，旺代起义则单出了几卷。

所有这些资料都将在几年内出齐，那时，所有人就将知道该知道的历史真相了。也许那时会有人编撰一本史书，其水平远超我们现在所看到的最新著作，就好像索雷尔、奥拉尔、朗伯德（Lambaud）、弗朗梅蒙特（Flammermont）超过了泰纳和絮贝尔。或者泰纳和絮贝尔超过了米什莱和布朗基一样。或者也会超过我们在英语中看到的最好的著作，即巴克尔*第 2 卷的那 3 章，

* Henry Thomas Buckle，1821—1862 年，其历史学经典著作为《英国文明史》两卷。——译者

或勒基*的第5卷的那两章。到了那个黄金时代，我们的历史学家将是公正诚实的，我们的历史将是确凿的。最糟糕的东西将会显出原形，那时，刑罚就毋须再拖延了。随着我们知识的圆满，说情者的职业将会消失，辩护士也将失去其饭碗。谎言端赖掩饰证据。只要这种局面结束，谎言就不攻自破，那时，正常的学术分歧的缺口就会缩小。

对那些具有党派偏见的学者，我们不要有太多菲薄，因为他们对我们助益良多。即使他们是不诚实的，也是有益的，如同辩护人有助于法官作出裁决；如果他们仅靠与利益无涉之诚实而进行研究，他们或许还做不了那么好呢。我们或许要等待很长时间才能看到这样的人出现：他了解全部的事实真相，并有讲出真实的勇气。他除了关心自己的利益之外，也会照料他人的利益。他会为讨好反对者而辛勤工作，他对那些犯过错误、对那些作恶多端、对那些失败者绝无偏见。他会对朋友和敌人一视同仁——假定这位诚实的历史学家还可能有一位朋友的话。

* William Edward Hartpole Lecky，1838—1903年，其代表作为《18世纪英国史》八卷，另著有《欧洲理性主义精神的兴起和影响史》二卷。——译者注

索 引

(索引后的页码为原书页码,即本书边码。)

图书在版编目(CIP)数据

法国大革命讲稿/(英)阿克顿著;姚中秋译. —北京:商务印书馆,2017
(汉译世界学术名著丛书:120年纪念版:珍藏本)
ISBN 978-7-100-14417-9

Ⅰ. ①法… Ⅱ. ①阿… ②姚… Ⅲ. ①法国大革命—研究 Ⅳ. ①K565.41

中国版本图书馆CIP数据核字(2017)第151073号

汉译世界学术名著丛书
(120年纪念版·珍藏本)
法国大革命讲稿
〔英〕阿克顿 著
〔英〕J. N. 菲吉斯 R. V. 劳伦斯 编
姚中秋 译

商 务 印 书 馆 出 版
(北京王府井大街36号 邮政编码100710)
商 务 印 书 馆 发 行
北 京 通 州 皇 家 印 刷 厂 印 刷
ISBN 978-7-100-14417-9

2017年12月第1版 开本 710×1000 1/16
2017年12月北京第1次印刷 印张 27¾
定价:138.00元